Redes literarias

Redes literarias

*Antología del texto hispánico
en su contexto histórico-cultural*

Compilado y comentado por
MINDY E. BADÍA *y*
BONNIE L. GASIOR

Dear Kelly,
I hope you
enjoy this book!

love,
Mindy

McFarland & Company, Inc., Publishers
Jefferson, North Carolina

LIBRARY OF CONGRESS CATALOGUING-IN-PUBLICATION DATA

Names: Badía, Mindy, 1968– | Gasior, Bonnie L., 1971–
Title: Redes literarias : antología del texto hispánico en su contexto
histórico-cultural / compilado y comentado por Mindy E. Badía y Bonnie
L. Gasior.
Description: Jefferson, North Carolina : McFarland & Company, Inc.,
Publishers, 2018. | Includes bibliographical references and index.
Identifiers: LCCN 2018018391 | ISBN 9780786494460 (softcover : acid free paper) ∞
Subjects: LCSH: Spanish American literature. | Spanish literature. | Spanish
American literature—History and criticism. | Spanish literature—History
and criticism.
Classification: LCC PQ7083 .R43 2018 | DDC 860.8/098—dc23
LC record available at https://lccn.loc.gov/2018018391

BRITISH LIBRARY CATALOGUING DATA ARE AVAILABLE

ISBN (print) 978-0-7864-9446-0
ISBN (ebook) 978-1-4766-3284-1

Front cover illustration © 2018 iStock

Printed in the United States of America

McFarland & Company, Inc., Publishers
Box 611, Jefferson, North Carolina 28640
www.mcfarlandpub.com

A mi primera profesora de español,
Jerri Wold Caliguiri.
—M.E.B.

A mis estudiantes
de California State University, Long Beach.
—B.L.G.

Agradecimientos

Agradecemos las contribuciones de Daniel Runnels, Bea Iglesias y Antonio Badía, quienes nos ayudaron a editar este manuscrito. Conseguir los permisos para reproducir los textos resultó ser mucho más difícil de lo que esperábamos, y les damos las gracias a las siguientes personas por su ayuda con este aspecto del proyecto: a Alberto Frutos Moliner, por haber sido tan generoso al permitirnos usar su versión modernizada de *El Cid*; a Juan Felipe Herrera, por su permiso de usar selecciones de *182 Reasons Mexicanos Can't Cross the Border*; a Betty Johnson y a Milena Vodanović, por su ayuda y flexibilidad con la concesión del permiso del texto de Vodanović; y a Ana Paz de la agencia literaria Balcells, por su cordialidad y sus rápidas respuestas a nuestras preguntas. También nos gustaría reconocer, sin ningún orden particular, a numerosos colegas, estudiantes y amigos que, directa (por ejemplo: los que ofrecieron sugerencias editoriales, hicieron una reseña externa o respondieron a una encuesta) e indirectamente ("¿Qué tal va el libro"?) contribuyeron a la realización de este proyecto. Por su agudeza, su mente curiosa y su apoyo, un enorme "gracias" a: Claudia Salazar, Mario Salazar Magadán, James Gustafson, Yolanda Gamboa, Edmundo Paz-Soldán, Charles Ganelin, Carlos Gutiérrez, Claire Martin, Marie Kelleher, Brad Nelson, Laura Vidler, Bruce Burningham, Ignacio López-Calvo, Lori Bernard, Nelly Goswitz, Sonia Pérez-Villanueva, Eileen Bosch, Daniela Suarez, Pedro López-Adorno, Tracy Mayfield, Howard Mancing, Mónica Morales, Rita Palacios, Louise Detwiler, Tony Grubbs, Bob Blue, Kent Dickson, Luis Martin-Cabrera, Lisa Vollendorf, Rocío Quispe-Agnoli, Santiago García-Castañón, Kerry Wilks, John Slater, Robert Bayliss, Cathy Larson, Nicholas Vermillon, Smita Vyas, Michael Smale, Anahit Manoukian, Lee Salkowitz, Patricia Cortés, María Consuelo Sáez Burgos, Amy Wachtl Peters, Carlos Meneses, Gabi Badía, Georgia Napier y Peggy Gough. Gracias a California State University, Long Beach (en particular al decano David Wallace), a los comités de RSCA y Sabbatical Leave por haber proporcionado el tiempo necesario para que la Dra. Gasior pudiera dedicarse a este proyecto. Del mismo modo, quisiéramos dar las gracias a Indiana University Southeast por haber concedido un sabático a la Dra. Badía para poder trabajar en *Redes*.

Índice de contenidos

Introducción

La idea de este libro de texto surgió como una semilla en el 2009 en un congreso en Río de Janeiro y, ocho años más tarde, ha florecido bajo el nombre de *Redes literarias*. *Redes* es una antología literaria para estudiantes universitarios de español a partir del tercer año. Representa una nueva manera de familiarizar al alumno con la literatura hispánica, incluyendo sus contextos históricos, filosóficos y estéticos, y con las herramientas técnicas del análisis crítico en general. La estructura de *Redes* es sencilla pero detallada; su lenguaje, académico pero asequible; su contenido, riguroso pero atractivo.

A diferencia de otros textos disponibles, *Redes* ha sido diseñado con los hábitos de lectura de los estudiantes del siglo veintiuno en mente: hace referencia a imágenes para ayudar a contextualizar las lecturas; requiere búsquedas en Google para identificar instrumentos visuales auxiliares; cuenta con introducciones claras y prácticas al principio de cada unidad; ofrece cuestionarios individuales que fomentan la capacidad analítica del alumno; incluye cuestionarios de tipo comparativo al final de cada sección y recomienda películas relevantes a los estudiantes para mejorar y aumentar sus destrezas lingüísticas y comprensivas como lectores. El libro conceptualiza y presenta la literatura como una red extendida a través de la historia. Esta se amplía en cuanto a la cantidad y se fortalece con respecto a la calidad a medida que los estudiantes leen y hacen conexiones entre lecturas para, así, facilitar la retención del contenido.

En cuanto a su formato, *Redes* también abre nuevos caminos. Está dividido en cuatro unidades que corresponden a las épocas siguientes: Edad Media y período precolombino; Renacimiento, Barroco y período colonial; siglos XVIII y XIX en España y Latinoamérica; y siglo XX y período contemporáneo en España y Latinoamérica. Cada unidad empieza con una imagen representativa de lo que el alumno leerá a continuación junto a una serie de preguntas generales. Seguidamente, hay una introducción a la época que incluye referencias a tendencias, movimientos y figuras importantes. Después, aparecen las propias lecturas y sus cuestionarios que hacen que los alumnos piensen críticamente, más allá de la trama del texto. Al final de cada unidad, hay un cuestionario especial y cumulativo llamado "Redes analíticas" cuyo propósito es sintetizar y construir conexiones entre lecturas tanto a nivel microcósmico (entre obras incluidas en la misma unidad) como macrocósmico (entre las selecciones de diferentes unidades). Por lo tanto, nuestra aproximación al estudio literario acondiciona y capacita a los alumnos para leer con una deliberada atención a este tipo de conexiones, lo cual les servirá no solo en sus clases de español, sino también en cualquier otra área de conocimiento que dependa de redes similares.

Siguiendo con esta perspectiva, en vez de organizar la materia en base a géneros literarios o temas, como hacen la mayoría de los textos para estudiantes de este nivel, nuestro enfoque pedagógico presenta de forma cronológica ejemplos de poesía, ensayo, teatro y narrativa simultáneamente, y dentro de un marco transatlántico. Aunque dividimos las selecciones entre peninsulares y americanas, las preguntas al final de cada unidad exigen que los lectores reflexionen sobre las conexiones entre la producción textual española y latinoamericana. De esta forma, los lectores entienden mejor las influencias entre todas las obras, independientemente de su clasificación genérica, mientras desarrollan una idea de la producción literaria del mundo hispano como un diálogo histórico-cultural.

Las lecturas han sido escogidas cuidadosamente e incluimos tanto textos canónicos como no canónicos. En su conjunto, abordan algunas de las cuestiones más pertinentes de hoy día, como clase, raza, género e identidad. Por una parte, *Redes* incluye algunos poemas célebres de autores ya reconocidos como Góngora, Espronceda y Darío para que el alumno aprenda a apreciar el canon. Por otra parte, dándole igual importancia, hemos incluido literatura chicana—la que será de particular interés para hablantes de herencia que tengan un trasfondo cultural similar—para que vean, hasta cierto punto, la arbitrariedad de la construcción del canon mismo, así como las implicaciones sociales de nociones de valor estético.

Además de estas innovaciones, *Redes* sigue promoviendo algunas tendencias pedagógicas tradicionales como serían: la inclusión de un glosario al final del libro, palabras glosadas al pie de la página con definiciones sucintas y útiles, y términos literarios claves asociados con cada lectura. Creemos que estos elementos son enriquecedores y necesarios a la hora de analizar el texto.

A través de este equilibrio de tradición e innovación, y con nuestro énfasis en la contextualización del texto literario, *Redes literarias* refleja los estándares para el aprendizaje de lenguas extranjeras de ACTFL (American Council on the Teaching of Foreign Languages), también conocidos como las "Cinco C's" (comunicación, comunidades, culturas, conexiones, comparaciones), además de adherirse a las reformas del examen de AP Spanish Literature and Culture de 2012.

Nota a los instructores

Reconocemos que, a primera vista y debido a su extensión, *Redes* puede parecer un poco difícil de manejar. En el espíritu de inclusión y colaboración, hemos introducido una amplia variedad de selecciones de textos, lo cual significa que, para que esta antología "funcione", tendrás que invertir tiempo en la selección de los textos específicos que piensas enseñar. La ventaja es que podrás crear tu propio libro de texto empezando con uno que ya ha sido cuidadosamente construido en cuanto a contenido y contextualización, permitiéndote, así, crear la mejor experiencia pedagógica posible para ti y para tus estudiantes. Del mismo modo, puedes seleccionar preguntas específicas de nuestros cuestionarios y combinarlas con preguntas basadas en tu lectura de los textos.

A continuación, incluimos algunas sugerencias para usar un texto como *Redes* y, en favor del espíritu de trabajo en equipo, si se te ocurren otras preguntas o ideas mientras exploras las páginas de nuestro libro, no dudes en ponerte en contacto con nosotras: mbadia@ius.edu, bonnie.gasior@csulb.edu.

Cursos de un semestre: Recomendamos que escojas selecciones de cada unidad. El número dependerá, obviamente, de la combinación y complejidad de los textos seleccionados (por ejemplo, un drama puede requerir varios días de clase, mientras que podría ser posible hablar de dos poemas en una sola clase). Puesto que hemos incluido textos que de una manera u otra están conectados escoger los que vas a enseñar se convierte en una cuestión de tus intereses y tus experiencias (sea como estudiante o como profesor/a) con textos particulares. También podrías seleccionar, entre las lecturas que no incluyes en tu programa, temas para trabajos escritos y/o presentaciones estudiantiles.

Cursos de dos semestres: Las recomendaciones son similares a las de un curso de un semestre, solo que esta opción incluiría entre 30% y 50% más de materia para leer y quizás una o dos películas.

Cursos de cuatro semestres: Sin duda, la manera más innovadora de utilizar *Redes* sería una aproximación exhaustiva que cubriera cuatro semestres, así se eliminaría la necesidad de tres o cuatro libros de texto distintos. Las ventajas de este procedimiento incluyen, por un lado, menos gastos para los estudiantes y, por otro, la continuidad de estos mismos en la secuencia literaria de tu programa de español. El uso de *Redes* de esta manera les proporciona a los estudiantes una comprensión completa y diversa de la evolución de la literatura hispánica en un contexto transatlántico, además de una práctica contextualizada de la aplicación de las herramientas del estudio de la literatura. Esta aproximación dual desarrolla las habilidades del análisis formal y sociohistórico de los textos peninsulares y latinoamericanos en solo cuatro semestres, dejando margen para que los departamentos de español puedan ofrecer una variedad más amplia de cursos sin tener que dejar de lado el estudio riguroso del contenido tradicional.

1

La Edad Media española y la producción cultural americana prehispánica

La Edad Media española

Busca el grabado de Jean Miélot (d. 1472), escribano de Felipe el Bueno, en línea (Google Imágenes) y piensa en lo siguiente en preparación para esta sección:

- El proceso de la escritura durante la Edad Media europea
- El teocentrismo
- Los propósitos de la literatura

Introducción

La Edad Media europea se suele dividir en dos fases cronológicas principales: la Alta Edad Media, hasta el siglo XII; y la Baja Edad Media. Para entender mejor la producción textual del Medioevo en España, es necesario entender también el contexto histórico en el cual estos escritos se desarrollaron. Puesto que España, como unidad nacional, no existe en la Edad Media, solo se puede hablar de una tradición literaria española en un sentido lingüístico (textos compuestos en romance, una lengua popular derivada del latín) y en un sentido geográfico (textos que aparecen en la península ibérica entre los siglos XI y XV).

Uno de los fenómenos históricos de mayor importancia durante esta época es la Reconquista, el largo proceso político-religioso iniciado por los cristianos, los llamados "visigodos", pocos años después de la llegada de los musulmanes a la península en el año 711. La Reconquista dura aproximadamente ocho siglos terminando con la caída de Granada en el año 1492. A partir de ese año, la península ibérica está controlada por monarcas cristianos, y el concepto de identidad nacional se cristaliza, basado en la homogeneidad religiosa: cristiana y católica.

Antes de 1492, las regiones peninsulares que no están bajo el control musulmán siguen, en mayor o menor grado, el modelo monárquico-feudal de organización social compuesto por tres clases principales: la nobleza, el clero y el pueblo. Los nobles se ocupan de luchar contra los musulmanes en la Reconquista. Los clérigos se encargan de transmitir la fe cristiana y de enseñar y mantener la cultura. El pueblo, conectado a la nobleza a través del vasallaje, trabaja en el campo. Tanto los clérigos como los nobles disfrutan de ciertos privilegios económicos y políticos. El progresivo enriquecimiento del pueblo, cuyos miembros empiezan a trabajar como comerciantes o artesanos, introduce una nueva clase social que provocará profundos cambios a partir del siglo XV: la burguesía.

Las *jarchas* son una de las primeras manifestaciones de una literatura compuesta en romance y ejemplifican el pluralismo cultural y lingüístico de España durante la Edad Media. Aunque datan del siglo XI, ¡no se descubrieron hasta el siglo XX! Son breves composiciones *líricas* (la lírica enfatiza una emoción en vez de narrar una historia) de carácter amoroso. Están escritas en árabe o en la lengua romance de los *mozárabes* (cristianos que vivían en territorios peninsulares bajo el control de los musulmanes).

En el siglo XII surge el *mester de juglaría*, un conjunto de poesía épica y lírica difundida por los juglares, poetas ambulantes. La versificación juglaresca es irregular, oscilando entre versos de diez y de dieciséis sílabas, con un predominio de versos de 14 sílabas, alejandrinos. La rima es asonante. Estos rasgos formales proporcionan cierta flexibilidad a un género fundamentalmente oral, facilitando la improvisación. Los poemas de esta escuela suelen ser anónimos. Cuentan historias de héroes y caballeros que, a través de sus hazañas legendarias, ejemplifican los valores sociales de la Edad Media española. Naturalmente, se relacionan también con la temática política, social y religiosa de la Reconquista. El poema juglaresco épico español más conocido es el *Cantar de Mio Cid*.

En el siglo XIII aparece por oposición al mester de juglaría, el *mester de clerecía*, una corriente desarrollada en ámbitos escolásticos y religiosos. Las composiciones de esta escuela poseen un vocabulario amplio y culto, una métrica más regular, y una rima más exigente, la consonante. Sus temas más frecuentes ya no son belicosos, sino religiosos y morales, y sus autores muestran una conciencia clara de querer distinguirse de los juglares. Gonzalo de Berceo, con sus *Milagros de Nuestra Señora* (colección de poemas escrita hacia el año 1260), es el máximo exponente de esta tradición.

La obra de Juan Ruiz, conocido como el Arcipreste de Hita, ofrece otro ejemplo del mester de clerecía. Juan Ruiz fue un poeta castellano que vivió en la primera mitad del siglo XIV, cuando comienza la Baja Edad Media. Es autor de una de las obras literarias más importantes de este período: el *Libro de buen amor*. Este texto reúne distintas tradiciones filosófico-literarias, entre ellas: traducciones de la obra del poeta romano clásico Ovidio, la sátira, serranillas (poemas cortos sobre asuntos amorosos entre caballeros y serranas—mujeres rústicas de las montañas), sermones, fábulas y ejemplos de poesía lírica. Su temática principal es la lucha entre el amor divino, espiritual (el supuesto "buen amor" del título) y el amor físico entre seres humanos. A pesar de la vocación eclesiástica del autor, el deseo humano es tratado a través de luz bastante simpática en este texto, cuyo tono humorístico y paródico suaviza el mensaje moralizante explícito y, a veces, hasta llega a subvertirlo.

Otro texto que aparece durante la primera mitad del siglo XIV es el *Libro de los enxiemplos del conde Lucanor et de Patronio (El conde Lucanor)*, escrito entre 1330–1335. Es uno de los libros más representativos de la mentalidad española durante la Edad Media. Su autor, el príncipe don Juan Manuel, fue sobrino del rey Alfonso X el Sabio (1221–1284). Don Juan Manuel fue un poderoso noble que intentó continuar la labor de su tío con una literatura didáctica y popular; su obra exhibe un estilo claro y conciso y emplea una estructura sencilla. *El Conde Lucanor* incluye cincuenta y un *exempla* (ejemplos), relatos breves que tienen un fin didáctico y que representan un género asentado en la narrativa medieval. Como género literario, el cuento tiene orígenes orientales y, por consiguiente, muestra la pluralidad de la sociedad española de la Edad Media y especialmente la de la corte de Alfonso X.

En el siglo XV aparecen colecciones escritas de romances, poemas característicos de la tradición oral que se popularizan durante la Edad Media tardía. Es entonces cuando son recogidos y puestos por escrito por primera vez en colecciones denominadas *romanceros*. Los romances son generalmente poemas narrativos de una gran variedad temática, según el gusto popular del momento y del lugar. Se interpretan declamando, cantando o intercalando canto y declamación.

Es también durante el siglo XV, a veces llamado el Prerrenacimiento, cuando aparecen las obras de Íñigo López de Mendoza (el marqués de Santillana), Jorge Manrique y Fernando de Rojas. El marqués de Santillana es el primer autor que escribe sonetos en castellano, un hecho importante por la influencia que tendrá el soneto como uno de los géneros poéticos más desarrollados por los autores del Renacimiento y del Barroco. Manrique también anticipa algunos aspectos de las tradiciones poéticas posteriores a la Edad Media, ya que, en sus *Coplas por la muerte de su padre,* expresa perfectamente la resignación cristiana ante la muerte, tema que volverá a aparecer e intensificarse en la poesía religiosa de los siglos XVI y XVII. La *Tragicomedia de Calixto y Melibea* (*La Celestina*), escrita por Fernando de Rojas durante la última década del siglo XV, pone fin a la Edad Media literaria española. *La Celestina* es una novela dialogada que, con su énfasis en el desarrollo psicológico de los personajes, constituye un paso inicial hacia el concepto moderno del género novelístico.

Para contextualizar mejor este período tan variado y tan rico, recomendamos que consulten algunos de los gráficos y representaciones pictográficas de la literatura medieval española (frase clave: "arte medieval") disponibles en internet.

La literatura española medieval

I. *Cantar de Mio Cid* (anónimo, s. XII)

A. Términos literarios[1]

1. La poesía épica/la epopeya

1. En las secciones de "Términos literarios", no pretendemos ofrecer listas exhaustivas de todos los recursos literarios empleados en las selecciones, sino familiarizar a los estudiantes con los más

 2. El mester de juglaría
 3. El epíteto
 4. La repetición
 5. La sinécdoque

B. La obra y su contexto social

 1. Ruy Díaz de Vivar (personaje histórico del s. XI)
 2. El Cid
 a. Una figura épica y humana
 b. Un gran guerrero
 c. Valiente
 d. La importancia del honor
 e. La organización social: reyes y nobles
 3. La Reconquista

C. Imágenes en contexto

Busca el *Monumento al Cid* (Juan Cristóbal González Quesada, 1955) en línea (Google Imágenes) y piensa en lo siguiente en preparación para esta sección:

 1. La representación visual de un héroe
 2. La importancia del caballo en el ejército medieval
 3. El mito del Cid en la historia cultural española

D. El texto

(Estas selecciones son de la versión modernizada escrita por Alberto Montaner Frutos. Incluimos una selección del cantar primero del texto original para que los lectores tengan la experiencia de leer en el español antiguo.[2])

1. "CANTAR DEL DESTIERRO"

 (El Cid es desterrado por Alfonso VI e intenta recobrar el favor del rey luchando contra los moros.)

importantes y/o los más comunes. Dado que nuestra organización se basa en los propios textos, a veces los mismos recursos se mencionan varias veces. Nosotras creemos que este tipo de repetición no es superflua porque ayuda a los lectores a recordar mejor la información presentada. Recomendamos que los estudiantes se familiaricen con la información sobre los aspectos formales de la poesía y el lenguaje literario incluida en el "Glosario de términos literarios" al final de esta antología. Este glosario ofrece un panorama de los términos derivados de las lecturas, además de otros términos tangenciales que tal vez no correspondan necesariamente a las lecturas, pero que son importantes para cualquier lector crítico.

2. Hemos optado por utilizar una versión modernizada del *Cantar de Mío Cid* y versiones originales de otros textos medievales. Asumimos que los estudiantes leerán las selecciones en orden cronológico; esto significa que su primera lectura será esta obra. Dada la importancia de que esta primera experiencia sea positiva, hemos dado prioridad a la accesibilidad lingüística del texto. De la misma manera, reconocemos que el esfuerzo de leer en el español antiguo es un ejercicio intelectual valioso. Por esta razón, incluimos una selección del poema en su versión original, además de las otras lecturas de la Unidad I que aparecen sin modernizar.

CANTAR PRIMERO (español antiguo)

De los sos oios tan fuerte mientre lorando
Tornaua la cabeça e estaua los catando:
Vio puertas abiertas e vços sin cannados,
Alcandaras uazias sin pielles e sin mantos,
E sin falcones e sin adtores mudados.
Sospiro Myo Çid ca mucho auie grandes cuydados.
Ffablo Myo Çid bien e tan mesurado:
Grado a ti Sennor Padre que estas en alto,
Esto me an buelto myos enemigos malos.
Alli pienssan de aguiiar, alli sueltan las riendas:
A la exida de Biuar ouieron la corneia diestra,
E entrando a Burgos ouieron la siniestra.
Meçio Myo Çid los ombros e engrameo la tiesta:
Albricia Albar Ffanez ca echados somos de tierra.
Myo Çid Ruy Diaz por Burgos entraua.
En su conpanna LX pendones leuaua: exien lo ver mugieres e uarones.
Burgeses e burgesas por las finiestras son puestos.
Plorando de los oios, tanto auyen el dolor.
De las sus bocas todos dizian una razon:
Dios, que buen vassalo si ouiesse buen sennor!
Conbidar le yen de grado, mas ninguno non osaua,
El rey don Alfonsso tanto auie la grand sanna.
Antes de la noche en Burgos del entro su carta,
Con grand recabdo e fuerte mientre sellada:
Que a Myo Çid Ruy Diaz que nadi nol diessen posada,
E aquel que gela diesse sopiesse una palabra,
Que perderie los aueres e mas los oios de la cara,
E aun demas los cuerpos e las almas.
Grande duelo auien las yentes christianas.
Asconden se de Myo Çid ca nol osan dezir nada
El Campeador adelino a su posada.
Asi commo lego a la puerta falola bien çerrada,
Por miedo del rey Alfonsso que assi lo auie parado:
Que si non la quebrantas por fuerça que non gela abriese nadi.
Los de Myo Çid a altas uoçes laman:
Los de dentro non les querien tornar palabra.
Aguiio Myo Çid, a la puerta se legaua,
Saco el pie del estribera, una feridal daua.
Non se abre la puerta, ca bien era çerrada.
Vna ninna de nuef annos a oio se paraua:
Ya Campeador en buen ora çinxiestes espada.
El rey lo ha uedado, anoch del entro su carta,
Con grant recabdo e fuerte mientre sellada.
Non uos osariemos abrir nin coger por nada;
Si non perderiemos los aueres e las casas,
E demas los oios de las caras.

Çid, en el nuestro mal uos non ganades nada,
Mas el Criador uos uala con todas sus uertudes sanctas.
Esto la ninna dixo, e tornos pora su casa

CANTAR PRIMERO

(A partir de ahora, las seleciones son del texto modernizado por Alberto Montaner Frutos.)

En silencio intensamente llorando,
volvía la cabeza, los estaba mirando.
Vio puertas abiertas, batientes[3] sin candados,[4]
perchas vacías, sin túnicas de piel ni mantos,
sin halcones y sin azores mudados.
Suspiró mio Cid, por los pesares abrumado,[5]
habló mio Cid bien y muy mesurado:
—¡Gracias a ti, Señor, Padre que estás en lo alto!
¡Esto han tramado[6] contra mí mis enemigos malvados!—
Allí empiezan a espolear,[7] allí sueltan las riendas.
A la salida de Vivar una corneja[8] les salió por la derecha
y entrando en Burgos les salió por la izquierda.
Se encogió mio Cid de hombros y agitó la cabeza:
—¡Alegría, Álvar Fáñez, que nos echan de la tierra!
Mio Cid Ruy Díaz en Burgos entró,
en su compañía hay sesenta pendones.[9]
Salían a verlo mujeres y varones,
burgueses y burguesas están en los miradores,
llorando en silencio, tal era su dolor,
por las bocas de todos salía una expresión:
—¡Dios, qué buen vasallo si tuviese buen señor!—
Le convidarían de grado, pero ninguno osaba[10]:
el rey Alfonso le tenía tal saña.[11]
Anteanoche llegó a Burgos su carta
con grandes precauciones y solemnemente sellada:
que a mio Cid Ruy Díaz nadie le diese posada
y que aquel que se la diese supiese una seria amenaza,
que perdería sus bienes y además los ojos de la cara,
y aun además el cuerpo y el alma.
Un gran pesar tenía la gente cristiana,
se esconden de mio Cid, pues no osan decirle nada.
El Campeador se dirigió a su posada,

3. *batientes*: ventanas
4. *candados*: cerraduras
5. *abrumado*: agobiado, apesadumbrado
6. *tramado*: conspirado
7. *espolear*: picar al caballo con la espuela para que corra
8. *corneja*: pájaro similar al cuervo cuya función simbólica es la de una premonición o senal
9. *pendones*: banderas
10. *osbaba*: se atrevía
11. *saña*: furor, enojo

en cuanto llegó a la puerta, se la encontró bien cerrada,
por miedo del rey Alfonso así estaba preparada:
a no ser que la quebrase por la fuerza, no se la abriría nadie.
Los de mio Cid con grandes gritos llaman,
los de dentro no les querían contestar palabra.
Espoleó mio Cid, a la puerta se acercaba,
sacó el pie del estribo y le dio una patada;
no se abre la puerta, pues estaba bien cerrada.
Una niña de nueve años a la vista se paraba:
—¡Campeador, en buena hora ceñisteis[12] espada!
El rey lo ha prohibido, anoche llegó su carta
con grandes precauciones y solemnemente sellada.
No nos atreveríamos a abriros ni a acogeros por nada;
si no perderíamos los bienes y las casas,
y además los ojos de la cara.
Cid, con nuestro mal vos no ganáis nada,
pero el Creador os ayude con todas sus virtudes santas.—
Esto dijo la niña y se volvió a su casa.

2. "Cantar de las bodas de las hijas del Cid"

*(El Cid vence al rey musulmán Yusuf ibn Tashfin y, así, la ciudad de Valencia
queda bajo el control de los cristianos. El rey Alfonso VI restaura el honor del Cid
y arregla las bodas entre las hijas de éste, doña Elvira y doña Sol, y los infantes
[príncipes] de Carrión, Fernando y Diego.)*

Al salir de la misa todos forman la reunión,
no lo demoró[13] el rey, el asunto comenzó:
—¡Oídme, mis consejeros, condes e infanzones!
Proponer quiero un ruego[14] a mio Cid el Campeador,
ojalá quiera Cristo que sea a su favor:
os pido a vuestras hijas, doña Elvira y doña Sol,
para darlas por mujeres a los infantes de Carrión.
Me parece un casamiento honrado y muy provechoso,
ellos os lo piden y os lo mando yo.
De una parte y de otra cuantos hay en la reunión,
los míos y los vuestros, que sean rogadores:
¡dádnoslas, mio Cid, y que os valga el Creador!—
—No tendría hijas por casar—respondió el Campeador—,
pues no tienen mucha edad y de pocos años son.
De gran renombre son los infantes de Carrión,
corresponden a mis hijas y aun a otras mejores.
Yo las engendré a ambas y las criasteis vos,
estamos a merced vuestra tanto ellas como yo:
helas[15] en vuestras manos a doña Elvira y a doña Sol,

12. *ceñisteis*: ajustaste a la cintura
13. *demoró*: tardó
14. *ruego*: súplica o petición
15. *helas*: tenlas

dadlas a quien queráis, que yo satisfecho estoy.—
—Gracias—dijo el rey—a vos y a toda esta corte.—
Después se levantaron los infantes de Carrión,
van a besarle las manos al que en buena hora nació;
se cambiaron las espadas ante el rey don Alfonso.
Habló el rey don Alfonso, como tan buen señor:
—Muchas gracias, Cid, y antes al Creador,
pues me dais vuestras hijas para los infantes de Carrión.
Desde aquí las cojo con mis manos a doña Elvira y a doña Sol
y las doy por esposas a los infantes de Carrión.
Yo las caso a vuestras hijas con vuestro amor,
que resulte a vuestro gusto quiera el Creador.
Vedlos aquí en vuestras manos a los infantes de Carrión,
ellos vayan con vos, pues de aquí me vuelvo yo.
Trescientos marcos[16] de plata como ayuda les doy yo,
que los gasten en sus bodas o donde os parezca a vos;
luego estén a vuestras órdenes en Valencia la mayor,
los yernos y las hijas todos vuestro hijos son,
lo que más os agrade haced de ellos, Campeador.—
Mio Cid los recibe, las manos le besó:
—Mucho os lo agradezco como a rey y señor,
vos casáis a mis hijas, pues no se las doy yo.

3. "Cantar de la afrenta de Corpes"

(Avergonzados por su propia cobardía, los infantes de Carrión deciden vengarse del Cid, deshonrándolo a través de sus hijas. En el roble de Corpes, un lugar aislado, los infantes abusan y abandonan a sus esposas, dejándolas por muertas. Éstas son rescatadas por un primo pero, una vez más, el Cid tiene que recobrar su honor perdido. Los del Cid denuncian a los infantes delante del rey y éste manda que el juicio se decida por un duelo. En esta pelea, los infantes de Carrión son vencidos por los del Cid y Doña Elvira y doña Sol se casan con los infantes de Navarra y Aragón. De esta manera, el Cid triunfa contra la adversidad una vez más.)

El episodio del león

En Valencia estaba mio Cid con todos los suyos
con él sus dos yernos, los infantes de Carrión.
Echado en un escaño[17] dormía el Campeador;
un mal suceso sabed que les pasó:
se salió de la jaula[18] y se desató el león.
Mucho miedo tuvieron en medio del salón;
embrazan los mantos los del Campeador
y rodean el escaño y se quedan junto a su señor;
Fernando González [...............]

16. *marcos*: moneda antigua
17. *escaño*: banco, asiento
18. *jaula*: caja para encerrar animales

no vio dónde retirarse, ni habitación abierta ni torre,
se metió bajo el escaño, tal fue su temor;
Diego González por la puerta salió
diciendo a voz en grito—¡No veré más Carrión!—,
tras la viga[19] de un lagar[20] se metió con gran temor,
el manto y la túnica todos sucios los sacó.
En esto se despertó el que en buena hora nació,
vio el escaño rodeado de sus buenos varones:
—¿Qué es esto, mesnadas,[21] y qué queréis vos?—
—¡Nuestro horado señor, nos asaltó el león!—
Mio Cid hincó[22] el codo, en pie se levantó,
el manto echado a la espalda, se encaminó hacia el león;
el león, cuando lo vio, así se le humilló,
ante mio Cid agachó la cabeza y el hocico[23] bajó.
Mio Cid don Rodrigo por el cuello lo cogió,
lo condujo con la mano y en la jaula lo metió.
Lo tienen por maravilla cuantos hay en la reunión
y se vuelven al palacio, al salón.
Mio Cid por sus yernos preguntó y no los halló;
aunque los están llamando, ninguno de ellos responde.
Cuando los encontraron, vinieron así sin color;
no habéis visto tales burlas como corrían por el salón,
lo hizo prohibir mio Cid el Campeador.
Se sintieron muy ofendidos los infantes de Carrión,
tenían un gran pesar por lo que les sucedió.

La lucha entre el Cid y Búcar (rey musulmán)

Siete millas completas les anduvieron detrás,
mio Cid al rey Bucar persiguiéndole va:
—¡Vuelve aquí, Bucar! Viniste de ultramar,[24]
te verás con el Cid, el de la barba grande,
nos saludaremos ambos y trabaremos amistad.
Respondió Bucar al Cid:—¡Impida Dios tal amistad!
La espada llevas desnuda y te veo espolear,
a lo que me parece en mí la quieres probar,
pero si el caballo no tropieza y conmigo cae,
no te juntarás conmigo antes de llegar al mar.—
Aquí respondió mio Cid:—Eso no será verdad.—
Buen caballo tiene Bucar y grandes zancadas[25] da,

19. *viga*: poste
20. *lagar*: sitio donde se pisa la uva, se prensa la aceituna o se machaca la manzana para obtener su jugo.
21. *mesnadas*: compañía de gente armada al servicio de un rey o un noble
22. *hincó*: apoyó, colocó
23. *hocico*: parte más o menos prolongada de la cabeza de algunos animales en que están la boca y la nariz
24. *ultramar*: conjunto de territorios del otro lado de un mar o de un océano; un lugar lejano
25. *zancadas*: pasos largos

pero Babieca, el del Cid, alcanzándolo va.
Alcanzó el Cid a Bucar a tres brazas del mar,
arriba alzó[26] a Colada, un gran golpe le fue a dar,
los rubíes del yelmo se las ha arrancado ya,
le cortó el yelmo y, pasando por lo demás,
hasta la cintura la espada le hizo llegar.
Mató a Bucar, al rey de allende[27] el mar
y ganó a Tizón, que mil marcos de oro vale.
Venció esta batalla maravillosa y grande,
aquí se honró mio Cid y cuantos con él están.

La afrenta de Corpes

Pidámosle nuestras mujeres al Cid Campeador,
digámosle que las llevaremos a tierras de Carrión
y que vamos a enseñarles dónde están sus posesiones.
La sacaremos de Valencia, del poder del Campeador;
después en el camino actuaremos a nuestro sabor,
antes que nos reprochen lo que pasó con el león.
Nosotros somos del linaje de los conde de Carrión,
llevaremos cuantiosos bienes que valen gran valor,
escarneceremos a las hijas del Campeador.
Con estos bienes siempre seremos ricos hombres,
podremos casar con hijas de reyes o de emperadores,
pues somos del linaje de los condes de Carrión.
Así escarneceremos[28] a las hijas del Campeador
antes que nos reprochen lo que hubo con el león

———

Hallaron un vergel[29] con una limpia fuente,
mandaron plantar la tienda los infantes de Carrión,
con cuantos traen consigo allí duermen esa noche,
abrazando a sus mujeres les demuestran amor,
¡mal se lo cumplieron cuando salió el sol!
Mandaron cargar las acémilas[30] con bienes en gran número,
han recogido la tienda en que pasaron la noche,
por delante se han ido sus criados todos,
así lo mandaron los infantes de Carrión,
que no quedase allí nadie, ni mujer ni varón,
salvo sus dos mujeres, doña Elvira y doña Sol,
solazarse[31] quieren con ellas a su satisfacción.
Todos se habían ido, ellos cuatro estaban solos,

26. *alzó*: levantó
27. *allende*: allá, lejos
28. *escarneceremos*: humillaremos
29. vergel: huerto o jardín
30. *acémilas*: bestia de carga
31. solazarse: entretenerse, disfrutar

Tanta infamia planearon los infantes de Carrión:
—Tened por seguro, doña Elvira y doña Sol,
que seréis escarnecidas aquí, en estos fieros montes,
hoy nos separaremos y seréis abandonadas por nosotros,
no tendréis parte en las tierras de Carrión.
Irán estos recados[32] al Cid Campeador,
nosotros vengaremos con ésta la del león.—
Allí les quitan las túnicas y los mantones,
las dejan solo en el cuerpo la ropa interior.
Llevan espuelas calzadas los malos traidores,
con la mano cogen las cinchas[33] resistentes y fuertes.
Cuando esto vieron las damas, hablaba doña Sol:
—¡Don Diego y don Fernando, os lo rogamos por Dios!
Dos espadas tenéis fuertes y tajadoras,[34]
a una la llaman Colada y a la otra Tizón,
cortadnos las cabezas, mártires seremos las dos;
moros y cristianos hablarán de esta cuestión,
que por lo que merecemos no lo recibimos las dos.
Tan grandes crueldades no cometáis con las dos;
si fuésemos golpeadas, os quedaréis sin honor,
os acusaran de ello en vistas o en cortes.—
Lo que rogaban las damas de nada les valió,
entonces les empiezan a dar los infantes de Carrión,
con las cinchas corredizas[35] las golpean sin compasión,
con las espuelas agudas, que les causan gran dolor,
les rompían las camisas y las carnes a ellas dos.
Clara salía la sangre sobre los bordados de oro,
ya lo sienten ellas en sus corazones.
¡Qué gran ventura sería, ojalá lo quisiese Dios,
que asomase[36] ahora el Cid Campeador!
Mucho las golpearon, pues no tienen compasión,
ensangrentadas las camisas y las túnicas bordadas en oro.
Cansados están de herirlas ellos dos,
esforzándose ambos por cuál dará mejores golpes.
Ya no pueden hablar doña Elvira y doña Sol,
por muertas las dejaron en el robledo de Corpes.
Se les llevaron los mantos y las pieles de armiño,[37]
las dejan desfallecidas en túnicas y en camisas
a las rapaces[38] del bosque y a las fieras temidas.
Por muertas las dejaron, sabed, que no por vivas.

32. *recados*: mensajes
33. *cinchas*: correa o tirante
34. *tajadoras*: afiladas
35. *corredizas*: sueltas
36. *asomase*: apareciera
37. *armiño*: animal con una piel apreciada en peletería
38. *rapaces*: aves de presa

¡Qué ventura sería si asomase ahora el Cid Campeador!
Los infantes de Carrión [................],
en el robledo de Corpes por muertas las dejaron,
que la una a la otra no puede darle amparo.
Por los montes por donde iban ellos se iban jactando[39]:
—De nuestros casamientos ahora nos hemos vengado,
no las debimos tomar ni por concubinas si no nos lo hubiesen rogado,
pues no eran nuestras iguales para estrecharlas en abrazos.
¡La deshonra del león así se irá vengando!—
Así se iban jactando los infantes de Carrión,
pero yo os contaré de aquel Félez Muñoz,
que era sobrino del Cid Campeador.
Le mandaron seguir adelante, pero a su gusto no fue;
por el camino en que iba tuvo una intuición,
de todos los otros él se separó.
En un bosque espeso Félez Muñoz se metió
hasta que viese venir a sus primas las dos
o ver qué han hecho los infantes de Carrión.
Los vio venir y oyó su conversación,
ellos no lo veían ni sospechan la situación.
Sabed bien que, si lo viesen, no escaparía de muerte.
Se van los infantes, espolean con vigor;
por el rastro se volvió Félez Muñoz,
halló a sus primas desmayadas las dos.
Llamándolas:—¡Primas, primas!—, al punto descabalgó,
ató el caballo por las riendas y a ellas se encaminó:
—¡Primas mías, primas mías, doña Elvira y doña Sol!
Mal se esforzaron los infantes de Carrión.

El triunfo del Cid

Mandó despejar el campo el buen rey don Alfonso,
las armas que allí quedaron él se las apropió.
Como honrados se parten los del buen Campeador,
vencieron esta lid[40] gracias al Creador;
muy grande es el pesar en tierras de Carrión.
El rey a los de mio Cid de noche los envió,
que no les asaltasen ni tuviesen temor.
Como hombres prudentes, andan de día y de noche,
ya están en Valencia con mio Cid el Campeador,
por infames los dejaron a los infantes de Carrión,
han cumplido la misión que les mandó su señor;
se alegró por eso mio Cid el Campeador.
Grande es la infamia de los infantes de Carrión:
quien a buena dama injuria y la deja después

39. *jactando*: alabándose excesiva y presuntuosamente
40. *lid*: combate

lo mismo le suceda o acaso peor.
Dejémonos de historias de los infantes de Carrión,
de lo que han recibido guardan muy mal sabor;
hablemos nosotros de este que en buena hora nació:
muy grande es la alegría en Valencia la mayor
porque fueron tan honrados los del Campeador.
Se agarró la barba Ruy Díaz, su señor:
—¡Gracias al rey del cielo, mis hijas vengadas son,
ahora tendrán libres las posesiones de Carrión!
¡Sin vergüenza las casaré, que a unos pese y a otros no!—
Tuvieron negociaciones con los de Navarra y Aragón,
celebraron su reunión con Alfonso el de León,
hicieron sus casamientos con doña Elvira y doña Sol.
Los primeros fueron grandes, pero estos son mejores,
con mayor honra las casa de la que primero fue.
¡Ved como le aumenta la honra al que en buena hora nació,
cuando señoras son sus hijas de Navarra y de Aragón!
Hoy los reyes de España sus parientes son,
a todos les alcanza honra por el que en buena hora nació.
Ha salido de este mundo mio Cid el Campeador
el día de Pentecostés, ¡de Cristo tenga el perdón!
Así hagamos nosotros todos, justos y pecadores.
Éstas son las noticias de mio Cid el Campeador,
en este lugar se acaba esta narración.

E. Cuestionario

1. ¿Cómo reaccionan los de Burgos al destierro del Cid? ¿Por qué crees que reaccionan de esta manera? ¿Cómo contribuye su reacción a la caracterización del protagonista?
2. ¿Cómo responde el Cid a los casamientos de doña Elvira y doña Sol arreglados por el rey?
3. Con tus propias palabras, describe lo que ocurre en el episodio del león. ¿Cómo crees que respondía el público medieval a este suceso? ¿Qué opinión tienes de los condes de Carrión después de leerlo?
4. ¿Cómo es la lucha entre Búcar y el Cid? ¿Cómo reaccionan los dos a esta confrontación y cómo contribuyen sus respectivas reacciones a desarrollar la caracterización de los personajes?
5. ¿Qué piensan hacer los infantes de Carrión con doña Elvira y doña Sol? ¿Por qué? ¿Cómo constituye esto un caso de agresión física y social?¿Quién interviene?
6. ¿Cuáles son los resultados de la última lucha descrita en estas selecciones?
7. ¿Cuándo muere el Cid y por qué es significativo este día?
8. En estos fragmentos ¿cuáles parecen ser los motivos de la Reconquista? ¿Son políticos o religiosos? Explica tu respuesta.
9. ¿Cuál parece ser la actitud del Cid hacia el rey? Justifica tus ideas con ejemplos textuales.

10. Si una autoridad social o política es corrupta, ¿crees que todavía es necesario respetarla? ¿Cuál parece ser la respuesta de *El Cid* a esta pregunta?
11. ¿Cuáles son las funciones de un héroe nacional en una determinada sociedad?
12. Encuentra ejemplos de rima, repetición y epíteto. ¿Qué conexiones existen entre estas técnicas poéticas y las condiciones de composición, recitación y recepción de un poema como *El Cid*? Explica tu respuesta.

II. "Ejemplo del hombre, de su esposa infiel y del papagayo" (anónimo, s. XIII)

A. Términos literarios

1. El ejemplo ("exemplum"; "ensiemplo")
2. La prosa moralizante
3. El cuento corto medieval
4. La fábula

B. La obra y su contexto social

1. *Sendebar, o Libro de los engaños e los asayamientos de las mujeres*
 a. Una colección de cuentos orientales
 b. Un fin didáctico
 c. El marco narrativo: un príncipe rechaza las insinuaciones de la esposa de su padre. Como venganza, ella lo acusa de violarla, y él es sentenciado. Durante una semana, cuentan historias mientras deciden su destino. Al final, él es liberado y matan a la madrastra. (Esto muestra la idea contemporánea de "la madrastra malvada".)
2. La casa medieval
3. El sermón vulgar
4. La influencia árabe y persa
5. La astucia femenina
6. La misoginia

C. Imágenes en contexto

Busca *The Marriage* (Niccolo da Bologna, segunda mitad del s. XIII) en línea (Google Imágenes) y piensa en lo siguiente en preparación para esta sección:

1. El propósito del matrimonio en la sociedad medieval, según la imagen
2. El papel de la iglesia
3. La representación visual de figuras de poder
4. Las semejanzas y diferencias entre la imagen de esta obra medieval el texto medieval escrito, especialmente en términos de la presentación del matrimonio y el orden social

D. El texto

1. "Ejemplo d el hombre, de su esposa infiel y del papagayo"

Vivía en una ciudad un hombre que estaba muy celoso de su mujer. Y compró un papagayo, lo metió en una jaula y púsolo[41] en la mejor estancia[42] de la casa, mandándole que observase a su mujer mientras él estaba ausente y que le contase todo sin encubrirle la cosa más insignificante. Un día, apenas el marido se fue a sus quehaceres, entró el amigo de la mujer; y el papagayo vio cuanto hicieron los amantes. Cuando regresó el marido, se llevó al papagayo y le pidió que le contase qué había hecho su mujer mientras él estuvo ausente. Y el papagayo le contó ce por be[43] cuanto había sorprendido[44] entre los amantes. Y el hombre bueno se encolerizó[45] contra su mujer y la echó del hogar. Creyó ésta que el lance[46] se había sabido por la criada, y la llamó, y le dijo:

—Tú dijiste a mi esposo todo cuanto yo hice.

Y la criada juró que ella era incapaz de tal cosa, y la puso en conocimiento de la cotillería[47] del papagayo. Entonces la mujer cogió al avechucho, casi lo enterró, empezóle a echar agua como si no cesara de llover, con un espejo fingió luces que parecían relámpagos, y moviendo una muela,[48] logró que el papagayo pensara que eran truenos. Y así se estuvo la mujer durante toda la noche, hasta que amaneció. Y a la mañana llegó el marido y preguntó al papagayo lo que había visto aquella noche. Y el papagayo dijo:

—No pude ver nada con la gran lluvia y los truenos y los relámpagos.

Y entonces dijo el hombre:

—¿La verdad que me dijiste de mi mujer es como ésta que acabas de decirme? ¡Pues eres un bellaco embustero,[49] y voy a mandarte matar!

Y envió por su mujer y le pidió perdón. Y volvieron a vivir juntos.

E. Cuestionario

1. ¿Cómo están caracterizados los personajes de este cuento?
2. ¿Qué rol tiene el papagayo?
3. Comenta el tema de la agudeza femenina.
4. ¿Cómo describirías el hogar medieval, según este cuento?
5. ¿Cuál es tu opinión sobre las acciones del hombre? ¿Sobre las de la mujer?
6. Teniendo en cuenta el propósito didáctico de esta colección, ¿qué lección sacas de este cuento?

III. Gonzalo de Berceo (mediados del s. XV)

A. Términos literarios

1. El ejemplo
2. El mester de clerecía

41. *púsolo*: lo puso
42. *estancia*: cuarto que se frecuenta mucho en una casa
43. *ce por be*: es decir, con lujo de detalles; todo
44. había sorprendido: había visto
45. *se encolerizó*: se puso furioso
46. *el lance*: el suceso
47. *cotillería*: charlatanería. Es decir, el hablar del pájaro
48. *una muela*: tipo de piedra redonda que se usa para afilar herramientas de metal.
49. *bellaco embustero*: malvado mentiroso

3. La cuaderna vía
4. La poesía narrativa

B. El autor y su contexto social

1. La temática religiosa: colección de cuentos sobre milagros atribuidos a la intercesora, Santa María. En ellos, sus devotos son premiados, perdonados, salvados o, en ciertos casos, castigados.
2. El fin didáctico
3. Fuentes latinas
4. El propósito: hacer versos para el pueblo, popularizar este tipo de literatura devocional

C. Imágenes en contexto

Busca una dramatización de "El milagro de Teófilo" en línea (YouTube) y piensa en lo siguiente en preparación para esta sección:

1. La imagen del personaje central
2. La presentación contemporánea de la religión católica
3. Los aspectos del milagro relevantes para los lectores de hoy día

D. Los textos

1. "EL LADRÓN DEVOTO"

(Los hemistiquios—la división de un verso por un espacio, que señala una pausa— se leen horizontalmente, no verticalmente. Hay que leer la línea completamente, las dos columnas, antes de leer la siguiente línea.)

Había un ladrón malo	que prefería hurtar[50]
a ir a las iglesias	o puentes levantar;
solía con lo hurtado	su casa gobernar,
tomó costumbre mala	que no podía dejar.
Entre todo lo malo	tenía una bondad
que al final le valió	y le dio salvedad[51]:
creía en la Gloriosa	con toda voluntad:
y siempre saludaba	hacia su majestad.[52]
Como aquel que mal anda	en mal ha de caer,
una vez con el hurto	lo hubieron de prender;
como ningún consejo	lo pudo defender
juzgaron que en la	horca lo debían poner.[53]
Lo llevó la justicia	para la encrucijada
donde estaba la horca	por el concejo[54] alzada,
cerránronle los ojos	con toca bien atada,
alzáronlo de tierra	con la soga estirada.
Alzáronlo de tierra	cuando alzarlo quisieron,

50. *hurtar*: robar
51. *salvedad*: salvación
52. *su majestad*: su imagen
53. *juzgaron que en la horca*: está condenado a muerte.
54. *concejo*: ayuntamiento; lo que pertenece al gobierno municipal

cuantos estaban cerca por muerto lo tuvieron:
más si antes supiesen lo que después supieron
nunca le hubieran hecho todo lo que le hicieron.
La Madre gloriosa, tan ducha[55] en acorrer,
la que suele a sus siervos en las cuitas[56] valer,
a este condenado quísolo proteger,
recordóse el servicio que solía hacer.[57]
Puso bajo sus pies, donde estaba colgado,
sus manos preciosísimas; túvolo levantado;
no se sintió de cosa ninguna embarazado,[58]
ni estuvo más vicioso nunca ni más pagado.[59]
Al fin al tercer día vinieron los parientes,
vinieron los amigos y vecinos clementes;
venían para descolgarlo rascados y dolientes,
pero estaba mejor de lo que creían las gentes.
Y estuvieron de acuerdo toda esa mesnada[60]
en que los engañó una mala lazada,[61]
que debían degollarlo con hoz[62] o con espada:
por un ladrón no fuera la villa deshonrada.
Fueron por degollarlo los mozos más livianos
con buenos serraniles,[63] grandes y bien adianos[64]:
metió Santa María entre medio las manos
y quedaron los cueros de su garganta sanos.
Lo dejaron en paz que siguiese su vía,
porque no querían ir contra Santa María;
su vida mejoró, se apartó de folía,[65]
cuando cumplió su curso murióse de su día.
A madre tan piadosa, de tal benignidad,
que en buenos como en malos ejerce su piedad,
debemos bendecirla de toda voluntad:

2. "EL MILAGRO DE TEÓFILO"

Del pleito de Teófilo vos querría fablar,
tan precioso miraclo non es de oblidar,
ca en eso podremos entender e asmar[66]
que vale la Gloriosa qui la sabe rogar.

55. *ducha*: experta
56. *cuitas*: penas
57. *el servicio que solía hacer*: es decir, su devoción hacia ella
58. *embarazado*: impedido
59. *Ni estuvo…*: nunca había estado tan a gusto, tan cómodo
60. *mesnada*: grupo de gente; en este caso, los familiares y amigos del ahorcado
61. *lazada*: referente a la horca
62. *hoz*: instrumento corvo y afilado de metal
63. *serraniles*: instrumentos para cortar
64. *adianos*: fuertes, resistente
65. *folia*: locura. Es decir, sus malas costumbres (la de robar)
66. *asmar*: apreciar

Non querré, si podiero, la razón alongar,
ca vos habriédes tedio, yo podrie pecar;
de la oración breve se suele Dios pagar,
a nos ésa nos dese el Criador usar.

Era un homne bono de granada facienda,
habié nomne Teófilo como diz la leyenda,
homne era pacífico, non amaba contienda,
bien sabié a sus carnes tenerlas so su rienda.[67]

En el logar do era[68] contenié grant bailía,[69]
de su señor el bispo tenié la vicaría[70];
de los de la eglesia habié la mejoría,
fuera que el obispo habié la nomnadía.[71]

Era entre sí misme de buena contenencia,
sabié haber con todos paz e grant abenencia[72];
homne era temprado, de buena conocencia,
era muy bien condido[73] de sen e de cïencia.[74]

Vistié a los desnudos, apacié los famnientos,[75]
acogié los romeos que vinién fridolientos[76];
daba a los errados buenos castigamientos,
que se penitenciasen de todos fallimentos.

Non habié el obispo embargo nin lacerio,[77]
fuera cantar su misa e rezar so salterio;
elli lo escusaba de todo ministerio,
contar las sus bondades serié grant reguncerio.

Amábalo el bispo mucho de grant manera,
porque lo escusaba de toda facendera[78];
los pueblos e las gentes habiénlo por lumnera,
que él era de todos cabdiello e carrera.[79]

Cuando vino el término que hobo de finar,
non podió el bispo el punto traspasar;
enfermó e murió, fo con Dios a folgar[80]:
déli Dios paraíso, si se quiere rogar.

67. *so su rienda*: bajo su control
68. *do*: (de) donde
69. *bailía*: territorio de una encomienda de las órdenes militares
70. *vicaría*: el cargo del vicario, el segundo al mando
71. *nomandía*: nombramiento
72. *abenencia*: acuerdo; se llevaba bien con todos
73. *condido*: condimentado
74. *sen*: discreción; sensatez
75. *apacié los famnientos*: dio de comer a la gente con hambre
76. *acogié…*: hospedaba a los peregrinos que pasaban frío
77. *lacerio*: sufrimiento
78. *facendera*: trabajo
79. *que él era…*: O sea, todo el mundo lo quiere y aprecia
80. *fo … folgar*: Fue con Dios a reposar.

Los pueblos de la tierra, toda la clerecía,
todos dicién: «Teófilo aya la bispalía,[81]
entendemos que yace en él la mejoría,
él conviene que aya la adelantadía».

Envïaron sos cartas al metropolitano
por Dios que de Teófilo non mudase la mano,
ca eso tenién todos por consejo más sano,
lo ál serié ivierno, esto serié verano.

Envïaron por elli los del arzobispado,
disiéronli: «Teófilo, prendi esti obispado,
ca todo el cabillo en ti es otorgado,
e de todos los pueblos eres tú postulado».

Recudiólis Teófilo con grant simplicidat:
«Señores, mudat mano por Dios e caridat,
ca non só yo tan digno pora tal dignidat,
en fer tal electïón serié grant ceguedat».[82]

Diso el arzobispo: «Quiero que vos fabledes;
esta electecion quiero que la tomedes».
Dísoli[83] don Teófilo: «Tanto non contendredes
que a todo mi grado a ello me levedes».

Los de la canongía, si lis plogo o non,
hobieron a facer otra electïón;
el bispo que pusieron enna ordinación[84]
metió otro vicario enna ministración.

Corrién los pleitos todos al vicario novel,
serviénlo a Teófilo mas plus servién a él;
cogió celo Teófilo, cempelló[85] el doncel,
cambióse en Caín el que fuera Avel.[86]

En casa del obispo non era tan privado,
como solié ser con el otro pasado;
fo en so voluntat fierament conturbado,
habiélo lo envidia de su siesto sacado.

Teniése por maltrecho e por ocasionado,
de grandes e de chicos vediése desdeñado;
cegó con grant despecho e fo mal trastornado,
asmó fiera locura, yerro grant desguisado.

81. *aya la bispalía*: el pueblo quiere que Teófilo sea el nuevo Obispo.
82. *ceguedat*: ceguera; un gran error
83. *Dísoli*: le dijo
84. *enna*: "en la"
85. *cempelló*: sufrió
86. *cambióse…*: Es una referencia bíblica. Un violento Caín mata a su hermano pacífico, Abel.

Do moraba[87] Teófilo, en esa obispalía,
habié y un judío en esa judería;
sabié él cosa mala, toda alevosía,[88]
ca con la uestantigua[89] habié su cofradría.[90]

Era el trufán[91] falso pleno de malos vicios,
sabié encantamientos e muchos maleficios;
facié el malo cercos e otros artificios,
Belcebud lo guïaba en todos sus oficios.[92]

En dar consejos malos era muy sabidor,
mataba muchas almas el falso traïdor;
como era vasallo de mucho mal señor,
si él mal lo mandaba él faciélo peor.

Cuidábanse los homnes que con seso quebraba,
non entendién que todo Satanás lo guïaba;
cuando por aventura en algo acertaba
por poco la gent loca que no lo adoraba.

Habiélo el dïablo puesto en grant logar,
todos a él vinién consejo demandar;
lo que lis él dicié, faciégelo probar,
sabié de mala guisa los homnes engañar.

Teniénlo por profeta todos, chicos e grandes,
todos corrién a elli como puercos a landes[93];
los que enfermos eran levábanlos en andes;
todos dicién: «Faremos qequiere que tú mandes».

Teófilo mesquino, de Dios desaramparado,
venciólo so lucura e mueda del Pecado;
fo demandar consejo al trufán dïablado
cómo podrié tornar al antiguo estado.

Dísoli el judío: «Si creerme quisieres,
rehez puedes tornar en eso que tú quieres;
non ayas nula dubda, si tú firme sobieres
todo es recabdado,[94] si non te repindieres».

Recudióli Teófilo como ebellinado:
«Por eso vin a ti por seguir tu mandado».
Dísoli el judío: «Seï asegurado,
cuenta que tu pleito todo es recabdado.

87. *moraba*: vivía
88. *alevosía*: mentira, falsedad
89. *uestantigua*: el Diablo
90. *cofradía*: congregación
91. *trufán*: mentiroso
92. *Belcebud*: el Diablo
93. *a landes*: un tipo de bellota, fruto preferido de los puercos
94. *recabdado*: recogido, cobrado

Ve folgar a tu lecho,
cras al sueño primero,
fúrtate de tus homnes,
ven tastar a la puerta

Fo con esto Teófilo
tovo todo so pleito
tornó a su posada
mucho más li valiera

Luego la otra nochi,
furtóse de sus homnes,
fo tastar a la puerta,
el trufán sovo presto,[95]

Prísolo por la mano,
sacólo de la villa
dís'l: «Non te sanctigues
ca toda tu facienda

Vío a poca de hora
con ciriales en manos
con su reï e medio,
¡Ya querrié don Teófilo

Prísolo por la mano
levólo a la tienda
recibiólo el rei
sí ficieron los príncipes

Díso'l luego el rei:
¿Qué present me traedes?
o ¿qué homne es ésti
Saberlo quiero luego

Dísoli el judío:
ésti solié seer
quieriénlo todos mucho,
tolliéronlo agora,

Por eso es venido
que li fagas cobrar
él fágate servicio
habrás en él vasallo

Dísoli el dïablo:
a vasallo ajeno
mas deniegue a Cristo
facerli hé que torne

torna a tu posada,
la gente aquedada,
de toda tu mesnada,
e non fagas ál nada».

alegre e pagado,
que era bien parado;
durament engañado,
si se fuese quedado.

la gente aquedada,
isió de su posada;
ca sabié la entrada,
abrióli sin soldada.

la nochi bien mediada,
a una crucejada;
nin te temas de nada,
será cras mejorada».

venir muy grandes yentes
e con cirios ardientes,[96]
feos, ca non lucientes.
seer con sus parientes!

el trufán traïdor,
do sedié el señor;
asaz a grant honor,
que'l sedién derredor.

«Don fulán, ¿qué buscades?
Quiero que lo digades,
que vos me presentades?
-esto bien lo creades».

«Señor rey coronado,
vicario del bispado,
era homne honrado,
ond es menoscabado.

a tos piedes caer,
lo que solié haber;
a todo so poder,
bueno a mi creer».

«Non serié buen derecho
yo buscar tal provecho;
que nos faz muy despecho,
en todo so bienfecho.

95. *presto*: listo
96. *cirios ardientes*: velas encendidas

Deniegue al so Cristo e a Sancta María,
fágame carta firme a mi placentería,
ponga y su seyello[97] a la postremería,[98]
tornará en su grado con muy grant mejoría».

Teófilo gana de en grant precio,
al placer del dïablo hobo a consintir;
fizo con él su carta e fízola guarnir
de su seyello misme que no'l podié mentir.

Partióse d'él con esto, tornó a su posada,
cerca era de gallos[99] cuando fizo tornada;
no la entendió nadi esta so cabalgada,
fuera Dios a cual sólo non se encubre nada.

Pero perdió la sombra, siempre fo desombrado,
perdió la color buena, fincó descolorado;
pero Dios se lo quiso, non poder del Pecado,
tornó el malastrugo[100] en todo su estado.

Tornó el fementido en todo so estado,
conocióse el bispo que habié mal errado,
que de la vicaría lo habié demudado.
«Señor -diso Teófilo- séavos perdonado».

Si ante fo Teófilo bien quisto e amado
fo depués más servido e mucho más preciado;
Dios señero lo sabe, que es bien decorado,
si li vinié por Dios o si por el Pecado.

Visco algunos días en esta bien andanza,
habiendo con el bispo amor e grant privanza,
recibiendo del pueblo mucha buena pitanza,[101]
mas en cabo firiólo Cristo con la su lanza.

Estando est vicario en esta vicaría,
cogió muy grant jactancia e grant vallitanía;[102]
concibió vanagloria e grant eufanía[103]
entendiéngelo todos que trayé lozanía.[104]

El Señor que non quiere muerte de pecadores,
mas que salven las almas, emienden[105] los errores,

97. *seyello*: sello, firma
98. *postremería*: período último de la duración de algo
99. *cerca era de gallos*: es decir, llegan de madrugada
100. *malastrugo*: desdichado
101. *pitanza*: regalo
102. *vallitanía*: osadía; atrevimiento
103. *eufanía*: orgullo
104. *lozanía*: soberbia
105. *emienden*: corrijan

tornó en est enfermo
que era decebido

de mortales dolores,
de malos traïdores.

Los vienes que ficiera
el buen Señor non quiso
reviscló los sus sesos
abrió luego los ojos

ennos tiempos trocidos
que li fuesen perdidos;
que yacién amortidos,
que tenié adormidos.

Respiró un poquiello,
comidió su facienda,
comidió más adentro
allí cadió Teófilo

tornó en so sentido,
víose mal tañido;
qué habié prometido,
en tierra amortido.

Diso entre sí misme:
del otero que sovi
La alma hé perdida,
el bien que hé perdido

«Mesquino, malfadado,
¿quí me ha derribado?
el cuerpo despreciado,
no lo veré cobrado.

Mesquino pecador,
non trobaré qui quiera
morré como qui yace
que non vede terreno

non veo do ribar,
por mí a Dios rogar;
en medio de la mar,
do pueda escapar.

Mesquino ¡aï mí!
matéme con mis manos,
habiéme asentado
agora hé perdida

Nasqui en hora dura,
matóme mi locura;
Dios en buena mesura:
toda buena ventura.

Mesquino, porque quiera
que diz la escriptura
no me querrá oír
porque la denegué,

tornar enna Gloriosa,
que es tan pïadosa,
ca es de mí sanosa,
fiz tan esquiva cosa.

Non hobo mayor culpa
que por pocos dineros
yo pequé sobre todos,
que por mí non será

Judás el traïdor
vendió a su señor;
mesquino pecador,
ninguno rogador.

So perdido con Dios
perdido con los sactos
corté todas las cimas
si nacido non fuese

e con Sancta María,
por mi alevosía;
do los piedes tenía,
mucho mejor habría.

En día del judicio,
¿con cuál cara veré
De mí fablarán todos,
non verá a la junta

yo, falso traïdor,
ante el nuestro Señor?
mesquino pecador,
de mí otro peor.

Vidi en hora mala
escuché a un dïablo,

aquella vicaría,
busqué mi negro día;

matóme el trufán, el de la judería,
que mató otros muchos con mala maestría.[106]

Yo non habíe mengua nin andaba mendigo,
todos me facíen honra e placiélis comigo;
mas fui demandar mejor de pan de trigo,
yo busqué mi cuchiello: fuí mi enemigo.

Había qué vistir, había qué calzar,
había pora mí, había pora dar;
fui pora mercado día negro buscar,
debríame yo misme con mis manos matar.

Bien sé que d'esta fiebre non podré terminar,
non ha menge nin físico que me pueda prestar
si non Sancta María, estrella de la mar,
mas ¿quí será osado que la vaya rogar?

Yo mesquino fediondo que fiedo más que can,[107]
can que yage podrido, non él que come pan
non me querrá oír, esto sélo de plan,
ca fui contra ella torpe e muy villán.

Que a los sanctos quiera meter por rogadores,
como del mi mal pleito todos son sabidores,
sanosos me son mártires, todos los confesores,
mucho más los apóstolos que son mucho mayores.

Non quiero por los piedes la cabeza desar,
a la Madre gloriosa me quiero acostar;
cadré a los sos piedes delante so altar,
atendiendo su gracia, allí quiero finar.

Allí terré ieiunos, faré aflictïones,
ploraré de los ojos,[108] rezaré oraciones,
martiriaré las carnes, cebo de vervenzones,
ca metrá en mí mientes en algunas sazones.

Maguer[109] la denegué como loco sendío,
que fui engañado por un falso judío,
firmemientre lo creo, enna su mercet fío,
que d'Ella nació Cristus que fue Salvador mío.

Que vaya al su tiemplo cras de buena mañana,[110]
venir'm ha lo que veno a la egiptïana,[111]

106. *maestría*: consejos
107. *que fiedo más que can*: que huelo peor que un perro
108. *ploraré*: lloraré
109. *Maguer*: aunque
110. *cras…*: el día siguiente por la mañana
111. *egiptïana*: pecadora redimida legendaria

que priso grant porfazo
fasta que la Gloriosa

Aunque me lo sufra
que pueda entrar entro
verá rayo o fuego
fará daño a muchos

Aunque todo esto
que me deje en paz
en cuál razón empiece
nin asmo cómo pueda

Desemparó su casa
non diso a ninguno
fue pora la eglesia
plorando de los ojos

Echóseli a piedes
que es de pecadores
«Señora -diso- valas
a la tu merced vengo

Señora, só perdudo
fiz mal encartamiento
di non sé por cuál guisa
agora lo entendo

Señora benedicta,
que siempre faces preces
non vaya repoyado
si non dizrán algunos

Señora, tú que eres
en qui el Rey de Gloria
torna en mí, Señora,
ca so sobeja guisa

Torna contra mí, Madre,
fáceslo con derecho
non vaya más a mal
torna sobre Teófilo,

Cuarenta días sobo
sufrié días e noches
de ál no li membraba
clamar a la Gloriosa

Plógo'l al Rey del Cielo
contendiendo Teófilo

como mala villana
li fo entremediana.

Dios por la su pïadat,
veer la magestat,
o otra tempestat,
por la mi malveztat.

me quiera Dios sofrir,
mi rencura decir,
non puedo comedir,
la mi boca abrir».

e cuanto que habié,
lo que facer querié;
del logar do seyé,
cuanto más se podié.

a la Sancta Reina,
consejo e madrina:
a la alma mesquina.
buscarli medicina.

e só desemparado,
e só mal engañado,
la alma al Pecado,
que fiz mal mercado.[112]

reina coronada,
por la gente errada,
yo de la tu posada,
que ya non puedes nada.

puerta de paraíso,
tantas bondades miso,
el to precioso viso,
del mercado repiso.

la tu cara preciosa,
si me eres sanosa;
que es ida la cosa,
Reina glorïosa».

en esta contención,
fiera tribulación;
si de esto sólo non:
de firme corazón.

al cuarenteno día,[113]
en su tesurería,[114]

112. *que fiz mal mercado*: que hice un mal trato
113. *cuarenteno día*: día cuarenta
114. *tesurería*: asunto; pleito

apareció'l de noche Sancta Virgo María,
dísoli fuertes bierbos[115] com qui con felonía.

Dísoli: «¿En qué andas, homne de auze dura?[116]
Sobre yelo escribes, contiendes en locura;
hasta só de tu pleito, dasme grant amargura,
eres muy porfidioso, enojas sin mesura.

Faces petiçïones locas e sin color,
a nos ás denegados, busquest otro señor;
don renegado malo, de Judas muy peor,
non sé por ti quí quiera rogar al Criador.

Yo vergüenza habría al mi Fijo rogar,
non sería osada la razón empezar:
el qué tú deneguesti e busquesti pesar,
non nos querrá oír ni a ti perdonar».

«Madre -diso Teófilo- por Dios e caridat,
non cates[117] al mi mérito, cata a tu bondat;
de cuanto que tú dices, todo dices verdat,
ca só sucio e falso, pleno de malveztat.

Repiso só, Señora, válame penitencia,
ésa salva las almas, tal es nuestra creencia,
ésa salvó a Peidro que fizo grant falencia,
e lavó a Longino[118] de muy grant vïolencia.

La sancta Magdalena, de Lázaro hermana,
pecadriz sin mesura, ca fue muger liviana,
eso misme te digo de la egipcïana,
ésa sanó a ambas, la que todo mal sana.

Davit a colpe fizo tres pecados mortales,
todos feos e sucios e todos principales;
fizo su penitencia con gémitos corales,[119]
perdonóli el Padre de los penitenciales.

Pueblos de Ninivé que eran condenados
ficieron penitencia, plorando sus pecados;
los fallimentes todos fuéronlis perdonados,
muchos serién destructos que fueron escusados.

Esta razón, Señora, tuya es de ver,
faciendo penitencia si me debe valer;
Madre, si tú quisieses e fuese tu placer,
en mí esti judicio non debié perecer».

115. *bierbos*: palabras
116. *de auze dura*: desgraciado
117. *no cates*: no mires
118. *Longino*: soldado romano que traspasó el costado de Cristo con su lanza
119. *gémitos corales*: gemidos del corazón

Calló elli con tanto, fabló Sancta María,
diso: «Traes, Teófilo, revuelta pleitesía[120];
bien lieve la mi fonta, bien la perdonaría,
mas a lo de mi Fijo bien non trevería.[121]

Maguer que me neguesti, fecisti sucio fecho,
quiérote consejar de consejo derecho:
torna en el mi Fijo, ca te tiene despecho,
ca se tiene de ti que fue mucho maltrecho.

Ruégalo bien de firme con muy grant femencia,[122]
deniega al dïablo, confirma tu creencia;
mucho es pïadoso e de grant conocencia,
él mata, él vivífica ca es de tal potencia».

«Madre -diso Teófilo- siempre seas laudada,
Pascua fue e grant día cuando tú fuisti nada;
mucho es la mi alma con esto confortada,
trae la tu palabra melecina probada.

Yo no lo osaría al tu Fijo rogar,
por mi ventura mala busquéli grant pesar;
pero fío en Elli como debo fiar,
e quiero mi creencia a ti la demostrar.

Creo que un Dios es e que es Trinidat,
Trinidat en personas, una la deïdat;
non ha ennas personas nula diversidat,
Padre, Fijo e Spíritu, unos son de verdat.

Creo de Jesu Cristo enna encarnación,
que nació de ti, Madre, por nuestra redención;
predicó el Evangelio, desent priso pasión,
en el día tercero fizo resurectión.

Creo bien firmemientre la su ascensïón,
que envió la gracia, la de consolación;
creo la postremeria regeneracïón
cuando buenos e malos prendrán el galardón.

Madre, todo lo creo, só ende bien certano,
cuanto que Cristo manda creer a cristiano;
mas so en grant vergüenza, en miedo sovejano,[123]
ca fui, mi Señora, contra Él muy villano.

A mal homne e sucio e mal testimoniado,
non me querrá oír, ca non es aguisado[124];

120. pletitesía: pacto
121. *bien non trevería*: no me atrevería
122. *femencia*: vehemencia
123. *sovejano*: excesivo; extremo
124. *aguisado*: compuesto

Madre, tanto lo temo,
fincarié nuestro pleito

Si bien ha de seer
tú as en esti pleito,
otro procurador
ca porque lo buscase

Tú eres para todo
por rogar al tu Fijo,
quequiere que tú mandes
todo lo fará el

Lo que nunca fecist
non sea en Teófilo,
tórname en la gracia
la Flor que tú pariste

Señora benedicta,
aún en tu osanza
si non cobro la carta
contaré que non só

Diso Sancta María:
la carta que fecisti
e desent la sellest
en el infierno yace

Non querrié el mi Fijo
descender al infierno,
ca es logar fediondo,
sólo en so meterllo

«Señora benedicta
bien lo querrá tu Fijo
todo te lo dará
a mí verná la carta

Doquiere que la tenga
sólo que Él lo quiera,
Señora, que de todos
non puedo más rogarte

Diso'l Sancta María
«Finca en paz, Teófilo,

iría repoyado,[125]
mucho empeorado.

o me quieres prestar,
Madre, a trabajar;
non me mandes buscar,
no lo podrie trobar.

¡grado al Criador!
tu Padre, tu Señor;
e hobieres sabor,
de mucho buen amor.

en otro pecador,
por el Nuestro Señor;
de la tu sancta flor,
sin tacha, sin dolor.

Reina principal,
quiérote decir ál;
que fici por mi mal,
quito del mal dogal».[126]

«Don sucio, don maliello,
con el tu mal caubdiello,[127]
con el tu proprio seyello,
en chico reconciello.[128]

por la tu pleitesía
prender tal romería,
fedionda confradría,
serié grant osadía».

entre todas mugieres,
lo que tú bien quisieres;
lo que tú bien pidieres,
si tú sabor hobieres.

el dïablo metida,
luego será rendida;
eres salut e vida,
nin sé más que te pida».

buen confuerto probado:
véote bien lazrado[129];

125. *repoyado*: rechazado
126. *dogal*: cuerda o soga
127. *caubdiello*: caudillo, jefe, guía
128. *reconciello*: rinconcito
129. *lazrado*: dolido

iré yo si pudiero recabdar[130] el mandado,
¡Dios lo mande que sea aína recabdado!»

La Madre benedicta, esta razón tractada,
tollióseli delante, non pudió veer nada;
pero la voluntat teniéla confortada,
ca es el solaz suyo melecina probada.

Si ante fue Teófilo de grant devociön,
mucho fúe depués de mayor compunción;
tres días e tres noches sobo en oración,
nin comió nin bebió nin exió de lectión.

Semejaban sus ojos dos fuentes perenales,
ferié con su cabeza en los duros cantales[131];
sus puños en sus pechos daban colpes tales,
dicié: «¡Válasme, Madre, como a otros vales!

Válasme, Madre Sancta, ói los mis clamores,
que faces cosas tales e otras más mayores;
tú sabes la mi cuita, entiendes mis dolores,
non me oblides, Madre, solaz de pecadores».

Mucho lazró Teófilo en este tridüano,[132]
yaciendo en la tierra orando muy cutiano[133];
nunca en tantos días lazró nul cristiano,
en cabo su lacerio non li cayó en vano.

La Reina de Gloria, Madre Sancta María,
visitólo de cabo[134] en el tercero día;
adúsoli[135] saludes, nuevas de alegría,
cuales querrié tod homne que yaz en enfermería.

«Sepas -diso-, Teófilo, que las tus oraciones,
los tus gémitos grandes, las tus aflictïones,
levadas son al cielo con grandes procesiones;
leváronlas los ángeles cantando dulces sones.

Es de la tu facienda el mi Fijo pagado,
el tuerto que ficisti aslo bien emendado;
si bien perseverares como hás empezado,
tu pleito es bien puesto e muy bien recabdado.

Yo fablé en tu pleito de toda voluntat,
finqué los mis enojos ante la magestat;

130. *recabdar*: recobrar
131. *cantales*: piedras
132. *tridüano*: período de tres días
133. *cutiano*: cotidianamente; todos los días
134. *de cabo*: finalmente
135. *adúsoli*: le trajo

áte Dios perdonado,
conviene tú que seas

fecha grant caridat,
firme en tu bondat».

«Madre -diso Teófilo-
por ti me viene esto,
quitas de mal judicio
que yacrié[136] en infierno

de Dios Nuestro Señor,
bien só ent sabidor;
un alma pecador,
con Judas el traidor.

Pero con todo esto
aún non me seguro
hasta vea la carta
la que fiz cuando hobi

que tú ás recabdado,
nin seo bien pagado,
e cobre el dictado,
al tu Fijo negado.

Madre, si yo hobiese
e dentro en un fuego
si quiere luego muriese
ca mal está mi alma,

la cartiella cobrada,
la hobiese quemada,
yo non daría nada,
Señora, enredada.

Madre, bien sé que eres
mas si tú me falleces
Señora, tú que esta
fázme render la carta,

d'est pleito enojada,
non me tengo a nada;
cosa hás empezada,
será bien recabdada».

«Non fincará por eso
non finque por tan poco
Tollióseli delante
fue buscar esta carta

-diso la Glorïosa-
empezada la cosa».
la Reina preciosa,
de guisa presurosa.

Alegróse Teófilo
non era maravella
tornó en su estudio,
nunca fue en est sieglo

que yacié quebrantado,
ca yacié muy lazrado;
el que habié usado,
confesor más penado.

Tornó en su estudio,
en comer, en beber
tenié enna Gloriosa
que li darié por Ella

en fer su penitencia,
tener grant abstenencia;
toda la su creencia,
Dios la su bienquerencia.

En la noche tercera
ca sufrié grant martirio,
vino la Gloriosa
con su carta en mano,

yacié él adormido,
habié poco sentido;
con recabdo complido,
queda e sin roído.

La esposa de Cristo,
echógela de suso,
recudió[137] con Teófilo,
trobó en su regazo[138]

doncella e parida,
dioli una ferida;
tornó de muert a vida,
la carta malmetida.

136. *yacrié*: yacía; estaba
137. *recudió*: respondió
138. *regazo*: al estar sentada una persona, es la parte del cuerpo entre las caderas y las rodillas

Con esto fue Teófilo alegre e lozano,
que veyé la cartiella tornada en su mano;
allí tobo que era de la fiebre bien sano,
apretó bien la carta, cumplió su tridüano.

El confesor Teófilo hobo grant alegría,
cuando tobo la carta en su podestadía;
rendió gracias a Cristo e a Sancta María,
ca Ella adobara toda su pleitesía.

Dicié: «Señora buena, siempre seas laudada,
siempre seas bendicha, siempre glorificada;
para los pecadores eres buena probada,
cual nunca nació otra tan dulz nin tan uviada.[139]

Siempre seas bendicha, el tu Fructo laudado,
sancto es el tu nomne, más el suyo medrado;
tú me saquesti, Madre, del pozo dïablado,
do siempre sine fine yazría enfogado.

Señora bendicta, Madre Sancta María,
cuánto te lo gradesco decir no lo podría;
Madre, tú me da seso, saber e conocía
por ond laudarte pueda, ca mucho lo querría.

Reina poderosa de los fechos honrados,
que siempre te trabajas en salvar los errados,
tú me gana, Señora, perdón de los pecados,
que laude dignamientre los tus bienes granados.

Madre del Rey de Gloria, por la tu pïadat,
alimpia los mis labros e la mi voluntat,
que pueda dignamientre laudar la tu bondat,
ca ás sobre mí fecha sobra grant caridat».

Otro día mañana que cuntió esta cosa,
que aduso la carta la Madre glorïosa,
era día domingo, una feria sabrosa,
en qui la gent cristiana toda anda gradosa.

Vino el pueblo todo a la misa oír,
prender pan benito el agua recebir;
queriéla el obispo de la villa decir,
quierié el homne bono so oficio complir.

El confesor Teófilo, un lazrado cristiano,
fue pora la eglesia con su carta en mano;
posóse a los pies del buen misacantano,[140]
confesó su proceso tardío e temprano.

139. *uviada*: guiada, dirigida
140. misacantano: cura

Fizo su confesión
cómo fizo su vida
desend cómo un dia
que lo fizo cegar

pura e verdadera,
de la edat primera,
lo sacó de carrera,
de estraña manera.

Cómo fue al judío,
cómo li dio consejo
cómo con el dïablo
e cómo fue por carta

un trufán renegado,[141]
sucio e desguisado,
hobo pleito talado
el pleito confirmado.

Cómo por la Gloriosa
el que con su seyello
non desó de decir
que no lo diso todo

cobró aquel dictado,
hobiera sellado;
menudo nin granado,
por que habié pasado.

Demostróli la carta
en que toda la fuerza
sanctigóse el bispo
tanto era grant cosa

que en puño[142] tenié,
de mal pleito yacié;
que tal cosa veyé;
que abés[143] lo creyé.

«Ite misa est» dicha,
era toda la gent
fizo signo el bispo
fincó la gente toda

la misa acabada,
por irse saborgada[144];
con su mano sagrada,
como seyé posada.

«Oíd -dijo- varones
nunca en este sieglo
veredes el dïablo
los que non se le guardan,

una fiera hazaña,
la oyestes tamaña;
que trae mala maña,
tan mal que los engaña.

Este nuestro canónigo
moviólo su locura,
fue buscar al dïablo
por cobrar un oficio

e nuestro compañero,
un falso consejero,
sabidor e artero,[145]
que toviera primero.

Sópolo engañar
dísoli que negase
e a Sancta María
e tornar lo yé luego

el falso traïdor,
a Cristo su Señor
que fue buena seror
en toda su honor.

Otorgógelo esti
fizo con él su carta,
con su seyello misme
de tal amigo guárdenos

mesquino pecador,
esto fue lo peor;
robró esa labor,
Dios el Nuestro Señor.

Dios que siempre desea
que por salvar a nos

salut de pecadores,
sufrió grandes dolores,

141. *renegado*: enemigo del cristianismo
142. *puño*: mano cerrado
143. *abés*: apenas
144. *saborgada*: saboreada
145. *artero*: traidor

non quiso que granasen
ca eran barbechadas

esas tales labores,
de malos labradores.

Si la Virgo gloriosa
era el acedoso[146]
mas la su sancta gracia
ha cobrada la carta,

no'l hobiese valido,
fieramientre torcido;
ha lo ya acorrido,
si non, fuera perdido.

Yo la tengo en puño,
esto non yaz en dubda,
onde debemos todos
e a la Sancta Virgo

podédesla ver,
debédeslo creer,
a Dios gracias render
que li denó[147] valer».

Rendieron todos gracias,
ficieron grandes laudes
plorando de los ojos,
a la Madre gloriosa,

mugieres e varones,
e grandes procesiones,
diciendo oraciones
buena todas fazones.

El «Te Deüm laudamus»
«Tibi laus, tibi gloria»
dicién «Salve Regina»,
e otros cantos dulces

fue altament cantado,
fue bien reïterado;
cantábanla de grado
de son e de dictado.

Desent mandó el bispo
veyéndolo el pueblo
echó aquesta carta
ardió, tornó cenisa

facer muy grant foguera,
que en la glesia era;
dentro en la calera,[148]
pargamino e cera.

Desque el pueblo hobo
la carta fo quemada,
Recibió Corpus Dómini
veyéndolo el pueblo

tenido su clamor,
¡gracias al Criador!
el sancto confesor,
que seyé derredor.

Adieso que[149] Teófilo,
recibió Corpus Dómini
fue a ojo del pueblo
un resplendor tan fiero

un cuerpo martiriado,
e fue bien confesado,
de claridat cercado,
que non serié asmado.[150]

Fue el pueblo certero
e era grant mérito
e Dios que lo cubrié
e prendió el dïablo

que era homne santo,
por qui facié Dios tanto,
de tan precioso manto
en ello grant quebranto.

Relucié la su cara,
com la de Moïsés
o como San Andrés
el Criador en esto

tales rayos echaba,
cuando la ley portaba,
cuando en cruz estaba;
poca honra no'l daba.

146. *acedoso*: amargo
147. *li denó*: se dignó
148. *calera*: fuego
149. *Adieso que*: en el momento que
150. *asmado*: juzgado, imaginado, pensado

Cuando esto veyeron los pueblos e las yentes,
que ixién de su cara tales rayos lucientes,
cantaron otras laudes, otros cantos recientes;
en laudar la Gloriosa todos eran ardientes.

Aturó[151] bien Teófilo en su contemplación,
no'l movió vanagloria nin cogió elación;
tornó a la eglesia do vío la visïón,
nunca fue más devoto en ninguna sazón.

Entendió el bon homne, Dios lo fizo certero,
que li vinié bien cerca el día postremero;
partió cuanto habié, no li fincó dinero,[152]
diolo todo a pobres, fizo buen semencero.[153]

Pidió culpa a todos los de la vecindat,
perdonáronle todos de buena voluntat;
besó mano al bispo, fizo grant honestat,
finó al tercer día, fizo'l Dios pïadat.

Tres días solos visco[154] desque fue comulgado,
desque el cartelario fue cenisa tornado;
murió enna eglesia do fuera visitado,
fue en est logar misme el cuerpo soterrado.

Asín finó Teófilo, el buenaventurado,
el yerro que ficiera, Dios sea ent laudado
bien lo emendó todo, fizo a Dios pagado,
valiéndo'l la Gloriosa, la que aya buen grado.

Señores, tal miraclo cual habemos oído,
non debemos por nada echarlo en oblido,[155]
si non, seremos todos homnes del mal sentido,
que non habemos seso natural nin complido.

Así lo diz Sant Paulo, el buen predicador,
que fue leal vasallo de Dios, Nuestro Señor,
que todas las leyendas que son del Criador,
todas salut predigan del homne pecador.

Nos en esto podemos entender e asmar
cuánto val penitencia a qui la sabe guardar;
si non fuese por ella, podédeslo jurar,
que fuera don Teófilo ido a mal logar.

Si la Madre gloriosa, que li denó valer,
ésa no'l entendiese, no vernie valer;

151. *Aturó*: persistió
152. *no li fincó dinero*: no se quedó con su dinero
153. *semencero*: cosecha
154. *visco*: vivió
155. *oblido*: olvido

mas qui a mí quisiere escuchar e creer,
viva en penitencia, puede salvo ser.

Amigos, si quisiésedes vuestras almas salvar,
si vos el mi consejo quisiéredes tomar,
fech confesión vera non querades tardar,
e prendet penitencia, pensátla de guardar.

Quiéralo Jesu Cristo e la Virgo gloriosa,
sin la cual non se hace ninguna buena cosa,
que así mantegamos esta vida lazrosa,
que ganemos la otra durable e lumnosa. (Amen).

La Madre glorïosa, de los cielos Reina,
la que fue a Teófilo tan prestable medicina,
Ella nos sea guarda en esta luz mezquina
que caer non podamos en la mala rüína. (Amen).

Madre, del tu Golzalvo seï remembrador
que de los tos miraclos fue dictador;
tú fes por él, Señora, preces al Criador,
ca es tu privilegio valer a pecador,
tú li gana la gracia de Dios, Nuestro Señor. (Amen).

E. Cuestionario[156]

"El ladrón devoto"

1. ¿Qué tipo de vida lleva el ladrón?
2. Comenta la mediación de María. ¿Cuántas veces interviene?
 ¿Cuántos y cuáles son los milagros?
3. ¿Cómo funcionan los momentos dramáticos del poema?
 ¿Cuál es el rol de los familiares del ladrón?
4. ¿De qué quiere convencernos Berceo con esta historia?
5. ¿Ves alguna semejanza entre "El ladrón devoto" y "La esposa infiel"? Explica.

"El milagro de Teófilo"

1. ¿Por qué Berceo ha decidido llamar al cura "Teófilo"? ¿Qué significa?
2. Antes de comenzar la historia, la voz poética le habla al lector directamente.
 ¿Con qué propósito y qué dice?
3. ¿Cómo es Teófilo al comienzo del relato? Da ejemplos textuales.
4. Cuando el Obispo muere, ¿qué sugiere el pueblo?
5. ¿Cómo responde Teófilo a esta petición?
6. ¿Qué tienen que hacer los curas a raíz de la respuesta de Teófilo?
7. Teófilo, a consecuencia de la decisión del arzobispado, empieza a cambiar de actitud y de personalidad. Explica.

156. En el caso de las selecciones de Berceo, decidimos escribir cuestionarios individuales para cada texto. En otros casos, cuando las selecciones de un autor son más breves, hemos escrito un solo cuestionario.

8. ¿Cómo es el judío que vive junto a Teófilo? ¿Con qué cosas llega a asociarse a este judío? Proporciona ejemplos textuales.
9. ¿Por qué Teófilo quiere aliarse con el judío?
10. ¿Cuál es el rol del diablo en este relato? ¿Qué quiere el diablo? ¿Qué representa esto?
11. ¿Cambian las cosas para Teófilo? Elabora.
12. ¿Qué sucede poco después de que Teófilo se junte con el diablo? ¿Cómo se siente?
13. Pasan cuarenta días. ¿Quién visita a Teófilo? ¿De qué se habla?
14. Después de un tiempo breve, llega a las manos de Teófilo algo importante. ¿Qué es y qué demuestra tal hecho?
15. El Obispo resume la dura experiencia de Teófilo al final del relato. ¿Con qué fin?
16. ¿Qué se hace con la famosa carta sellada y firmada de Teófilo?
16. ¿Cómo se encuentra Teófilo al final del relato? Da ejemplos.
17. A pesar del arrepentimiento de Teófilo, ¿qué sucede unos días después?
18. La voz poética le habla al lector directamente en las últimas estrofas. ¿Por qué?
19. ¿Cuál sería la moraleja de este milagro?
20. Después de leer dos "milagros", ¿cómo describirías a María en términos de temperamento y personalidad? ¿Te sorprende su representación?
21. ¿Qué tienen en común "Teófilo" y "El ladrón"?
22. El pueblo cobra mucha importancia en los *Milagros de Nuestra Señora*. ¿Cuál es su rol en estos dos milagros?
23. ¿Crees que estos milagros tuvieron éxito en difundir la fe católica durante su época? Explica.

IV. Don Juan Manuel (1282–1349)

A. Términos literarios

1. La trama
2. El diálogo
3. El didacticismo
4. La prosa (narrativa)
5. El cuento
6. El narrador
7. El narratario
8. El marco narrativo

B. El autor y su contexto social[157]

1. El sobrino de Alfonso X el Sabio (1221–1284)
2. *El libro de Patronio* (*El conde Lucanor*)

157. Aunque reconocemos que la información biográfica sobre los autores tiene un uso analítico limitado, ofrecemos estos detalles como parte de una contextualización histórica más amplia. Además, hemos descubierto que a los estudiantes les interesan las vidas de los escritores estudiados.

3. Fuentes árabes
4. La presentación de la sociedad medieval
5. La influencia en la obra de autores posteriores como Hans Christian Andersen y Shakespeare
6. La consciencia del autor como artista literario.

C. Imágenes en contexto

Busca representaciones de las *Cántigas de Santa María* de Alfonso X el Sabio en línea (Google Imágenes) y piensa en lo siguiente en preparación para esta sección:

1. El ambiente representado
2. El uso del espacio y su relación con la posición social de las figuras
3. Las relaciones entre el espacio interior y el espacio exterior
4. El énfasis en el arte, la cultura y el estudio
5. La falta de figuras femeninas

D. Los textos

1. CUENTO XXXV: "LO QUE SUCEDIÓ A UN MANCEBO QUE CASÓ CON UNA MUCHACHA MUY REBELDE"

Otra vez hablaba el Conde Lucanor con Patronio, su consejero, y le decía:

-Patronio, un pariente mío me ha contado que lo quieren casar con una mujer muy rica y más ilustre que él, por lo que esta boda le sería muy provechosa si no fuera porque, según le han dicho algunos amigos, se trata de una doncella muy violenta y colérica. Por eso os ruego que me digáis si le debo aconsejar que se case con ella, sabiendo cómo es, o si le debo aconsejar que no lo haga.

-Señor conde -dijo Patronio-, si vuestro pariente tiene el carácter de un joven cuyo padre era un honrado moro, aconsejadle que se case con ella; pero si no es así, no se lo aconsejéis.

El conde le rogó que le contase lo sucedido.

Patronio le dijo que en una ciudad vivían un padre y su hijo, que era excelente persona, pero no tan rico que pudiese realizar cuantos proyectos tenía para salir adelante. Por eso el mancebo[158] estaba siempre muy preocupado, pues siendo tan emprendedor[159] no tenía medios ni dinero.

En aquella misma ciudad vivía otro hombre mucho más distinguido y más rico que el primero, que sólo tenía una hija, de carácter muy distinto al del mancebo, pues cuanto en él había de bueno, lo tenía ella de malo, por lo cual nadie en el mundo querría casarse con aquel diablo de mujer.

Aquel mancebo tan bueno fue un día a su padre y le dijo que, pues no era tan rico que pudiera darle cuanto necesitaba para vivir, se vería en la necesidad de pasar miseria y pobreza o irse de allí, por lo cual, si él daba su consentimiento, le parecía más juicioso

158. *mancebo*: joven
159. *emprendedor*: ambicioso

buscar un matrimonio conveniente, con el que pudiera encontrar un medio de llevar a cabo sus proyectos. El padre le contestó que le gustaría mucho poder encontrarle un matrimonio ventajoso.[160]

Dijo el mancebo a su padre que, si él quería, podía intentar que aquel hombre bueno, cuya hija era tan mala, se la diese por esposa. El padre, al oír decir esto a su hijo, se asombró[161] mucho y le preguntó cómo había pensado aquello, pues no había nadie en el mundo que la conociese que, aunque fuera muy pobre, quisiera casarse con ella. El hijo le contestó que hiciese el favor de concertarle[162] aquel matrimonio. Tanto le insistió que, aunque al padre le pareció algo muy extraño, le dijo que lo haría.

Marchó luego a casa de aquel buen hombre, del que era muy amigo, y le contó cuanto había hablado con su hijo, diciéndole que, como el mancebo estaba dispuesto a casarse con su hija, consintiera en su matrimonio. Cuando el buen hombre oyó hablar así a su amigo, le contestó:

–Por Dios, amigo, si yo autorizara esa boda sería vuestro peor amigo, pues tratándose de vuestro hijo, que es muy bueno, yo pensaría que le hacía grave daño al consentir su perjuicio[163] o su muerte, porque estoy seguro de que, si se casa con mi hija, morirá, o su vida con ella será peor que la misma muerte. Mas no penséis que os digo esto por no aceptar vuestra petición, pues, si la queréis como esposa de vuestro hijo, a mí mucho me contentará entregarla a él o a cualquiera que se la lleve de esta casa.–

Su amigo le respondió que le agradecía mucho su advertencia, pero, como su hijo insistía en casarse con ella, le volvía a pedir su consentimiento.

Celebrada la boda, llevaron a la novia a casa de su marido y, como eran moros, siguiendo sus costumbres les prepararon la cena, les pusieron la mesa y los dejaron solos hasta la mañana siguiente. Pero los padres y parientes del novio y de la novia estaban con mucho miedo, pues pensaban que al día siguiente encontrarían al joven muerto o muy mal herido.

Al quedarse los novios solos en su casa, se sentaron a la mesa y, antes de que ella pudiese decir nada, miró el novio a una y otra parte y, al ver a un perro, le dijo ya bastante airado[164]:

–¡Perro, danos agua para las manos!

El perro no lo hizo. El mancebo comenzó a enfadarse y le ordenó con más ira que les trajese agua para las manos. Pero el perro seguía sin obedecerle. Viendo que el perro no lo hacía, el joven se levantó muy enfadado de la mesa y, cogiendo la espada, se lanzó contra el perro, que, al verlo venir así, emprendió una veloz huida,[165] perseguido por el mancebo, saltando ambos por entre la ropa, la mesa y el fuego; tanto lo persiguió que, al fin, el mancebo le dio alcance,[166] lo sujetó y le cortó la cabeza, las patas y las manos, haciéndolo pedazos y ensangrentando toda la casa, la mesa y la ropa.

160. *ventajoso*: de buen provecho
161. *se asombró*: se sorprendió
162. *concertarle*: arreglarle, autorizarle
163. perjuicio: daño
164. *airado*: enojado
165. *emprendió...*: intentó escaparse
166. *le dio...*: lo cogió

Después, muy enojado y lleno de sangre, volvió a sentarse a la mesa y miró en derredor.[167] Vio un gato, al que mandó que trajese agua para las manos; como el gato no lo hacía, le gritó:

—¡Cómo, falso traidor! ¿No has visto lo que he hecho con el perro por no obedecerme? Juro por Dios que, si tardas en hacer lo que mando, tendrás la misma muerte que el perro.

El gato siguió sin moverse, pues tampoco es costumbre suya llevar el agua para las manos. Como no lo hacía, se levantó el mancebo, lo cogió por las patas y lo estrelló[168] contra una pared, haciendo de él más de cien pedazos y demostrando con él mayor ensañamiento[169] que con el perro.

Así, indignado, colérico y haciendo gestos de ira, volvió a la mesa y miró a todas partes. La mujer, al verle hacer todo esto, pensó que se había vuelto loco y no decía nada.

Después de mirar por todas partes, vio a su caballo, que estaba en la cámara[170] y, aunque era el único que tenía, le mandó muy enfadado que les trajese agua para las manos; pero el caballo no le obedeció. Al ver que no lo hacía, le gritó:

—¡Cómo, don caballo! ¿Pensáis que, porque no tengo otro caballo, os respetaré la vida si no hacéis lo que yo mando? Estáis muy confundido, pues si, para desgracia vuestra, no cumplís mis órdenes, juro ante Dios daros tan mala muerte como a los otros, porque no hay nadie en el mundo que me desobedezca que no corra la misma suerte.[171]

El caballo siguió sin moverse. Cuando el mancebo vio que el caballo no lo obedecía, se acercó a él, le cortó la cabeza con mucha rabia y luego lo hizo pedazos.

Al ver su mujer que mataba al caballo, aunque no tenía otro, y que decía que haría lo mismo con quien no le obedeciese, pensó que no se trataba de una broma y le entró tantísimo miedo que no sabía si estaba viva o muerta.

Él, así, furioso, ensangrentado[172] y colérico, volvió a la mesa, jurando que, si mil caballos, hombres o mujeres hubiera en su casa que no le hicieran caso, los mataría a todos. Se sentó y miró a un lado y a otro, con la espada llena de sangre en el regazo; cuando hubo mirado muy bien, al no ver a ningún ser vivo sino a su mujer, volvió la mirada hacia ella con mucha ira y le dijo con muchísima furia, mostrándole la espada:

—Levantaos y dadme agua para las manos.

La mujer, que no esperaba otra cosa sino que la despedazaría,[173] se levantó a toda prisa y le trajo el agua que pedía. Él le dijo:

—¡Ah! ¡Cuántas gracias doy a Dios porque habéis hecho lo que os mandé! Pues de lo contrario, y con el disgusto que estos estúpidos me han dado, habría hecho con vos lo mismo que con ellos.

167. *en derredor*: alrededor suyo
168. *estrelló*: golpeó, aplastó
169. *ensañamiento*: ira
170. *cámara*: parte interior de la casa
171. *que no corra la misma suerte*: que no tenga el mismo fin
172. *ensangrentado*: cubierto de sangre
173. *despedazaría*: cortaría en pedazos

Después le ordenó que le sirviese la comida y ella le obedeció. Cada vez que le mandaba alguna cosa, tan violentamente se lo decía y con tal voz que ella creía que su cabeza rodaría[174] por el suelo.

Así ocurrió entre los dos aquella noche, que nunca hablaba ella sino que se limitaba a obedecer a su marido. Cuando ya habían dormido un rato, le dijo él:

–Con tanta ira como he tenido esta noche, no he podido dormir bien. Procurad que mañana no me despierte nadie y preparadme un buen desayuno.

Cuando aún era muy de mañana, los padres, madres y parientes se acercaron a la puerta y, como no se oía a nadie, pensaron que el novio estaba muerto o gravemente herido. Viendo por entre las puertas a la novia y no al novio, su temor se hizo muy grande.

Ella, al verlos junto a la puerta, se les acercó muy despacio y, llena de temor, comenzó a increparles[175]:

–¡Locos, insensatos! ¿Qué hacéis ahí? ¿Cómo os atrevéis a llegar a esta puerta? ¿No os da miedo hablar? ¡Callaos, si no, todos moriremos, vosotros y yo!

Al oírla decir esto, quedaron muy sorprendidos. Cuando supieron lo ocurrido entre ellos aquella noche, sintieron gran estima por el mancebo porque había sabido imponer su autoridad y hacerse él con el gobierno de su casa. Desde aquel día en adelante, fue su mujer muy obediente y llevaron muy buena vida.

Pasados unos días, quiso su suegro hacer lo mismo que su yerno, para lo cual mató un gallo; pero su mujer le dijo:

–En verdad, don Fulano, que os decidís muy tarde, porque de nada os valdría aunque mataseis cien caballos: antes tendríais que haberlo hecho, que ahora nos conocemos de sobra.

Y concluyó Patronio:

–Vos, señor conde, si vuestro pariente quiere casarse con esa mujer y vuestro familiar tiene el carácter de aquel mancebo, aconsejadle que lo haga, pues sabrá mandar en su casa; pero si no es así y no puede hacer todo lo necesario para imponerse a su futura esposa, debe dejar pasar esa oportunidad. También os aconsejo a vos que, cuando hayáis de tratar con los demás hombres, les deis a entender desde el principio cómo han de portarse con vos.

El conde vio que este era un buen consejo, obró según él y le fue muy bien.

Como don Juan comprobó que el cuento era bueno, lo mandó escribir en este libro e hizo estos versos que dicen así:

> Si desde un principio no muestras quién eres,
> nunca podrás después, cuando quisieres.

2. CUENTO XXXII "LO QUE SUCEDIÓ A UN REY CON LOS BURLADORES QUE HICIERON EL PAÑO[176]"

174. *rodaría por el suelo*: que el marido le cortaría la cabeza
175. *increparles*: reñirles, corregirles
176. *paño*: tela

Otra vez le dijo el Conde Lucanor a su consejero Patronio:

-Patronio, un hombre me ha propuesto un asunto[177] muy importante, que será muy provechoso para mí; pero me pide que no lo sepa ninguna persona, por mucha confianza que yo tenga en ella, y tanto me encarece[178] el secreto que afirma que puedo perder mi hacienda y mi vida, si se lo descubro a alguien. Como yo sé que por vuestro claro entendimiento ninguno os propondría algo que fuera engaño o burla, os ruego que me digáis vuestra opinión sobre este asunto.

-Señor Conde Lucanor -dijo Patronio-, para que sepáis lo que más os conviene hacer en este negocio, me gustaría contaros lo que sucedió a un rey moro con tres pícaros granujas[179] que llegaron a palacio.

Y el conde le preguntó lo que había pasado.

-Señor conde -dijo Patronio-, tres pícaros fueron a palacio y dijeron al rey que eran excelentes tejedores,[180] y le contaron cómo su mayor habilidad era hacer un paño que sólo podían ver aquellos que eran hijos de quienes todos creían su padre, pero que dicha tela nunca podría ser vista por quienes no fueran hijos de quien pasaba por padre suyo.

Esto le pareció muy bien al rey, pues por aquel medio sabría quiénes eran hijos verdaderos de sus padres y quiénes no, para, de esta manera, quedarse él con sus bienes,[181] porque los moros no heredan a sus padres si no son verdaderamente sus hijos. Con esta intención, les mandó dar una sala grande para que hiciesen aquella tela.

Los pícaros pidieron al rey que les mandase encerrar en aquel salón hasta que terminaran su labor y, de esta manera, se vería que no había engaño en cuanto proponían. Esto también agradó mucho al rey, que les dio oro, y plata, y seda, y cuanto fue necesario para tejer la tela. Y después quedaron encerrados en aquel salón.

Ellos montaron sus telares[182] y simulaban estar muchas horas tejiendo. Pasados varios días, fue uno de ellos a decir al rey que ya habían empezado la tela y que era muy hermosa; también le explicó con qué figuras y labores la estaban haciendo, y le pidió que fuese a verla él solo, sin compañía de ningún consejero. Al rey le agradó mucho todo esto.

El rey, para hacer la prueba antes en otra persona, envió a un criado suyo, sin pedirle que le dijera la verdad. Cuando el servidor vio a los tejedores y les oyó comentar entre ellos las virtudes de la tela, no se atrevió a decir que no la veía. Y así, cuando volvió a palacio, dijo al rey que la había visto. El rey mandó después a otro servidor, que afamó[183] también haber visto la tela.

Cuando todos los enviados del rey le aseguraron haber visto el paño, el rey fue a verlo. Entró en la sala y vio a los falsos tejedores hacer como si trabajasen, mientras le decían: «Mirad esta labor. ¿Os place esta historia? Mirad el dibujo y apreciad la variedad de los colores». Y aunque los tres se mostraban de acuerdo en lo que decían, la verdad

177. *asunto*: trato, negocio
178. *encarece*: importa
179. *pícaros granujas*: engañadores, astutos
180. *tejedores*: personas que, trabajando con el hilo, hacen telas
181. *sus bienes*: su herencia
182. *tejares*: aparato para tejer
183. *afamó*: afirmó

es que no habían tejido tela alguna. Cuando el rey los vio tejer y decir cómo era la tela, que otros ya habían visto, se tuvo por muerto, pues pensó que él no la veía porque no era hijo del rey, su padre, y por eso no podía ver el paño, y temió que, si lo decía, perdería el reino. Obligado por ese temor, alabó[184] mucho la tela y aprendió muy bien todos los detalles que los tejedores le habían mostrado. Cuando volvió a palacio, comentó a sus cortesanos las excelencias y primores[185] de aquella tela y les explicó los dibujos e historias que había en ella, pero les ocultó todas sus sospechas.

A los pocos días, y para que viera la tela, el rey envió a su gobernador, al que le había contado las excelencias y maravillas que tenía el paño. Llegó el gobernador y vio a los pícaros tejer y explicar las figuras y labores que tenía la tela, pero, como él no las veía, y recordaba que el rey las había visto, juzgó no ser hijo de quien creía su padre y pensó que, si alguien lo supiese, perdería honra y cargos.[186] Con este temor, alabó mucho la tela, tanto o más que el propio rey.

Cuando el gobernador le dijo al rey que había visto la tela y le alabó todos sus detalles y excelencias, el monarca se sintió muy desdichado,[187] pues ya no le cabía[188] duda de que no era hijo del rey a quien había sucedido en el trono. Por este motivo, comenzó a alabar la calidad y belleza de la tela y la destreza[189] de aquellos que la habían tejido.

Al día siguiente envió el rey a su valido,[190] y le ocurrió lo mismo. ¿Qué más os diré? De esta manera, y por temor a la deshonra, fueron engañados el rey y todos sus vasallos, pues ninguno osaba decir que no veía la tela.

Así siguió este asunto hasta que llegaron las fiestas mayores y pidieron al rey que vistiese aquellos paños para la ocasión. Los tres pícaros trajeron la tela envuelta en una sábana de lino, hicieron como si la desenvolviesen y, después, preguntaron al rey qué clase de vestidura deseaba. El rey les indicó el traje que quería. Ellos le tomaron medidas y, después, hicieron como si cortasen la tela y la estuvieran cosiendo.

Cuando llegó el día de la fiesta, los tejedores le trajeron al rey la tela cortada y cosida, haciéndole creer que lo vestían y le alisaban[191] los pliegues.[192] Al terminar, el rey pensó que ya estaba vestido, sin atreverse a decir que él no veía la tela.

Y vestido de esta forma, es decir, totalmente desnudo, montó a caballo para recorrer la ciudad; por suerte, era verano y el rey no padeció el frío.

Todas las gentes lo vieron desnudo y, como sabían que el que no viera la tela era por no ser hijo de su padre, creyendo cada uno que, aunque él no la veía, los demás sí, por miedo a perder la honra, permanecieron[193] callados y ninguno se atrevió a descubrir

184. *alabó*: habló bien de …
185. *primores*: encantos, bellezas
186. *cargos*: trabajos con cierta importancia social
187. *desdichado*: triste, con mala suerte
188. *no le cabía*: no tenía
189. *destreza*: habilidad
190. *valido*: consejero importante
191. *alisaban*: arreglaban, hacían quedar bien
192. *pliegues*: dobleces decorativos en la ropa
193. *permanecieron*: siguieron

aquel secreto. Pero un negro, palafrenero[194] del rey, que no tenía honra que perder, se acercó al rey y le dijo: «Señor, a mí me da lo mismo que me tengáis por hijo de mi padre o de otro cualquiera, y por eso os digo que o yo soy ciego, o vais desnudo».

El rey comenzó a insultarlo, diciendo que, como él no era hijo de su padre, no podía ver la tela.

Al decir esto el negro, otro que lo oyó dijo lo mismo, y así lo fueron diciendo hasta que el rey y todos los demás perdieron el miedo a reconocer que era la verdad; y así comprendieron el engaño[195] que los pícaros les habían hecho. Y cuando fueron a buscarlos, no los encontraron, pues se habían ido con lo que habían estafado[196] al rey gracias a este engaño.

Así, vos, señor Conde Lucanor, como aquel hombre os pide que ninguna persona de vuestra confianza sepa lo que os propone, estad seguro de que piensa engañaros, pues debéis comprender que no tiene motivos para buscar vuestro provecho, ya que apenas os conoce, mientras que, quienes han vivido con vos, siempre procurarán serviros y favoreceros.

El conde pensó que era un buen consejo, lo siguió y le fue muy bien.

Viendo don Juan que este cuento era bueno, lo mandó escribir en este libro y compuso estos versos que dicen así:

A quien te aconseja encubrir de tus amigos
más le gusta engañarte que los higos.

D. Cuestionario

1. En términos generales, ¿cómo es la prosa de don Juan Manuel?
2. ¿Cuáles son las moralejas de estos relatos? ¿Estás de acuerdo con ellas? Explica tu respuesta.
3. ¿Qué sugieren estos textos sobre las relaciones entre el matrimonio y la organización social medieval?
4. En el cuento XXXV, ¿qué crees que habría pasado si la esposa no hubiera obedecido a su esposo?
5. Del mismo modo, ¿cuál es la importancia temática del miedo en estos dos relatos? ¿Y la del engaño?
6. ¿Cómo se manifiestan las ideas presentadas en estos cuentos en tradiciones literarias posteriores? ¿Puedes pensar en algún ejemplo?
7. Basándote en la lectura de estos cuentos, ¿qué semejanzas existen entre los valores sociales/personales de la sociedad de don Juan Manuel y los de nuestra sociedad? ¿En qué se distinguen?

194. *palafrenero*: hombre que cuida los caballos
195. *engaño*: falsedad
196. *estafado*: robado por medio del engaño, defraudado

V. Romances (anónimos, popularizados a partir del s. XIV)

A. Términos literarios

1. El *Romance*
2. La rima asonante
3. El estribillo
4. La tradición oral
5. La clasificación genérica
 a. Los romances fronterizos (ejemplo, "Romance de la pérdida de Alhama[197]")
 b. Los romances novelescos (ejemplo, "Conde Arnaldos")
6. El apóstrofe
7. El diálogo
8. La antítesis/las oposiciones binarias. Por ejemplo, tierra frente a mar en "Conde Arnaldos"
9. *In medias res*

B. La obra y su contexto social

1. "Romance de la pérdida de Alhama"
 a. La conquista musulmana y Reconquista cristiana
 b. Las aportaciones lingüísticas arábigas al castellano
 c. Alhama como símbolo político y de importancia estratégica
2. "Romance del Conde Arnaldos"
 a. Un poema derivado del cuento de Simón, un pescador de la Biblia
 b. Elementos sobrenaturales

C. Imágenes en contexto

Busca representaciones de romances ("poesía") en línea (Google Imágenes) y piensa en lo siguiente en preparación para esta sección:

1. La imagen del juglar
2. La importancia de la música y el canto
3. La poesía escrita frente a la poesía oral

D. Los textos

1. "Romance de la pérdida de Alhama"

Paseábase el rey moro[198]—por la ciudad de Granada
desde la puerta de Elvira—hasta la de Vivarrambla.[199]
—*¡Ay de mi Alhama!*—

197. *Alhama*: pueblo en Granada
198. *moro*: alguien de la población musulmana que vivía en Andalucía (Al-Andalus)
199. *Puerta de Elvira y Vivarrambla*: arcos principales en Granada

Cartas le fueron venidas—que Alhama era ganada.[200]
Las cartas echó en el fuego—y al mensajero matara,
—*¡Ay de mi Alhama!*—

Descabalga de una mula,—y en un caballo cabalga;
por el Zacatín[201] arriba—subido se había al Alhambra.
—*¡Ay de mi Alhama!*—

Como en el Alhambra estuvo,—al mismo punto mandaba
que se toquen sus trompetas,—sus añafiles de plata.[202]
—*¡Ay de mi Alhama!*—

Y que las cajas de guerra—apriesa toquen el arma,
porque lo oigan sus moros,—los de la vega y Granada.
—*¡Ay de mi Alhama!*—

Los moros que el son oyeron—que al sangriento Marte[203] llama,
uno a uno y dos a dos—juntado se ha gran batalla.
—*¡Ay de mi Alhama!*—

Allí fabló un moro viejo,—de esta manera fablara:
—¿Para qué nos llamas, rey,—para qué es esta llamada?
—*¡Ay de mi Alhama!*—

—Habéis de saber, amigos,—una nueva desdichada:
que cristianos de braveza—ya nos han ganado Alhama.
—*¡Ay de mi Alhama!*—

Allí fabló un alfaquí[204]—de barba crecida y cana:
—Bien se te emplea,[205] buen rey,—buen rey, bien se te empleara.
—*¡Ay de mi Alhama!*—

Mataste los Bencerrajes,[206]—que eran la flor de Granada,
cogiste los tornadizos[207]—de Córdoba la nombrada.
—*¡Ay de mi Alhama!*—

Por eso mereces, rey,—una pena muy doblada:
que te pierdas tú y el reino,—y aquí se pierda Granada.
—*¡Ay de mi Alhama!*—

2. "ROMANCE DEL CONDE ARNALDOS"

Quién hubiese tal ventura
sobre las aguas del mar,

200. *que Alhama era ganada*: referencia a la Reconquista por los cristianos
201. *Zacatín*: tipo de mercado
202. *añafiles*: trompetas rectas moriscas
203. *Marte*: Dios romano de la guerra
204. *alfaquí*: experto en leyes musulmanas
205. *emplea*: esfuerza
206. *(A)Bencerrajes*: el nombre de un linaje nobiliario de origen norteafricano del reino nazarí de Granada
207. *tornadizos*: del verbo tornar (convertirse); cristianos convertidos al Islám

como hubo el conde Arnaldos
la mañana de San Juan!
Con un falcón en la mano
la caza iba a cazar,
vio venir una galera[208]
que a tierra quiere llegar.
Las velas traía de seda,
la jarcia[209] de un cendal,
marinero que la manda
diciendo viene un cantar
que la mar facía en calma,
los vientos hace amainar,[210]
los peces que andan en el hondo
arriba los hace andar,
Las aves que andan volando
En el mástil las hace posar.
Allí fabló el conde Arnaldos,
bien oiréis lo que dirá:
-Por Dios te ruego, marinero,
dígasme ora ese cantar-
Respondióle el marinero,
Tal respuesta le fue a dar:
-Yo no digo esta canción
sino a quien conmigo va.

E. Cuestionario

"Romance de la pérdida de Alhama"

1. ¿Cuál es el tono del poema? Señala ejemplos textuales para justificar tu respuesta.
2. ¿Por qué el rey descabalgó de la mula y cabalgó en un caballo? En términos generales, ¿qué hace el rey moro durante el poema?
3. ¿Por qué ordena que suenen las trompetas?
4. ¿Dónde se encuentran los súbditos del rey moro?
5. ¿Cuál es el rol del alfaquí? ¿Qué representa?
6. ¿Qué impresión tienes del rey después de leer el romance? ¿Qué tipo de rey es?
7. Explica cómo la repetición, el estribillo, afecta al significado del poema.
8. ¿Qué tienen en común este romance y el *Cantar de Mio Cid*?

"Romance del conde Arnaldos"

1. Analiza la función de las oposiciones binarias en el poema.
2. ¿Qué representa el conde y qué simboliza el marinero?

208. *galera*: barco impulsado por gente que rema
209. *jarcia*: conjunto de aparatos usados para pescar
210. *amianar*: calmar

3. ¿Es significativo que este encuentro ocurra el día de San Juan?
4. ¿Qué efecto tiene el canto del marinero en la naturaleza?
5. ¿Por qué crees que el conde quiere saber el nombre de la canción del marinero?
6. ¿Cómo interpretas los últimos dos versos?
7. ¿Qué tienen en común y cómo se diferencian este poema y el de Alhama?

La producción cultural americana prehispánica

Busca imágenes del *Códice florentino* en línea (Google Imágenes) y piensa en lo siguiente en preparación para esta sección:

- La sociedad azteca
- La función del arte, especialmente en comparación con la del arte medieval de España
- La (re)construcción de la historia
- Leyendo imágenes, traduciendo texto

Introducción

Aunque los españoles no llegan oficialmente al Nuevo Mundo hasta 1492, eso no quiere decir que no existiera una tradición escrita en los diferentes grupos autóctonos que vivían en las numerosas regiones de lo que hoy es Hispanoamérica. Todo lo que se producía en términos artísticos antes de la llegada de Colón forma parte de lo que se conoce hoy día como la época precolombina, es decir, "antes de 'Colombo,'" Cristóbal Colón).[211] Si bien, la tradición aborigen no nace en Europa, el llamado "encuentro" entre los ibéricos y los indígenas nativos tiene como resultado una síntesis cultural que influye en la manera en la que entendemos la historia de ambos grupos a partir del siglo XV.

Por eso, cuando se estudia la literatura de la Edad Media española, es importante recordar que hubo actividad cultural, intelectual y literaria al otro lado del océano en esos territorios que pronto se integrarían al mundo hispano: Mesoamérica, América andina y el Caribe. Normalmente, cuando se habla de la época precolombina, se destacan dos países en particular, sobre todo por sus grandes e importantes civilizaciones: Perú y México. En Perú, por ejemplo, se sabe que los incas contaban con una civilización sumamente avanzada, incluso en comparación con las culturas europeas. En México, además de grupos como los mayas, los toltecas y los olmecas, los aztecas destacaban como artesanos, astrónomos y arquitectos talentosos y, también se consideraban astutos y formidables

211. Algunos historiadores y grupos modernos pro indígenas se sienten incómodos con el adjetivo "precolombino" porque se deriva del idioma de los conquistadores, los españoles. Para destacar a los grupos indígenas precolombinos sin tener que referirse a ellos en términos de los que ellos consideran los invasores, en ciertas regiones de Centroamérica utilizan la frase "Abya Yala" para hablar de las tierras de los nativos antes de 1492.

guerreros. A pesar de los desarrollados sistemas educativos, gubernamentales, religiosos y culturales de las civilizaciones prehispánicas, los españoles destruyeron mucha de la producción cultural de estos grupos en nombre del cristianismo, especialmente en el combate en contra de la herejía. Lo que nos queda, sin embargo, atestigua estas riquezas perdidas. A partir del siglo XX la producción cultural autóctona anterior a 1492 empieza a revaluarse como parte de una dignificación del pasado cultural indígena.

Aunque los incas se expresaban oralmente en quechua y los aztecas en náhuatl, ninguno de los dos grupos utilizaba su idioma de forma escrita. De todos los grupos indígenas, las tribus mayas desarrollaron el sistema de "escritura" más completo. Para reconstruir y entender su cultura, recurrimos a una serie de documentos pictográficos o jeroglíficos que se llaman "códices" (ver otra vez el *Códice florentino*), los cuales representan una variante de un idioma maya hablado. Hay solo tres o cuatro que se conservan actualmente. Dos textos mayas—el *Chilam Balam* y el *Popol Vuh*—fueron escritos usando el idioma de los mayas pero con caracteres europeos. El *Chilam Balam* es un texto principalmente histórico, pero que también contiene secciones sobre el calendario maya, múltiples profecías y la astrología. El *Popol Vuh*, considerado "la Biblia maya", en quiché quiere decir "Libro de la comunidad". En él se cuenta el mito de la creación de los maya, las aventuras épicas de dos gemelos Hunahpú y Xbalanqué, y la historia del reino quiché. Los dos textos representan no solo transcripciones, sino también traducciones; por eso es imposible pasar por alto la influencia española en ellos.

Al leer estas selecciones, tanto las de la Edad Media española como las de la producción cultural americana prehispánica, los invitamos a que piensen en sus semejanzas y diferencias; particularmente con respecto a las entre la literatura y la religión, y las maneras en que estos dos elementos literarios y espirituales se vinculan con lo político.

La producción cultural americana prehispánica

VI. *Rabinal Achí* (anónimo, siglo XV)

A. Términos literarios

1. El drama/baile
2. El epíteto
3. El acto
4. El cuadro
5. Las acotaciones

B. La obra y su contexto social

1. *Xajoj Tun/El baile del tun* (la trompeta)
 a. La importancia de la música
 b. El tocador del *tun* es también el director de la pieza.

2. Bailarines enmascarados
3. Representado en Rabinal, Baja Verapaz, Guatemala
4. Una dramatización del conflicto entre dos grupos políticos: los Rabinaleb' y los K'iché (quiché)
4. Traducido por primera vez, al francés, por Charles-Étienne Brasseur de Bourbourg
5. Representado hoy en día el 25 de enero, el día de San Pablo
6. Declarada Obra Maestra del Patrimonio Oral e Intangible de la Humanidad por la UNESCO en el 2005
7. Inscrita en la Lista Representativa del Patrimonio Cultural Inmaterial de la Humanidad en el 2008

C. Imágenes en contexto

Busca vídeos de *Rabinal Achí* en línea (YouTube) y piensa en lo siguiente en preparación para esta sección:

1. El vestuario, la música y los efectos producidos por estos dos elementos
2. La representación visual y oral de los distintos personajes
3. Otros elementos que forman parte de la representación
4. El papel de los espectadores

D. El texto

1. *Rabinal Achí* o *El varón de Rabinal*

PERSONAJES DEL DRAMA/BAILE:

EL JEFE CINCO-LLUVIA. Gobernador de los de Rabinal
EL VARÓN DE RABINAL. El más destacado entre los varones, hijo del Jefe Cinco-Lluvia
EL VARÓN DE LOS QUECHÉ. Gobernador de los Yaqui,[212] de los de Cunén[213] y Chahul,[214] hijo del Hechicero de los varones
HECHICERO DEL ENVOLTORIO. Gobernador de los hombres Quiché
LA SEÑORA. Esposa del jefe Cinco-Lluvia
MADRE DE LAS PLUMAS. Madre de los Verdes Pajarillos, Piedra Preciosa, Prometida del Varón de Rabinal
XOK-MUN. Sirviente/a. Sirviente/a del Varón de Rabinal
DOCE ÁGUILAS AMARILLAS, DOCE JAGUARES AMARILLOS. Varones de la ciudad de Rabinal
Abundantes guerreros y abundantes servidores del Varón de Rabinal
Danzantes

La acción se desarrolla en Cakyug-Zilic-Cakocaonic-Tepecanic.[215] Los cuadros I y

212. *Yaqui*: extranjero; de otro pueblo indígena
213. *Cunén*: uno de los tres grupos que formaban el pueblo quiché
214. *Chahul*: uno de los grupos de formaban el pueblo quiché

III del primer acto tienen lugar frente a la fortaleza y el cuadro II y el segundo acto, en el interior de la misma.

PRIMER ACTO: CUADRO I (selecciones)

El Varón de Rabinal y su gente danzan en ronda. El Varón de los Queché llega de pronto y se pone a bailar en medio del círculo moviendo su lanza corta, como si quisiera herir con ella, en la cabeza, al Varón de Rabinal. El movimiento de la ronda es cada vez más rápido.

EL VARON DE LOS QUECHE

¡Acércate, jefe violentador, jefe deshonesto! ¡Será el primero a quien no acabaré de cortar la raíz, el tronco; ese jefe de los Chacach, de los Zaman, el Caük de Rabinal! Esto es lo que digo ante el cielo, ante la tierra. Por eso no pronunciaré abundantes palabras. ¡El cielo, la tierra, estén contigo, el más destacado entre los varones. Varón de Rabinal!

EL VARON DE RABINAL

Al bailar agita un lazo, con el que se propone sujetar a su enemigo.

¡Efectivamente! ¡Valeroso varón, hombre de los Cavek Queché! Eso dijo tu voz ante el cielo, ante la tierra: "Acércate, jefe violentador, jefe deshonesto. ¿Será el único a quien no acabaré por cortar la raíz, el tronco; ese jefe de los Chacach, de los Zaman, el Caük de Rabinal"?.¿Así dijiste? Sí, efectivamente, aquí está el cielo; sí, efectivamente, aquí está la tierra. Te entregaste al hijo de mi flecha, al hijo de mi escudo, a mi maza[216] yaqui, a mi hacha yaqui, a la red, a mis ataduras, a mi tierra blanca, a mis yerbas mágicas, a mi vigor, a mi valentía. Sea así o no sea así, yo te enlazaré con mi fuerte cuerda, mi fuerte lazo, ante el cielo, ante la tierra. ¡El cielo, la tierra, estén contigo, valiente, varón, hombre prisionero y cautivo!

Lo ha sujetado con el lazo y tira de éste, para atraerlo hacia sí. Cesa la música, y la danza se interrumpe. Hay un prolongado silencio, en el cual ambos varones, fingiéndose iracundos, se ven cara a cara. Después, sin acompañamiento musical ni danza, pronuncia el siguiente parlamento el Varón de Rabinal y le replica el Varón de los Queché.

¡Eh! valiente, varón, prisionero, cautivo. Ya enlacé al de su cielo, al de su tierra. Sí, efectivamente, el cielo; sí, efectivamente, la tierra te han entregado al hijo de mi escudo, a mi maza yaqui, a mi hacha yaqui, a mi red, a mis ataduras, a mi tierra blanca, a mis hierbas mágicas. Di, revela dónde están tus montañas, dónde están tus valles; si naciste en el costado[217] de una montaña, en el costado de un valle. ¿No serías un hijo de las nubes, un hijo de las nublazones?[218] ¿No vendrías arrojado[219] por las lanzas, por la guerra? Esto es lo que dice mi voz ante el cielo, ante la tierra. Por eso no pronunciaré abundantes palabras. ¡El cielo, la tierra, estén contigo, hombre prisionero, cautivo!

EL VARON DE LOS QUECHE

215. *Cakyug...*: A menos que sea indicado, las palabras en lengua maya que aparecen en el texto se refieren a lugares o pueblos indígenas.
216. *maza*: tipo de martillo que se usa como arma
217. *costado*: lado
218. nublazones: nubes
219. *arrojado*: tirado, lanzado

¡Ah cielo, ah tierra! ¿Es verdad que dijiste eso, que pronunciaste voces absurdas ante el cielo, ante la tierra, ante mis labios y mi cara? ¿Que soy un valiente, un varón? Eso dijo tu voz. ¡Vamos! ¿Sería un valiente, vamos, sería un varón y habría venido arrojado por la lanza, por la guerra? Mas aquí tu voz dijo también: "Di, revela el aspecto de tus montañas, el aspecto de tus valles". Así dijiste. ¡Vamos! ¿Sería un valiente, ¡vamos!, sería un varón, y diría, revelaría el aspecto de mis montañas, el aspecto de mis valles? ¿No está claro que nací en el costado de una montaña, en el costado de un valle, yo el hijo de las nubes, el hijo de las nublazones? ¡vamos!, ¿diría, revelaría mis montañas, mis valles? ¡Ah! ¡Cómo rebasan el cielo, cómo rebasan la tierra! Por eso no pronunciaré abundantes palabras, destacado entre los varones, Varón de Rabinal. ¡El cielo, la tierra, estén contigo!

Se reanuda el baile. Vuelve a sonar la música.

EL VARON DE RABINAL

¡Eh! valiente, varón, hombre prisionero, cautivo. ¿Así dijo tu voz ante el cielo, ante la tierra? "¡Vamos? Sería un valiente, ¡vamos!, sería un varón, y diría, revelaría mis montañas, mis valles? ¿No está claro que nací en el costado de una montaña, en el costado de un valle, yo el hijo de las nubes, el hijo de las nublazones"? ¿No dijo esto tu voz? Si no dices, si no revelas el aspecto de tus montañas, el aspecto de tus valles, permita el cielo, permita la tierra, que te haga ir, sujeto o destrozado, ante mi Gobernador, ante mi mandatario, en mis vastos muros, en mi vasta fortaleza. Esto dice mi voz ante el cielo, ante la tierra. ¡El cielo, la tierra estén contigo, hombre prisionero, cautivo!

EL VARÓN DE LOS QUECHE

¡Ah cielo, ah tierra! Tu voz dijo ante el cielo, ante la tierra: "Se podrá hacer nacer, salir, las voces, las palabras, que diré contigo, ante el cielo, ante la tierra. Aquí hay con qué hacerlas nacer, con qué hacerlas salir, para que tú digas, para que tú reveles el aspecto de tus montañas, el aspecto de tus valles. Si no los dices, si no los revelas, permita el cielo, permita la tierra, que te haga ir, sujeto destrozado, ante mi Gobernador, mi mandatario". Eso dijo tu voz ante el cielo, ante la tierra: ¡Ah, cielo, ah, tierra! ¿A quién diré, revelaré el aspecto de mis montañas, el aspecto de mis valles? ¿A ustedes, tapicholes; a ustedes, pájaros? Yo, el valiente, yo el varón, jefe de los extranjeros de Cunén, de los extranjeros de Chahul! Ciertamente el jefe Hechicero de los varones, Hechicero del Envoltorio, bajó diez veces el camino de las nubes, de las nublazones, en mis montañas, en mis valles. ¿Cómo hacer bajar, cómo hacer subir las voces, las palabras, que diré contigo ante el cielo, ante la tierra? ¡El cielo, la tierra, estén contigo, destacado entre los varones, Varón de Rabinal!

EL VARON DE RABINAL

¡Ah! valiente, varón, hombre de los Cavek Queché. ¡Mis niños, mis hijos! ¿Por qué atrajiste a mis niños, a mis hijos? Nada tenías que hacer con ellos. Déjalos en sus montañas, en sus valles. Si no los dejas, permita el cielo, permita la tierra, que trastorne[220] el cielo, que trastorne la tierra. Esto dijo mi reto porque me había marchado; me dedicaba a colocar las señales de la tierra en la punta llamada Mucutzunun, cuando secuestraste a los blancos niños, a los blancos hijos, ayudado por el hijo de tu flecha; ayudado por el hijo de tu escudo, sin que el eco de tú corazón oyese mi reto, mi grito. Entonces recorrí

220. *trastorne*: inquiete

el costado de las montañas, el costado de los valles y puse mis señales en Pan-Ahachel, llamado así. Allá lancé mi reto, mi grito, contra ti. Hasta entonces dejaste a los blancos niños, a los blancos hijos, allá en Nim Che, en Ca-brakán Paraveno, llamados así; efectivamente a corta distancia de las montañas Queché, de los valles Queché. De allá regresaron ellos, recorrieron ellos los costados de las montañas, los costados delos valles; hueco el vientre, vacío el estómago, regresaron ellos; no obstante, ellos no se dispersaron en sus muros, en sus fortalezas, sino que se avecindaron[221] en Panamaka, llamado así. Entonces viniste contra mi Gobernador, mi mandatario, allá en el lugar de los Baños, llamado así. No me había marchado; estaba a punto de colocar las señales de las tierras, allá en Tzam-Ha, ante Quiluyach Abah, llamados así. Entonces abandoné mi vista, mi contemplación ante el cielo, ante la tierra. Grande era el espacio donde marchaban las nubes, donde marchaban las nublazones, frente a los vastos muros, frente a la vasta fortaleza. Allá lancé mi reto, mi grito, ante el cielo, ante la tierra. Mi voz dijo así: ¡Eh, eh, valiente, varón, hombre de los Cavek Queché! A mi Gobernador, mi mandatario, ¿por qué viniste a secuestrarlo del interior de los vastos muros, del interior de la vasta fortaleza? Nada tenías que ver con él. ¡Permítele, pues, que torne a los vastos muros, a la vasta fortaleza! Esto dijo mi voz; mas tu corazón no se conmovió[222] al oír mi reto, mi grito. Mi voz dijo también: Si no dejas ir a mi Gobernador, mi mandatario, permita el cielo, permita la tierra, que yo trastorne el cielo, que trastorne la tierra, que recorra el cielo, que recorra la tierra. Esto dijo mi voz. Pero tu corazón no se conmovió al escuchar mi reto. Recorrí, pues, los costados de las altas, hermosas montañas, de los grandes, hermosos valles, y fui a colocar mis señales en el interior de los vastos muros, dentro de la vasta fortaleza. Pero no vi sino el horizonte donde marchaban las nubes, donde marchaban las nublazones, frente a los vastos muros, frente a la vasta fortaleza. Sólo la cigarra,[223] sólo el grillo[224] venían a vibrar, venían a cantar en los vastos muros, en la vasta fortaleza. Pero mi corazón desfalleció, mi corazón decayó, y he recorrido los costados de las montañas los costados de los valles, hasta que llegué a las montañas Queché, a los valles Queché; hasta que logré alcanzar a mi Gobernador, mi mandatario, bien amurallado atrás y adelante, en la piedra, en la cal.[225] Me lancé allí con el hijo de mi flecha, con el hijo de mi escudo, mi maza yaqui, mi hacha yaqui, mi valor, mi denuedo. Vi entonces a mi Gobernador, mi mandatario, completamente abandonado en la piedra, en la cal. Lo saqué de allí con la ayuda del hijo de mi flecha, el hijo de mi escudo. Debo decir que si yo no hubiera estado allí, en verdad habrías cortado la raíz, el tronco de mi Gobernador, de mi mandatario, en la montaña Queché, el valle Queché. Así fue como volví a verlo. Con la ayuda del hijo de mi flecha, del hijo de mi escudo, le conduje de nuevo a los muros, a la fortaleza, a mi Gobernador, mi mandatario. ¿No asolaste dos, tres pueblos; las ciudades con barrancos de Balamvac, cuyo suelo pedregoso[226] resuena con las pisadas; de Chí-Calcaraxah, de Chi-Cunu, de Chi-Gozibal-Tagah-Tulul, llamados así. ¿Hasta cuándo tu corazón dejará de estar envidioso, celoso, de mi valor, de mi denuedo?[227] Pero vas a pagarlo, bajo el cielo, sobre la tierra. Trasmitiré, por consiguiente, la noticia de tu pre-

221. *se avecindaron*: se establecieron
222. *se conmovió*: se emocionó
223. *cigarra*: insecto cuyo canto rechinante se oye al anochecer desde los arboles; chicharra
224. *grillo*: insecto nocturno con la capacidad de saltar que produce un canto particular
225. *cal*: óxido de calcio; se puede usar para tapar y cerrar
226. *pedregoso*: cubierto de piedras
227. *denuedo*: esfuerzo, valor

sencia en los vastos muros, en la vasta fortaleza, a mi Gobernador, a mi mandatario. Has dicho, pues, adiós a tus montañas, a tus valles, porque aquí cortaremos tu raíz, tu tronco, bajo el cielo, sobre la tierra. Realmente así será. Por eso, no pronunciaré abundantes palabras. ¡El cielo, la tierra, estén contigo, hombre de los Cavek-Queché!

EL VARON DE LOS QUECHE

¡Eh, valiente, varón, Varón de Rabinal! ¿Dice eso tu voz ante el cielo, ante la tierra? No cambiaré las palabras que has dicho, ante el cielo, ante la tierra, a mis labios, a mi cara. Debo decir que ejecuté mal, al principio, las órdenes de nuestro Gobernador, nuestro mandatario. "Ellos nos provocaron. Ellos nos retaron, "había dicho la voz de nuestro Gobernador, de nuestro mandatario, el jefe de Teken Toh, el jefe de Teken Tihax, Gumarmachi, en Tak-tazib, Taktazimah, Cuxuma Ah, de Cuxuma Cho, de Cuxuma Zivan, de CuxumaCab, de Cuxuma Tziquin. Estos son los nombres, los labios, las caras de nuestro Gobernador, de nuestro mandatario. "Vengan ¡oh! los doce denodados, los varones; vengan a escuchar las órdenes". Esta fue la voz que habló, a ellos al principio; en seguida, a ti; debido a la miseria, el derroche, la falta de orden que hubo allí en los puestos, en los cargos públicos. En los vastos muros, en la vasta fortaleza, sólo hay nueve blancos niños, diez blancos hijos en los vastos muros, en la vasta fortaleza. Esa fue la voz que habló a ellos y a ti. Como de nada había podido adueñarme aquí, debido al deseo de mi corazón, yo hice venir, yo hice tornar a los blancos niños, los blancos hijos, mientras que ellos estaban distraídos en Iximché buscando las colmenas[228] de miel amarilla, de miel verde. Cuando los vi, mi voz dijo ante el cielo, ante la tierra: ¿No podría secuestrar a esos blancos niños, a esos blancos hijos, para que se avecinen en mis montañas, en mis valles? Mi voz dijo: Los conduciré ante mi gobernador, mi mandatario, a la montaña Queché, al valle Queché. Mi voz dijo: Aquí hay, pues, un poco de estas tierras nuevas, antiguas; de las blancas espigas abiertas, de los amarillos frijoles, de los blancos frijoles. De allí vine a Pan Cakil, llamado así, porque mi corazón estaba con los blancos niños, con los blancos hijos. Por eso, pues, lanzaste tu reto, tu grito. Entonces lloró mi corazón, se quejó mi corazón, al oír tu reto, tu grito. Pero en seguida los dejé libres, allá en Nim Che, en Cabrakán Pan-Araveno, llamados así. Faltaba poco para que los blancos niños, los blancos hijos llegasen a mis montañas, a mis valles, a las montañas Queché, a los valles Queché. De ese modo se fueron, así tornaron los blancos niños, los blancos hijos; hueco el interior de su vientre, vacío el interior de su estómago. Prosiguieron la marcha por los costados de las montañas, por los costados de los valles. No obstante, no llegaron hasta sus muros, su fortaleza; se avecindaron, por consiguiente, en Panamaka, llamado así. Ciertamente fui yo el que procedí mal, cuando secuestré a tu Gobernador, tu mandatario, allá en el lugar de los Baños, llamado así; mientras que él iba a bañarse, yo lo secuestré, ayudado del hijo de mi flecha, ayudado del hijo de mi escudo. Lo trasladé a mis montañas, a mis valles: montañas Queché, valles Queché, debido al deseo de mi corazón, porque de nada había podido adueñarme bajo el cielo, sobre la tierra. Lo encerré, pues, en los muros de cal y piedra; tapié[229] su cara; con la cal, la piedra. Debo decir que he procedido mal, porque tu voz dijo: "Asolaste dos, tres pueblos; las ciudades con barrancos de Balamvac, donde el suelo pedregoso resuena con las pisadas; de Chi-Calcaraxah, de Chi-Cunu, de Chi-Gozibal-Tagah-Tulul, llamados así". Ciertamente, procedí mal entonces; debido al

228. *colmena*: lugar o recipiente donde viven las abejas
229. *tapié*: cerré con un muro

deseo de, mi corazón, y pagaré ahora bajo el cielo, sobre la tierra. No hay otras palabras en mi boca, en mi cara. Sólo la ardilla,[230] sólo el pájaro, aquí ante mí, te gritarán, quizás, ¡oh jefe! ¿No dijo tu voz también: "Voy a trasmitir la noticia de tu presencia a la cara de mi Gobernador, mi mandatario, en los vastos muros, en la vasta fortaleza. Has dicho adiós a tus montañas, a tus valles, porque aquí cortaremos tu raíz, tu tronco, aquí bajo el cielo, sobre la tierra"? Esto dijo tu voz. ¿No podríamos proceder lucidamente como hermano mayor, como hermano menor? Te adornaría, te decoraría con mi oro, con mi plata, con el hijo de mi flecha, con el hijo de mi escudo, con mi maza yaqui, con mi hacha yaqui, aun con mis guirnaldas,[231] con mis sandalias. Trabajaría aquí, te serviría como tu niño, como tu hijo, aquí bajo el cielo, sobre la tierra, como señal suprema de que tú no me dejas marchar a mis montañas, a mis valles. Esto dice mi voz ante el cielo, ante la tierra. ¡El cielo, la tierra, estén contigo, valiente, varón, destacado entre los varones, Varón de Rabinal!

EL VARON DE RABINAL

¡Ah, valiente, varón, hombre de los Cavek Queché! ¿No dijo tu voz ante el cielo, ante latiera: "¿No podría yo adornarte, decorarte, con mi oro, con mi plata, con el hijo de mi flecha, con el hijo de mi escudo, con mis guirnaldas, con mis sandalias; trabajar aquí, servirte, bajo el cielo, sobre la tierra"? Esto dijo tu voz. Pero entonces iría a decir a la cara de mi Gobernador, de mi mandatario: "Un valiente, un varón nos había combatido tras los vastos muros, la vasta fortaleza, durante trece veces veinte días, durante trece veces veinte noches; nuestro sueño no nos había sido un reposo, y en seguida yo me he adornado, decorado con su oro, con su plata, con su maza yaqui, con su hacha yaqui, aun con sus guirnaldas, sus sandalias". ¡Y yo podría ir a decir a la cara de mi Gobernador, de mi mandatario, que lo he dejado enseguida regresar a sus montañas, a sus valles! ¿Iría a decir eso a la cara de mi Gobernador, de mi mandatario? Pero estoy bien provisto, colmado[232] de dones por mi Gobernador, mi mandatario, tengo oro, plata; tengo el hijo de mi flecha, el hijo de mi escudo, mi maza yaqui, mi hacha yaqui; estoy bien provisto, estoy colmado de dones por mi Gobernador, mi mandatario, en los vastos muros, en la vasta fortaleza. Por eso voy a trasmitir la noticia de tu presencia frente a los vastos muros, frente a la vasta fortaleza, a la cara de mi Gobernador, de mi mandatario. Si mi Gobernador, mi mandatario permite que te deje marchar a las montañas, a los valles; si mi Gobernador lo dice, entonces te dejaré marchar a las montañas, a los valles. Sí, si mi Gobernador dice eso, te dejaré marchar. Pero si mi Gobernador, mi mandatario dice: "Tráelo ante mis labios, mi cara, para que yo vea hasta qué punto sus labios, su cara son de un valiente, de un varón; si mi Gobernador, mi mandatario dice eso, te lo comunicaré. Esto dice mi voz ante el cielo, ante la tierra. ¡El cielo, la tierra, estén contigo, valiente, varón, hombre de los Cavek Queché!"

EL VARÓN DE LOS QUECHE

¡Pues bien, que así sea, valiente, varón, Varón de Rabinal! Si debes trasmitir la noticia de mi presencia a la cara de tu Gobernador, en los vastos muros, en la vasta fortaleza, anúnciame, pues. ¡El cielo, la tierra, estén contigo, el más destacado entre los varones, Varón de Rabinal!

230. *ardilla*: mamífero pequeño inquieto que vive en los bosques
231. *guirnaldas*: corona de flores
232. *colmado*: completo, lleno, dotado

PRIMER ACTO: CUADRO II (selecciones)

EL VARÓN DE RABINAL

Ante el jefe Cinco-Lluvia, que ocupa un asiento bajo, con respaldo, adornado con labores antiguas. Junto a él, la señora, su esposa, rodeada de sirvientes, guerreros, águilas y jaguares.

¡Te saludo, oh jefe! ¡Te saludo, oh señora! Doy gracias al cielo, doy gracias a la tierra. Aquí tú proteges, abrigas bajo el toldo[233] de plumas de verdes pajarillos, en los vastos muros, en la vasta fortaleza. Así como yo soy un valiente, un varón, y he llegado hasta tus labios, tu cara, en los vastos muros, en la vasta fortaleza, de igual manera aquí está un valiente, un varón, que se nos enfrentó durante trece veces veinte días, durante trece veces veinte noches, tras los vastos muros, tras la vasta fortaleza, donde nuestro sueño no era un reposo. El cielo nos lo ha entregado, la tierra nos lo entregó enlazado; al hijo de mi flecha, al hijo de mi escudo. Lo he atado, lo he enlazado, con mi fuerte cuerda, con mi fuerte lazo, con mi maza yaqui, con mi hacha yaqui, con mi red, con mis ataduras, con mis yerbas mágicas. Después hice que se manifestaran sus labios sin que se cubrieran de espuma[234]: los labios de ese valiente, de ese varón; en seguida él habló ante sus montañas, ante sus valles, a mis labios, a mi cara, a mí, el valiente, el varón. Era ese valiente, ese varón, el que imitaba el grito del coyote, el que imitaba el grito del zorro, el que imitaba el grito de la comadreja,[235] más allá de los vastos muros, la vasta fortaleza, para atraer, para provocar a los blancos niños, a los blancos hijos. Fue ese valiente, ese varón, el que aniquiló a nueve o diez blancos niños, blancos hijos. Fue también ese valiente el que te secuestró en los Baños. Fue ese valiente, ese varón el que asoló dos o tres pueblos; la ciudad con barrancos de Balamvac donde el suelo pedregoso resuena con las pisadas, llamada así. ¿No pondrá, por consiguiente, el deseo de tu corazón un final a ese valor, a ese denuedo? ¿No lo previenen nuestros gobernadores, nuestros mandatarios, cada uno Gobernador de muros, de fortalezas: el jefe de Teken Toh, el jefe de Teken Tihax, Gumarmachi Tactazib, Tactazimah, Cuxuma Ah, Cuxuma Zivan, Cuxuma Cho, Cuxuma Cab, Cuxuma Tziquín? Estos son sus nombres, sus labios, sus caras. Ahora él viene a pagar, bajo el cielo, sobre la tierra. Aquí cortaremos su raíz, su tronco; aquí bajo el cielo, sobre la tierra, ¡oh Gobernador, jefe Cinco-Lluvia!

ACTO II (selecciones)

EL VARÓN DE LOS QUECHE

Llega ante el Jefe Cinco-Lluvia.

¡Te saludo, varón! Soy el que acaba de llegar a la entrada de los vastos muros, de la vasta fortaleza, donde extiendes tus manos, donde extiendes tu sombra. Vinieron a dar la noticia de mi presencia a tus labios, a tu cara. Soy un valiente, un varón, porque tu valiente, tu varón, destacado entre los varones, el Varón de Rabinal, vino a lanzar su reto, su grito, a mis labios, a mi cara. "He trasmitido la noticia de tu presencia a la cara de mi Gobernador, de mi mandatario, en los vastos muros, en la vasta fortaleza. La voz de mi Gobernador, de mi mandatario dijo esto: Haz, pues, que entre ese valiente, ese varón,

233. *toldo*: pabellón cubierto
234. *espuma*: babas, saliva
235. *comadreja*: mamífero carnívoro pequeño

ante mis labios, ante mi cara, para que vea en sus labios, para que vea en su cara, lo valiente que es él, lo varón que es él. Advierte a ese valiente, a ese varón, que no haga estruendo, que no escandalice, que se humille, que humille su cara, cuando llegue a la entrada de los vastos muros, a la entrada de la vasta fortaleza". ¡Pues bien!, soy un valiente, soy un varón, y si tengo que humillarme, que humillar mi cara, aquí tengo con qué humillarme; aquí está mi flecha, aquí está mi escudo, con que yo doblegaré tu destino, el día de tu nacimiento; golpearé la parte inferior de tus labios, la parte superior de tus labios, y vas a resentirlo, ¡oh jefe!

Amenaza con sus armas al jefe Cinco-Lluvia.

XOK-MUN
Valiente, varón, hombre de los Cavek Queché, no mates a mi Gobernador, mi mandatario, el jefe Cinco-Lluvia, en los vastos muros, en la vasta fortaleza, donde está encerrado.

EL VARÓN DE LOS QUECHÉ
Haz, pues, que preparen mi banco, mi asiento, porque así era como en mis montañas, en mis valles, se ilustraba mi destino, se ilustraba el día de mi nacimiento. Allá tengo mi banco, allá tengo mi asiento. ¿Me quedaré en este lugar expuesto a la helada, me quedaré expuesto al frío? Esto dice mi voz ante el cielo, ante la tierra. ¡El cielo, la tierra estén contigo, jefe Cinco-Lluvia!

EL JEFE CINCO-LLUVIA
Valiente, varón, hombre de los Cavek Queché: gracias al cielo, gracias a la tierra, has llegado a los vastos muros; a la vasta fortaleza donde extiendo mis manos, extiendo mi sombra, yo el abuelo, el jefe Cinco-Lluvia. Así pues, di, revela, ¿por qué imitaste el grito del coyote, el grito del zorro, el grito de la comadreja, más allá de los vastos muros, más allá de la vasta fortaleza, para provocar, para atraer a mis blancos niños, mis blancos hijos; para atraerlos ante los vastos muros, la vasta fortaleza, en Iximché; para tratar de hallar, de encontrar, la miel amarilla, la miel verde de las abejas, el alimento que era para mí, el abuelo, el jefe Cinco-Lluvia, en los vastos muros, en la vasta fortaleza? Fuiste quien secuestró a los nueve, a los diez blancos niños, blancos hijos, que estuvieron a punto de ser llevados a las montañas Queché, a los valles Queché, si mi arrojo,[236] mi bravura, no se hubieran hallado alertas; porque allá habrías cortado la raíz, el tronco de los blancos niños, de los blancos hijos. Viniste, también, a secuestrarme allá en los Baños. Allá fui apresado[237] por el hijo de tu flecha, el hijo de tu escudo. Me encerraste en la piedra, la cal, en las montañas Queché, en los valles Queché; allá habrías acabado por cortar mi raíz, mi tronco, en las montañas Queché, los valles Queché. Por eso mi valiente, mi varón, el más destacado entre los varones, el Varón de Rabinal, me libertó de allá, me arrancó de allá, con ayuda del hijo de su flecha, el hijo de su escudo. Si no hubiese existido mi valiente, mi varón, efectivamente allí habrías cortado mi raíz, mi tronco. Así me trajeron nuevamente a los vastos muros, a la vasta fortaleza. Asolaste también dos, tres pueblos; las ciudades con barrancos de Balamvac, donde el suelo pedregoso resuena bajo las pisadas; de Calcaraxah, Cunu, Gozibal-Tagah-Tulul, llamadas así. ¿Cuándo dejará de dominarte el deseo de tu corazón, de tu decisión, de tu denuedo? ¿Hasta cuándo permitirás

236. *arrojo*: osadía, intrepidez
237. *apresado*: capturado

que obren, permitirás que se agiten? Esa decisión, ese denuedo, ¿no quedaron sepultados, ocultos en Cotom, en Tikiram, en Belehe Mokoh, en Belehe Chumay? Esa decisión, ese denuedo, ¿no fueron a hacerse sepultar, a hacerse ocultar, por nosotros los gobernadores, nosotros los mandatarios, en cada uno de los muros, de la fortaleza? Mas tú pagarás eso aquí, bajo el cielo, sobre la tierra. Has dicho, pues, adiós a tus montañas a tus valles, porque aquí morirás, fallecerás, bajo el cielo, sobre la tierra. ¡El cielo, la tierra, estén contigo, hombre de los Cavek Queché!

EL VARÓN DE LOS QUECHÉ

Jefe Cinco-Lluvia, dame tu aprobación ante el cielo, ante la tierra. Efectivamente aquí están las palabras, efectivamente aquí están las opiniones que tú has expresado ante el cielo, ante la tierra; efectivamente he obrado mal. Tu voz también dijo: "¿No has provocado, llamado a los blancos niños, los blancos hijos, para atraerlos a buscar, a descubrir la miel amarilla; la miel verde de las abejas, el alimento que era para mí, el abuelo, el jefe Cinco-Lluvia, en los vastos muros, en la vasta fortaleza"? Eso dijo tu voz. Efectivamente procedí mal, debido al deseo de mi corazón, porque no había logrado adueñarme de esas hermosas montañas, de esos hermosos valles, aquí bajo el cielo, sobre la tierra. Tú voz también ha dicho: "Fuiste quien vino a secuestrarme; quien se apoderó de mí en los Baños". Eso dijo tu voz. Efectivamente he obrado mal, debido al deseo de mi corazón. Tu voz dijo también: "Asolaste dos, tres pueblos; las ciudades con barrancos de Balamvac, donde el suelo pedregoso resuena con las pisadas de Chi-Calcaraxah, de Chi-Cunu, de Chi-Gozibal-Tagah-Tulul". Eso dijo tu palabra. Efectivamente procedí mal, debido al deseo de mi corazón, porque no había logrado adueñarme de las hermosas montañas, de los hermosos valles, aquí bajo el cielo, sobre la tierra. Tu voz ha dicho también: "Di adiós a tus montañas, a tus valles; di tu voz, porque aquí morirás, fallecerás; aquí cortaremos tu raíz, tu tronco; aquí bajo el cielo, sobre la tierra". Eso dijo tu voz. Efectivamente desobedecí tu voz, tus mandatos, aquí ante el cielo, ante la tierra, debido al deseo de mi corazón. Si es preciso que yo muera aquí, que fallezca aquí, entonces esto es lo que dice mi voz a tus labios, a tu cara: Ya que estás bien provisto, que estás abastecido, en los altos muros, en la alta fortaleza, concédeme tu alimento, tus bebidas: esas bebidas de jefes llamadas Ixtatzunun[238]; las doce bebidas, los doce licores embriagantes, dulces, refrescantes, alegres, atrayentes, que se beben antes de dormir, en los vastos muros, en la vasta fortaleza, y también los portentos de tu madre, de tu señora. Las probaré un instante, como suprema señal de mi muerte, de mi fallecimiento, bajo el cielo, sobre la tierra. Eso dice mi palabra. ¡El cielo, la tierra, estén contigo, jefe Cinco-Lluvia!

EL JEFE CINCO-LLUVIA

¡Valiente, varón, hombre de los Cavek Queché! Esto dijo tu voz ante el cielo, ante la tierra: "Concédeme tu alimento, tus bebidas. Las recibiré para probarlas". Esto dijo tu voz. "Esa será la suprema señal de mi muerte, de mi fallecimiento", dijo tu voz. Pues yo te las doy, pues yo te las otorgo. Servidores, servidoras, que traigan mi alimento, mis bebidas. Que las den a ese valiente, ese varón, hombre de los Cavek Queché, como suprema señal de su muerte, de su fallecimiento, aquí bajo el cielo, sobre la tierra.

UN SIRVIENTE

Está bien, mi Gobernador, mi mandatario. Los daré a ese valiente, a ese varón, hombre de los Cavek Queché.

238. *Ixtatzunun*: nombre de las bebidas

Traen los sirvientes una mesa cargada de manjares y bebidas.

Prueba algo del alimento, las bebidas, de mi Gobernador, mi mandatario, el abuelo, el jefe Cinco-Lluvia, en los vastos muros, en la vasta fortaleza en la cual vive en su encierro mi Gobernador, mi mandatario, valiente varón.

EL VARON DE LOS QUECHE
Come y bebe, con desdén.[239] *A continuación se va a bailar ante la corte. Después regresa y dice:*

¡Oh. jefe Cinco-Lluvia! ¿Es ese tu alimento, es esa tu bebida? Efectivamente nada hay que decir, nada hay en uno y otra que los recomiende a mis labios, a mi cara. ¡Si probaras un instante, en mis montañas, en mis valles, las bebidas atrayentes, gratas, alegres, dulces, refrescantes, que pruebo en mis montañas en mis valles! ¡Mi voz dice esto ante el cielo, ante la tierra! ¿Es esa la mesa de tus manjares[240]; es esa la copa en que bebes? ¡Pero si ese es el cráneo de mi abuelo; esa es la cabeza de mi padre, la que veo, la que contemplo! ¿No se podría hacer lo mismo con los huesos de mi cabeza, con los huesos de mi cráneo; cincelar[241] mi boca, cincelar mi cara? De ese modo, al salir de mis montañas, de mis valles, a cambiar cinco cargas de cacao para comprar, cinco cargas de cacao fino de mis montañas, de mis valles, mis niños, mis hijos dirán: "Aquí está el cráneo de nuestro abuelo, de nuestro padre". Eso dirán mis niños, mis hijos, aquí, del amanecer a la noche. Está aquí, también, el hueso de mi brazo; aquí está el mango[242] de la calabaza de metales preciosos que resonará, que producirá estruendo,[243] en los vastos muros, en la vasta fortaleza. Está aquí, también, el hueso de mi pierna; está aquí la baqueta[244] del tambor grande, del tamboril, que harán palpitar el cielo, la tierra, en los vastos muros, en la vasta fortaleza. Está aquí lo que dice también mi voz: "Te prestaré la obra pulida, brillante, esplendente, muy bien tramada, labor de mi madre, de mi señora, para que te adornes con ella en los vastos muros, en la vasta fortaleza; en los cuatro rincones, en los cuatro lados, como suprema señal de mi muerte, de mi fallecimiento, aquí bajo el cielo, sobre la tierra".

EL JEFE CINCO-LLUVIA
¡Valiente, varón, hombre de los Cavek Queché! ¿Qué quieres, pues, qué es lo que solicitas? No obstante, yo te lo daré, como suprema señal de tu muerte, de tu fallecimiento aquí bajo el cielo, sobre la tierra. Servidores, servidoras, que traigan la obra pulida, brillante, esplendente, muy bien tramada,[245] labor que han hecho en los vastos muros, en la vasta fortaleza, y la den a ese valiente, a ese varón, como suprema señal de su muerte, de su fallecimiento, aquí bajo el cielo, sobre la tierra.

UN SIRVIENTE
Está bien, mi Gobernador, mi mandatario. Daré a ese valiente, a ese varón lo que pide. Valiente varón, aquí está esa labor bien tramada que deseas, que solicitas. Te la doy, pero no la deshagas, no la maltrates.

239. *desdén*: menosprecio, ofensa
240. *manjares*: comidas exquisitas
241. *cincelar*: grabar, tallar
242. *mango*: agarradero, puño
243. *estruendo*: tumulto
244. *baqueta*: palillos que se usan para tocar el tambor
245. *tramada*: preparada con astucia

Entrega el sirviente al varón una especie de manto[246] en que se envuelve.

EL VARÓN DE LOS QUECHÉ

A esas flautas, esos tambores, ¿les sería posible sonar ahora como mi flauta, como mi tambor? Toquen, pues, la melodía grande, la melodía breve. Que toque mi flauta yaqui, mi tambor yaqui, mi flauta Queché, mi tambor queché, la danza del preso, del cautivo en mis montañas, en mis valles, como para que haga palpitar el cielo, para que haga palpitar la tierra. Que nuestra frente, nuestra cabeza se doblequen,[247] cuando demos vueltas golpeando con el pie; cuando bailemos, cadenciosos, golpeando el suelo, con los servidores, con las servidoras, aquí bajo el cielo, sobre la tierra. Esto dice mi voz ante el cielo, ante la tierra. ¡El cielo, la tierra, estén con ustedes, oh flautas, oh tambores!

Danza el varón en ronda ante la corte, y en cada rincón lanza su grito de guerra.

¡Oh jefe Cinco-Lluvia! Dame tu aprobación, ante el cielo, ante la tierra. Aquí tienes lo que me habías prestado, lo que me habías concedido. Vengo a devolverlo, vengo a dejarlo suspendido a la entrada de los vastos muros, de la vasta fortaleza. Consérvalo, guárdalo en su cubierta, en su caja, en los vastos muros, en la vasta fortaleza. Accediste a mis deseos, a mi petición, ante el cielo, ante la tierra, y lo he expresado en los vastos muros, en la vasta fortaleza; en los cuatro rincones, en los cuatro lados, como suprema señal de mi muerte, de mi fallecimiento, aquí bajo el cielo, sobre la tierra. Pero si es verdad que estás bien provisto, que tú estás abastecido,[248] en los vastos muros, en la vasta fortaleza, concédeme a la Madre de las Plumas, a la Madre de los Verdes Pajarillos, la Piedra Preciosa, traída de Tzam-Gam-Carchag, cuyos labios están aún por estrenar, cuya cara no ha sido tocada, para que estrene su boca, que estrene su cara. Que baile con ella, que yo la muestre en los vastos muros, en la vasta fortaleza, en los cuatro rincones, en los cuatro lados, como suprema señal de mi muerte, de mi fallecimiento, bajo el sol, sobre la tierra. ¡El cielo, la tierra, estén contigo, jefe Cinco-Lluvia!

EL JEFE CINCO-LLUVIA

¡Valiente, varón, hombre de Cavek Queché! ¿Qué quieres, pues, qué es lo que solicitas? No obstante, yo te concedo lo que quieres, porque aquí está confinada la Madre de las Plumas, la Madre de los Verdes Pajarillos, la Piedra Preciosa, traída de Tzam-Gam-Carchag, cuyos labios están aún por estrenar, cuya faz no ha sido tocada; y te la concedo, valiente, varón, como suprema señal de tu muerte, de tu fallecimiento, aquí bajo el cielo, sobre la tierra. Servidores, servidoras, que conduzcan aquí a la Madre de las Plumas, la Madre de los Verdes Pajarillos; que den a ese valiente, que den a ese varón lo que él quiere, lo que él solicita, como suprema señal de su muerte, de su fallecimiento, aquí bajo el cielo, sobre la tierra.

XOK-MUN

Está bien, mi Gobernador, mi mandatario. Voy a darla a ese valiente, a ese varón.

Conducen a la Madre de las Plumas ante el Varón de los Queché.

Aquí está, valiente, varón, hombre de los Cavek Queché. Te doy lo que quieres, lo que solicitas; mas no ofendas, no lastimes a la Madre de las Plumas, la Madre de los

246. *manto*: capa
247. *se doblequen*: se rindan
248. *abastecido*: proveído

Verdes Pajarillos, la Piedra Preciosa. Muéstrala al bailar, solamente, en los vastos muros, en la vasta fortaleza.

El Varón de los Queché saluda a la doncella, que se mantiene alejada de él mientras baila, vuelto siempre el rostro hacia aquél, quien la sigue en igual forma, ondulando ante ella, lo mismo que un manto. De ese modo dan vuelta en torno a la corte, al son de las trompetas, y después vuelven a situarse cerca del jefe Cinco-Lluvia.

EL VARON DE LOS QUECHE

Jefe Cinco-Lluvia, dame tu aprobación ante el cielo, ante la tierra. Aquí tienes a quien me proporcionaste, me concediste como compañera. Ya fui a mostrarla, fui a bailar con ella en los cuatro rincones, en los cuatro lados, en los vastos muros, en la vasta fortaleza. Ahora consérvala, guárdala, en los vastos muros, en la vasta fortaleza. Mi voz dice también: Recuérdalo, debes prestarme las doce águilas amarillas, los doce jaguares amarillos que encontré de día, de noche, con sus armas, sus dardos[249] en la mano. Préstamelos para ir con ellos a practicar con el hijo de mi flecha, con el hijo de mi escudo, en los cuatro rincones, en los cuatro lados, en los vastos muros, en la vasta fortaleza, únicamente, como suprema señal de mi muerte, de mi fallecimiento, aquí bajo el cielo, sobre la tierra. ¡El cielo, la tierra, estén contigo, jefe Cinco-Lluvia!

EL JEFE CINCO-LLUVIA

¡Valiente, varón, hombre de Cavek Queché! Tu voz dice esto ante el cielo, ante la tierra: "Que pueda yo prestarte las doce águilas amarillas, los doce jaguares amarillos". Esto dice tu palabra. Pues bien, te concedo, te presto las doce águilas amarillas, los doce jaguares amarillos, que quieres, que pides a mis labios, a mi cara. Vayan, pues, ¡oh, mis águilas, mis jaguares! Procedan de modo que ese valiente, ese varón, pueda ir con todos a practicar la esgrima con el hijo de su flecha, el hijo de su escudo, en los cuatro rincones, en los cuatro lados.

EL VARÓN DE LOS QUECHÉ

Sale con las águilas y los jaguares, y ejecuta con ellos una danza de guerra, en torno a la corte. Después regresa al estrado[250] en donde está el jefe Cinco-Lluvia con su familia.

Jefe Cinco-Lluvia, dame tu aprobación, ante el cielo, ante la tierra. Me has concedido lo que yo quería, lo que te pedí: las águilas amarillas, los jaguares amarillos. He ido con ellos a practicar la esgrima con el hijo de mi flecha, con el hijo de mi escudo. ¿Son esas, pues, tus águilas; son esos pues tus jaguares? No se puede hablar de ellos ante mis labios, ante mi faz, porque algunos ven, algunos no ven; no tienen dientes, no tienen garras. ¡Si vinieras a ver, un instante, los de mis montañas, de mis valles! Aquellos ven vigorosamente, miran vigorosamente; luchan, combaten con dientes y garras.

EL JEFE CINCO-LLUVIA

Valiente, varón, hombre de los Cavek Queché, hemos visto los dientes de las águilas, de los jaguares que están en tus montañas, en tus valles. ¿Cómo es, pues, la vista, la mirada, de tus águilas, de tus jaguares, que están en tus montañas, en tus valles?

EL VARÓN DE LOS QUECHÉ

249. *dardos*: flechas
250. *estrado*: plataforma

Jefe Cinco-Lluvia, dame tu aprobación, ante el cielo, ante la tierra. Esto dice mi voz, a tus labios, a tu cara: Concédeme trece veces veinte días, trece veces veinte noches, para que vaya a decir adiós a la cara de mis montañas, a la cara de mis valles, adonde iba antes a los cuatro rincones, a los cuatro lados, a buscar, a obtener lo necesario para alimentarme, para comer.

Nadie responde al Varón de los Queché, quien al bailar desaparece un instante. Después, sin regresar al estrado en donde el jefe Cinco-Lluvia está sentado, se acerca a las águilas y a los jaguares, colocados en medio de la corte, en torno de algo como un altar.

¡Oh, águilas! ¡Oh jaguares! "Se ha marchado", dijeron hace poco. No me había marchado; fui solamente a decir adiós a la cara de mis montañas, a la cara de mis valles, donde antes iba a buscar algo para alimentarme, para comer, en los cuatro rincones, en los cuatro lados. ¡Ah, oh cielo! ¡Ah, oh tierra! Mi decisión, mi denuedo, no me han servido. Busqué mi camino bajo el cielo, busqué mi camino sobre la tierra, apartando las yerbas, apartando los abrojos.[251] Mi decisión, mi denuedo no me han servido. ¡Ah, oh cielo! ¡Ah, oh tierra! ¿Debo, realmente morir, fallecer, aquí, bajo el cielo, sobre la tierra? ¡Oh mi oro! ¡Oh mi plata! ¡Oh hijos de mi flecha, hijos de mi escudo! ¡Que mi maza yaqui, mi hacha yaqui, mis guirnaldas, mis sandalias, vayan a mis montañas, a mis valles! Que lleven mis noticias ante mi Gobernador, mi mandatario, porque dijo esto la voz de mi Gobernador, mi mandatario: "Hace mucho tiempo que mi decisión, que mi denuedo, buscan, hallan mi alimento, mi comida". Eso dijo la voz de mi Gobernador, de mi mandatario; que ya no lo diga, puesto que sólo aguardo mi muerte, mi fallecimiento, bajo el sol, sobre la tierra. ¡Ah, oh cielo! ¡Ah, oh tierra! Ya que es necesario que muera, que fallezca aquí bajo el cielo, sobre la tierra, ¡cómo no puedo cambiarme por esa ardilla, ese pájaro, que mueren sobre la rama del árbol, sobre el retoño[252] del árbol donde consiguieron con qué alimentarse, con qué comer, bajo el cielo, sobre la tierra! ¡Oh águilas! ¡Oh jaguares! Vengan, pues, a cumplir su misión, a cumplir su deber; que sus dientes, que sus garras me maten en un momento, porque soy un varón llegado de mis montañas, de mis valles. ¡El cielo, la tierra, estén con todos! ¡oh águilas! ¡oh jaguares!

Las águilas y los jaguares rodean al Varón de los Queché: se supone que lo tienden sobre la piedra de los sacrificios, para abrirle el pecho, mientras todos los presentes bailan en ronda.

E. Cuestionario

1. La obra comienza *in medias res*. Explica.
2. ¿De qué se acusa al Varón de los Queché?
3. ¿Cómo es el trato entre el Varón y los de Rabinal?
4. ¿Cómo reacciona el Varón de los Queché al sonido del tun?
5. ¿Qué privilegios le conceden al Varón de los Queché los de Rabinal?
6. ¿Cómo reacciona éste cuando prueba la comida y la bebida de los de Rabinal?
7. Según él, ¿cómo se comparan las tierras de los Queché con las de Rabinal?

251. *abrojos*: espinos
252. *retoño*: tallo que echa de nuevo una planta

8. ¿Quién es Xok-Mun y cuál es su función? ¿Cómo se describe?

9. ¿Qué le pasa al Varón de los Queché al final de la representación?

10. Discute las relaciones entre esta obra y el teatro clásico occidental, griego, en términos de la representación y la importancia del sacrificio.

11. ¿Cuál sería la función política de esta obra? ¿Y la religiosa?

12. ¿Qué papel desempeña la naturaleza en la obra? (Es posible que tengas que investigar un poco sobre la civilización maya para contestar esta pregunta.)

13. Comenta la tensión dramática en la obra. ¿Cómo se logra?

14. Explica la singularidad de esta obra. ¿Por qué es una obra única?

15. Compara el uso de la repetición y el epíteto en *Rabinal Achí* y *Cantar de Mio Cid*.

VII. Nezahuacóyotl (1402–1472)

A. Términos literarios

1. La musicalidad, poesía cantada
2. La metáfora
3. El símil
4. El apóstrofe
5. La repetición

B. El autor y su contexto social

1. Poeta nahua, azteca
2. Rey, filósofo, arquitecto
3. Su poesía aparece en dos colecciones
 a. *Romances de los señores de la Nueva España*
 b. *Cantares mexicanos*
 i. Manuscrito preparado por Bernardino Sahagún en el siglo XVI
 ii. Incluye textos anónimos y también poemas escritos por diversos autores
4. La clasificación temática de su poesía
 a. Los *Teotlatolli*: sobre los orígenes del mundo y el universo divino
 b. Los *Teocuícatl*: himnos en honor de los dioses
 c. Los *Xopancuícatl*: cantos a la vida, a la alegría y a la belleza del mundo
 d. Los *Xochicuícatl*: exaltación de la amistad y la nobleza humana
 e. Los *Yaocuícatl*: cantos guerreros y heroicos
 f. Los *Icnocuícatl*: angustia, tristeza y reflexión sobre la muerte
5. Una posible influencia de la cosmovisión española a través de la traducción y transcripción

C. Imágenes en contexto

Busca representaciones de Nezahuacóyotl en el dinero mexicano en línea (Google Imágenes) y piensa en lo siguiente en preparación para esta sección:

1. La asociación entre Nezahuacóyotl y la poesía/el canto
2. Los elementos visuales que indican la posición social del rey
3. Los animales que aparecen representados y la importancia simbólica de ellos
4. Lo que Netzahualcóyotl representa para los mexicanos de hoy en día

D. Los textos

1. "QUÉ ES LA POESÍA" *ROMANCES DE LOS SEÑORES DE LA NUEVA ESPAÑA*

Kin ok tlamati noyollo
nik kaki in kuikatl,
nik itta in xochitl. Maka in
kuetlawia in tlaltikpak!

Lo he comprendido al fin:
oigo un canto: veo una flor:
¡oh, que jamás se marchiten!

2. "SED DE INMORTALIDAD" *CANTARES MEXICANOS*

Niwinti, nichoka, niknotlamati,
nikmati, nik-itoa, nik-elnamiki:
¡maka aik nimiki, maka aik
nipoliwi!

Me siento fuera de sentido,
lloro, me aflijo y pienso,
digo y recuerdo:
¡Oh, si nunca yo muriera,

Inkan ahmicowa, inkan
ontepetiwa,
inma onkan niauh:
¡maka aik nimiki, maka aik
nipoliwi!

si nunca desapareciera! ...
¡Vaya yo donde no hay muerte,
donde se alcanza victoria!
Oh, si nunca yo muriera,
si nunca desapareciera ...

3. "CANTO DE MOYOCOYATZÍN" *ROMANCES DE LOS SEÑORES DE LA NUEVA ESPAÑA*

X. Ah in tepilwan:
ma tiyoke timikini
ti mazewaltin nawi nawi
in timochi tonyazke
timochi tonalkizke Owaya
Owaya in tlaltikpak.

X. Percibo su secreto,
oh vosotros, príncipes:
De igual modo somos, somos mortales,
los hombres, cuatro a cuatro, […]
todos nos iremos,
todos moriremos en la tierra

XI. Ayak chalchiwitl
ayak teokuitlatl mokuepaz
in tlaltikpak tlatielo
timochiotonyazke
in canin ye yuhkan: ayak
mokawaz zan zen tlapupuliwiz
ti yawi ye yuhkan […] ichan
Owaya Owaya.

XI. Nadie esmeralda
nadie oro se volverá
ni será en la tierra algo que se guarda:
todos nos iremos
hacia allá igualmente:
nadie quedará, todos han de
desaparecer:
de modo igual iremos a su casa.

XII. Zan yahki tlakuilolli Aya
ah tonpupuliwi
Zan yuhki xochitl Aya
in zan tonkuetlawi
ya in tlaltikpak Owaya

XII. Como una pintura
nos iremos borrando.
Como flor
hemos de secarnos
sobre la tierra.

ya ketzalli ya zakuan
xiuhkecholli itlakechwan
tonpupuliwi tiyawi in […] ichan
Owaya Owaya.

Cual ropaje de plumas
del quetzal, del zacuan,
del azulejo, iremos pereciendo.
Iremos a su casa.

XIII. Oaziko ye nikan
ye ololo Ayyawe
a in tlaokol Aya
ye in itek on nemi
ma men chkililo
in kuauta ozelotl Owaya
nikan zan tipopuliwizke
ayak mokawaz Iyyo.

XIII. Llegó hasta acá,
anda ondulando la tristeza
de los que viven ya en el interior de
ella…
No se les llore en vano
a águilas y tigres …
¡Aquí iremos desapareciendo:
nadie ha de quedar!

XIV. Xik yokoyakan in
antepilwan
kuauht amozelo
ma nel chalchiwitl
ma nel teokuitlatl
no ye ompa yazke
onkan on Ximowa yewaya
zan tipupuliwizke
ayak mokawaz Iyyo.

XIV. Príncipes, pensadlo,
oh águilas y tigres:
pudiera ser jade,
pudiera ser oro
también allá irán

donde están los descorporizados.
Iremos desapareciendo:
nadie ha de quedar!

E. Cuestionario

1. ¿Cuál es el tema principal de estos poemas?
2. Explica la referencia a la flor en el primer poema.
3. En el segundo poema, ¿cómo reacciona el hablante poético ante la conciencia de su propia muerte?
4. ¿A quiénes se dirige el hablante poético en el tercer poema?
5. ¿Por qué crees que menciona específicamente a esta clase de personas?
6. ¿Qué representan: el quetzal, el águila, el tigre, el jade y el oro?

VIII. *El Popol Vuh (Vuj)* (anónimo, 1554/1558, transcrito y traducido en 1701)

A. Términos literarios

1. El narrador omnisciente
2. La repetición

B. La obra y su contexto social

1. El sincretismo religioso
2. El libro del Génesis
3. "El encuentro" y "La conquista"

 4. Las divisiones principales
 a. El mito de la creación
 b. El diluvio destructor
 c. La historia épica de las aventuras de los gemelos, Hunahpú y Xbalanqué
 d. La genealogía de los quiché
 5. Francisco Ximénez: transcriptor y traductor
 6. Mesoamérica

C. Imágenes en contexto

Busca vídeos del libro *Popol Vuh* en línea (YouTube) y piensa en lo siguiente en preparación para esta sección:

 1. El simbolismo de las figuras representadas
 2. La adaptación contemporánea de la espiritualidad maya
 3. La identidad maya contemporánea y el *Popol Vuh*

D. El texto

PRIMERA PARTE

Capítulo Primero

Esta es la relación de cómo todo estaba en suspenso, todo en calma, en silencio; todo inmóvil, callado, y vacía la extensión del cielo.

Esta es la primera relación, el primer discurso. No había todavía un hombre, ni un animal, pájaros, peces, cangrejos, árboles, piedras, cuevas, barrancas, hierbas ni bosques: sólo el cielo existía.

No se manifestaba la faz de la tierra. Sólo estaban el mar en calma y el cielo en toda su extensión.

No había nada que estuviera en pie; sólo el agua en reposo, el mar apacible, solo y tranquilo. No había nada dotado de existencia.

Solamente había inmovilidad y silencio en la obscuridad, en la noche. Sólo el Creador, el Formador, Tepeu,[253] Gucumatz,[254] los Progenitores, estaban en el agua rodeados de claridad. Estaban ocultos bajo plumas verdes y azules, por eso se les llama Gucumatz. De grandes sabios, de grandes pensadores es su naturaleza. De esta manera existía el cielo y también el Corazón del Cielo, que éste es el nombre de Dios. Así contaban.

Llegó aquí entonces la palabra, vinieron juntos Tepeu y Gucumatz, en la obscuridad, en la noche, y hablaron entre sí Tepeu y Gucumatz. Hablaron, pues, consultando entre sí y meditando; se pusieron de acuerdo, juntaron sus palabras y su pensamiento.

Entonces se manifestó con claridad, mientras meditaban, que cuando amaneciera debía aparecer el hombre.

Entonces dispusieron la creación y crecimiento de los árboles y los bejucos[255] y el

253. *Tepeu*: dios maya del cielo
254. *Gucumatz*: dios maya dios maya llamado "la serpiente emplumada" por su plumaje verde y azul similar a el del quetzal, un tipo de pájaro de las zonas tropicales de América Central
255. *bejucos*: tipo de plana tropical de tallo largo y flexible; junco

nacimiento de la vida y la creación del hombre. Se dispuso así en las tinieblas y en la noche por el Corazón del Cielo, que se llama Huracán.[256]

El primero se llama Caculhá-Huracán. El segundo es Chipi-Caculhá. El tercero es Raxá-Caculhá. Y estos tres son el Corazón del Cielo.

Entonces vinieron juntos Tepeu y Gucumatz; entonces conferenciaron sobre la vida y la claridad, cómo se hará para que aclare y amanezca, quién será el que produzca el alimento y el sustento.

—¡Hágase así! ¡Que se llene el vacío! ¡Que esta agua se retire y desocupe [el espacio], que surja la tierra y que se afirme! Así dijeron. ¡Que aclare, que amanezca en el cielo y en la tierra! No habrá gloria ni grandeza en nuestra creación y formación hasta que exista la criatura humana, el hombre formado. Así dijeron.

Luego la tierra fue creada por ellos. Así fue en verdad como se hizo la creación de la tierra:—¡Tierra!—dijeron, y al instante fue hecha.

Como la neblina,[257] como la nube y como una polvareda[258] fue la creación, cuando surgieron del agua las montañas; y al instante crecieron las montañas.

Solamente por un prodigio, sólo por arte mágica se realizó la formación de las montañas y los valles; y al instante brotaron juntos los cipresales y pinares en la superficie.

Y así se llenó de alegría Gucumatz, diciendo:—¡Buena ha sido tu venida, Corazón del Cielo; tú, Huracán, y tú, Chipi-Caculhá, Raxá-Caculhá!

—Nuestra obra, nuestra creación será terminada—contestaron.

Primero se formaron la tierra, las montañas y los valles; se dividieron las corrientes de agua, los arroyos se fueron corriendo libremente entre los cerros, y las aguas quedaron separadas cuando aparecieron las altas montañas.

Así fue la creación de la tierra, cuando fue formada por el Corazón del Cielo, el Corazón de la Tierra, que así son llamados los que primero la fecundaron, cuando el cielo estaba en suspenso y la tierra se hallaba sumergida dentro del agua.

De esta manera se perfeccionó la obra, cuando la ejecutaron después de pensar y meditar sobre su feliz terminación.

Capítulo II

Luego hicieron a los animales pequeños del monte, los guardianes de todos los bosques, los genios de la montaña, los venados, los pájaros, leones, tigres, serpientes, culebras, cantiles [víboras], guardianes de los bejucos.

Y dijeron los Progenitores:—¿Sólo silencio e inmovilidad habrá bajo los árboles y los bejucos? Conviene que en lo sucesivo haya quien los guarde.

Así dijeron cuando meditaron y hablaron en seguida. Al punto fueron creados los venados y las aves. En seguida les repartieron sus moradas a los venados y a las aves.

—Tú, venado, dormirás en la vega de los ríos y en los barrancos. Aquí estarás entre la maleza, entre las hierbas; en el bosque os multiplicaréis, en cuatro pies andaréis y os sostendréis—. Y así como se dijo, se hizo.

Luego designaron también su morada a los pájaros pequeños y a las aves mayores:

256. *Huracán*: dios maya principal formado de tres dioses menores: Caculhá-Huracán (el dios del trueno), Chipi-Caculhá (el dios del relámpago), y Raxá-Caculhá (el dios del rayo verde). Ver estos nombres en el texto.

257. *neblina*: bruma, nieve, vapor

258. *polvareda*: polvo, nube

—Vosotros, pájaros, habitaréis sobre los árboles y los bejucos, allí haréis vuestros nidos, allí os multiplicaréis, allí os sacudiréis en las ramas de los árboles y de los bejucos—. Así les fue dicho a los venados y a los pájaros para que hicieran lo que debían hacer, y todos tomaron sus habitaciones y sus nidos.

De esta manera los Progenitores les dieron sus habitaciones a los animales de la tierra. Y estando terminada la creación de todos los cuadrúpedos y las aves, les fue dicho a los cuadrúpedos y pájaros por el Creador y el Formador y los Progenitores:

—Hablad, gritad, gorjead, llamad, hablad cada uno según vuestra especie, según la variedad de cada uno—. Así les fue dicho a los venados, los pájaros, leones, tigres y serpientes.

—Decid, pues, vuestros nombres, alabadnos a nosotros, vuestra madre, vuestro padre. ¡Invocad, pues, a Huracán, Chipi-Calculhá, Raxa-Calculhá, el Corazón del Cielo, el Corazón de la Tierra, el Creador, el Formador, los Progenitores; hablad, invocadnos, adoradnos!—les dijeron.

Pero no se pudo conseguir que hablaran como los hombres; sólo chillaban, cacareaban[259] y graznaban[260]; no se manifestó la forma de su lenguaje, y cada uno gritaba de manera diferente.

Cuando el Creador y el Formador vieron que no era posible que hablaran, se dijeron entre sí :—No ha sido posible que ellos digan nuestro nombre, el de nosotros, sus creadores y formadores. Esto no está bien—, dijeron entre sí los Progenitores.

Entonces se les dijo:—Seréis cambiados porque no se ha conseguido que habléis. Hemos cambiado de parecer: vuestro alimento, vuestra pastura, vuestra habitación y vuestros nidos los tendréis, serán los barrancos y los bosques, porque no se ha podido lograr que nos adoréis ni nos invoquéis. Todavía hay quienes nos adoren, haremos otros [seres] que sean obedientes. Vosotros aceptad vuestro destino: vuestras carnes serán trituradas. Así será. Esta será vuestra suerte—. Así dijeron cuando hicieron saber su voluntad a los animales pequeños y grandes que hay sobre la faz de la tierra.

Luego quisieron probar suerte nuevamente; quisieron hacer otra tentativa y quisieron probar de nuevo a que los adoraran.

Pero no pudieron entender su lenguaje entre ellos mismos, nada pudieron conseguir y nada pudieron hacer. Por esta razón fueron inmoladas sus carnes y fueron condenados a ser comidos y matados los animales que existen sobre la faz de la tierra.

Así, pues, hubo que hacer una nueva tentativa de crear y formar al hombre por el Creador, el Formador y los Progenitores.

—¡A probar otra vez! Ya se acercan el amanecer y la aurora; hagamos al que nos sustentará y alimentará! ¿Cómo haremos para ser invocados, para ser recordados sobre la tierra? Ya hemos probado con nuestras primeras obras, nuestras primeras criaturas; pero no se pudo lograr que fuésemos alabados y venerados por ellos. Probemos ahora a hacer unos seres obedientes, respetuosos, que nos sustenten y alimenten—. Así dijeron.

Entonces fue la creación y la formación. De tierra, de lodo hicieron la carne [del hombre]. Pero vieron que no estaba bien, porque se deshacía, estaba blando, no tenía movimiento, no tenía fuerza, se caía, estaba aguado, no movía la cabeza, la cara se le iba para un lado, tenía velada la vista, no podía ver hacia atrás. Al principio hablaba, pero no tenía entendimiento. Rápidamente se humedeció dentro del agua y no se pudo sostener.

259. *cacareaban*: hacían el sonido que emiten las gallinas o los pavos
260. *graznaban*: hacían el sonido que emiten los gansos o los cuervos

Y dijeron el Creador y el Formador:—Bien se ve que no podía andar ni multiplicarse. Que se haga una consulta acerca de esto, dijeron.

Entonces desbarataron[261] y deshicieron su obra y su creación. Y en seguida dijeron:—¿Cómo haremos para perfeccionar, para que salgan bien nuestros adoradores, nuestros invocadores?— Así dijeron cuando de nuevo consultaron entre sí.

—Digámosles a Ixpiyacoc,[262] Ixmucané, Hunahpú-Vuch, Hunahpú-Utiú: ¡Probad suerte otra vez! ¡Probad a hacer la creación!—Así dijeron entre sí el Creador y el Formador cuando hablaron a Ixpiyacoc e Ixmucané.

En seguida les hablaron a aquellos adivinos, la abuela del día, la abuela del alba, que así eran llamados por el Creador y el Formador, y cuyos nombres eran Ixpiyacoc e Ixmucané.

Y dijeron Huracán, Tepeu y Gucumatz cuando le hablaron al agorero, al formador, que son los adivinos:—Hay que reunirse y encontrar los medios para que el hombre que vamos a crear nos sostenga y alimente, nos invoque y se acuerde de nosotros.

—Entrad, pues, en consulta, abuela, abuelo, nuestra abuela, nuestro abuelo, Ixpiyacoc, Ixmucané, haced que aclare, que amanezca, que seamos invocados, que seamos adorados, que seamos recordados por el hombre creado, por el hombre formado, por el hombre mortal, haced que así se haga.

—Dad a conocer vuestra naturaleza, Hunaphú-Vuch, Hunahpú-Utiú, dos veces madre, dos veces padre, Nim-Ac,[263] Nimá-Tziís,[264] el Señor de la esmeralda, el joyero, el escultor, el tallador, el Señor de los hermosos platos, el Señor de la verde jícara,[265] el maestro de la resina, el maestro Toltecat,[266] la abuela del sol, la abuela del alba, que así seréis llamados por nuestras obras y nuestras criaturas.

—Echad la suerte con vuestros granos de maíz y de tzité.[267] Hágase así y se sabrá y resultará si labraremos o tallaremos su boca y sus ojos en madera—. Así les fue dicho a los adivinos.

A continuación vino la adivinación, la echada de la suerte con el maíz y el tzité. ¡Suerte! ¡Criatura!, les dijeron entonces una

y un viejo. Y este viejo era el de las suertes del tzité, el llamado Ixpiyacoc. Y la vieja era la adivina, la formadora, que se llamaba Chiracán Ixmucané.

Y comenzando la adivinación, dijeron así:—¡Juntaos, acoplaos! ¡Hablad, que os oigamos, decid, declarad si conviene que se junte la madera y que sea labrada por el Creador y el Formador, y si éste [el hombre de madera] es el que nos ha de sustentar y alimentar cuando aclare, cuando amanezca!

Tú, maíz; tú, tzité; tú, suerte; tú, criatura; ¡uníos, ayuntaos! les dijeron al maíz, al tzité, a la suerte, a la criatura. ¡Ven a sacrificar aquí, Corazón del Cielo; no castiguéis a Tepeu y Gucumatz!

Entonces hablaron y dijeron la verdad:—Buenos saldrán vuestros muñecos hechos

261. *desbarataron*: arruinaron
262. *Ixpiyacoc*: dios maya de la creación; esposo de Ixmucané y padre de Hunahpú-Vuch y Hunahpú-Utiü
263. *Nim-Ac*: dios maya cuyo nombre significa "gran jabalí montés
264. *Nimá-Tziís*: diosa maya; tipo abuela
265. *jícara*: taza pequeña
266. *Toltecat*: artesano que trabaja con la plata; el nombre viene del pueblo tolteca, grupo indígena conocido por su platería
267. *tzité*: un árbol que produce granos rojos parecidos a frijoles

de madera; hablarán y conversarán vuestros muñecos hechos de madera, hablarán y conversarán sobre la faz de la tierra.

—¡Así sea!—contestaron, cuando hablaron.

Y al instante fueron hechos los muñecos labrados en madera. Se parecían al hombre, hablaban como el hombre y poblaron la superficie de la tierra.

Existieron y se multiplicaron; tuvieron hijas, tuvieron hijos los muñecos de palo; pero no tenían alma, ni entendimiento, no se acordaban de su Creador, de su Formador; caminaban sin rumbo y andaban a gatas.

Ya no se acordaban del Corazón del Cielo y por eso cayeron en desgracia. Fue solamente un ensayo, un intento de hacer hombres. Hablaban al principio, pero su cara estaba enjuta[268]; sus pies y sus manos no tenían consistencia; no tenían sangre, ni substancia, ni humedad, ni gordura; sus mejillas estaban secas, secos sus pies y sus manos, y amarillas sus carnes. Por esta razón ya no pensaban en el Creador ni en el Formador, en los que les daban el ser y cuidaban de ellos.

Estos fueron los primeros hombres que en gran número existieron sobre la faz de la tierra.

Capítulo III

En seguida fueron aniquilados, destruidos y deshechos los muñecos de palo, recibieron la muerte.

Una inundación fue producida por el Corazón del Cielo; un gran diluvio se formó, que cayó sobre las cabezas de los muñecos de palo.

De tzité se hizo la carne del hombre, pero cuando la mujer fue labrada por el Creador y el Formador, se hizo de espadaña la carne de la mujer. Estos materiales quisieron el Creador y el Formador que entraran en su composición.

Pero no pensaban, no hablaban con su Creador, su Formador, que los habían hecho, que los habían creado. Y por esta razón fueron muertos, fueron anegados. Una resina abundante vino del cielo. El llamado Xecotcovach llegó y les vació los ojos; Camalotz vino a cortarles la cabeza; y vino Cotzbalam y les devoró las carnes. El Tucumbalam llegó también y les quebró y magulló[269] los huesos y los nervios, les molió y desmoronó[270] los huesos.[271]

Y esto fue para castigarlos porque no habían pensado en su madre, ni en su padre, el Corazón del Cielo, llamado Huracán. Y por este motivo se obscureció la faz de la tierra y comenzó una lluvia negra, una lluvia de día, una lluvia de noche.

Llegaron entonces los animales pequeños, los animales grandes, y los palos y las piedras les golpearon las caras. Y se pusieron todos a hablar; sus tinajas,[272] sus comales,[273] sus platos, sus ollas, sus perros, sus piedras de moler, todos se levantaron y les golpearon las caras.

—Mucho mal nos hacíais; nos comíais, y nosotros ahora os morderemos—les dijeron sus perros y sus aves de corral.

268. *enjuta*: delgada
269. *magulló*: hirió, daño
270. *desmoronó*: deshizo
271. *Xecotcovach llegó … los huesos*: Xecotcovach, Camalotz, Cotzbalam, y Tucumbalam son criaturas mitológicas obligadas por Huracán a destruir a los hombres de madera.
272. *tinajas*: recipientes
273. *comales*: discos de barro o de metal que se utiliza para hacer tortillas de maíz

Y las piedras de moler:—Éramos atormentadas por vosotros; cada día, cada día, de noche, al amanecer, todo el tiempo hacían holi, holi, huqui, huqui nuestras caras, a causa de vosotros. Este era el tributo que os pagábamos. Pero ahora que habéis dejado de ser hombres probaréis nuestras fuerzas. Moleremos y reduciremos a polvo vuestras carnes, les dijeron sus piedras de moler.

Y he aquí que sus perros hablaron y les dijeron:—¿Por qué no nos dabais nuestra comida? Apenas estábamos mirando y ya nos arrojabais de vuestro lado y nos echabais fuera. Siempre teníais listo un palo para pegarnos mientras comíais.

Así era como nos tratabais. Nosotros no podíamos hablar. Quizás no os diéramos muerte ahora; pero ¿por qué no reflexionabais, por qué no pensabais en vosotros mismos? Ahora nosotros os destruiremos, ahora probaréis vosotros los dientes que hay en nuestra boca: os devoraremos, dijeron los perros, y luego les destrozaron las caras.

Y a su vez sus comales, sus ollas les hablaron así:—Dolor y sufrimiento nos causabais. Nuestra boca y nuestras caras estaban tiznadas,[274] siempre estábamos puestos sobre el fuego y nos quemabais como si no sintiéramos dolor. Ahora probaréis vosotros, os quemaremos—dijeron sus ollas, y todos les destrozaron las caras. Las piedras del hogar que estaban amontonadas, se arrojaron directamente desde el fuego contra sus cabezas causándoles dolor.

Desesperados corrían de un lado para otro; querían subirse sobre las casas y las casas se caían y los arrojaban al suelo; querían subirse sobre los árboles y los árboles los lanzaban a lo lejos; querían entrar a las cavernas y las cavernas se cerraban ante ellos.

Así fue la ruina de los hombres que habían sido creados y formados, de los hombres hechos para ser destruidos y aniquilados: a todos les fueron destrozadas las bocas y las caras.

Y dicen que la descendencia de aquellos son los monos que existen ahora en los bosques; éstos son la muestra de aquellos, porque sólo de palo fue hecha su carne por el Creador y el Formador.

Y por esta razón el mono se parece al hombre, es la muestra de una generación de hombres creados, de hombres formados que eran solamente muñecos y hechos solamente de madera.

E. Cuestionario

1. ¿Cómo es el mundo antes de la creación del hombre?
2. ¿Qué similitudes ves entre la descripción del comienzo del mundo en la Biblia, el libro del Génesis, y la del *Popol Vuh*?
3. ¿Qué criaturas se crean primero y qué don se les da?
4. ¿Qué no podían hacer los animales?
5. Explica la jerarquía que se establece entre los hombres y los animales.
6. ¿De qué material se crea el hombre y por qué son destruidos estos hombres poco después?
7. ¿Por qué son estos hombres imperfectos?
8. Comenta los aspectos mitológicos de estos capítulos.
9. ¿De qué manera se podría clasificar esta obra como "híbrida"?

274. *tiznadas*: manchadas, negras, sucias

Redes analíticas

1. Basándote en la materia estudiada, ¿qué impresión tienes de la religión y de la importancia la Iglesia católica durante la Edad Media en España?
2. ¿Qué escritos se destacan por sus fines didácticos y cuáles no?
3. ¿Cuáles son las características notables de la literatura peninsular de este período? ¿Y las de la producción literaria/cultural de la América prehispánica?
4. Compara la producción literaria de la península ibérica con la de la época precolombina hispanoamericana.
5. ¿Qué relaciones existen entre la política y la religión en los textos estudiados?

Redes: cine y literatura[275]

1. *Apocalypto* (Dir. Mel Gibson, 2006)
2. *El Cid* (Dir. Anthony Mann, 1961)
3. *El mejor alcalde el Rey* (Dir. Rafael Gil, 1974)
4. *Mochica* (Dir. Luis Ángel y Mauricio Esparza, 2016)

275. Incluimos una lista de películas relacionadas con el contenido de cada unidad como suplemento al estudio literario.

2

El Renacimiento, el Barroco
y el período colonial
(1500–1800)

El Renacimiento

Busca *Virgen con el Niño* (Luis de Morales c. 1570) en línea (Google Imágenes) y piensa en lo siguiente en preparación para esta sección:

- El intercambio de miradas, la importancia de ver y ser visto
- El uso de luz y sombra
- La tensión entre lo externo y lo interno
- La idealización frente al realismo

Introducción

Finales del siglo XV se considera como el principio del Renacimiento en España, época en que, con el matrimonio de Isabel de Castilla y Fernando de Aragón, se inicia la formación de la nación española moderna. Sin embargo, es casi imposible establecer una fecha exacta para un fenómeno tan complejo como el Renacimiento debido a una multiplicidad de factores sociales y artísticos. Por eso se habla más bien de una serie de coincidencias históricas, políticas, económicas y estéticas que fomentan un creciente interés en el ser humano y una curiosidad sobre su papel en el mundo.

A raíz de las circunstancias anteriormente citadas surge una corriente intelectual definida: el humanismo, una forma de pensar que al basarse en el antropocentrismo, contrasta con el teocentrismo de la Edad Media. Una figura clave del humanismo español es Antonio de Nebrija (1442–1522) quien, con su *Gramática de la lengua castellana*, incide en la importancia del castellano como idioma oficial del relativamente nuevo reino. Otro ejemplo es Gonzalo (Francisco) Cardenal Jiménez de Cisneros, quien exhibe un humanismo matizado por el celo religioso. En 1498 él funda a la Universidad de Alcalá de Henares, la cual sobrepasa en prestigio e influencia a todas las otras instituciones académicas españolas, excepto la Universidad de Salamanca, su rival más importante.

El neoplatonismo, filosofía que insiste en una separación rigurosa de la materia y el alma y que tiene como meta el desarrollo de un estado espiritual perfecto, llega a España por la influencia de corrientes intelectuales italianas. Sus tendencias idealizadoras se notan tanto en las manifestaciones más seculares del Renacimiento español (la poesía de Garcilaso de la Vega, por ejemplo) como en la espiritualidad católica expresada a través del arte y la literatura de carácter religioso (como se observa en la poesía mística de Santa Teresa de Jesús). El neoplatonismo también se relaciona con la idea del amor cortés: en ambos casos se trata de menospreciar lo material y sobrevalorar lo espiritual.

La literatura española renacentista

I. Garcilaso de la Vega (1501–1536)

A. Términos literarios:

1. El soneto
2. La rima consonante
3. La metáfora
4. *Carpe diem*
5. El encabalgamiento
6. El hipérbaton

B. El autor y su contexto social

1. Ejemplo de los ideales caballerescos renacentistas, poeta/soldado
2. Ejemplo del Renacimiento secular
 a. La influencia de poetas italianos
 b. Referencias a la antigüedad grecorromana
3. Características generales de su poesía
 a. Temas amorosos, bucólicos, "pastoriles"
 b. La influencia del humanismo
 c. La influencia de Petrarca, poeta italiano del siglo XIV
 d. La popularización de la métrica italiana en la poesía española

C. Imágenes en contexto

Busca *Three Ages of Woman and Death* (Hans Baldung, 1545) en línea (Google Imágenes) y piensa en lo siguiente en preparación para esta sección:

1. Representaciones de las figuras centrales: la mujer y el hombre esquelético
2. El simbolismo del reloj de arena
3. Lo que hace la mujer
4. El rol del hombre a la izquierda
5. Las relaciones entre esta pintura y la poesía renacentista/barroca

D. Los textos

1. Soneto XXIII (primera mitad del siglo XVI)

En tanto que de rosa y de azucena
se muestra la color en vuestro gesto,
y que vuestro mirar ardiente, honesto,
con clara luz la tempestad serena;*

y en tanto que el cabello, que en la vena
del oro se escogió, con vuelo presto
por el hermoso cuello blanco, enhiesto[1]
el viento mueve, esparce[2] y desordena:

coged de vuestra alegre primavera
el dulce fruto antes que el tiempo airado[3]
cubra de nieve la hermosa cumbre.[4]

Marchitará la rosa el viento helado,
todo lo mudará la edad ligera
por no hacer mudanza en su costumbre.

*Otra versión de este verso es "enciende al corazón y lo refrena".

2. Soneto XI

Hermosas ninfas[5] que, en el río metidas,
contentas habitáis en las moradas
de relucientes piedras fabricadas

y en columnas de vidrio sostenidas;

agora[6] estéis labrando embebecidas,[7]
o tejiendo las telas delicadas;
agora unas con otras apartadas,
contándoos los amores y las vidas;

dejad un rato la labor, alzando[8]

vuestras rubias cabezas a mirarme,
y no os detendréis mucho según ando;

que o no podréis de lástima escucharme,
o convertido en agua aquí llorando,
podréis allá de espacio consolarme.

1. *enhiesto*: levantado
2. *esparce*: dispersa, divide
3. *airado*: enojado
4. *cumbre*: la parte más alta; la cima
5. *ninfas*: deidades menores de la mitología grecolatina que simbolizan la naturaleza
6. *agora*: ahora
7. *embebecidas*: entretenidas
8. *alzando*: levantando

E. Cuestionario

1. ¿Cuáles son las características formales de estos poemas: rima, sílabas, etc.?
2. ¿Cuál es el tema del Soneto XXIII y a quién se dirige Garcilaso? ¿Qué simbolizan la rosa y la azucena?
3. Comenta el tono de este poema. ¿Es constante o cambia en algún momento? ¿Cuándo? ¿Cómo se podría interpretar este cambio?
5. ¿Qué significa la referencia al "dulce fruto"?
6. ¿Qué imágenes y técnicas emplea Garcilaso para convencer a la mujer de que cumpla con a la idea de *carpe diem*?
7. En el Soneto XI, ¿a quién se dirige la voz poética?
8. ¿Qué relaciones existen entre la referencia mitológica a la ninfa y la transformación descrita en el poema?
9. ¿Cómo representa el Soneto XI la dinámica de ver y ser visto? (Vuelve a mirar la pintura de Morales presentada al principio de esta unidad).
10. ¿Por qué el poeta llora al final del poema? Comenta el tema del sufrimiento en los dos sonetos.

II. Santa Teresa de Jesús (1515–1582)

A. Términos literarios

1. La poesía mística
2. La antítesis
3. La paradoja
4. La aliteración
5. El apóstrofe

B. La autora y su contexto social

1. Ejemplo de los elementos explícitamente cristianos del Renacimiento español.
2. Conocida por su poesía mística/religiosa
3. Monja carmelita

C. Imágenes en contexto

Busca *La Anunciación* (Francisco Zurbarán, 1650) en línea (Google Imágenes) y piensa en lo siguiente en preparación para esta sección:

1. La representación visual de elementos místicos
2. El contraste entre el cielo y la tierra
3. El uso de luz y colores

D. Los textos

1. "Nada te turbe"

Nada te turbe;
nada te espante;
todo se pasa;
Dios no se muda,
la paciencia
todo lo alcanza.
Quien a Dios tiene,
nada le falta.
Solo Dios basta.

2. "Vivo sin vivir en mí"

Vivo sin vivir en mí,
y tan alta vida espero,
que muero porque no muero.

Vivo ya fuera de mí,
después que muero de amor;
porque vivo en el Señor,
que me quiso para sí:
cuando el corazón le di
puso en él este letrero,
que muero porque no muero.

Esta divina prisión,
del amor en que yo vivo,
ha hecho a Dios mi cautivo,
y libre mi corazón;
y causa en mí tal pasión
ver a Dios mi prisionero,
que muero porque no muero.

¡Ay, qué larga es esta vida!
¡Qué duros estos destierros,[9]
esta cárcel, estos hierros
en que el alma está metida!
Sólo esperar la salida
me causa dolor tan fiero,[10]
que muero porque no muero.

¡Ay, qué vida tan amarga
do[11] no se goza el Señor!
Porque si es dulce el amor,

9. *destierros*: exilios
10. *fiero*: fuerte
11. *do*: donde

no lo es la esperanza larga:
quíteme Dios esta carga,
más pesada que el acero,[12]
que muero porque no muero.

D. Cuestionario

1. En "Nada te turbe", ¿a quién se dirige la voz poética y cómo corresponde el uso del apóstrofe al proceso místico?
2. En tus propias palabras, ¿qué está tratando de comunicarnos Santa Teresa por medio de estos nueve versos sencillos?
3. Explica la paradoja del verso "muero porque no muero" en el segundo poema.
4. Explica el uso metafórico de las palabras "cárcel" e "hierros".
5. Da ejemplos de antítesis en el poema. ¿Con qué fin se emplean?
6. Compara el tema del sufrimiento en las selecciones de Santa Teresa y en las de Garcilaso.

III. Juan de Timoneda (1519–1583)

A. Términos literarios

1. *Miscelánea*
2. El dicho

B. El autor y su contexto social

1. Escritor de obras de teatro, poesía y prosa narrativa
2. Comerciante, dueño de una librería
3. *Sobremesa y alivio de caminantes* (1563), colección ecléctica de dichos y cuentos breves

C. Imágenes en contexto

Busca *In Luxury, Look Out* (Jan Steen, 1663) en línea (Google Imágenes) y piensa en lo siguiente en preparación para esta sección:

1. Las figuras representadas en este cuadro: su clase social, las actividades a las que se dedican y su espacio doméstico
2. El tono

12. *acero*: metal fuerte usado para fabricar las espadas

D. Los textos

1. "Cuento x"

Un mochacho,[13] que su madre tenía fama de hazer plazer y passar la deshonesta vida, tirava piedras hazia unos gentiles hombres que estavan parados al sol, por ser de invierno; al qual, por velle tan mal criado, dixo el uno dellos: "Está quedo, rapaz, que por dicha darás a tu padre".[14]

2. "Cuento xxvii"

Estava un astrólogo mirando al tiempo que su muger yva de parto[15] en qué signo nascería la criatura, y halló que le nascieron de un parto dos hijos, y que el primero havía de ser un gran cortabolsas, y el segundo un gran matador, de lo qual rescibió tanta tristeza el astrólogo que, no podiendo dissimularla, la conosció su muger y le dixo: "Señor, dadme parte de vuestra fatiga, porque yo la remedie". Dixo el marido: "Habéys de saber que hallo según mi setencia que el primero de nuestros hijos ha de ser cortabolsas, y el segundo gran matador". Dixo entonces la muger: "En la mano está el remedio: al primero, hazeldo bolsero, y cortará bolsas, y al segundo carnicero, y matará carneros".

3. "Cuento lxxxiv"

Un cavallero dio a un criado suyo vizcayno unas turmas[16] de carnero para que se las guisasse,[17] y a causa de ser muy ignorante diole en un papel por escripto cómo las havía de guisar. El vizcayno púsolas sobre un poyo. Vino un gato; llevósse las turmas. A la fin no pudiendo havellas, teniendo el papel en las manos, dixo: "¡A, gato, gato! Poco te aprovechas llevallas, que sin éste no sabrás guisallas".

4. "Cuento xxvi"

Siendo un viejo demasiadamente avaricioso, en las cosas del servicio de su casa lo era en estremo y fuera de compás, y era que, si vehía encendidas dos lumbres,[18] matava la una, y si candela fuera de la mesa ardía, hazía lo mesmo. Por tiempo vino que adolesció,[19] y, no dándole vida y estando ya in extremis,[20] encendióle una candela un hijo suyo. Y estándole diziendo: "Padre, acordahos de la passión de Dios", le respondió: "Ya me acuerdo, hijo; pero, mira tú, hijo mío, que te acuerdes que, en acabando que acabe yo de dar el alma a mi Dios, mates la candela".

5. "Cuento lxvii"

Un mancebo, trayéndole para que escogiesse dos casamientos, el uno de una donzella loca con cinco mil ducados de dote,[21] y otra muy sabia con quatro mil, escogió la loca,

13. Timoneda no usa la ortografía castellana moderna. Algunos patrones ortográficos típicos que se encontrarán en sus cuentos son: z=c, ss=s, v=b, x=j, g=j, y=i.
14. *darás … padre*: pegarás a tu padre
15. *parto*: nacimiento
16. *turmas*: testículos
17. *guisasse*: preparase ("preparara") la comida antes de cocinarla
18. *lumbres*: luces, velas
19. *adolesció*: se enfermó
20. *in extremis*: a punto de morir
21. *dote*: los bienes que la novia lleva al matrimonio

diziendo: "Vengan los cinco mil ducados, que yo no he hallado un ducado de diferencia de la más sabia a la más loca".

E. Cuestionario

1. Basándote en las selecciones incluidas en esta antología, describe el lenguaje de *Sobremesa y alivio de caminantes*. ¿Es poético? ¿Intelectual? ¿Coloquial? Explica.
2. ¿En qué se basa el humor de estos relatos?
3. Describe el uso del diálogo.
4. ¿Cómo se representan las relaciones entre hombres y mujeres (cuentos LXVII y X)?
5. ¿Cómo explora Timoneda la tensión entre los ideales culturales y la realidad social de la España de finales del siglo XVI?
6. Ahora que has leído los cuentos de Timoneda, relaciónalos con la pintura de Jan Steen, *In Luxury, Look Out*.

Redes analíticas

1. ¿Cómo ilustran Santa Teresa y Garcilaso las características sociales e intelectuales del Renacimiento español mencionadas en la Introducción?
2. Analiza las tensiones entre lo externo y lo interno manifestadas en los textos estudiados en esta unidad.
3. ¿Cómo se compara el texto de Colón con el de Las Casas?
4. ¿Qué tienen en común los escritos de Colón y de Las Casas con los poemas que has leído? Piensa, por ejemplo, en el contraste, la exageración y las referencias a la religión.
5. ¿Cómo constituyen los cuentos de Timoneda un desafío a los ideales o valores afirmados en la poesía renacentista? ¿Y los relatos de Colón y Las Casas?
6. Piensa en la importancia de la religión en los textos medievales estudiados. ¿Qué cambios se notan en la presentación y la importancia temática de la religión en el Renacimiento?
7. Discute la importancia del espacio y el movimiento geográfico en *El Cid*, "El milagro de Teófilo" y los textos de Colón y Las Casas.

El período colonial temprano

Introducción

El período colonial (fines del siglo XV hasta principios del s. XIX) coincide, en parte, con el Renacimiento y el Barroco, pero este se refiere más bien a los desarrollos

artísticos, culturales y políticos en el Nuevo Mundo, Hispanoamérica. Es difícil definir este período, ya que abarca casi tres siglos. En el siglo XVI, la literatura producida en las colonias americanas venía en gran parte de los españoles que viajaban al nuevo continente. Hay que recordar que muchos grupos indígenas, las llamadas civilizaciones precolombinas, tratadas en la Unidad I—también producían textos llamados "códices"; pero muchos de ellos fueron destruidos por los españoles o simplemente se han perdido. Los textos que sobrevivieron, estos códices, abren una ventana a la vida y cultura de estos habitantes originarios del continente americano.

La literatura colonial es rica y diversa, y cuenta con una plétora de géneros: poesía, teatro, ensayo, prosa. El "encuentro" entre el Viejo y el Nuevo Mundo implica una síntesis de lenguajes, culturas, religiones y política; por ello, los escritores de las colonias a menudo se centran en describir, criticar y, a veces, justificar la dinámica entre el colonizador y el colonizado.

Uno de los primeros escritos que marca el inicio de esta época de colonización europea es la "Carta a Luis Santángel" de Cristóbal Colón. Colón realiza no uno, sino cuatro viajes al Nuevo Mundo (1492–1504). Después del primer viaje, Colón redacta una carta a su amigo y patrocinador, Luis de Santángel, el ministro de economía de los Reyes Católicos. En ella, describe a la gente, las tierras, a los animales de este mundo "descubierto" y todo su potencial. Colón bautizó esta tierra con el nombre de las Indias, ya que pensó que había llegado a las Indias Orientales (China y Japón). Como se verá, Colón no es un escritor formalmente entrenado ni tiene un estilo literario elevado. Su propósito a la hora de escribir esta carta y sus otros textos, a diferencia de los autores "profesionales", es principalmente económico, sin aspiraciones estéticas; quiere que los reyes sigan patrocinándole.

El idealismo y el humanismo del Renacimiento fomentan las controversias provocadas por la actividad colonizadora iniciada por Colón. La voz principal de estas controversias es el fraile dominicano Bartolomé de las Casas (1474–1566), quien afirma que la violencia cometida contra los amerindios es irracional y debilita la civilización; que la fuerza no tiene que ser utilizada contra los indígenas porque la conversión obligatoria al cristianismo es censurable; que la racionalidad y la libertad del hombre son exigidas precisamente por la misma fe profesada por los españoles; y que esta fe debe ser comunicada solamente por medio de una persuasión que ejemplifique ese "amor al prójimo" tan característico del discurso cristiano.

Por múltiples razones, se puede decir que la producción estética renacentista española y la literatura colonial no solo aparecen como consecuencia de los cambios sociales y políticos ocurridos en la península y en América durante finales del siglo XV y el siglo XVI, sino que también participan activamente en un intercambio de perspectivas y voces que constituyen este mismo contexto sociopolítico.

El período colonial: siglos XV y XVI

IV. Cristóbal Colón (Italia 1451–1506)

A. Términos literarios

El anagrama de la firma de Colón (*Encyclopaedia Britannica*).

1. El narrador
2. La narración en primera persona
3. La carta como género literario
4. La retórica

B. El autor y su contexto social

1. Hombre aún envuelto en mucho misterio
2. Sus viajes patrocinados por los Reyes Católicos
3. ¿Cristianizar a los indígenas o buscar fama y riquezas?
4. España en una etapa expansionista
 a. La expulsión de los moros y judíos
 b. El "descubrimiento" de las Américas
 c. La unificación de Castilla y Aragón
5. San Salvador (Las Bahamas)
 a. La primera isla descubierta
 b. Su nombre indígena: "Guanajaní"

C. Imágenes en contexto

Busca el grabado *América* de Theodor Galle (basado en un dibujo de Jan van der Straet, 1580) en línea (Google Imágenes) y piensa en lo siguiente en preparación para esta sección:

1. El hombre a la izquierda es Américo Vespucio. ¿Qué representa el hombre europeo?
2. La mujer en la hamaca. ¿Quién es? ¿Cuál es su reacción al ver al europeo?
3. La imagen del europeo en comparación con la de la mujer indígena
4. Los detalles del grabado: los animales, lo que hace la gente al fondo, los instrumentos de Vespucio, etc.
5. El simbolismo de esta escena

D. El texto

1. "CARTA A LUIS DE SANTÁNGEL" (15 DE FEBRERO DE 1493)

Señor: Porque sé que auréis[22] plazer de la grand vitoria que nuestro Señor me ha dado en mi viaje vos escriuo ésta, por la qual sabreys cómo en ueinte dias pasé a las Indias con la armada que los illustríssimos Rey e Reyna, nuestros señores, me dieron, donde yo fallé muy muchas islas pobladas con gente sin número, y dellas todas he tomado posesión por Sus Altezas con pregón y uandera rreal estendida, y non me fue contradicho.

22. *auréis*: tendréis. Colón no usa la ortografía castellana moderna. Algunos patrones ortográficos típicos que se encontrarán en su carta son: u=v, b, f=h, z=c, q=c, y=i, ss=s. ¡A veces, la lectura en voz alta puede ser útil!

A la primera que yo fallé puse nonbre Sant Saluador, a comemoración de su Alta Magestat, el qual marauillosamente todo esto an dado; los indios la llaman Guanahaní. A la segunda puse nonbre la isla de Santa María de Concepción, a la tercera, Ferrandina; a la quarta, la isla Bella, a la quinta, la isla Juana, e así a cada una nonbre nueuo.

Quando yo llegué a la Juana seguí io la costa della al poniente,[23] y la fallé tan grande que pensé que sería tierra firme, la prouincia de Catayo. Y como no fallé así villas y luguares en la costa de la mar, pequeñas poblaciones, con la gente de las quales no podía hauer fabla, porque luego fuyan todos, andaua yo adelante por el dicho camino, pensando de no errar grandes ciudades o villas, y al cabo de muchas leguas, visto que no hauía innouación i que la costa me lleuaua al setentrión,[24] de adonde mi voluntad era contraria, porque el iuierno era ya encarnado,[25] yo tenía propósito de hazer del al austro y tanbién el viento me dio adelante, determiné de no aguardar otro tiempo y boluí atrás fasta un señalado puerto, de adonde enbié dos hombres por la tierra para saber si hauía rey o grandes ciudades. Andouieron tres iornadas y hallaron infinitas poblaciones pequeñas i gente sin número, mas no cosa de regimiento, por lo qual se boluieron.

Yo entendía harto de otros idios, que ia tenía tomados, cómo continuamente esta tierra era isla, e así seguí la costa della al oriente ciento i siete leguas fasta donde fazía fin, del qual cabo vi otra isla al oriente, distincta de ésta diez o ocho leguas, a la qual luego puse nombre la Spañola; y fui allí, y seguí la parte del setentrión, así como de la iuana al oriente CLXXVIII grandes leguas por línia recta del oriente así como de la Iuana, la qual y todas las otras son fortíssimas en demasiado grado, y ésta en estremo; en ella ay muchos puertos en la costa de la mar sin comparación de otros que yo sepa en cristianos y fartos rríos y buenos y grandes que es maravilla; las tierras della son altas y en ella muy muchas sierras y montañas altíssimas, sin comparación de la isla de centre frei, todas fermosíssimas, de mil fechuras, y todas andábiles y llenas de árboles de mil maneras i altas i parecen que llegan al cielo, i tengo por dicho que iamás pierden la foia, según lo puede comprehender, que los vi tan verdes i tan hermosos como son por mayo en Spaña, i dellos[26] estauan floridos, dellos con fruto, i dellos en otro término, según es su calidad.

I cantaua el ruiseñor i otros paxaricos de mil maneras en el mes de nouiembre por allí donde yo andaua; ay palmas de seis o de ocho maneras, que es admiración verlas, por la diformidad fermosa dellas, mas así como los otros árboles y frutos e ieruas. En ella ay pinares[27] a marauilla, e ay canpiñas[28] grandíssimas, e ay miel, i de muchas maneras de aues y frutas muy diuersas. En las tierras ay muchas minas de metales e ay gente instimabile número.

La Spañola es marauilla: las sierras y las montañas y las uegas i las campiñas, y las tierras tan fermosas y gruesas para plantar y sembrar, pa criar ganados de todas suertes, para hedificios de villas e lugares. Los puertos de la mar, aquí no hauría crehencia sin vista, y de los ríos muchos y grandes y buenas aguas, los más de los quales traen oro. En

23. *poniente*: oeste
24. *setentrión*: el norte
25. *encarnado*: llegado
26. *dellos*: algunos
27. *pinares*: lugar de muchos pinos (árboles coníferos)
28. *canpiñas*: campos

los árboles y frutos y yeruas ay grandes differencias de aquéllas de la Iuana; en ésta ay muchas specierías y grandes minas de oro y de otros metales. La gente desta ysla y de todas las otras que he fallado y hauido ni aya hauido noticia, andan todos desnudos, hombres y mugeres, así como sus madres los paren, haunque algunas mugeres se cobrían un solo lugar con una foia de yerua o una cosa de algodón que pa ello fazen. Ellos no tienen fierro ni azero ni armas ni son [par]a ello, no porque no sea gente bien dispuesta y de fermosa estatura, saluo que son muy te[merosos] a marauilla. No tyenen otras armas saluo las a[rm]as de las cañas quando est[án] con la simiente,[29] a [la] qual ponen al cabo un palillo agudo, e no osan usar de auéllas, que m[uchas] vezes me [aca]eció[30] embiar a tierra dos o tres hombres a alguna villa pa hauer fabl[a y] salir a [ello] sin número, y después que los veyan llegar fuyan a no auardar padre a hijo, y esto no porque a ninguno se aya hecho mal, antes, a todo adonde yo aya estado y podido hauer fabla, les he dado de todo lo que tenía, así paño[31] como otras cosas muchas, sin recebir por ello cosa alguna, mas son así temerosos sin remedio. Verdad es que, después que aseguran y pierden este miedo, ellos son tanto sin engaño y tan liberales de lo que tienen que no lo creerían sino el que lo viese. Ellos, de cosa que tengan, pidiéndogela,[32] iamás dizen de no; conuidan la persona con ello y muestran tanto amor que darían los corazones y quieren sea cosa de ualor, quien sea de poco precio, luego por qualquiera cosica de qualquiera manera que sea que se le dé por ello sean contentos. Yo defendí que no se les diesen cosas tan siuiles como pedazos de escudillas[33] rotas y pedazos de vidrio roto y cabos de agujetas,[34] haunque quando ellos esto podían llegar, los parescía hauer la meior ioya del mundo; que se acertó hauer un marinero, por una agugeta, de oro de peso de dos castellanos y medio; y otros, de otras cosas, que muy menos valían, mucho más. Ya por blancas nueuas dauan por ellas todo quanto tenían, haunque fuesen dos ni tres castellanos de oro o una arroua[35] o dos de algodón filado. Fasta los pedazos de los arcos rotos de las pipas tomauan y dauan lo que tenían como bestias. Así que me pareció mal <y> yo lo defendí. Y daua yo graciosas mil cosas buenas que yo leuaua porque tomen amor; y allenda desto se farán cristianos, que se inclinan al amor e ceruicio de sus altezas y de toda la nación castellana; e procuran de aiuntar de nos dar de las cosas que tenen en abundancia que nos son necessarias. Y no conocían ninguna seta ni idolatría, saluo que todos creen que las fuerças y el bien es en el cielo, y creían muy firme que yo, con estos nauíos y gente, venía del cielo y en tal catamiento[36] me recebían en todo cabo, después de hauer perdido el miedo. Y esto no procede porque sean ignorantes, saluo de muy sotil ingenio, y ombres que nauegan todas aquellas mares, que es marauilla la buena cuenta quellos dan de todo, saluo porque nunca vieron gente vestida ni semeiantes nauíos.

Y luego que legé a las Indias, en la primera isla que hallé tomé por forza algunos dellos pa que deprendiesen y me diesen notia de lo que auía en aquellas partes, e así fue que luego entendiron y nos a ellos, quando por lengua o señas, y éstos han aprouechado

29. *simiente*: semilla
30. *acaceió*: ocurrió
31. *paño*: tela
32. *pidiéndogela*: pidiéndosela
33. *escudillas*: platos hondos
34. *agujetas*: lazos, nudos
35. *arroua*: unidad para medir que coincidía con la cantidad que cabía en una bolsa
36. *catamiento*: observación, sumisión, reverencia

mucho. Oy en día los traigo que siempre están de propósito que vengo del cielo, por mucha conversación que ayan hauido conmigo. Y éstos eran los primeros a pronunciarlo adonde yo llegaua y los otros andauan corriendo de casa en casa, y a las villas cercanas con bozes altas: Venit, venit a uer la gente del cielo. Así, todos, hombres como mugers, después de hauer el corazón seguro de nos, venían que non cadaua grande ni pequeño, y todos trayan algu de comer y de beuer que dauan con un amor marauilloso.

Ellos tienen <en> todas las yslas muy muchas canoas, a manera de fustes[37] de remo; dellas maioras, dellas menores, y algunas y muchas son mayores que huna fusta de diez e ocho bancos; no son tan anchas porque son de hun solo madero, mas huna fusta no terná con ellas al remo porque van que no es cosa de creer, y con estas nauegan todas aquellas islas, que son inumerables, y traen sus mecaderías. Algunas destas canoas he visto con LXX y LXXX ombres en ella, y cada uno con su remo.

En todas estas islas no vide mucha diuersidad de la fechura de la gente, ni en las costumbres, ni en la lengua, saluo que todos se entienden, que es cosa muy sigular, para lo que espero que determinarán sus altezas para la couersación dellos de nuestra santa fe, a la qual son muy dispuestos.

Ya dixe cómo yo hauía andado CVII leguas por la costa de la mar, por la derecha liña de occidente a oriente, por la isla Iuana, según el qual camino puedo decir que esta isla es maior que Inglaterra y Escocia iuntas, porque allende[38] destas CVII leguas me queda, de la parte de poniente, dos prouincias que io no he andado, la una de las quales llaman Auau, adonde nace la gente con cola; las cuales prouincias no pueden tener en longura menos de L o de IX leguas, según pude entender destos indios que yo tengo, los quales saben todos las yslas. Esta otra Española en cierco tiene más que la España toda desde Colonya, por costa de mar, fasta Fuenterauía, en Uiscaya, pues en una quadra anduue CLXXXVIII grands leguas por recta línia de occident a oriente. Esta es para desear e [uista] es para nunca dexar, en la qual puesto [que de to]das tenga toma[d]a possessión por Sus Altezas y todas sean más abastadas de lo que io sé y puedo dezir, y todas las tengo por sus altezas qual dellas pueden disponer como y tan complidamente como de los reynos de Castilla. En esta Española, en el lugar más conuenible y meior comarca para las minas del oro y de todo trato, así de la tierra firme de aquá como de aquélla de allá del Gran Can, adonde haurá grand trato e ganancia, he tomado possessión de una villa grande, a la qual puse nombre la villa de Nauidad, y en ella he fecho fuerza y fortaleza, que ya a estas horas estará del todo acabada, y he dexado en ella gente que abasta[39] para semeiante fecho, con armas y artellarías e vituallas por más de un año, y fusta y maestro de la mar en todas artes para fazer otras; y grande amistad con el Rey de aquella tierra, en tanto grado que se preciaua de me llamar y etener por hermano, e haunque le mudase la voluntad a hofrender esta gente, él ni los suios no saben qué sean armas, y andan desnudos como ya he dicho. Son los más temerosos que ay en el mundo, así que solamente la gente que allá queda es para destroir toda aquella tierra, y es ysla si peligro de sus personas sabiéndose regir.[40]

37. *fustes*: palos grandes
38. *allende*: más lejos de
39. *abasta*: provee
40. *regir*: reinar, gobernar

En todas estas islas me parece que todos los ombres sean contentos con una muger, i a su maioral o rey dan fasta veynte. Las mugeres me parece que trabaxan más que los ombres, ni he podido entender si tenien bienes propios, que me pareció ver que aquéllos que uno tenía todos hazían parte, en especial de las cosas comederas.[41]

En estas islas fasta aquí no he hallado ombres mostrudos[42] como muchos pensauan, mas antes es toda gente de muy lindo acatamiento, ni son negros como en Guinea, saluo con sus cabellos correndíos,[43] y no se crían adonde ay ímpeto demasiado de los rayos solares; es verdad quel sol tiene allí grand fuerça, puesto que es distinta de la liña iquinocial[44] veinte e seis grandes. En estas islas, adonde ay montañas grandes, ay tenía fuerça el frío este yuierno, mas ellos lo sufren por la costumbre que con la ayuda de las viandas[45] <que> comen con especias muchas y muy calientes en demasía. Así que mostruos no he hallado ni noticia, saluo de una ysla que es aquí en la segunda a la entrada de las Yndias, que es poblada de una iente que tienen en todas las yslas por muy ferozes, los qualles comen carne umana. Estos tienen muchas canaus,[46] con las quales corren todas las yslas de India, roban y toman quanto pueden; ellos no son más difformes que los otros, saluo que tienen en costumbre de traer los cabellos largos como mugeres, y usan arcos y flechas de las mismas armas de cañas, con un palillo al cabo por defecto de fierro que no tienen. Son ferozes entre estos otros pueblos que son en demasiado grado couardes, mas yo no los tengo en nada más que a los otros. Estos son aquéllos que tratan con las mugeres de matremomo, que es la primera ysla partiendo de Spaña para las Indias que se falla, en la qual no ay hombre ninguno; ellas no usan exercio femenil, saluo arcos y frechas, como los sobredichos de cañas, y se arman y cobigan[47] con launes de arambre[48] que tienen mucho.

Otra ysla me seguran mayor que la Española, en que las personas no tienen ningún cabello. En ésta ay oro sin cuento y destas y de las otras traigo comigo indios para testimonio.

En conclusión, a fablar desto solamente que se ha fecho este viage que fue así de corida, que pueden ver Sus Altezas que yo les daré oro quanto ouieren menester con muy poquita ayuda que sus altezas me darán agora, especiaría y algodón quanto Sus Altezas mandaran cargar, y almástica[49] quanta mandaran cargar; e de la qual fasta oy no se ha fallado saluo en Grecia en la isla de Xío, y el señorío la uende como quiere, y ligunáloe[50] quanto mandaran cargar, y esclauos quantos mandaran cargar, e serán de los ydólatres. Y creo hauer fallado ruybaruo y canela, e otras mil cosas de sustancia fallaré, que haurán fallado la gente que yo allá dexo; porque yo no me he detenido ningún cabo, en quanto el uiento me aia dado lugar de nauegar: solamente en la Villa de Nauidad,[51] en quanto

41. *comederas*: relacionadas con la comida
42. *mostrudos*: monstruosos
43. *correndíos*: corriendo, desatados
44. *iquinocial*: equinoxal
45. *viandas*: carnes
46. *canaus*: canoas
47. *se cobigan*: se envuelven
48. *launes de arambre*: láminas de cobre
49. *almástica*: sustancia pegajosa producida por las plantas; resina
50. ligunáloe: aloe
51. *Villa de Navidad*: Colón nombra la villa así porque llega el día de Navidad. Era muy común que los conquistadores les pusieran a las ciudades nombres que se asociaban con la cristiandad.

dexé asegurado e bien asentado. E a la verdad, mucho más ficiera si los nauíos me siruie-
ran como razón demandaua.

Esto es harto y eterno Dios nuestro Señor, el qual da a todos aquellos que andan su
camino victoria de cosas que parecen imposibles. Y ésta señaladamente fue la una, porque
haunque destas tierras aian fallado o escripto todo va por coniectura sin allegar de uista,
saluo comprendiendo, a tanto que los oyentes, los más, escuchauan e iuzgauan más por
fabla que por poca c[osa] dello. Así que, pues nuestro Redemtor dio esta victoria a nues-
tros illustrísimos Rey e Reyna e a sus reynos famosos de tan alta cosa, adonde toda la
christiandad deue tomar alegría y fazer grandes fiestas, y dar gracias solemnes a la Sancta
Trinidad con muchas oraciones solemnes, por el tanto enxalçamiento[52] que haurán en
tornándose tantos pueblos a nuestra sancta fe, y después por los bienes temporales que
no solamente a la España, mas todos los christianos ternán aquí refrigerio[53] y ganancia.
Esto según el fecho así em breue.

Fecha en la calauera, sobre las islas de Canaria, a XV de febrero año mil CCCC-
LXXXXIII.

Fará lo que mandáreys.

El Almirante.

Anima que venía dentro en la carta

Después desta escripto y estando en mar de Castilla, salió tanto viento conmigo sul
y sueste que me ha fecho descargar los nauíos, pero corí aquí en este puerto de Lisbona
oy, que fue la mayor marauilla del mundo, adonde acordé escriuir a Sus Altezas. En todas
las Yndias he siempre hallado y los temporales como en mayo. Adonde yo fuy en XXXIII
días y volví en XXVIII, saluo questas tormentas que an detenido XIIII días corriendo
por esta mar. Dizen aquá todos los hombres de la mar que iamás ouo tan mal yuierno
no ni tantas pérdidas de naues.

Fecha ha quatorze días de marzo.

Esta Carta enbió Colom al escriuano de ración de las islas halladas en las Indias.
Contenida a otra de Sus Altezas.

D. Cuestionario

1. Para Colón, ¿cuáles son las cosas más interesantes del Nuevo Mundo? Nom-
bra por lo menos tres.
2. ¿Cómo logra convencer a su lector de lo que ha visto? ¿Qué tipo de palabras
emplea? Piensa, por ejemplo, en los superlativos. ¿Cuáles son las imágenes
que destacan?
3. ¿Cómo es el tono de Colón? Proporciona ejemplos textuales para apoyar tu
respuesta. Recuerda que el tono de un texto es su actitud hacia el tema
tratado.
4. Colón compara el Nuevo Mundo con el Viejo a menudo. ¿Con qué fin?

52. enxalçamiento: elogio
53. *refrigerio*: algo para recobrar fuerzas

5. ¿Qué rol tiene la religión en la carta?
6. Explica cómo la carta podría leerse como una promoción turística de la época.
7. Por otra parte, hay elementos terroríficos de este Nuevo Mundo. Elabora. ¿Cuál sería el propósito de mencionar también estos detalles negativos?
8. ¿Qué opinas tú de esta carta? ¿Ha hecho un buen trabajo Colón como escritor? Si fueras el rey o la reina, ¿seguirías patrocinándolo? Explica por qué sí o no.

V. Fray Bartolomé de Las Casas (1484–1566)

A. Términos literarios

1. La retórica
2. La narración en primera persona
3. La hipérbole

B. El autor y su contexto social

1. Orden dominicana
2. Irónicamente fue encomendero, tenía esclavos, durante una época.
3. Participó en la Junta de Valladolid
 a. Adversario: Juan Ginés de Sepúlveda
 b. Las Casas opina que los indígenas no son inferiores; tienen derechos.
4. Acompaña a Colón en su segundo viaje. Luego editará parte del diario de Colón.
5. Las Casas: precursor de lo que hoy se conoce como "derechos humanos"

C. Imágenes en contexto

Busca las ilustraciones de la *Brevísima relación* de las Casas (Theodore De Bry, S. XVI) en línea (Google Imágenes) y piensa en lo siguiente en preparación para esta sección:

1. Las imágenes en general
2. La talla con el español cortándole el brazo a un indígena tiene que ver con el "requerimiento", la idea de la "guerra justa". ¿Cómo interpretas la escena?
3. La importancia del hecho de que de Bry nunca pisó tierras americanas

D. El texto

1. *BREVÍSIMA RELACIÓN DE LA DESTRUCCIÓN DE LAS INDIAS* (FRAGMENTO)

Descubriéronse las Indias en el año de mil y cuatrocientos y noventa y dos. Fuéronse a poblar el año siguiente de cristianos españoles, por manera que ha cuarenta e nueve años que fueron a ellas cantidad de españoles; e la primera tierra donde entraron para hecho de poblar fué la grande y felicísima isla Española, que tiene seiscientas leguas en

torno. Hay otras muy grandes e infinitas islas alrededor, por todas las partes della, que todas estaban e las vimos las más pobladas e llenas de naturales gentes, indios dellas, que puede ser tierra poblada en el mundo. La tierra firme, que está de esta isla por lo más cercano docientas e cincuenta leguas, pocas más, tiene de costa de mar más de diez mil leguas descubiertas, e cada día se descubren más, todas llenas como una colmena[54] de gentes en lo que hasta el año de cuarenta e uno se ha descubierto, que parece que puso Dios en aquellas tierras todo el golpe o la mayor cantidad de todo el linaje humano.

Todas estas universas e infinitas gentes a todo género crió Dios los más simples, sin maldades ni dobleces, obedientísimas y fidelísimas a sus señores naturales e a los cristianos a quien sirven; más humildes, más pacientes, más pacíficas e quietas, sin rencillas ni bullicios,[55] no rijosos,[56] no querulosos,[57] sin rencores,[58] sin odios, sin desear venganzas, que hay en el mundo. Son asimismo las gentes más delicadas, flacas y tiernas en complisión[59] e que menos pueden sufrir trabajos y que más fácilmente mueren de cualquiera enfermedad, que ni hijos de príncipes e señores entre nosotros, criados en regalos e delicada vida, no son más delicados que ellos, aunque sean de los que entre ellos son de linaje de labradores.

Son también gentes paupérrimas[60] y que menos poseen ni quieren poseer de bienes temporales; e por esto no soberbias, no ambiciosas, no codiciosas. Su comida es tal, que la de los sanctos padres en el desierto no parece haber sido más estrecha ni menos deleitosa ni pobre. Sus vestidos, comúnmente, son en cueros, cubiertas sus vergüenzas, e cuando mucho cúbrense con una manta de algodón, que será como vara y media o dos varas de lienzo en cuadra. Sus camas son encima de una estera,[61] e cuando mucho, duermen en unas como redes colgadas, que en lengua de la isla Española llamaban *hamacas*.

Son eso mesmo de limpios e desocupados e vivos entendimientos, muy capaces e dóciles para toda buena doctrina; aptísimos para recebir nuestra sancta fee católica e ser dotados de virtuosas costumbres, e las que menos impedimientos tienen para esto, que Dios crió en el mundo. Y son tan importunas desque una vez comienzan a tener noticia de las cosas de la fee, para saberlas, y en ejercitar los sacramentos de la Iglesia y el culto divino, que digo verdad que han menester los religiosos, para sufrillos, ser dotados por Dios de don muy señalado de paciencia; e, finalmente, yo he oído decir a muchos seglares españoles de muchos años acá e muchas veces, no pudiendo negar la bondad que en ellos veen: «Cierto estas gentes eran las más bienaventuradas del mundo si solamente conocieran a Dios».

En estas ovejas mansas, y de las calidades susodichas por su Hacedor y Criador así dotadas, entraron los españoles, desde luego que las conocieron, como lobos e tigres y leones cruelísimos de muchos días hambrientos. Y otra cosa no han hecho de cuarenta años a esta parte, hasta hoy, e hoy en este día lo hacen, sino despedazarlas, matarlas, angustiarlas, afligirlas, atormentarlas y destruirlas por las extrañas y nuevas e varias e nunca otras tales vistas ni leídas ni oídas maneras de crueldad, de las cuales algunas

54. *colmena*: habitáculo de abejas
55. *rencillas ni bullicios*: enemistades ni peleas
56. *rijosos*: lujuriosos, sensuales, sensibles
57. *querulosos*: conflictivos
58. *rencores*: odios, enemistades
59. *complision*: complexión (constitución)
60. *paupérrimas*: muy pobres
61. *estera*: alfombra hecha de paja

pocas abajo se dirán, en tanto grado, que habiendo en la isla Española sobre tres cuentos de ánimas que vimos, no hay hoy de los naturales de ella docientas personas. La isla de Cuba es cuasi tan luenga[62] como desde Valladolid a Roma; está hoy cuasi toda despoblada. La isla de Sant Juan e la de Jamaica, islas muy grandes e muy felices e graciosas, ambas están asoladas. Las islas de los Lucayos, que están comarcanas a la Española y a Cuba por la parte del Norte, que son más de sesenta con las que llamaban de Gigantes e otras islas grandes e chicas, e que la peor dellas es más fértil e graciosa que la huerta del rey de Sevilla, e la más sana tierra del mundo, en las cuales había más de quinientas mil ánimas, no hay hoy una sola criatura. Todas las mataron trayéndolas e por traellas a la isla Española, después que veían que se les acababan los naturales della. Andando en navío tres años a rebuscar por ellas la gente que había, despés de haber sido vendimiadas,[63] porque un buen cristiano se movió por piedad para los que se hallasen convertirlos e ganarlos a Cristo, no se hallaron sino once personas, las cuales yo vide. Otras más de treinta islas, que están en comarca de la isla de Sant Juan, por la misma causa están despobladas e perdidas. Serán todas estas islas, de tierra, más de dos mil leguas, que todas están despobladas e desiertas de gente.

De la gran tierra firme somos ciertos que nuestros españoles por sus crueldades y nefandas[64] obras han despoblado y asolado[65] y que están hoy desiertas, estando llenas de hombres racionales, más de diez reinos mayores que toda España, aunque entre Aragón y Portugal en ellos, y más tierra que hay de Sevilla a Jerusalén dos veces, que son más de dos mil leguas.

Daremos por cuenta muy cierta y verdadera que son muertas en los dichos cuarenta años por las dichas tiranías e infernales obras de los cristianos, injusta y tiránicamente, más de doce cuentos de ánimas, hombres y mujeres y niños; y en verdad que creo, sin pensar engañarme, que son más de quince cuentos.

Dos maneras generales y principales han tenido los que allá han pasado, que se llaman cristianos, en estirpar[66] y raer[67] de la haz[68] de la tierra a aquellas miserandas naciones. La una, por injustas, crueles, sangrientas y tiránicas guerras. La otra, despés que han muerto todos los que podrían anhelar o sospirar o pensar en libertad, o en salir de los tormentos que padecen, como son todos los señores naturales y los hombres varones (porque comúnmente no dejan en las guerras a vida sino los mozos y mujeres), oprimiéndolos con la más dura, horrible y áspera servidumbre en que jamás hombres ni bestias pudieron ser puestas. A estas dos maneras de tiranía infernal se reducen e se resuelven o subalternan como a géneros todas las otras diversas y varias de asolar aquellas gentes, que son infinitas.

La causa por que han muerto y destruido tantas y tales e tan infinito número de ánimas los cristianos ha sido solamente por tener por su fin último el oro y henchirse de riquezas en muy breves días e subir a estados muy altos e sin proporción de sus personas (conviene a saber): por la insaciable codicia e ambición que han tenido, que ha sido mayor que en el mundo ser pudo, por ser aquellas tierras tan felices e tan ricas, e

62. *luenga*: larga
63. *vendimiadas*: recogidas
64. *nefandas*: horrorosas
65. *asolado*: devastado
66. *estirpar*: eliminar
67. *raer*: desgastar una superficie, especialmente por el uso
68. *haz*: cara, superficie

las gentes tan humildes, tan pacientes y tan fáciles a sujetarlas; a las cuales no han tenido más respeto ni dellas han hecho más cuenta ni estima (hablo con verdad por lo que sé y he visto todo el dicho tiempo), no digo que de bestias (porque pluguiera a Dios que como a bestias las hubieran tractado y estimado), pero como y menos que estiércol[69] de las plazas. Y así han curado de sus vidas y de sus ánimas, e por esto todos los números e cuentos dichos han muerto sin fee, sin sacramentos. Y esta es una muy notoria y averiguada verdad, que todos, aunque sean los tiranos y matadores, la saben e la confiesan: que nunca los indios de todas las Indias hicieron mal alguno a cristianos, antes los tuvieron por venidos del cielo, hasta que, primero, muchas veces hubieron recebido ellos o sus vecinos muchos males, robos, muertes, violencias y vejaciones[70] dellos mesmos.

DE LA ISLA ESPAÑOLA

En la isla Española, que fué la primera, como dijimos, donde entraron cristianos e comenzaron los grandes estragos[71] e perdiciones destas gentes e que primero destruyeron y despoblaron, comenzando los cristianos a tomar las mujeres e hijos a los indios para servirse e para usar mal dellos e comerles sus comidas que de sus sudores e trabajos salían, no contentándose con lo que los indios les daban de su grado, conforme a la facultad que cada uno tenía (que siempre es poca, porque no suelen tener más de lo que ordinariamente han menester e hacen con poco trabajo e lo que basta para tres casas de a diez personas cada una para un mes, come un cristiano e destruye en un día) e otras muchas fuerzas e violencias e vejaciones que les hacían, comenzaron a entender los indios que aquellos hombres no debían de haber venido del cielo; y algunos escondían sus comidas; otros sus mujeres e hijos; otros huíanse a los montes por apartarse de gente de tan dura y terrible conversación. Los cristianos dábanles de bofetadas e puñadas y de palos, hasta poner las manos en los señores de los pueblos. E llegó esto a tanta temeridad y desvergüenza, que al mayor rey, señor de toda la isla, un capitán cristiano le violó por fuerza su propia mujer.

De aquí comenzaron los indios a buscar maneras para echar los cristianos de sus tierras: pusiéronse en armas, que son harto flacas e de poca ofensión e resistencia y menos defensa (por lo cual todas sus guerras son poco más que acá juegos de cañas e aun de niños); los cristianos con sus caballos y espadas e lanzas comienzan a hacer matanzas e crueldades extrañas en ellos. Entraban en los pueblos, ni dejaban niños y viejos, ni mujeres preñadas[72] ni paridas que no desbarrigaban e hacían pedazos, como si dieran en unos corderos metidos en sus apriscos.[73] Hacían apuestas sobre quién de una cuchillada abría el hombre por medio, o le cortaba la cabeza de un piquete[74] o le descubría las entrañas.[75] Tomaban las criaturas de las tetas de las madres, por las piernas, y daban de cabeza con ellas en las peñas.[76] Otros, daban con ellas en ríos por las espaldas, riendo e burlando, e cayendo en el agua decían: bullís, cuerpo de tal; otras criaturas metían a espada con las

69. *estiércol*: excremento de animal
70. *vejaciones*: actos de humillar a alguien
71. *estragos* (causar o hacer): destruir o arruinar
72. *preñadas*: embarazadas
73. *apriscos*: corrales
74. *piquete*: golpe
75. *entrañas*: intestinos
76. *peñas*: rocas

madres juntamente, e todos cuantos delante de sí hallaban. Hacían unas horcas[77] largas, que juntasen casi los pies a la tierra, e de trece en trece, a honor y reverencia de Nuestro Redemptor e de los doce apóstoles, poniéndoles leña e fuego, los quemaban vivos. Otros, ataban o liaban todo el cuerpo de paja seca pegándoles fuego, así los quemaban. Otros, y todos los que querían tomar a vida, cortábanles ambas manos y dellas llevaban colgando, y decíanles: "Andad con cartas". Conviene a saber, lleva las nuevas a las gentes que estaban huídas por los montes. Comúnmente mataban a los señores y nobles desta manera: que hacían unas parrillas de varas[78] sobre horquetas[79] y atábanlos en ellas y poníanles por debajo fuego manso, para que poco a poco, dando alaridos[80] en aquellos tormentos, desesperados, se les salían las ánimas.

Una vez vide que, teniendo en las parrillas quemándose cuatro o cinco principales y señores (y aun pienso que había dos o tres pares de parrillas donde quemaban otros), y porque daban muy grandes gritos y daban pena al capitán o le impedían el sueño, mandó que los ahogasen, y el alguacil, que era peor que el verdugo[81] que los quemaba (y sé cómo se llamaba y aun sus parientes conocí en Sevilla), no quiso ahogarlos, antes les metió con sus manos palos en las bocas para que no sonasen y atizoles el fuego hasta que se asaron de despacio como él quería. Yo vide todas las cosas arriba dichas y muchas otras infinitas. Y porque toda la gente que huir podía se encerraba en los montes y subía a las sierras huyendo de hombres tan inhumanos, tan sin piedad y tan feroces bestias, extirpadores[82] y capitales enemigos del linaje humano, enseñaron y amaestraron lebreles,[83] perros bravísimos que en viendo un indio lo hacían pedazos en un credo, y mejor arremetían[84] a él y lo comían que si fuera un puerco. Estos perros hicieron grandes estragos y carnecerías. Y porque algunas veces, raras y pocas, mataban los indios algunos cristianos con justa razón y santa justicia, hicieron ley entre sí, que por un cristiano que los indios matasen, habían los cristianos de matar cien indios.

LOS REINOS QUE HABÍA EN LA ISLA ESPAÑOLA

Había en esta isla Española cinco reinos muy grandes principales y cinco reyes muy poderosos, a los cuales cuasi obedecían todos los otros señores, que eran sin número, puesto que algunos señores de algunas apartadas provincias no reconocían superior dellos alguno. El un reino se llamaba Maguá, la última sílaba aguda, que quiere decir el reino de la vega. Esta vega es de las más insignes y admirables cosas del mundo, porque dura ochenta leguas de la mar del Sur a la del Norte. Tiene de ancho cinco leguas y ocho hasta diez y tierras altísimas de una parte y de otra. Entran en ella sobre treinta mil ríos y arroyos, entre los cuales son los doce tan grandes como Ebro y Duero y Guadalquivir; y todos los ríos que vienen de la una sierra que está al Poniente, que son los veinte y veinte y cinco mil, son riquísimos de oro. En la cual sierra o sierras se contiene la provincia de Cibao, donde se dicen las minas de Cibao, donde sale aquel señalado y subido en

77. *horcas*: cuerdas
78. *varas*: palos largos
79. *horquetas*: tenedores
80. *alaridos*: gritos de dolor
81. *verdugo*: persona que ejecuta las penas de muerte u otro castigo corporal
82. *extirpadores*: eliminadores
83. *lebreles*: perros de caza
84. *arremetían*: atacaban con furia

quilates[85] oro que por acá tiene gran fama. El rey y señor deste reino se llamaba Guarionex; tenía señores tan grandes por vasallos, que juntaba uno dellos dieciséis mil hombre de pelea para servir a Guarionex, e yo conocí a algunos dellos. Este rey Guarionex era muy obediente y virtuoso, y naturalmente pacífico, y devoto a los reyes de Castilla, y dió ciertos años su gente, por su mandado, cada persona que tenía casa, lo hueco de un cascabel lleno de oro, y después, no pudiendo henchirlo, se lo cortaron por medio e dió llena mitad, porque los indios de aquella isla tenían muy poca o ninguna industria de coger o sacar el oro de las minas. Decía y ofrescíase este cacique a servir al rey de Castilla con hacer una labranza que llegase desde la Isabela, que fué la primera población de los cristianos, hasta la ciudad de Sancto Domingo, que son grandes cincuenta leguas, porque no le pidiesen oro, porque decía, y con verdad, que no lo sabían coger sus vasallos. La labranza que decía que haría sé yo que la podía hacer y con grande alegría, y que valiera más al rey cada año de tres cuentos de castellanos, y aun fuera tal que causara esta labranza haber en la isla hoy más de cincuenta ciudades tan grandes como Sevilla.

El pago que dieron a este rey y señor, tan bueno y tan grande, fué deshonrarlo por la mujer, violándosela un capitán mal cristiano: él, que pudiera aguardar tiempo y juntar de su gente para vengarse, acordó de irse y esconderse sola su persona y morir desterrado de su reino y estado a una provincia que se decía de los Ciguayos, donde era un gran señor su vasallo. Desde que lo hallaron menos los cristianos no se les pudo encubrir: van y hacen guerra al señor que lo tenía, donde hicieron grandes matanzas, hasta que en fin lo hobieron de hallar y prender, y preso con cadenas y grillos[86] lo metieron en una nao[87] para traerlo a Castilla. La cual se perdió en la mar y con él se ahogaron muchos cristianos y gran cantidad de oro, entre lo cual pereció el grano grande, que era como una hogaza[88] y pesaba tres mil y seiscientos castellanos, por hacer Dios venganza de tan grandes injusticias.

El otro reino se decía del Marién, donde agora es el Puerto Real, al cabo de la Vega, hacia el Norte, y más grande que el reino de Portugal, aunque cierto harto más felice y digno de ser poblado, y de muchas y grandes sierras y minas de oro y cobre muy rico, cuyo rey se llamaba Guacanagarí (última aguda), debajo del cual había muchos y muy grandes señores, de los cuales yo vide y conocí muchos, y a la tierra deste fué primero a parar el Almirante viejo que descubrió las Indias; al cual recibió la primera vez el dicho Guacanagarí, cuando descubrió la isla, con tanta humanidad y caridad, y a todos los cristianos que con él iban, y les hizo tan suave y gracioso recibimiento y socorro y aviamiento[89] (perdiéndosele allí aun la nao en que iba el Almirante), que en su misma patria y de sus mismos padres no lo pudiera recibir mejor. Esto sé por relación y palabras del mismo Almirante. Este rey murió huyendo de las matanzas y crueldades de los cristianos, destruído y privado de su estado, por los montes perdido. Todos los otros señores súbditos suyos murieron en la tiranía y servidumbre que abajo será dicha.

El tercero reino y señorío fué la Maguana, tierra también admirable, sanísima y fertilísima, donde agora se hace la mejor azúcar de aquella isla. El rey del se llamó Caonabó. Éste en esfuerzo y estado y gravedad y cerimonias de su servicio, excedió a todos los

85. *quilates*: manera de medir e indicar la calidad del oro
86. *grillos*: hierros que se les ponen a los presos para impedirles el movimiento
87. *nao*: barco
88. *hogaza*: pan con forma redonda, como una bola
89. aviamiento: ayuda

otros. A éste prendieron con una gran sutileza y maldad, estando seguro en su casa. Metiéronlo después en un navío para traello a Castilla, y estando en el puerto seis navíos para se partir, quiso Dios mostrar ser aquella con las otras grande iniquidad y injusticia y envió aquella noche una tormenta que hundió todos los navíos y ahogó todos los cristianos que en ellos estaban, donde murió el dicho Caonabó cargado de cadenas y grillos. Tenía este señor tres o cuatro hermanos muy varoniles y esforzados como él; vista la prisión tan injusta de su hermano y señor y las destruiciones y matanzas que los cristianos en los otros reinos hacían, especialmente desde que supieron que el rey su hermano era muerto, pusiéronse en armas para ir a cometer y vengarse de los cristianos; van los cristianos a ellos con ciertos de caballo (que es la más perniciosa arma que puede ser para entre indios) y hacen tanto estragos y matanzas que asolaron y despoblaron la mitad de todo aquel reino.

El cuarto reino es el que se llamó de Xaraguá; éste era como el meollo o médula o como la corte de toda aquella isla; excedía a la lengua y habla ser más polida; en la policía y crianza más ordenada y compuesta; en la muchedumbre de la nobleza y generosidad, porque había muchos y en gran cantidad señores y nobles; y en la lindeza y hermosura de toda la gente, a todos los otros. El rey y señor dél se llamaba Behechio; tenía una hermana que se llamaba Anacaona. Estos dos hermanos hicieron grandes servicios a los reyes de Castilla e inmensos beneficios a los cristianos, librándolos de muchos peligros de muerte, y después de muerto el rey Behechio quedó en el reino por señora Anacaona. Aquí llegó una vez el gobernador que gobernaba esta isla con sesenta de caballo y más trecientos peones, que los de caballos solos bastaban para asolar a toda la isla y la tierra firme, y llegáronse más de trescientos señores a su llamado seguros, de los cuales hizo meter dentro de una casa de paja muy grande los más señores por engaño, y metidos les mandó poner fuego y los quemaron vivos. A todos los otros alancearon[90] e metieron a espada con infinita gente, e a la señora Anacaona, por hacerle honra, ahorcaron.[91] Y acaescía algunos cristianos, o por piedad o por codicia, tomar algunos niños para ampararlos no los matasen, e poníanlos a las ancas de los caballos: venía otro español por detrás e pasábalo con su lanza. Otrosí, estaba el niño en el suelo, le cortaban las piernas con el espada. Alguna gente que pudo huir desta tan inhumana crueldad, pasáronse a una isla pequeña que está cerca de allí ocho leguas en la mar, y el dicho gobernador condenó a todos estos que allí se pasaron que fuesen esclavos, porque huyeron de la carnicería.

El quinto reino se llamaba Higüey e señoreábalo una reina vieja que se llamó Higuanamá. A ésta ahorcaron; e fueron infinitas las gentes que yo vide quemar vivas y despedazar e atormentar por diversas y nuevas maneras de muertes e tormentos y hacer esclavos todos los que a vida tomaron. Y porque son tantas las particularidades que en estas matanzas e perdiciones de aquellas gentes ha habido, que en mucha escritura no podrían caber (porque en verdad que creo que por mucho que dijese no pueda explicar de mil partes una), sólo quiero en lo de las guerras susodichas concluir con decir e afirmar que en Dios y en mi conciencia que tengo por cierto que para hacer todas las injusticias y maldades dichas e las otras que dejo e podría decir, no dieron más causa los indios ni tuvieron más culpa que podrían dar o tener un convento de buenos e concertados religiosos para robarlos e matarlos y los que de la muerte quedasen vivos, ponerlos en per-

90. *alancearon*: picaron o hirieron con una lanza
91. *ahorcaron*: lo colgaron por el cuello para matarlo

petuo cautiverio e servidumbre de esclavos. Y más afirmo, que hasta que todas las muchedumbres de gentes de aquella isla fueron muertas e asoladas, que pueda yo creer y conjecturar, no cometieron contra los cristianos un solo pecado mortal que fuese punible por hombres; y los que solamente son reservados a Dios, como son los deseos de venganza, odio y rancor que podían tener aquellas gentes contra tan capitales enemigos como les fueron los cristianos, éstos creo que cayeron en muy pocas personas de los indios, y eran poco más impetuosos e rigurosos, por la mucha experiencia que dellos tengo, que de niños o muchachos de diez o doce años. Y sé por cierta e infalible sciencia que los indios tuvieron siempre justísima guerra contra los cristianos, e los cristianos una ni ninguna nunca tuvieron justa contra los indios, antes fueron todas diabólicas e injustísimas e mucho más que de ningún tirano se puede decir del mundo; e lo mismo afirmo de cuantas han hecho en todas las Indias.

Después de acabadas las guerras e muertes en ellas, todos los hombres, quedando comúnmente los mancebos y mujeres y niños, repartiéronlos entre sí, dando a uno treinta, a otro cuarenta, a otro ciento y docientos (según la gracia que cada uno alcanzaba con el tirano mayor, que decían gobernador). Y así repartidos a cada cristiano dábanselos con esta color: que los enseñase en las cosas de la fe católica, siendo comúnmente todos ellos idiotas y hombres crueles, avarísimos e viciosos, haciéndoles curas de ánimas. Y la cura o cuidado que dellos tuvieron fué enviar los hombres a las minas a sacar oro, que es trabajo intolerable, e las mujeres ponían en las estancias, que son granjas,[92] a cavar las labranzas y cultivar la tierra, trabajo para hombres muy fuertes y recios. No daban a los unos ni a las otras de comer sino yerbas y cosas que no tenían sustancia; secábaseles la leche de las tetas a las mujeres paridas, e así murieron en breve todas las criaturas. Y por estar los maridos apartados,[93] que nunca vían[94] a las mujeres, cesó entre ellos la generación; murieron ellos en las minas, de trabajos y hambre, y ellas en las estancias o granjas, de lo mesmo, e así se acabaron tanta e tales multitudes de gentes de aquella isla; e así se pudiera haber acabado todas las del mundo. Decir las cargas que les echaban de tres y cuatro arrobas, e los llevaban ciento y doscientas leguas (y los mismos cristianos se hacían llevar en hamacas, que son como redes, acuestas de los indios), porque siempre usaron dellos como de bestias para cargar. Tenían mataduras[95] en los hombros y espaldas, de las cargas, como muy matadas bestias; decir asimismo los azotes,[96] palos, bofetadas, puñadas, maldiciones e otros mil géneros de tormentos que en los trabajos les daban, en verdad que en mucho tiempo ni papel no se pudiese decir e que fuese para espantar los hombres.

Y es de notar que la perdición destas islas y tierras se comenzaron a perder y destruir desde que allá se supo la muerte de la serenísima reina doña Isabel, que fué el año de mil e quinientos e cuatro, porque hasta entonces sólo en esta isla se habían destruído algunas provincias por guerras injustas, pero no de todo, y éstas por la mayor parte y cuasi todas se le encubrieron a la Reina. Porque la Reina, que haya santa gloria, tenía grandísimo cuidado e admirable celo[97] a la salvación y prosperidad de aquellas gentes,

92. *granjas*: estancias o tierras para cultivar
93. apartados: lejos
94. *vían*: veían
95. *mataduras*: heridas
96. *azotes*: golpes de látigo
97. *celo*: interés intenso

como sabemos los que lo vimos y palpamos con nuestros ojos e manos los ejemplos desto.

Débese de notar otra regla en esto: que en todas las partes de las Indias donde han ido y pasado cristianos, siempre hicieron en los indios todas las crueldades susodichas,[98] e matanzas, e tiranías, e opresiones abominables en aquellas inocentes gentes; e añadían muchas más e mayores y más nuevas maneras de tormentos, e más crueles siempre fueron porque los dejaba Dios más de golpe caer y derrocarse[99] en reprobado[100] juicio o sentimiento.

E. Cuestionario

1. ¿Cómo funcionan los superlativos en este texto?
2. ¿Qué imágenes emplea Las Casas para persuadirnos de su punto de vista?
3. ¿Cuál es la opinión de Las Casas en cuanto a los "indios"?
4. ¿Qué opina de los españoles?
5. ¿Qué impacto tiene en el lector el "yo testigo" de esta narración?

El Barroco y el período colonial tardío

Busca *Santo Tomás introduciendo un dedo en la llaga de Cristo* (Michelangelo Merisi da Caravaggio, c. 1594) y piensa en lo siguiente, esta vez en el contexto del Barroco, en preparación para esta sección:

- El intercambio de miradas, la importancia de ver y ser visto
- El uso de luz y sombra
- La tensión entre lo externo y lo interno
- La idealización frente al realismo

Introducción

Los ideales del Renacimiento en su mayor parte nunca fueron plenamente alcanzados, así que el pesimismo se apoderó paulatinamente de la sociedad. Este pesimismo o *desengaño*, se manifiesta tanto en el ámbito social como en el estético. Después de una época tan prometedora en términos artísticos, culturales y políticos, España, hacia finales del siglo XVI, se encuentra en plena época de crisis. Hay guerras internas, un déficit tremendo y corrupción política en toda la península. Por lo tanto, no es sorprendente que la sociedad reaccione de una forma negativa ante la incontrolable decadencia de un país previamente fuerte y poderoso. Los problemas del país y las actitudes de la gente ante estos se ven reflejados en los temas de la literatura. Si el amor, por ejemplo, antes se

98. *susodichas*: mencionadas
99. *derrocarse*: arruinarse
100. *reprobado*: censurado, censurable

identificaba con una expresión neoplatónica, ahora se asocia más bien con el sufrimiento del poeta y el desengaño. Mientras que hemos visto como tema poético el dolor provocado por la pérdida del amor, en la poesía de Garcilaso, por ejemplo; en el Barroco el sufrimiento amoroso pasa de ser una fuente de belleza a convertirse en una expresión cínica de la soledad fundamental del ser humano y un recuerdo de la muerte. La belleza femenina encarnada en la rosa ahora se destaca no por su esplendor, sino por sus espinas peligrosas. Hasta lo sublime se vuelve grotesco. En relación a esta falta de esperanza, la muerte se siente de forma simbólica en todas partes. Sin embargo, la falta de confianza, el desequilibrio y el conflicto social y emocional que se apoderan de la sociedad, de modo paradójico, dan paso a una explosión artística. Por eso a este período, el siglo XVII, se le denomina el Siglo de Oro.

Esta renovación del lenguaje que pretende matizar el clasicismo se manifiesta sobre todo en la lírica. La poesía barroca tiende a ser compleja, valiéndose de referencias clásicas y vocabulario rebuscado (culteranismo) y de intrincados juegos conceptuales (conceptismo). El exceso y la exageración predominan. Algunos temas preferidos por los grandes poetas barrocos como Luis de Góngora, Francisco de Quevedo y Lope de Vega son la fugacidad del tiempo, la muerte y la pérdida de esperanza, el desengaño. Para dar mayor expresión a estos temas, los poetas frecuentemente emplean un tono satírico, moral, crítico o nostálgico. Paradójicamente, lo que para ellos era una época de miseria, para nosotros hoy día representa un período floreciente de máxima creatividad artística.

A pesar de que los escritores masculinos dominan el ámbito literario durante la época, hay escritoras reconocidas también. María de Zayas y Sotomayor escribió novelas y teatro, y fue una figura célebre en las academias literarias españolas del siglo XVII. Otra autora sobresaliente de este período es la escritora colonial Sor Juana Inés de la Cruz: una monja culta de Nepantla, México que, según las fuentes, aprendió a leer a los tres años. Esta autora destaca por su estilo erudito y agudo y sus temas cotidianos en torno a la mujer. Debido a su gran talento como escritora, se le llama "la décima musa", un apodo que viene de las Nueve Musas de la tradición griega clásica.

El Barroco

I. Luis de Góngora y Argote (1561–1627)

A. Términos literarios

1. La antítesis
2. El hipérbaton
3. La paradoja
4. El símbolo
5. El clímax
6. La metáfora

B. El autor y su contexto social

1. Culteranismo
2. Rivalidad con Francisco de Quevedo
3. Sacerdote desde principios del s. XVI
4. Homenaje rendido por la generación del 27 (1927)
5. Características generales de su poesía
 a. Poesía secular y religiosa
 b. Neologismos
 c. Los desafíos lingüísticos
 i. Latinismos
 ii. Vocabulario rebuscado
 iii. Sintaxis complicada

C. Imágenes en contexto

Busca la pintura *The Birth of Venus* (Sandro Botticelli, 1482–1485) en línea (Google Imágenes) y piensa en lo siguiente en preparación para esta sección:

1. Busca información sobre Venus como figura mitológica romana
2. La belleza de la naturaleza, del ser humano, del arte
3. El simbolismo religioso
4. Los elementos neoplatónicos

D. Los textos

1. "Mientras por competir con tu cabello"

Mientras por competir con tu cabello,
oro bruñido[101] al sol relumbra[102] en vano;
mientras con menosprecio[103] en medio el llano
mira tu blanca frente el lilio bello;

mientras a cada labio, por cogello.[104]
siguen más ojos que al clavel temprano;
y mientras triunfa con desdén[105] lozano[106]
del luciente cristal tu gentil cuello:

goza cuello, cabello, labio y frente,
antes que lo que fue en tu edad dorada
oro, lilio, clavel, cristal luciente,

no sólo en plata o vïola[107] troncada
se vuelva, mas tú y ello juntamente
en tierra, en humo, en polvo, en sombra, en nada.

101. *bruñido*: pulido
102. *relumbra*: brilla
103. menosprecio: odio
104. *cogello*: cogerlo
105. *desdén*: desprecio
106. *lozano*: enérgico
107. *vïola*: violeta (la flor)

2. "La dulce boca que a gustar convida"

La dulce boca que a gustar convida
un humor entre perlas destilado,
y a no invidiar aquel licor sagrado
que a Júpiter ministra[108] el garzón de Ida,[109]
amantes, no toquéis si queréis vida,
porque entre un labio y otro colorado
Amor está, de su veneno armado,
cual entre flor y flor sierpe[110] escondida.
No os engañen las rosas, que a la Aurora
diréis que, aljofaradas[111] y olorosas,
se le cayeron del purpúreo seno[112];
manzanas son de Tántalo y no rosas,
que después huyen del que incitan ahora,
y sólo del Amor queda el veneno.

D. Cuestionario

1. Busca las características de un soneto en el glosario de términos literarios y encuentra ejemplos de los siguientes aspectos formales en los poemas estudiados: estrofa, terceto, cuarteto, rima asonante, versos endecasílabos.
2. ¿Cómo funciona la conjunción "mientras" en el primer poema?
3. ¿Cambia el tono del poema en algún momento? ¿Cuándo? ¿A qué se podría atribuir este cambio?
4. Comenta el tema del paso del tiempo en el poema. ¿Cómo se relaciona con el período barroco?
5. ¿Cómo te hace sentir este poema?
6. ¿Qué imagen sobresale en la primera estrofa de "La dulce boca"? Si la "hermosa cumbre" de Garcilaso se refiere a la cabeza, ¿qué podrían ser las "perlas"?
7. El segundo poema, entonces, se entiende como un tipo de aviso. Elabora.
8. ¿Quién fue Tántalo? Explica cómo la historia de este personaje mitológico griego enriquece el significado del poema.
9. Señala los matices de culteranismo del segundo poema.

II. Francisco de Quevedo (1580–1645)

A. Términos literarios

1. La antítesis
2. El hipérbaton

108. *ministra*: provee
109. *garzón de Ida*: Ganímedes, figura de la mitología griega conocida por su belleza. Se convirtió en el amante de Zeus y en el copero de los dioses.
110. *sierpe*: serpiente
111. *aljofaradas*: cubiertos de gotas de rocío
112. *seno*: pecho

3. La paradoja
4. El símbolo
5. El clímax
6. La metáfora
7. La aliteración
8. La personificación

B. El autor y su contexto social

1. Conceptismo
2. Rivalidad con Luis de Góngora
3. El escándalo político: Pasa varios años encarcelado
4. Características generales de su poesía
 a. Poesía secular y religiosa
 b. El tema de la muerte como la única garantía en la vida
 c. Crítica de ciertos profesionales como por ejemplo, médicos y abogados
 d. La complicación conceptual
 i. Juegos lingüísticos ingeniosos
 ii. Metáforas sorprendentes
 iii. Palabras con múltiples significados

C. Imágenes en contexto

Busca *El sueño del caballero* (Antonio de Pereda, s. XVII) en línea (Google Imágenes) y piensa en lo siguiente en preparación para esta sección:

1. Elementos que representen la vanidad del mundo
2. Elementos que representen la muerte y el paso del tiempo
3. Elementos religiosos
4. La realidad frente al sueño

D. Los textos

1. "AL MOSQUITO DE LA TROMPETILLA"

Ministril de las ronchas[113] y picadas,
mosquito postillón,[114] Mosca barbero,
hecho me tienes el testuz harnero[115]
y deshecha la cara a manotadas.[116]

Trompetilla que toca a bofetadas,[117]
que vienes con rejón[118] contra mi cuero,

113. *ronchas*: hinchazones
114. postillón: guía
115. *hecho … harnero*: tengo el cuello/la cara lleno de heridas
116. *manotadas*: golpes dados con la mano
117. *bofetadas*: golpes
118. *rejón*: barra de hierro acabada en punta

Cupido pulga,[119] chinche[120] trompetero
que vuelas comezones[121] amoladas,[122]

¿Por qué me avisas si picarme quieres?
que pues que das dolor a los que cantas,
de casta y condición de potras[123] eres.

Tú vuelas y tú picas y tú espantas
y aprendes del cuidado y las mujeres
a malquistar[124] el sueño con las mantas.

2. "FUE SUEÑO AYER, MAÑANA SERÁ TIERRA"

Fue sueño ayer, mañana será tierra.
¡Poco antes nada, y poco después humo!
¡Y destino ambiciones, y presumo
apenas punto al cerco[125] que me cierra!

Breve combate de importuna guerra,
en mi defensa, soy peligro sumo,[126]
y mientras con mis armas me consumo,
menos me hospeda el cuerpo que me entierra.

Ya no es ayer, mañana no ha llegado;
hoy pasa y es y fue, con movimiento
que a la muerte me lleva despeñado.[127]

Azadas[128] son la hora y el momento
que a jornal[129] de mi pena y mi cuidado
cavan[130] en mi vivir mi monumento.

E. Cuestionario

1. ¿Por qué crees que Quevedo le dedica un poema al mosquito?
2. Según Quevedo, ¿cuál es la relación entre el mosquito y la mujer?
3. Explica las referencias a la guerra en la estrofa dos de "Fue sueño ayer, mañana será tierra".
4. ¿Cómo se conectan la muerte y el tiempo en el segundo poema?
5. Comenta las características barrocas de "Fue sueño".

119. *pulga*: pequeño insecto rojizo cuya picadura irrita y que vive en la piel de los animales peludos
120. *chinche*: insecto; metafóricamente, una molestia
121. *comezones*: picores
122. *amoladas*: irritadas
123. *potras*: caballos hembras.
124. *malquistar*: provocar disputas
125. *cerco*: lo que rodea algo
126. *sumo*: supremo
127. *despeñado*: caído de un monte
128. *azadas*: herramienta para sacar o mover tierra
129. *jornal*: salario diario
130. *cavan*: hacen un hueco en la tierra

III. Félix Lope de Vega y Carpio (Lope de Vega) (1562–1635)

A. Términos literarios

1. La antítesis
2. El hipérbaton
3. La paradoja
4. El símbolo
5. El clímax
6. La metáfora
7. La personificación

B. El autor y su contexto social

1. Conocido por su prolífica producción teatral
 Apodado: Monstruo de la Naturaleza
2. Involucrado en escándalos amorosos
3. Fue cura durante los últimos años de su vida
4. Preocupación por el vulgo, las masas
5. Poesía secular y religiosa

C. Imágenes en contexto

Busca la pintura *Vista y plano de Toledo* (El Greco, 1608) en línea (Google Imágenes) y piensa en lo siguiente en preparación para esta sección:

1. La representación de la noche, toledana
2. La perspectiva
3. Elementos oníricos
4. Elementos realistas

D. Los textos

1. "Noche, fabricadora de embelecos"

Noche, fabricadora de embelecos,[131]
loca, imaginativa, quimerista,[132]
que muestras al que en ti su bien conquista
los montes llanos[133] y los mares secos;

habitadora de cerebros huecos,
mecánica, filósofa, alquimista,

131. *embelecos*: ilusiones
132. *quimerista*: fabricadora de ilusiones
133. *llanos*: planos

encubridora vil, lince[134] sin vista,
espantadiza de tus mismos ecos:

la sombra, el miedo, el mal se te atribuya,
solícita, poeta, enferma, fría,
manos del bravo y pies del fugitivo.

Que vele[135] o duerma, media vida es tuya:
si velo, te lo pago con el día,
y si duermo, no siento lo que vivo.

2. "Desmayarse, atreverse, estar furioso"

Desmayarse, atreverse, estar furioso,
áspero,[136] tierno, liberal, esquivo,[137]
alentado,[138] mortal, difunto, vivo,
leal, traidor, cobarde y animoso;

no hallar fuera del bien centro y reposo,
mostrarse alegre, triste, humilde, altivo,
enojado, valiente, fugitivo,
satisfecho, ofendido, receloso[139];

huir el rostro al claro desengaño,
beber veneno por licor süave,
olvidar el provecho, amar el daño;

creer que un cielo en un infierno cabe,
dar la vida y el alma a un desengaño;
esto es amor, quien lo probó lo sabe.

E. Cuestionario

1. En el primer poema, ¿cuál es el efecto de la personificación de la noche?
2. ¿Cuál es la actitud del hablante poético ante la noche?
3. Escoge tus dos versos favoritos y explícalos en tus propias palabras.
3. ¿Qué trata el segundo poema?
4. Explica el uso de la antítesis.
5. ¿Has estado alguna vez enamorado/a? ¿Estás de acuerdo con la evaluación de Quevedo?

134. *lince*: gato silvestre con ojos penetrantes y orejas puntiagudas
135. *vele*: esté despierto
136. *áspero*: rudo, no suave
137. *esquivo*: tímido, frío, poco sociable
138. *alentado*: enérgico, valiente
139. *receloso*: sospechoso

IV. Miguel de Cervantes Saavedra (1547–1616)

A. Términos literarios

1. El entremés
2. El metateatro

B. El autor y su contexto social

1. Autor de finales del siglo XVI, principios del XVII
2. Novelista: *El ingenioso hidalgo don Quijote de la Mancha* (Parte I, 1605 y Parte II, 1615)
3. Teatro clasificado como renacentista/clásico
4. *Ocho comedias y ocho entremeses nuevos, nunca representados* (1615)
5. Falta de éxito económico: no pudo vender su teatro
6. Limpieza de sangre: conversos (judíos que se habían convertido al cristianismo) y cristianos viejos (personas de familias sin antepasados judíos)

C. Imágenes en contexto

Busca *La rendición de Granada* (Francisco Pradilla y Ortíz, 1882) en línea (Google Imágenes) y piensa en lo siguiente en preparación para esta sección:

1. Lo que sucede en Granada en 1492 y su relevancia histórica
2. El lado izquierdo de la pintura en comparación con el derecho
3. El simbolismo de los colores

D. El texto

1. ENTREMÉS DEL *RETABLO DE LAS MARAVILLAS*[140]

Personas que hablan en él:

CHANFALLA[141]
La CHIRINOS
RABELÍN
GOBERNADOR
Pedro CAPACHO
BENITO Repollo
JUAN Castrado
Juana CASTRADA
TERESA Repollo
SOBRINO
FURRIER de compañías

140. *retablo*: pieza de decoración en el que se representan escenas bíblicas. Se usa en los altares de las iglesias.
141. *Chanfalla*: nota la comicidad de los nombres. Por ejemplo, Chanfalla se relaciona fonéticamente con la palabra "fallar" (fracasar).

Salen CHANFALLA y la CHIRINOS

CHANFALLA[142]

No se te pasen de la memoria, Chirinos, mis advertimientos, principalmente los que te he dado para este nuevo embuste,[143] que ha de salir tan a luz como el pasado del Llovista.

CHIRINOS

Chanfalla ilustre, lo que en mí fuere tenlo como de molde; que tanta memoria tengo como entendimiento, a quien se junta una voluntad de acertar a satisfacerte, que excede a las demás potencias. Pero dime: ¿de qué sirve este Rabelín[144] que hemos tomado? Nosotros dos solos, ¿no pudiéramos salir con esta empresa?

CHANFALLA

Habíamosle menester como el pan de la boca, para tocar en los espacios que tardaren en salir las figuras del *Retablo de las Maravillas*.

CHIRINOS

Maravilla será si no nos apedrean[145] por solo el Rabelín; porque tan desventurada criaturilla no la he visto en todos los días de mi vida.

Entra el RABELÍN

RABELÍN

¿Hase de hacer algo en este pueblo, señor autor? Que ya me muero porque vuesa merced vea que no me tomó a carga cerrada.[146]

CHIRINOS

Cuatro cuerpos de los vuestros no harán un tercio, cuanto más una carga[147]; si no sois más gran músico que grande, medrados[148] estamos.

RABELÍN

Ello dirá; que en verdad que me han escrito para entrar en una compañía de partes,[149] por chico que soy.

CHANFALLA

Si os han de dar la parte a medida del cuerpo, casi será invisible. Chirinos, poco a poco, estamos ya en el pueblo, y éstos que aquí vienen deben de ser, como lo son sin duda, el Gobernador y los Alcaldes. Salgámosles al encuentro, y date un filo a la lengua en la piedra de la adulación[150]; pero no despuntes de aguda.[151]

142. Nota la correspondencia con el verbo "fallar".
143. *embuste*: engaño
144. *Rabelín*: este personaje es músico. Su nombre viene del rabal, un instrumento similar al violín. La forma diminutiva de la palabra enfatiza su estatura baja.
145. *nos apedrean*: nos tiran piedras
146. *a carga cerrada*: sin reflexionar (Significa que él aportará algo valioso al espectáculo.)
147. *carga*: sistema antiguo de pesas
148. *medrados*: prósperos (uso irónico)
149. *compañía de partes*: compañía de teatro cuyos actores recibían un sueldo de acuerdo a la importancia de sus papeles
150. *date…*: Le dice que use la lisonja para engañar a esta gente.
151. *aguda*: terminada en punta; es decir, sin pasarse o sin ser obvia

Salen el GOBERNADOR y BENITO Repollo, alcalde, JUAN Castrado, regidor, y Pedro CAPACHO, escribano.

Beso a vuesas mercedes las manos: ¿quién de vuesas mercedes es el Gobernador deste pueblo?

GOBERNADOR
Yo soy el Gobernador; ¿qué es lo que queréis, buen hombre?

CHANFALLA
A tener yo dos onzas de entendimiento, hubiera echado de ver que esa peripatética y anchurosa presencia[152] no podía ser de otro que del dignísimo Gobernador deste honrado pueblo; que, con venirlo a ser de las Algarrobillas, lo deseche vuesa merced.

CHIRINOS
En vida de la señora y de los señoritos, si es que el señor Gobernador los tiene.

CAPACHO
No es casado el señor Gobernador.

CHIRINOS
Para cuando lo sea; que no se perderá nada.

GOBERNADOR
Y bien, ¿qué es lo que queréis, hombre honrado?

CHIRINOS
Honrados días viva vuesa merced, que así nos honra; en fin, la encina[153] da bellotas[154]; el pero, peras; la parra,[155] uvas, y el honrado, honra, sin poder hacer otra cosa.

BENITO
Sentencia ciceronianca,[156] sin quitar ni poner un punto.

CAPACHO
Ciceroniana quiso decir el señor alcalde Benito Repollo.

BENITO
Siempre quiero decir lo que es mejor, sino que las más veces no acierto; en fin, buen hombre, ¿qué queréis?

CHANFALLA
Yo, señores míos, soy Montiel, el que trae el *Retablo de las maravillas*. Hanme enviado a llamar de la Corte los señores cofrades[157] de los hospitales,[158] porque no hay autor de comedias en ella, y perecen los hospitales, y con mi ida se remediará todo.

152. *peripatética y anchurosa…:* extravagante (hasta un punto ridículo) y extensivo (ancho). Estas palabras ilustran cómo Chanfalla usa el lenguaje para halagar y manipular a la gente del pueblo.
153. *encina:* tipo de árbol
154. *bellotas:* nueces
155. *parra:* planta que da uvas
156. *Sentencia ciceronianca:* Nota el malapropismo (debería ser "ciceroniana").
157. *cofrades:* personas de una asociación o congregación
158. *hospitales:* En la época de Cervantes, los hospitales recibían un porcentaje de los ingresos de los teatros para subvencionar sus gastos.

GOBERNADOR
Y ¿qué quiere decir *Retablo de las maravillas*?

CHANFALLA
Por las maravillosas cosas que en él se enseñan y muestran, viene a ser llamado *Retablo de las maravillas*; el cual fabricó y compuso el sabio Tontonelo debajo de tales paralelos, rumbos, astros y estrellas, con tales puntos, caracteres y observaciones, que ninguno puede ver las cosas que en él se muestran, que tenga alguna raza de converso,[159] o no sea habido y procreado de sus padres de legítimo matrimonio; y el que fuere contagiado destas dos tan usadas enfermedades, despídase de ver las cosas, jamás vistas ni oídas, de mi retablo.

BENITO
Ahora echo de ver que cada día se ven en el mundo cosas nuevas. Y ¿que se llamaba Tontonelo el sabio que el retablo compuso?

CHIRINOS
Tontonelo se llamaba, nacido en la ciudad de Tontonela; hombre de quien hay fama que le llegaba la barba a la cintura.

BENITO
Por la mayor parte, los hombres de grandes barbas son sabiondos.

GOBERNADOR
Señor regidor Juan Castrado, yo determino, debajo de su buen parecer, que esta noche se despose la señora [Juana] Castrada, su hija, de quien yo soy padrino, y, en regocijo[160] de la fiesta, quiero que el señor Montiel muestre en vuestra casa su retablo.

JUAN
Eso tengo yo por servir al señor Gobernador, con cuyo parecer me convengo, entablo y arrimo,[161] aunque haya otra cosa en contrario.

CHIRINOS
La cosa que hay en contrario es que, si no se nos paga primero nuestro trabajo, así verán las figuras como por el cerro de Úbeda.[162] ¿Y vuesas mercedes, señores justicias, tienen conciencia y alma en esos cuerpos? ¡Bueno sería que entrase esta noche todo el pueblo en casa del señor Juan Castrado, o como es su gracia, y viese lo contenido en el tal retablo, y mañana, cuando quisiésemos mostralle al pueblo, no hubiese anima que le viese! No, señores; no, señores: *ante omnia*[163] nos han de pagar lo que fuere justo.

BENITO
Señora autora, aquí no os ha de pagar ninguna Antona, ni ningún Antoño; el señor

159. *converso*: judío convertido al cristianismo y sus descendientes
160. *regocijo*: alegría
161. *convengo...*: Juan expresa la idea de que su voluntad corresponde a la del gobernador.
162. *cerro de Úbeda*: Úbeda es un pueblo andaluz. Según la leyenda, un importante capitán cristiano desapareció antes del comienzo de la batalla para reconquistar la ciudad de los musulmanes (S. XIII). Cuando le preguntaron dónde había estado, respondió que se había perdido por los cerros de Úbeda. En el contexto del entremés, significa que si los habitantes del pueblo no pagan, el retablo será como el capitán desaparecido (es decir, nadie lo verá).
163. *ante omnia*: antes de todo

regidor Juan Castrado os pagará más que honradamente, y si no, el Concejo. ¡Bien conocéis el lugar, por cierto! Aquí, hermana, no aguardamos a que ninguna Antona pague por nosotros.

CAPACHO
¡Pecador de mí, señor Benito Repollo, y qué lejos da del blanco![164] No dice la señora autora que pague ninguna Antona, sino que le paguen adelantado y ante todas cosas, que eso quiere decir *ante omnia*.

BENITO
Mirad, escribano Pedro Capacho, haced vos que me hablen a derechas,[165] que yo entenderé a pie llano; vos, que sois leído y escribido, podéis entender esas algarabías de allende[166] que yo no.

JUAN
Ahora bien, ¿contentarse ha el señor autor con que yo le dé adelantados media docena de ducados? Y más, que se tendrá cuidado que no entre gente del pueblo esta noche en mi casa.

CHANFALLA
Soy contento; porque yo me fío de la diligencia de vuesa merced y de su buen término.

JUAN
Pues véngase conmigo. Recibirá el dinero, y verá mi casa, y la comodidad que hay en ella para mostrar ese retablo.

CHANFALLA
Vamos; y no se les pase de las mientes las calidades que han de tener los que se atrevieren a mirar el maravilloso retablo.

BENITO
A mi cargo queda eso, y séle decir que, por mi parte, puedo ir seguro a juicio, pues tengo el padre alcalde; cuatro dedos de enjundia[167] de cristiano viejo rancioso[168] tengo sobre los cuatro costados de mi linaje: ¡miren si veré el tal retablo!

CAPACHO
Todos le pensamos ver, señor Benito Repollo.

JUAN
No nacimos acá en las malvas,[169] señor Pedro Capacho.

GOBERNADOR
Todo será menester, según voy viendo, señores Alcalde, Regidor y Escribano.

JUAN
Vamos, autor, y manos a la obra; que Juan Castrado me llamo, hijo de Antón Castrado

164. *qué ... blanco*: qué mal entiendes
165. *a derechas*: sencilla y directamente; sin rodeo de palabras
166. *de allende*: de lejos
167. *enjundia*: sustancia, esencia, profundidad
168. *rancioso*: antiguo, tradicional, pasado
169. *las malvas*: lugar remoto o poco civilizado. La idea es que tienen buen linaje.

y de Juana Macha; y no digo más en abono y seguro[170] que podré ponerme cara a cara y a pie quedo delante del referido retablo.

CHIRINOS
¡Dios lo haga!

[Vanse] JUAN Castrado y CHANFALLA.

GOBERNADOR
Señora autora, ¿qué poetas se usan ahora en la Corte de fama y rumbo, especialmente de los llamados cómicos?[171] Porque yo tengo mis puntas y collar de poeta,[172] y pícome de la farándula y carátula.[173] Veinte y dos comedias tengo, todas nuevas, que se veen las unas a las otras, y estoy aguardando coyuntura[174] para ir a la Corte y enriquecer con ellas media docena de autores.

CHIRINOS
A lo que vuesa merced, señor Gobernador, me pregunta de los poetas, no le sabré responder; porque hay tantos, que quitan el sol, y todos piensan que son famosos. Los poetas cómicos son los ordinarios y que siempre se usan, y así no hay para qué nombrallos. Pero dígame vuesa merced, por su vida: ¿cómo es su buena gracia? ¿cómo se llama?

GOBERNADOR
A mí, señora autora, me llaman el licenciado Gomecillos.

CHIRINOS
¡Válame Dios! ¿Y que vuesa merced es el señor licenciado Gomecillos, el que compuso aquellas coplas tan famosas de Lucifer "estaba malo" y "tómale mal de fuera"?[175]

GOBERNADOR
Malas lenguas hubo que me quisieron ahijar esas coplas, y así fueron mías como del Gran Turco.[176] Las que yo compuse, y no lo quiero negar, fueron aquellas que trataron del Diluvio de Sevilla; que, puesto que los poetas son ladrones unos de otros, nunca me precié de hurtar[177] nada a nadie: con mis versos me ayude Dios, y hurte el que quisiere.

Vuelve CHANFALLA.

CHANFALLA
Señores, vuesas mercedes vengan, que todo está a punto, y no falta más que comenzar.

CHIRINOS
¿Está ya el dinero in corbona?[178]

170. *en abono y seguro*: con la certeza de
171. *cómicos*: autores dramáticos
172. mis puntas y collar de poeta: tengo algo de
173. *farándula y carátula*: es decir, es aficionado del teatro. La farándula se asocia con la gente del teatro y la carátula con las máscaras.
174. *aguantar coyuntura*: esperar el momento perfecto
175. *Lucifer…*: títulos cómicos que se burlan del teatro de la época de Cervantes.
176. *Gran Turco*: el sultán del imperio otomano (turco)
177. *hurtar*: robar
178. *in corbona*: frase bíblica que significa "bien guardado"

CHANFALLA

Y aun entre las telas del corazón.

CHIRINOS

Pues doite por aviso, Chanfalla, que el Gobernador es poeta.

CHANFALLA

¿Poeta? ¡Cuerpo del mundo! Pues dale por engañado, porque todos los de humor semejante son hechos a la mazacona[179]; gente descuidada, crédula y no nada maliciosa.

BENITO

Vamos, autor; que me saltan los pies por ver esas maravillas.

[Vanse] todos. Salen Juana CASTRADA y TERESA Repolla, labradoras: la una como desposada, que es la CASTRADA.

CASTRADA

Aquí te puedes sentar, Teresa Repolla amiga, que tendremos el retablo enfrente; y, pues sabes las condiciones que han de tener los miradores del retablo, no te descuides, que sería una gran desgracia.

TERESA

Ya sabes, Juana Castrada, que soy tu prima, y no digo más. ¡Tan cierto tuviera yo el cielo como tengo cierto ver todo aquello que el retablo mostrare! ¡Por el siglo de mi madre, que me sacase los mismos ojos de mi cara, si alguna desgracia me aconteciese! ¡Bonita soy yo para eso!

CASTRADA

Sosiégate,[180] prima; que toda la gente viene.

[Salen] el GOBERNADOR, BENITO Repollo, JUAN Castrado, Pedro CAPACHO, el autor y la autora, y el músico, y otra gente del pueblo, y un sobrino de BENITO, que ha de ser aquel gentilhombre que baila.

CHANFALLA

Siéntense todos. El retablo ha de estar detrás deste repostero,[181] y la autora también, y aquí el músico.

BENITO

¿Músico es éste? Métanle también detrás del repostero; que, trueco[182] de no velle, daré por bien empleado el no oílle.

CHANFALLA

No tiene vuesa merced razón, señor alcalde Repollo, de descontentarse del músico, que en verdad que es muy buen cristiano y hidalgo de solar[183]conocido.

GOBERNADOR

¡Calidades son bien necesarias para ser buen músico!

179. *hechos a la mazacona*: al azar
180. *sosiégate*: tranquilízate
181. *repostero*: emblema, bandera
182. *trueco*: intercambio
183. *solar*: terreno; significa que tiene buen linaje

BENITO
De solar, bien podrá ser; mas de sonar, *abrenuncio*.[184]

RABELÍN
¡Eso se merece el bellaco[185] que se viene a sonar delante de … !

BENITO
¡Pues, por Dios, que hemos visto aquí sonar a otros músicos tan … !

GOBERNADOR
Quédese esta razón en el de del señor Rabel y en el tan del Alcalde, que será proceder en infinito; y el señor Montiel comience su obra.

BENITO
Poca balumba[186] trae este autor para tan gran retablo.

JUAN
Todo debe de ser de maravillas.

CHANFALLA
¡Atención, señores, que comienzo!

¡Oh tú, quienquiera que fuiste, que fabricaste este retablo con tan maravilloso artificio, que alcanzó renombre de las Maravillas por la virtud que en él se encierra, te conjuro, apremio y mando que luego incontinente muestres a estos señores algunas de las tus maravillosas maravillas, para que se regocijen y tomen placer sin escándalo alguno! Ea, que ya veo que has otorgado mi petición, pues por aquella parte asoma la figura del valentísimo Sansón, abrazado con las colunas del templo, para derriballe por el suelo y tomar venganza de sus enemigos. ¡Tente, valeroso caballero; tente, por la gracia de Dios Padre! ¡No hagas tal desaguisado,[187] porque no cojas debajo y hagas tortilla tanta y tan noble gente como aquí se ha juntado!

BENITO
¡Téngase, cuerpo de tal, conmigo! ¡Bueno sería que, en lugar de habernos venido a holgar,[188] quedásemos aquí hechos plasta![189] ¡Téngase, señor Sansón, pesia[190] a mis males, que se lo ruegan buenos!

CAPACHO
¿Veisle vos, Castrado?

JUAN
Pues, ¿no le había de ver? ¿Tengo yo los ojos en el colodrillo?[191]

184. *abrenuncio*: exclamación que significa "¡No para mí!"
185. *bellaco*: pícaro; perverso
186. *balumba*: equipamiento; bultos desorganizados
187. *desaguisado*: agravio
188. *holgar*: disfrutar del ocio, descansar
189. *plasta*: masa
190. *pesia*: a pesar de
191. *colodrillo*: la nuca, parte del cuello

GOBERNADOR

[Aparte] Milagroso caso es éste: así veo yo a Sansón ahora, como el Gran Turco; pues en verdad que me tengo por legítimo y cristiano viejo.

CHIRINOS

¡Guárdate, hombre, que sale el mesmo toro que mató al ganapán en Salamanca! ¡Échate, hombre! ¡Échate, hombre! ¡Dios te libre! ¡Dios te libre!

CHANFALLA

¡Échense todos! ¡Échense todos! ¡Húcho ho! ¡Húcho ho! ¡Húcho ho![192]

Échanse todos y alborótanse.

BENITO

El diablo lleva en el cuerpo el torillo; sus partes tiene de hosco[193] y de bragado[194]; si no me tiendo, me lleva de vuelo.

JUAN

Señor autor, haga, si puede, que no salgan figuras que nos alboroten; y no lo digo por mí, sino por estas mochachas, que no les ha quedado gota de sangre en el cuerpo, de la ferocidad del toro.

CASTRADA

Y ¡cómo, padre! No pienso volver en mí en tres días; ya me vi en sus cuernos, que los tiene agudos como una lesna.[195]

JUAN

No fueras tú mi hija, y no lo vieras.

GOBERNADOR

[Aparte] Basta: que todos ven lo que yo no veo; pero al fin habré de decir que lo veo, por la negra honrilla.

CHIRINOS

Esa manada[196] de ratones que allá va desciende por línea recta de aquellos que se criaron en el Arca de Noé; dellos son blancos, dellos albarazados, dellos jaspeados y dellos azules; y, finalmente, todos son ratones.

CASTRADA

¡Jesús!, ¡Ay de mí! ¡Ténganme, que me arrojaré por aquella ventana! ¿Ratones? ¡Desdichada! Amiga, apriétate las faldas, y mira no te muerdan; ¡y monta que son pocos! ¡Por el siglo de mi abuela, que pasan de milenta!

TERESA

Yo sí soy la desdichada, porque se me entran sin reparo ninguno; un ratón morenico me tiene asida[197] de una rodilla. ¡Socorro venga del cielo, pues en la tierra me falta!

192. *Húcho ho*: gritos usados en las corridas para provocar al toro
193. *hosco*: color moreno
194. *bragado*: de color diferente en la entrepierna
195. *lesna*: instrumento puntiagudo que usan los zapateros para coser
196. *manada*: conjunto de animales de la misma especie
197. *asida*: agarrada

BENITO

Aun bien que tengo gregüescos[198]:que no hay ratón que se me entre, por pequeño que sea.

CHANFALLA

Esta agua, que con tanta priesa se deja descolgar de las nubes, es de la fuente que da origen y principio al río Jordán. Toda mujer a quien tocare en el rostro, se le volverá como de plata bruñida, y a los hombres se les volverán las barbas como de oro.

CASTRADA

¿Oyes, amiga? Descubre el rostro, pues ves lo que te importa. ¡Oh, qué licor tan sabroso! Cúbrase, padre, no se moje.

JUAN

Todos nos cubrimos, hija.

BENITO

Por las espaldas me ha calado el agua hasta la canal maestra.

CAPACHO

Yo estoy más seco que un esparto.[199]

GOBERNADOR

[Aparte] ¿Qué diablos puede ser esto, que aún no me ha tocado una gota, donde todos se ahogan? Mas ¿si viniera yo a ser bastardo entre tantos legítimos?

BENITO

Quítenme de allí aquel músico; si no, voto a Dios que me vaya sin ver más figura. ¡Válgate el diablo por músico aduendado,[200] y qué hace de menudear[201] sin cítola[202] y sin son![203]

RABELÍN

Señor alcalde, no tome conmigo la hincha[204]; que yo toco como Dios ha sido servido de enseñarme.

BENITO

¿Dios te había de enseñar, sabandija?[205] ¡Métete tras la manta; si no, por Dios que te arroje este banco!

RABELÍN

El diablo creo que me ha traído a este pueblo.

CAPACHO

Fresca es el agua del santo río Jordán; y, aunque me cubrí lo que pude, todavía me alcanzó un poco en los bigotes, y apostaré que los tengo rubios como un oro.

198. *gregüescos*: calzones anchos que llegan hasta la rodilla
199. *esparto*: planta fibrosa
200. *aduendado*: juego de palabras con "duende" (talento y diablillo)
201. *menudear*: juego de palabras con "duende" (taleñño) y menudear (repetir, volver a hacer la misma cosa). Aquí se refiere a cómo toca las cuerdas de la guitarra.
202. *cítola*: instrumento musical similar a la guitarra
203. son: acompañamiento musical
204. *No tome conmigo la hincha*: no me eche la culpa/no se enoje conmigo.
205. *sabandija*: cualquier reptil o insecto molesto

BENITO
Y aun peor cincuenta veces.

CHIRINOS
Allá van hasta dos docenas de leones rampantes y de osos colmeneros; todo viviente se guarde; que, aunque fantásticos, no dejarán de dar alguna pesadumbre, y aun de hacer las fuerzas de Hércules con espadas desenvainadas.[206]

JUAN
Ea, señor autor, ¡cuerpo de nosla![207]¿Y agora nos quiere llenar la casa de osos y de leones?

BENITO
¡Mirad qué ruiseñores y calandrias nos envía Tontonelo, sino leones y dragones! Señor autor, y salgan figuras más apacibles,[208] o aquí nos contentamos con las vistas; y Dios le guíe, y no pare más en el pueblo un momento.

CASTRADA
Señor Benito Repollo, deje salir ese oso y leones, siquiera por nosotras, y recebiremos mucho contento.

JUAN
Pues, hija, ¿de antes te espantabas de los ratones, y agora pides osos y leones?

CASTRADA
Todo lo nuevo aplace, señor padre.

CHIRINOS
Esa doncella, que agora se muestra tan galana y tan compuesta, es la llamada Herodías, cuyo baile alcanzó en premio la cabeza del Precursor de la vida.[209] Si hay quien la ayude a bailar, verán maravillas.

BENITO
¡Ésta sí, cuerpo del mundo, que es figura hermosa, apacible y reluciente! ¡Hideputa, y cómo que se vuelve la mochacha! Sobrino Repollo, tú que sabes de achaque de castañetas,[210] ayúdala, y será la fiesta de cuatro capas.

SOBRINO
Que me place, tío Benito Repollo.

Tocan la zarabanda.

CAPACHO
¡Toma mi abuelo, si es antiguo el baile de la Zarabanda y de la Chacona![211]

206. *desvainadas*: sacadas para luchar
207. *nosla*: eufemismo para "cuerpo de Cristo"
208. *apacibles*: pacíficas
209. *Precursor…*: San Juan el Bautista, figura bíblica que "perdió la cabeza" (¡literalmente!) por Salomé, hija de Herodías.
210. *sabes … castañetas*: sabes tocar las castañuelas
211. *Zarabanda y Chacona*: bailes de la época

BENITO
Ea, sobrino, ténselas tiesas[212] a esa bellaca jodía; pero, si ésta es jodía, ¿cómo ve estas maravillas?

CHANFALLA
Todas las reglas tienen excepción, señor Alcalde.

Suena una trompeta, o corneta dentro del teatro, y entra un FURRIER[213] de compañías.

FURRIER
¿Quién es aquí el señor Gobernador?

GOBERNADOR
Yo soy. ¿Qué manda vuesa merced?

FURRIER
Que luego al punto mande hacer alojamiento para treinta hombres de armas que llegarán aquí dentro de media hora, y aun antes, que ya suena la trompeta; y adiós.

[Vase]

BENITO
Yo apostaré que los envía el sabio Tontonelo.

CHANFALLA
No hay tal; que ésta es una compañía de caballos que estaba alojada dos leguas de aquí.

BENITO
Ahora yo conozco bien a Tontonelo, y sé que vos y él sois unos grandísimos bellacos, no perdonando al músico; y mirad que os mando que mandéis a Tontonelo no tenga atrevimiento de enviar estos hombres de armas, que le haré dar docientos azotes en las espaldas, que se vean unos a otros.

CHANFALLA
¡Digo, señor Alcalde, que no los envía Tontonelo!

BENITO
Digo que los envía Tontonelo, como ha enviado las otras sabandijas que yo he visto.

CAPACHO
Todos las habemos visto, señor Benito Repollo.

BENITO
No digo yo que no, señor Pedro Capacho. No toques más, músico de entre sueños, que te romperé la cabeza.

Vuelve el FURRIER.

FURRIER
Ea, ¿está ya hecho el alojamiento? Que ya están los caballos en el pueblo.

212. *tiesas*: tensas, rígidas
213. *furrier*: persona encargada de proveer y distribuir las raciones a los soldados y también de arreglar su alojamiento

BENITO
¿Que todavía ha salido con la suya Tontonelo? ¡Pues yo os voto a tal, autor de humos y de embelecos, que me lo habéis de pagar!

CHANFALLA
Séanme testigos que me amenaza el Alcalde.

CHIRINOS
Séanme testigos que dice el Alcalde que lo que manda Su Majestad lo manda el sabio Tontonelo.

BENITO
Atontoneleada te vean mis ojos, plega a Dios todopoderoso.

GOBERNADOR
Yo para mí tengo que verdaderamente estos hombres de armas no deben de ser de burlas.

FURRIER
¿De burlas habían de ser, señor Gobernador? ¿Está en su seso?[214]

JUAN
Bien pudieran ser atontonelados: como esas cosas habemos visto aquí. Por vida del autor, que haga salir otra vez a la doncella Herodías, porque vea este señor lo que nunca ha visto; quizá con esto le cohecharemos[215] para que se vaya presto del lugar.

CHANFALLA
Eso en buen hora, y véisla aquí a do vuelve, y hace de señas a su bailador a que de nuevo la ayude.

SOBRINO
Por mí no quedará, por cierto.

BENITO
Eso sí, sobrino; cánsala, cánsala; vueltas y más vueltas; ¡vive Dios, que es un azogue[216] la muchacha! ¡Al hoyo, al hoyo! ¡A ello, a ello!

FURRIER
¿Está loca esta gente? ¿Qué diablos de doncella es ésta, y qué baile, y qué Tontonelo?

CAPACHO
Luego, ¿no vee la doncella herodiana el señor furrier?

FURRIER
¿Qué diablos de doncella tengo de ver?

CAPACHO
Basta: ¡de *ex illis* es![217]

214. ¿Está … seso?: ¿Está loco?
215. *cohecharemos*: sobornaremos. Ofrecer dinero o regalos de forma ilegal para conseguir algo a cambio
216. *azogue*: mercurio. Implica que es rápida y ágil.
217. *ex illis es*: frase latina que significa "Es de ellos".

GOBERNADOR
¡De *ex illis* es; de *ex illis* es!

JUAN
¡Dellos es, dellos el señor furrier; dellos es!

FURRIER
¡Soy de la mala puta que los parió; y, por Dios vivo, que si echo mano a la espada, que los haga salir por las ventanas, que no por la puerta!

CAPACHO
Basta: ¡de *ex illis* es!

BENITO
Basta: ¡dellos es, pues no ve nada!

FURRIER
Canalla barretina[218]: si otra vez me dicen que soy dellos, no les dejaré hueso sano.

BENITO
Nunca los confesos ni bastardos fueron valientes; y por eso no podemos dejar de decir: ¡dellos es, dellos es!

FURRIER
¡Cuerpo de Dios con los villanos! ¡Esperad!

Mete mano a la espada y acuchíllase con todos; y el Alcalde aporrea[219] al Rabellejo; y la CHIRINOS descuelga la manta y dice:

CHIRINOS
El diablo ha sido la trompeta y la venida de los hombres de armas; parece que los llamaron con campanilla.

CHANFALLA
El suceso ha sido extraordinario; la virtud del retablo se queda en su punto, y mañana lo podemos mostrar al pueblo; y nosotros mismos podemos cantar el triunfo desta batalla, diciendo: ¡vivan Chirinos y Chanfalla!

FIN DEL ENTREMÉS

E. Cuestionario

1. Describe el engaño de Chanfalla y Chirinos.
2. ¿Cómo son los del pueblo? ¿Qué sabemos de su nivel cultural?
3. Menciona TRES "milagros" que ven los pueblerinos.
4. ¿Qué representa el Furrier?
5. ¿Qué significa la expresión *ex illis es* en el contexto del entremés?
6. ¿Qué hacen Chanfalla y Chirinos al final?
7. Menciona tres ejemplos de humor lingüístico.

218. *barretina*: tipo de gorro usado por campesinos y judíos
219. *aporrea*: golpea

8. ¿Qué valores sociales se critican en este texto?
9. Discute el tema de la ilusión frente a la realidad en *El retablo*.
10. ¿En qué aspectos manifiesta este entremés el desengaño asociado con la producción cultural del siglo XVII en España?

V. María de Zayas (c.a. 1590–¿?)

A. Términos literarios

1. La *novela*
2. El marco narrativo

B. La autora y su contexto social

1. Preocupación por la mujer
2. Obras narrativas y teatro
3. Influencia de Cervantes y sus *Novelas ejemplares*

C. Imágenes en contexto

Busca *Pallas Athena* (Rembrandt van Rijn, 1655) en línea (Google Imágenes) y piensa en lo siguiente en preparación para esta sección:

1. Esta pintura es de Atenea. ¿Qué sabes de esta diosa griega?
2. Las conexiones entre Atenea como la diosa de la sabiduría y la participación de la mujer en la vida intelectual
3. Atenea como figura andrógina

D. El texto

1. AL QUE LEYERE (*LAS NOVELAS EJEMPLARES Y AMOROSOS*)

Quien duda, lector mío, que te causará admiración que una mujer tenga despejo,[220] no sólo para escribir un libro, sino para darle a la estampa,[221] que es el crisol donde se averigua la pureza de los ingenios. Porque hasta que los escritos se gozan en las letras de plomo, no tienen valor cierto, por ser tan fáciles de engañar los sentidos, que a la fragilidad de la vista suele pasar por oro macizo[222] lo que a la luz del fuego es solamente un pedazo de bronce afeitado. Quien duda, digo otra vez, que habrá muchos que atribuyan a locura esta virtuosa osadía[223] de sacar a luz mis borrones, siendo mujer, que en opinión de algunos necios es lo mismo que una cosa incapaz. Pero cualquiera, como sea no más de buen cortesano, ni lo tendrá por novedad ni lo murmurará por destino. Porque si esta materia de que nos componemos los hombres y las mujeres, ya sea una trabazón de fuego

220. *despejo*: implica que tiene inteligencia o claridad mental
221. *darle ... estampa*: entregar a la imprenta; publicar
222. *macizo*: sólido
223. *osadía*: atrevimiento

y barro, o ya una masa de espíritus, y terrones,[224] no tiene más nobleza en ellos que en nosotras; si es una misma la sangre; los sentidos, las potencias y los órganos por donde se obran sus efectos, son unos mismos; la misma alma que ellos, porque las almas ni son hombres ni mujeres: ¿qué razón hay para que ellos sean sabios, y presuman que nosotras no podemos serlo?

Esto no tiene, a mi parecer, más repuesta que su impiedad o tiranía en encerrarnos y no darnos maestros. Y así la verdadera causa de no ser las mujeres doctas no es defecto del caudal,[225] sino falta de la aplicación. Porque si en nuestra crianza, como nos ponen el cambray[226] en las almohadillas y los dibujos en el bastidor,[227] nos dieran libros y preceptores,[228] fuéramos tan aptas para los puestos, y para las cátedras[229] como los hombres, y quizá más agudas, por ser de natural más frío, por consistir en humedad el entendimiento, como se ve en las respuestas de repente y en los engaños de pensado, que todo lo que se hace con maña,[230] aunque no sea virtud, es ingenio. Y cuando no valga esta razón para nuestro crédito, valga la experiencia de las historias, y veremos por ellas lo que hicieron las que por algún accidente trataron de buenas letras.

De Argentaria,[231] esposa del poeta Lucano,[232] refiere el mismo que la ayudó en la corrección de los tres libros de *La Farsalia*, y le hizo muchos versos que pasaron por suyos. Temistoclea,[233] hermana de Pitágoras,[234] escribió un libro doctísimo de varias sentencias. Diotima[235] fue venerada de Socrates por eminente. Aspano[236] hizo muchas lecciones de opinión en las academias. Eudoxa[237] dejó escrito un libro de consejos políticos; Cenobia,[238] un epítome de la historia Oriental. Y Cornelia,[239] mujer de Africano, unas epístolas familiares con suma elegancia, y otras infinitas de la antigüedad y de nuestros tiempos, que paso en silencio, y porque ya tendrás noticias de todo, aunque seas lego y no hayas estudiado. Y que después que hay *Polianteas*[240] en latín, y *Sumas morales*[241] en romance, los seglares, y las seglares pueden ser letrados. Pues si esto es verdad, ¿qué razón hay para que no tengamos prontitud para los libros? Y más si todas tienen mi inclinación, que en viendo cualquiera, nuevo o antiguo, dejo la almohadilla y no sosiego hasta que le paso. De esta inclinación nació la noticia, de la noticia el buen gusto, y de

224. *terrones*: pedazos
225. *caudal*: capacidad
226. *cambray*: tela fina
227. *bastidor*: encuadramiento para hacer bordados
228. *preceptores*: educadores (tutores, instructores, consejeros)
229. *cátedras*: puesto de profesor universitario
230. *maña*: habilidad de hacer algo
231. *Argentaria*: mujer romana sabia [39 D.C.] quien ayudó a Lucano, poeta cordobés, a editar varios libros suyos
232. *Lucano*: ver la nota anterior
233. *Temistoclea*: sacerdotisa de Delfos
234. *Pitágoras*: filósofo y matemático griego (Siglo VI)
235. *Diotima*: filósofa griega
236. *Aspano*: mujer heroica
237. *Eudoxa*: otra mujer heroica
238. *Cenobia*: viuda y sucesora de Odaenathus, un rey del S. III. Ella es conocida por su fuerza y valor.
239. *Cornelia*: mujer romana virtuosa por excelencia
240. *Polianteas*: colecciones de materiales de la cultura clásica grecolatina
241. *Sumas morales*: Un libro sobre la teología moral y ética social (de San Antonio, S. XV)

todo hacer versos, hasta escribir estas Novelas, o por ser asunto más fácil, o más apetitoso, que muchos libros sin erudición suelen parecer bien en fe del sujeto; y otros llenos de sutilezas se venden pero no se compran porque la materia no es importante o es desabrida.[242]

No es menester prevenirte de la piedad que debes tener, porque si es bueno no harás nada en alabarle[243]; y si es malo, por la parte de la cortesía que se debe a cualquier mujer, le tendrás respeto. Con mujeres no hay competencias: quien no las estima es necio, porque las ha menester; y quien las ultraja,[244] ingrato, pues falta al reconocimiento del hospedaje que le hicieron en la primera jornada. Y así pues, no has de querer ser descortés, necio, villano ni desagradecido. Te ofrezco este libro, muy segura de tu bizarría[245] y en confianza de que si te desagradare, podrás disculparme con que nací mujer, no con obligaciones de hacer buenas novelas, sino con muchos deseos de acertar a servirte. Vale.[246]

E. Cuestionario

1. ¿Qué opina Zayas de las mujeres escritoras?
2. ¿Cómo logra Zayas defender a la mujer de las acusaciones en contra de ella?
3. ¿Quiénes son culpables de que las mujeres no tengan acceso a los maestros? Justifica tus observaciones con ejemplos.
4. ¿Con qué propósito incorpora Zayas a personas históricas como Argentaria y libros como *La Farsalia* en el último párrafo?
5. ¿Cómo percibes el tono de Zayas?

El período colonial tardío

I. Sor Juana Inés de la Cruz (Juana de Asbaje y Ramírez) (1651–1695)

A. Términos literarios

1. La antítesis
2. El hipérbaton
3. La paradoja
4. El símbolo
5. El clímax
6. La metáfora

B. La autora y su contexto social

1. Poesía religiosa y secular
2. Monja de la orden de San Jerónimo

242. *desabrida*: desagradable
243. *alabarle*: adularle; celebrarle
244. *ultraja*: desprecia
245. *bizarría*: gallardía, valor
246. *Vale*: adiós que se dice al término de algo

> 3. Protección de los virreyes
> 4. Características generales de su poesía
> a. Defensa los derechos de la mujer
> b. Estilo barroco
> c. Crítica de
> i. La vanidad del ser humano
> ii. La misoginia
> iii. El materialismo

C. Imágenes en contexto

Busca la pintura *Vanitas* (Abraham Mignon, 1679) en línea (Google Imágenes) y piensa en lo siguiente en preparación para esta sección:

> 1. El uso de luz y oscuridad, y de color
> 2. La función de la yuxtaposición de la flor y el esqueleto del pájaro en el centro
> 3. El significado del título
> 4. Al leer los sonetos de Sor Juana: su vinculación temática con esta pintura
> 5. Su relación con los sonetos de Góngora que has leído

D. Los textos

1. "EN PERSEGUIRME, MUNDO, ¿QUÉ INTERESAS"?

En perseguirme, Mundo, ¿qué interesas?
¿En qué te ofendo, cuando sólo intento
poner bellezas en mi entendimiento
y no mi entendimiento en las bellezas?

Yo no estimo tesoros ni riquezas;
y así, siempre me causa más contento
poner riquezas en mi pensamiento
que no mi pensamiento en las riquezas.

Y no estimo hermosura que, vencida,
es despojo[247] civil de las edades,
ni riqueza me agrada fementida,[248]

teniendo por mejor, en mis verdades,
consumir vanidades de la vida
que consumir la vida en vanidades.

2. "EN QUE DA MORAL CENSURA A UNA ROSA, Y EN ELLA A SUS SEMEJANTES"

Rosa divina que en gentil cultura
eres, con tu fragante sutileza,
magisterio purpúreo en la belleza,
enseñanza nevada a la hermosura;

247. *despojo*: pérdida o destrucción de lo que se tenía a causa del paso del tiempo
248. *fementida*: engañosa, falsa

amago[249] de la humana arquitectura,
ejemplo de la vana gentileza,
en cuyo ser unió naturaleza
la cuna alegre y triste sepultura:
¡Cuán altiva en tu pompa, presumida,
soberbia,[250] el riesgo de morir desdeñas,[251]
y luego desmayada y encogida[252]

de tu caduco[253] ser das mustias[254] señas,
con que con docta[255] muerte y necia vida,
viviendo engañas y muriendo enseñas.

3. "Procura desmentir los elogios que a un retrato de la Poetisa inscribió la verdad, que llama pasión"

Éste que ves, engaño colorido,
que del arte ostentando los primores,[256]
con falsos silogismos de colores
es cauteloso[257] engaño del sentido;

éste, en quien la lisonja[258] ha pretendido
excusar de los años los horrores,
y venciendo del tiempo los rigores,
triunfar de la vejez y del olvido,

es un vano artificio del cuidado,
es una flor al viento delicada,
es un resguardo[259] inútil para el hado[260];

es una necia diligencia errada,
es un afán caduco[261] y, bien mirado,
es cadáver, es polvo, es sombra, es nada.

E. Cuestionario

1. En el poema "En perseguirme, Mundo", ¿a quién se dirige la voz poética? ¿Por qué la palabra "Mundo" está escrita con mayúscula?
2. En tus propias palabras, resume el primer poema.

249. *amago*: imitación, indicio
250. *soberbia*: orgullo
251. *desdeñas*: desprecias
252. *encogida*: seca y arrugada
253. *caduco*: viejo
254. *mustias*: secas
255. *docta*: sabia
256. *primores*: habilidades
257. *cauteloso*: cuidadoso, astuto, artificioso
258. *lisonja*: halagos
259. *resguardo*: protección
260. *hado*: destino
261. *afán caduco*: anhelo que dura poco

3. ¿Qué simboliza la rosa en el segundo poema?
4. Compara el tono de los primeros dos cuartetos con el de los dos últimos. ¿A qué se debe el cambio?
5. Identifica por lo menos tres ejemplos de recursos literarios en el segundo poema. ¿Cómo influyen estos en la lectura del mismo?
6. ¿Qué critica Sor Juana en "Éste que ves"? Explica.
7. ¿Qué tienen en común los dos poemas?

Redes analíticas

1. Compara Soneto XXIII de Garcilaso y "Éste que ves" de Sor Juana. ¿En qué maneras se parecen? ¿En qué se diferencian?
2. Santa Teresa y Sor Juana eran monjas. Teniendo en cuenta lo que has leído, ¿hay algún tema o alguna característica que sus poemas compartan?
3. ¿Cómo expresan los poetas del Renacimiento y del Barroco el tema del paso del tiempo?
4. En el caso de los poetas, identifica las características barrocas de sus poemas.
5. Compara la visión de la mujer de María de Zayas con la de Sor Juana y después con la de Góngora y Garcilaso.
6. Cervantes nos presenta una visión satírica de su sociedad. ¿Qué otros autores ofrecen una imagen similar? Explica.
7. ¿Cómo se trata el tema de la muerte en la poesía de Nezahuacóyotl y en la poesía barroca española/colonial?
8. ¿Cómo se comparan el desengaño barroco y el desengaño medieval? ¿Cuáles son las relaciones temáticas entre el desengaño y la muerte en las dos épocas? ¿Y entre el desengaño y la religión?
9. ¿Cómo se presenta el tema del amor en la literatura española medieval, renacentista y barroca?
10. Analiza las relaciones entre la política y la literatura en un texto español medieval, un texto prehispánico, un texto renacentista, un texto barroco y un texto colonial.

Redes: cine y literatura

Yo, la peor de todas, Dir. Maria Luisa Bemberg, 1990
Juana la Loca. Dir. Vicente Aranda, 2001
Naufragios, Dir. Nicholas Echevarría, 2001
Alatriste, Dir. Agustín Díaz Yanes, 2006
Lope. Dir., Andrucha Waddington, 2010

3

Los siglos XVIII y XIX

El siglo XVIII:
La Ilustración española y americana

Busca *El sueño de la razón produce monstruos* (Francisco de Goya y Lucientes, *Los caprichos*, 1797–1799) en línea (Google Imágenes) y piensa en lo siguiente en preparación para esta sección:

- El sueño y la imaginación
- La sensación de peligro
- La importancia de la razón
- La imagen visual frente al texto escrito

Introducción

En España, el siglo XVIII se inicia con un cambio dinástico que agudiza una división en la sociedad española latente durante siglos: el conflicto entre los tradicionalistas y los progresistas. En 1700 el último rey español de la dinastía Habsburgo, Carlos II, muere sin heredero; la Casa de Borbón, una dinastía francesa, llega al trono español con la coronación de Felipe V. Este cambio dinástico conlleva transformaciones intelectuales, sociales y estéticas. Los reyes borbones introducen una serie de cambios administrativos como la centralización del poder real, la normalización de los sistemas de pesas y medidas y de la moneda, la implementación de planes de reforma económica, agrícola y educativa y el establecimiento de las Reales Fábricas. Estas eran manufacturas especializadas en la fabricación de un solo artículo, por ejemplo, la cerámica o la tapicería. Fueron creadas y financiadas por la monarquía con el fin de estimular y desarrollar la economía.

A pesar del relativo éxito de estas reformas en términos de bienestar social, ya que se registró una mayor productividad económica y un menor número de hambrunas y epidemias, algunos sectores de la población española estaban en contra de ellas. Para estos tradicionalistas, los cambios "extranjeros" (ya que habían llegado con el cambio dinástico que puso un rey francés en el trono español) iban en contra de su concepto de identidad española. Se oponían particularmente a la centralización del poder político, la cual significaba menos autonomía regional, y a la actitud de los reyes de la Casa Borbón hacia la Iglesia católica, una postura cuya manifestación más significativa fue la expulsión

de los jesuitas en 1767. El papel de la monarquía durante este período se define por la teoría del despotismo ilustrado, una política resumida por el célebre lema "todo para el pueblo, pero sin el pueblo".

La filosofía política del despotismo ilustrado forma parte de un movimiento cultural más amplio llamado la Ilustración. Esta corriente intelectual se asocia con pensadores y artistas franceses, y llega a España a través de los reyes de la Casa de Borbón. La característica principal de la Ilustración es su énfasis en la razón ante todo. Se percibe también un desarrollo en las ciencias y una insistencia en métodos empíricos para observar, analizar y entender el mundo.

En el ámbito artístico, las primeras décadas del siglo XVIII en España se caracterizan por un Barroco tardío ya degenerado que será reemplazado por el Neoclasicismo. Esta corriente, cuyo nombre recuerda los valores estéticos de la antigüedad grecorromana, enfatiza la armonía, el buen gusto, la mesura y, en muchos casos, la función didáctica del arte. El ejemplo más conocido del Neoclasicismo literario español es Leandro Fernández de Moratín, figura literaria que abarca los últimos años del siglo XVIII y los primeros del siglo XIX. Conocido principalmente como dramaturgo, las piezas de Moratín se enfrentan a la cuestión del choque de valores culturales tradicionales con las novedades sociales y estéticas asociadas con la Ilustración.

En las colonias españolas en América se observa el mismo empeño reformador que en la Península. La economía hispanoamericana experimentó una mejora a causa del aumento en la demanda de productos americanos en Europa. Mientras que España empezó a perder su influencia en Europa y, como consecuencia, en la economía americana; Francia, Inglaterra y Holanda empezaron a tener una mayor influencia en el comercio transatlántico. Debido al miedo de perder su monopolio sobre el comercio americano, la Corona española intentó imponer más control sobre la actividad económica de las colonias. Las reformas administrativas de los reyes borbones se extendieron a las colonias españolas ultramarinas; se normalizó y se amplió el comercio entre España y el Nuevo Mundo, y el número de virreinatos (divisiones territoriales gobernadas por representantes de la monarquía española) aumentó. Los administradores de la Corona empezaron a investigar y multar casos de corrupción administrativa en las colonias, teniendo como resultado una presencia criolla menos fuerte en el control y la supervisión de la economía hispanoamericana.

Aunque, al igual que en la península, las reformas tuvieron cierto éxito en términos de desarrollo económico y un aumento en las ganancias generadas por los impuestos, las élites coloniales se opusieron al espíritu reformador. Además, la exclusión de los criollos de puestos importantes y la creciente relevancia de Latinoamérica en el contexto del comercio global provocaron cierta resistencia por parte de los colonos. La Insurrección de los comuneros en Nueva Granada (virreinato que corresponde a lo que hoy son las naciones de Colombia, Panamá, Ecuador y Venezuela) y la Rebelión de Tupac Amaru II en Perú, que ocurrieron durante las últimas décadas del siglo XVIII, son ejemplos específicos de un creciente reconocimiento de la explotación perpetuada a través del sistema colonial.[1] Este reconocimiento culminará en las luchas por la independencia de las colonias americanas en el siglo XIX.

1. Tanto la Insurrección de los comuneros como la Rebelión de Tupac Amaru II fueron levantamientos, tipos de protestas armadas. El primero denunciaba los abusos económicos de la Corona española en lo que hoy día es Colombia, mientras el segundo estaba relacionado con indígenas y mestizos que se oponían a las reformas borbónicas en Perú.

Las letras hispanoamericanas dieciochescas siguen una trayectoria similar a la de la producción literaria peninsular. Las primeras décadas del siglo XVIII están dominadas por un Barroco literario ya en decadencia. Los ideales de la Ilustración cambian las extravagancias del Barroco tardío por gustos literarios que favorecen la moderación y el equilibrio característicos del Neoclasicismo. Hay, por ejemplo, un desarrollo del discurso científico y un impulso hacia una concepción utilitaria del arte. Estos ideales, en combinación con el nacionalismo asociado con el Romanticismo temprano, se fusionan en el discurso político-literario independentista expresado más tarde en el siglo XIX.

La obra de Francisco Javier Clavijero ejemplifica las características generales de la actividad intelectual latinoamericana del siglo XVIII. Clavijero, un conocido investigador, profesor e historiador novohispano, nació en Veracruz, México, y creció en distintos ambientes, todos ellos con una presencia indígena fuerte. A través de este contacto con la población amerindia, Clavijero aprendió el lenguaje y la historia de los pueblos autóctonos de México. En 1754 fue ordenado como sacerdote jesuita y empezó a impartir clases en el Colegio de San Gregorio, una institución académica dedicada a la enseñanza de jóvenes indígenas. En 1767, bajo la orden de expulsión de los jesuitas promulgada por Carlos III, fue a Italia, donde escribió su obra más conocida, *La historia antigua de México* (1780–1781). Mientras que la crítica más reciente señala un exceso de sentimentalismo y una falta de fidelidad a la realidad histórica en el libro, *La historia* ofrece una manera de aproximarnos a las formas de pensar de los intelectuales hispanoamericanos dieciochescos. A través de su enfoque histórico y etnográfico, junto con su afirmación de una identidad mexicana basada en una revisión histórica de la cultura de los habitantes indígenas de la región, se puede decir que *La historia antigua de México* ejemplifica las contradicciones del pensamiento hispanoamericano del siglo XVIII.

La literatura española del s. XVIII

I. Leandro Fernández de Moratín (1760–1828)

A. Términos literarios

1. Teatro neoclásico
2. Finales del S. XVIII/principios del XIX:
 a. La unidad de lugar, tiempo y acción
 b. La sencillez
 c. La verosimilitud
 d. El didacticismo
2. Elementos estructurales formales
 a. El acto
 b. La escena
 c. Las acotaciones
 d. El diálogo
3. Elementos estructurales conceptuales
 a. La exposición
 b. El desarrollo/la complicación

 c. El clímax
 d. El desenlace
 e. La moraleja
 4. La sátira
 a. El humor
 b. La crítica social

B. El autor y su contexto social

1. Los afrancesados
2. La Ilustración
3. Los valores tradicionales
4. La educación de los hijos
5. El matrimonio y su función social y psicológica

C. Imágenes en contexto

Busca la ilustración de la primera edición de *El sí de las niñas* (Biblioteca Nacional, Madrid) en línea (Google Imágenes) y piensa en lo siguiente en preparación para esta sección:

1. La representación visual de equilibrio, sencillez y verosimilitud
2. Los personajes: edad, aspecto físico y relaciones entre ellos

D. El texto

EL SÍ DE LAS NIÑAS (1806)

PERSONAJES:
DON DIEGO
DON CARLOS
DOÑA IRENE
DOÑA FRANCISCA
RITA
SIMÓN
CALAMOCHA

La escena es en una posada[2] de Alcalá de Henares.[3]

El teatro representa una sala de paso con cuatro puertas de habitaciones para huéspedes,[4] numeradas todas. Una más grande en el foro, con escalera que conduce al piso bajo de la casa. Ventana de antepecho[5] a un lado. Una mesa en medio, con banco, sillas, etc.

La acción empieza a las siete de la tarde y acaba a las cinco de la mañana siguiente.

2. *posada*: lugar dónde los viajeros pueden pasar la noche
3. *Alcalá de Henares*: ciudad a unas veinticinco millas de Madrid, de importancia histórica y arqueológica
4. *huéspedes*: personas que se alojan en la posada
5. *antepecho*: parte inferior del marco de una ventana dónde es posible apoyarse para mirar al exterior

ACTO I

ESCENA PRIMERA DON DIEGO, SIMÓN

(*Sale don Diego de su cuarto. Simón, que está sentado en una silla, se levanta.*)

DON DIEGO ¿No han venido todavía?

SIMÓN No, señor.

DON DIEGO Despacio la han tomado por cierto.

SIMÓN Como su tía la quiere tanto, según parece, y no la ha visto desde que la llevaron a Guadalajara …[6]

DON DIEGO Sí. Yo no digo que no la viese; pero con media hora de visita y cuatro lágrimas estaba concluido.

SIMÓN Ello también ha sido extraña determinación la de estarse usted dos días enteros sin salir de la posada. Cansa el leer, cansa el dormir…. Y sobre todo, cansa la mugre[7] del cuarto, las sillas desvencijadas,[8] las estampas[9] del hijo pródigo,[10] el ruido de campanillas y cascabeles, y la conversación ronca[11] de carromateros[12] y patanes,[13] que no permiten un instante de quietud.

DON DIEGO Ha sido conveniente el hacerlo así. Aquí me conocen todos, y no he querido que nadie me vea.

SIMÓN Yo no alcanzo la causa de tanto retiro. Pues ¿hay más en esto que haber acompañado usted a doña Irene hasta Guadalajara, para sacar del conventos a la niña y volvernos con ellas a Madrid?

DON DIEGO Sí, hombre; algo más hay de lo que has visto.

SIMÓN Adelante.

DON DIEGO Algo, algo…. Ello tú al cabo lo has de saber, y no puede tardarse mucho…. Mira, Simón, por Dios te encargo que no lo digas…. Tú eres hombre de bien, y me has servido muchos años con fidelidad…. Ya ves que hemos sacado a esa niña del convento y nos la llevamos a Madrid.

SIMÓN Sí, señor.

DON DIEGO Pues bien…. Pero te vuelvo a encargar que a nadie lo descubras.

SIMÓN Bien está, señor. Jamás he gustado de chismes.

DON DIEGO Ya lo sé, por eso quiero fiarme de ti. Yo, la verdad, nunca había visto a tal doña Paquita; pero mediante la amistad con su madre, he tenido frecuentes noticias de ella; he leído muchas de las cartas que escribía; he visto algunas de su tía la monja, con quien ha vivido en Guadalajara; en suma, he tenido cuantos informes pudiera desear acerca de sus inclinaciones y su conducta. Ya he logrado verla; he procurado observarla en estos pocos días, y a decir verdad, cuantos elogios hicieron de ella me parecen escasos.[14]

6. *Guadalajara*: ciudad a unas cuarenta millas de Madrid. No debería confundirse con la cuidad mexicana del mismo nombre.

7. *mugre:* suciedad grasienta

8. *desvencijadas:* descompuestas, rotas

9. *estampas:* figuras, imágenes

10. *hijo pródigo:* el que desperdicia sus bienes y/o dinero

11. *ronca:* fuerte o grave

12. *carromateros*: personas que llevan carros grandes de dos ruedas cubiertos con un toldo y tirado por uno o más animales

13. *patanes:* personas rústicas, ordinarias

14. *escasos:* insuficientes

SIMÓN Sí, por cierto…. Es muy linda y …

DON DIEGO Es muy linda, muy graciosa, muy humilde…. Y sobre todo, ¡aquel candor, aquella inocencia! Vamos, es de lo que no se encuentra por ahí…. Y talento…. Sí señor, mucho talento…. Conque, para acabar de informarte, lo que yo he pensado es …

SIMÓN No hay que decírmelo.

DON DIEGO ¿No? ¿Por qué?

SIMÓN Porque ya lo adivino. Y me parece excelente idea.

DON DIEGO ¿Qué dices?

SIMÓN Excelente.

DON DIEGO ¿Conque al instante has conocido? …

SIMÓN ¿Pues no es claro? … ¡Vaya! … Dígole a usted que me parece muy buena boda. Buena, buena.

DON DIEGO Sí, señor…. Yo lo he mirado bien, y lo tengo por cosa muy acertada. Seguro que sí.

DON DIEGO Pero quiero absolutamente que no se sepa hasta que esté hecho.

SIMÓN Y en eso hace usted bien.

DON DIEGO Porque no todos ven las cosas de una manera, y no faltaría quien murmurase, y dijese que era una locura, y me …

SIMÓN ¿Locura? ¡Buena locura! … ¿Con una chica como ésa, eh?

DON DIEGO Pues ya ves tú. Ella es una pobre…. Eso sí…. Pero yo no he buscado dinero, que dineros tengo; he buscado modestia, recogimiento, virtud.

SIMÓN Eso es lo principal…. Y, sobre todo, lo que usted tiene ¿para quién ha de ser?

DON DIEGO Dices bien … ¿Y sabes tú lo que es una mujer aprovechada, hacendosa, que sepa cuidar de la casa, economizar, estar en todo? … Siempre lidiando[15] con amas,[16] que si una es mala, otra es peor, regalonas,[17] entremetidas,[18] habladoras, llenas de histérico, viejas, feas como demonios…. No señor, vida nueva. Tendré quien me asista con amor y fidelidad, y viviremos como unos santos…. Y deja que hablen y murmuren y …

SIMÓN Pero siendo a gusto de entrambos, ¿qué pueden decir?

DON DIEGO No, yo ya sé lo que dirán; pero…. Dirán que la boda es desigual, que no hay proporción en la edad, que …

SIMÓN Vamos, que no me parece tan notable la diferencia. Siete u ocho años a lo más …

DON DIEGO ¡Qué, hombre! ¿Qué hablas de siete u ocho años? Si ella ha cumplido dieciséis años pocos meses ha.

SIMÓN Y bien, ¿qué?

DON DIEGO Y yo, aunque gracias a Dios estoy robusto y…. Con todo eso, mis cincuenta y nueve años no hay quien me los quite.

SIMÓN Pero si yo no hablo de eso.

DON DIEGO Pues ¿de qué hablas?

SIMÓN Decía que…. Vamos, o usted no acaba de explicarse, o yo lo entiendo al revés…. En suma, esta Doña Paquita, ¿con quién se casa?

15. *lidiando*: peleando (fig.); oponerse a uno
16. *amas*: dueñas de algo; mujeres mayores y/o de un nivel económico relativamente alto
17. *regalonas*: delicadas, mimadas, acostumbradas a ser consentidas
18. *entremetidas*: metidas en asuntos ajenos

DON DIEGO ¿Ahora estamos ahí? Conmigo.

SIMÓN ¿Con usted?

DON DIEGO Conmigo.

SIMÓN ¡Medrados quedamos![19]

DON DIEGO ¿Qué dices? … Vamos, ¿qué? …

SIMÓN ¡Y pensaba yo haber adivinado!

DON DIEGO Pues ¿qué creías? ¿Para quién juzgaste que la destinaba yo?

SIMÓN Para don Carlos, su sobrino de usted, mozo de talento, instruido, excelente soldado, amabilísimo por todas sus circunstancias…. Para ese juzgué que se guardaba la tal niña.

DON DIEGO Pues no, señor.

SIMÓN Pues bien está.

DON DIEGO ¡Mire usted qué idea! ¡Con el otro la había de ir a casar! … No señor; que estudie sus matemáticas.

SIMÓN Ya las estudia; o, por mejor decir, ya las enseña.

DON DIEGO Que se haga hombre de valor y …

SIMÓN ¡Valor! ¿Todavía pide usted más valor a un oficial que en la última guerra, con muy pocos que se atrevieron a seguirle, tomó dos baterías, clavó los cañones, hizo algunos prisioneros, y volvió al campo lleno de heridas y cubierto de sangre? … Pues bien satisfecho quedó usted entonces del valor de su sobrino; y yo le vi a usted más de cuatro veces llorar de alegría cuando el rey le premió con el grado de teniente coronel y una cruz de Alcántara.

DON DIEGO Sí señor; todo es verdad; pero no viene al cuento. Yo soy el que me caso.

SIMÓN Si está usted bien seguro de que ella le quiere, si no le asusta la diferencia de la edad, si su elección es libre …

DON DIEGO Pues ¿no ha de serlo? … ¿Y qué sacarían con engañarme? Ya ves tú la religiosa de Guadalajara si es mujer de juicio; ésta de Alcalá, aunque no la conozco, sé que es una señora de excelentes prendas[20]; mira tú si Doña Irene querrá el bien de su hija; pues todas ellas me han dado cuantas seguridades puedo apetecer…. La criada, que la ha servido en Madrid y más de cuatro años en el convento, se hace lenguas[21] de ella; y sobre todo me ha informado de que jamás observó en esta criatura la más remota inclinación a ninguno de los pocos hombres que ha podido ver en aquel encierro.[22] Bordar, coser, leer libros devotos, oír misa y correr por la huerta detrás de las mariposas, y echar agua en los agujeros de las hormigas, éstas han sido su ocupación y sus diversiones … ¿Qué dices?

SIMÓN Yo nada, señor.

DON DIEGO Y no pienses tú que, a pesar de tantas seguridades, no aprovecho las ocasiones que se presentan para ir ganando su amistad y su confianza, y lograr que se explique conmigo en absoluta libertad…. Bien que aún hay tiempo…. Sólo que aquella Doña Irene siempre la interrumpe; todo se lo habla…. Y es muy buena mujer, buena …

SIMÓN En fin, señor, yo desearé que salga como usted apetece.

19. *medrados*…: frase irónica que expresa el disgusto que resulta de algo inesperado
20. *prendas*: cualidades
21. *se hace lenguas* . . . : se habla de ella
22. *encierro*: lugar protegido, separado del mundo

DON DIEGO Sí; yo espero en Dios que no ha de salir mal. Aunque el novio no es muy de tu gusto … ¡Y qué fuera de tiempo me recomendabas al tal sobrinito! ¿Sabes tú lo enfadado que estoy con él?

SIMÓN Pues ¿qué ha hecho?

DON DIEGO Una de las suyas…. Y hasta pocos días ha no lo he sabido. El año pasado, ya lo viste. Estuvo dos meses en Madrid…. Y me costó buen dinero la tal visita…. En fin, es mi sobrino, bien dado está; pero voy al asunto. Llegó el caso de irse a Zaragoza su regimiento…. Ya te acuerdas de que a muy pocos días de haber salido de Madrid recibí la noticia de su llegada.

SIMÓN Sí, señor.

DON DIEGO Y que siguió escribiéndome, aunque algo perezoso, siempre con la data de Zaragoza.

SIMÓN Así es la verdad.

DON DIEGO Pues el pícaro no estaba allí cuando me escribía las tales cartas.

SIMÓN ¿Qué dice usted?

DON DIEGO Sí señor. El día tres de julio salió de mi casa, y a fines de septiembre aún no había llegado a sus pabellones …[23] ¿No te parece que para ir por la posta hizo muy buena diligencia?

SIMÓN Tal vez se pondría malo en el camino, y por no darle a usted pesadumbre …[24]

DON DIEGO Nada de eso. Amores del señor oficial y devaneos[25] que le traen loco…. Por ahí en esas ciudades puede que … ¿Quién sabe? Si encuentra un par de ojos negros, ya es hombre perdido … ¡No permita Dios que me le engañe alguna bribona[26] de estas que truecan[27] el honor por el matrimonio!

SIMÓN ¡Oh!, no hay que temer…. Y si tropieza con alguna fullera[28] de amor, buenas cartas ha de tener para que le engañe.

DON DIEGO Me parece que están ahí…. Sí. Busca al mayoral,[29] y dile que venga, para quedar de acuerdo en la hora a que deberemos salir mañana.

SIMÓN Bien está.

DON DIEGO Ya te he dicho que no quiero que esto se trasluzca,[30] ni … ¿Estamos?

SIMÓN No haya miedo que a nadie lo cuente.

(*Simón se va por la puerta del foro. Salen por la misma las tres mujeres con mantillas y basquiñas.*[31] *Rita deja un pañuelo atado sobre la mesa, y recoge las mantillas y las dobla.*)

ESCENA II DOÑA IRENE, DOÑA FRANCISCA, RITA, DON DIEGO

DOÑA FRANCISCA Ya estamos acá.

DOÑA IRENE ¡Ay! ¡qué escalera!

DON DIEGO Muy bien venidas, señoras.

23. *pabellones*: alojamiento de los soldados.
24. *pesadumbre*: preocupación
25. *devaneos*: distracción pasajera
26. *bribona*: traviesas; pícaras
27. *truecan*: cambian
28. *fullera*: tramposa; engañosa
29. *mayoral*: el capataz; tipo de pastor principal que cuida de un rebaño
30. *se trasluzca*: se descubra
31. *basquiñas*: faldas largas y voluminosas

DOÑA IRENE ¿Conque usted, a lo que parece, no ha salido? (*Se sientan doña Irene y don Diego.*)

DON DIEGO No, señora. Luego, más tarde, daré una vueltecita por ahí…. He leído un rato. Traté de dormir, pero en esta posada no se duerme.

DOÑA FRANCISCA Es verdad que no … ¡Y qué mosquitos! Mala peste en ellos. Anoche no me dejaron parar…. Pero mire usted, mire usted (*Desata[32] el pañuelo y manifiesta algunas cosas de las que indica el diálogo.*) cuántas cosillas traigo. Rosarios de nácar, cruces de ciprés, la regla de S. Benito, una pililla[33] de cristal…. Mire usted qué bonita. Y dos corazones de talco[34] … ¡Qué sé yo cuánto viene aquí! … ¡Ay!, y una campanilla de barro bendito para los truenos … ¡Tantas cosas!

DOÑA IRENE Chucherías que la han dado las madres. Locas estaban con ella.

DOÑA FRANCISCA ¡Cómo me quieren todas! ¡Y mi tía, mi pobre tía lloraba tanto! … Es ya muy viejecita.

DOÑA IRENE Ha sentido mucho no conocer a usted.

DOÑA FRANCISCA Sí, es verdad. Decía: ¿por qué no ha venido aquel señor?

DOÑA IRENE El padre capellán y el rector de los Verdes nos han venido acompañando hasta la puerta.

DOÑA FRANCISCA Toma (*Vuelve a atar el pañuelo y se le da a Rita, la cual se va con él y con las mantillas al cuarto de doña Irene.*), guárdamelo todo allí, en la excusabaraja.[35] Mira, llévalo así de las puntas … ¡Válgate Dios! ¡Eh! ¡Ya se ha roto la santa Gertrudis de alcorza![36]

RITA No importa; yo me la comeré.

ESCENA III DOÑA IRENE, DOÑA FRANCISCA, DON DIEGO

DOÑA FRANCISCA ¿Nos vamos adentro, mamá, o nos quedamos aquí?

DOÑA IRENE Ahora, niña, que quiero descansar un rato.

DON DIEGO Hoy se ha dejado sentir el calor en forma.

DOÑA IRENE ¡Y qué fresco tienen aquel locutorio! Está hecho un cielo … (*Siéntase doña Francisca junto a su madre.*) Mi hermana es la que sigue siempre bastante delicada. Ha padecido mucho este invierno…. Pero, vaya, no sabía qué hacerse con su sobrina la buena señora. Está muy contenta de nuestra elección.

DON DIEGO Yo celebro que sea tan a gusto de aquellas personas a quienes debe usted particulares obligaciones.

DOÑA IRENE Sí, Trinidad está muy contenta; y en cuanto a Circuncisión ya lo ha visto usted. La ha costado mucho despegarse[37] de ella; pero ha conocido que siendo para su bienestar, es necesario pasar por todo…. Ya se acuerda usted de lo expresivo que estuvo, y …

DON DIEGO Es verdad. Sólo falta que la parte interesada tenga la misma satisfacción que manifiestan cuantos la quieren bien.

DOÑA IRENE Es hija obediente, y no se apartará jamás de lo que determine su madre.

32. *desata*: deshace, abre
33. *pililla*: recipiente cóncavo pequeño
34. *talco*: polvo
35. excusabaraja: caja
36. *alcorza*: pasta blanda de azúcar y almidón usada en la confección de dulces
37. despegarse de: dejar a

DON DIEGO Todo eso es cierto; pero …

DOÑA IRENE Es de buena sangre, y ha de pensar bien, y ha de proceder con el honor que la corresponde.

DON DIEGO Sí, ya estoy; pero ¿no pudiera, sin faltar a su honor ni a su sangre … ?

DOÑA FRANCISCA ¿Me, voy, mamá? (*Se levanta y vuelve a sentarse.*)

DOÑA IRENE No pudiera, no señor. Una niña bien educada,[38] hija de buenos padres, no puede menos de conducirse en todas ocasiones como es conveniente y debido. Un vivo retrato es la chica, ahí donde usted la ve, de su abuela que Dios perdone, Doña Jerónima de Peralta…. En casa tengo el cuadro, ya le habrá usted visto. Y le hicieron, según me contaba su merced para enviársele a su tío carnal el padre fray Serapión de S. Juan Crisóstomo, electo obispo de Mechoacán.

DON DIEGO Ya.

DOÑA IRENE Y murió en el mar el buen religioso, que fue un quebranto[39] para toda la familia…. Hoy es, y todavía estamos sintiendo su muerte; particularmente mi primo don Cucufate, regidor perpetuo de Zamora no puede oír hablar de su Ilustrísima sin deshacerse en lágrimas.

DOÑA FRANCISCA Válgate Dios, qué moscas tan …

DOÑA IRENE Pues murió en olor de santidad.

DON DIEGO Eso bueno es.

DOÑA IRENE Sí señor; pero como la familia ha venido tan a menos … ¿Qué quiere usted? Donde no hay facultades…. Bien que por lo que puede tronar,[40] ya se le está escribiendo la vida; y ¿quién sabe que el día de mañana no se imprima, con el favor de Dios?

DON DIEGO Sí, pues ya se ve. Todo se imprime.

DOÑA IRENE Lo cierto es que el autor, que es sobrino de mi hermano político el canónigo de Castrojériz,[41] no la deja de la mano; y a la hora de ésta lleva ya escritos nueve tomos en folio, que comprenden los nueve años primeros de la vida del santo obispo.

DON DIEGO ¿Conque para cada año un tomo?

DOÑA IRENE Sí, señor; ese plan se ha propuesto.

DON DIEGO ¿Y de qué edad murió el venerable?

DOÑA IRENE De ochenta y dos años, tres meses y catorce días.

DOÑA FRANCISCA ¿Me voy, mamá?

DOÑA IRENE Anda, vete. ¡Válgate Dios, qué prisa tienes!

DOÑA FRANCISCA ¿Quiere usted (*Se levanta, y después de hacer una graciosa cortesía a don Diego, da un beso a doña Irene, y se va al cuarto de ésta.*) que le haga una cortesía a la francesa, señor don Diego?

DON DIEGO Sí, hija mía. A ver.

DOÑA FRANCISCA Mire usted, así.

DON DIEGO ¡Graciosa niña! ¡Viva la Paquita, viva!

DOÑA FRANCISCA Para usted una cortesía, y para mi mamá un beso.

ESCENA IV DOÑA IRENE, DON DIEGO

DOÑA IRENE Es muy gitana y muy mona,[42] mucho.

38. *educada*: cortés
39. *quebranto*: pérdida o daño
40. *tronar*: causar ruido
41. Castrojériz: Fíjate que los nombres asociados con los parientes de Irene suenan absurdos.
42. *mona*: chula

DON DIEGO Tiene un donaire natural que arrebata.[43]

DOÑA IRENE ¿Qué quiere usted? Criada sin artificio ni embelecos[44] de mundo, contenta de verse otra vez al lado de su madre, y mucho más de considerar tan inmediata su colocación, no es maravilla que cuanto hace y dice sea una gracia, y máxime a los ojos de usted, que tanto se ha empeñado en favorecerla.

DON DIEGO Quisiera sólo que se explicase libremente acerca de nuestra proyectada unión, y ...

DONA IRENE Oiría usted lo mismo que le he dicho ya.

DON DIEGO Sí, no lo dudo; pero el saber que la merezco alguna inclinación, oyéndoselo decir con aquella boquilla tan graciosa que tiene, sería para mí una satisfacción imponderable.

DOÑA IRENE No tenga usted sobre ese particular la más leve desconfianza; pero hágase usted cargo de que a una niña no la[45] es lícito decir con ingenuidad lo que siente. Mal parecería, señor don Diego, que una doncella de vergüenza y criada como Dios manda, se atreviese a decirle a un hombre: yo le quiero a usted.

DON DIEGO Bien; si fuese un hombre a quien hallara por casualidad en la calle y le espetara[46] ese favor de buenas a primeras, cierto que la doncella haría muy mal; pero a un hombre con quien ha de casarse dentro de pocos días, ya pudiera decirle alguna cosa que.... Además, que hay ciertos modos de explicarse ...

DOÑA IRENE Conmigo usa de más franqueza. A cada instante hablamos de usted, y en todo manifiesta el particular cariño que a usted le tiene ... ¡Con qué juicio hablaba ayer noche, después que usted se fue a recoger! No sé lo que hubiera dado porque hubiese podido oírla.

DON DIEGO ¿Y qué? ¿Hablaba de mí?

DOÑA IRENE Y qué bien piensa acerca de lo preferible que es para una criatura de sus años un marido de cierta edad, experimentado, maduro y de conducta ...

DON DIEGO ¡Calle! ¿Eso decía?

DOÑA IRENE No; esto se lo decía yo, y me escuchaba con una atención como si fuera una mujer de cuarenta años, lo mismo ... ¡Buenas cosas la dije! Y ella, que tiene mucha penetración, aunque me esté mal el decirlo ... ¿Pues no da lástima, señor, el ver cómo se hacen los matrimonios hoy en el día? Casan a una muchacha de quince años con un arrapiezo[47] de dieciocho, a una de diecisiete con otro de veintidós: ella niña, sin juicio ni experiencia, y él niño también, sin asomo de cordura ni conocimiento de lo que es mundo. Pues, señor (que es lo que yo digo), ¿quién ha de gobernar la casa? ¿Quién ha de mandar a los criados? ¿Quién ha de enseñar y corregir a los hijos? Porque sucede también que estos atolondrados[48] de chicos suelen plagarse de criaturas en un instante, que da compasión.

DON DIEGO Cierto que es un dolor el ver rodeados de hijos a muchos que carecen del talento, de la experiencia y de la virtud que son necesarias para dirigir su educación.

DOÑA IRENE Lo que sé decirle a usted es que aún no había cumplido los diecinueve

43. *arrebata*: excita la pasión
44. *embelecos*: adornos artificiales
45. *la*: le
46. *espetara*: dijera algo bruscamente
47. *arrapiezo*: muchacho de humilde condición
48. *atolondrados*: atontados; sin sentido

cuando me casé de primeras nupcias con mi difunto don Epifanio, que esté en el cielo. Y era un hombre que, mejorando lo presente, no es posible hallarle de más respeto, más caballeroso…. Y al mismo tiempo más divertido y decidor. Pues, para servir a usted, ya tenía los cincuenta y seis, muy largos de talle, cuando se casó conmigo.

DON DIEGO Buena edad…. No era un niño; pero …

DOÑA IRENE Pues a eso voy…. Ni a mí podía convenirme en aquel entonces un boquirrubio[49] con los cascos a la jineta[50] … No señor…. Y no es decir tampoco que estuviese achacoso[51] ni quebrantado de salud, nada de eso. Sanito estaba, gracias a Dios, como una manzana; ni en su vida conoció otro mal, sino una especie de alferecía[52] que le amagaba[53] de cuando en cuando. Pero luego que nos casamos, dio en darle tan a menudo y tan de recio,[54] que a los siete meses me hallé viuda y encinta de una criatura que nació después, y al cabo y al fin se me murió de alfombrilla.[55]

DON DIEGO ¡Oiga! Mire usted si dejó sucesión el bueno de Don Epifanio.

DOÑA IRENE Sí señor; ¿pues por qué no?

DON DIEGO Lo digo porque luego saltan con…. Bien que si uno hubiera de hacer caso … ¿Y fue niño, o niña?

DOÑA IRENE Un niño muy hermoso. Como una plata era el angelito.

DON DIEGO Cierto que es consuelo tener, así, una criatura y…

DOÑA IRENE ¡Ay, señor! Dan malos ratos, pero ¿qué importa? Es mucho gusto, mucho.

DON DIEGO Yo lo creo.

DOÑA IRENE Sí señor.

DON DIEGO Ya se ve que será una delicia y …

DOÑA IRENE ¿Pues no ha de ser?

DON DIEGO … un embeleso[56] el verlos juguetear y reír, y acariciarlos, y merecer sus fiestecillas inocentes.

DOÑA IRENE ¡Hijos de mi vida! Veintidós he tenido en los tres matrimonios que llevo hasta ahora, de los cuales sólo esta niña me ha venido a quedar; pero le aseguro a usted que …

ESCENA V SIMÓN, DOÑA IRENE, DON DIEGO

SIMÓN (*Sale por la puerta del foro.*) Señor, el mayoral está esperando.

DON DIEGO Dile que voy allá … ¡Ah! Tráeme primero el sombrero y el bastón, que quisiera dar una vuelta por el campo. (*Entra Simón al cuarto de don Diego, saca un sombrero y un bastón, se los da a su amo, y al fin de la escena se va con él por la puerta del foro.*) Con que ¿supongo que mañana tempranito saldremos?

DOÑA IRENE No hay dificultad. A la hora que a usted le parezca.

DDON DIEGO A eso de las seis. ¿Eh?

DOÑA IRENE Muy bien.

49. boquirrubio: joven
50. *con cascos a la jineta*: descuidado, necio, de poco juicio (fig.)
51. *achacoso*: enfermizo y quejica
52. *alferecía*: epilepsia
53. *amagaba*: daba la impresión de hacerle daño
54. *recio*: duro
55. *alfombrilla*: enfermedad de la piel
56. *embeleso*: éxtasis

DON DIEGO El sol nos da de espaldas.... Le diré que venga una media hora antes.

DOÑA IRENE Sí, que hay mil chismes que acomodar.

ESCENA VI DOÑA IRENE, RITA

DOÑA IRENE ¡Válgame Dios! Ahora que me acuerdo … ¡Rita! … Me le habrán dejado morir. ¡Rita!

RITA Señora. (*Saca debajo del brazo almohadas y sábanas.*)

DOÑA IRENE ¿Qué has hecho del tordo?[57] ¿Le diste de comer?

RITA Sí, señora. Más ha comido que un avestruz.[58] Ahí le puse en la ventana del pasillo.

DOÑA IRENE ¿Hiciste las camas?

RITA La de usted ya está. Voy a hacer esotras[59] antes que anochezca, porque si no, como no hay más alumbrado que el del candil y no tiene garabato,[60] me veo perdida.

DOÑA IRENE Y aquella chica, ¿qué hace?

RITA Está desmenuzando[61] un bizcocho para dar de cenar a don Periquito.

DOÑA IRENE ¡Qué pereza tengo de escribir! (*Se levanta y se entra en su cuarto.*) Pero es preciso, que estará con mucho cuidado la pobre Circuncisión.

RITA ¡Qué chapucerías![62] No ha dos horas, como quien dice, que salimos de allá, y ya empiezan a ir y venir correos. ¡Qué poco me gustan a mí las mujeres gazmoñas y zalameras![63] (*Éntrase en el cuarto de doña Francisca.*)

ESCENA VII

CALAMOCHA (*Sale por la puerta del foro con unas maletas, botas y látigos. Lo deja todo sobre la mesa y se sienta.*) ¿Conque ha de ser el número tres? Vaya en gracia.... Ya, ya conozco el tal número tres. Colección de bichos más abundante no la tiene el Gabinete de Historia Natural.... Miedo me da de entrar … ¡Ay!, ¡ay! … ¡Y qué agujetas![64] Éstas sí que son agujetas.... Paciencia, pobre Calamocha; paciencia.... Y gracias a que los caballitos dijeron: no podemos más; que si no, por esta vez no veía yo el número tres, ni las plagas de Faraón que tiene dentro.... En fin, como los animales amanezcan vivos, no será poco.... Reventados están … (*Canta Rita desde adentro. Calamocha se levanta desperezándose.*) ¡Oiga! … ¿Seguidillitas?[65] … Y no canta mal.... Vaya, aventura tenemos … ¡Ay, qué desvencijado[66] estoy!

ESCENA VIII RITA, CALAMOCHA

RITA Mejor es cerrar, no sea que nos alivien[67] de ropa, y … (*forcejeando para echar la llave*) Pues cierto que está bien acondicionada la llave.

CALAMOCHA ¿Gusta usted de que eche una mano, mi vida?

RITA Gracias, mi alma.

57. *tordo*: pajarito
58. *avestruz*: el ave de mayor tamaño que existe
59. *esotras*: es decir, "estas otras", "aquellas"
60. *garabato*: letra o rasgo mal hecho
61. *desmenuzando*: dividiendo en partes pequeñas
62. *chapucerías*: trabajo mal hecho
63. *gazmoñas*: que fingen mucha devoción
64. *agujetas*: dolores musculares
65. *seguidillitas*: cantos populares rimados
66. *desvencijado*: aflojado; desunido
67. *alivien*: quiten; roben

CALAMOCHA ¡Calle! … ¡Rita!

RITA ¡Calamocha!

CALAMOCHA ¿Qué hallazgo es éste?

RITA ¿Y tu amo?

CALAMOCHA Los dos acabamos de llegar.

RITA ¿De veras?

CALAMOCHA No, que es chanza. Apenas recibió la carta de doña Paquita, yo no sé adónde fue, ni con quién habló, ni cómo lo dispuso; sólo sé decirte que aquella tarde salimos de Zaragoza. Hemos venido como dos centellas[68] por ese camino. Llegamos esta mañana a Guadalajara, y a las primeras diligencias nos hallamos con que los pájaros volaron ya. A caballo otra vez, y vuelta a correr y a sudar y a dar chasquidos[69] … En suma, molidos[70] los rocines,[71] y nosotros a medio moler, hemos parado aquí con ánimo de salir mañana…. Mi teniente se ha ido al Colegio Mayor a ver a un amigo, mientras se dispone algo que cenar…. Ésta es la historia.

RITA ¿Conque le tenemos aquí?

CALAMOCHA Y enamorado más que nunca, celoso, amenazando vidas…. Aventurado[72] a quitar el hipo a cuantos le disputen la posesión de su Currita idolatrada.[73]

RITA ¿Qué dices?

CALAMOCHA Ni más ni menos.

RITA ¡Qué gusto que das! … Ahora sí se conoce que la tiene amor.

CALAMOCHA ¿Amor? … ¡Friolera! … El moro Gazul[74] fue para con él un pelele,[75] Medoro[76] un zascandil[77] y Gaiferos[78] un chiquillo de la doctrina.

RITA ¡Ay!, ¡cuando la señorita lo sepa!

CALAMOCHA Pero acabemos. ¿Cómo te hallo aquí? ¿Con quién estás? ¿Cuándo llegaste? Qué …

RITA Yo te lo diré. La madre de doña Paquita dio en escribir cartas y más cartas, diciendo que tenía concertado su casamiento en Madrid con un caballero rico, honrado, bien quisto, en suma cabal y perfecto, que no había más que apetecer. Acosada la señorita con tales propuestas, y angustiada incesantemente con los sermones de aquella bendita monja, se vio en la necesidad de responder que estaba pronta a todo lo que la mandasen…. Pero no te puedo ponderar cuánto lloró la pobrecita, qué afligida estuvo. Ni quería comer, ni podía dormir…. Y al mismo tiempo era preciso disimular, para que su tía no sospechara la verdad del caso. Ello es que cuando, pasado el primer susto, hubo lugar de discurrir escapatorias y arbitrios,[79] no hallamos otro que el de avisar a tu amo, esperando que si era su cariño tan verdadero y de buena ley como nos había ponderado, no con-

68. *dentellas*: rayos o chispas
69. *chasquidos*: latigazos (o el ruido de dichos)
70. *molidos*: reducidos al polvo; cansados
71. *rocines*: caballo de trabajo; caballo ruin
72. *Aventurado*: se atreve a
73. *idolatrada*: adorada
74. *El moro Gazul*: amante exótico y valiente que aparece en los romances
75. *Pelele*: persona que se deja manejar por los demás
76. *Medoro*: amante sarraceno (musulmán) del poema épico renacentista *Orlando furioso*
77. *Zascandil*: hombre enredador inquieto
78. *Gaiferos*: personaje de los romances; amante Estas comparaciones entre Carlos y amantes literarios legendarios sirven para indicar la intensidad del amor que Carlos siente por Paquita.
79. *escapatorias y arbitrios*: excusas y juicios. Las palabras subrayan la desesperación de Paquita.

sentiría que su pobre Paquita pasara a manos de un desconocido, y se perdiesen para siempre tantas caricias, tantas lágrimas y tantos suspiros estrellados en las tapias[80] del corral. A pocos días de haberle escrito, cata el coche de colleras[81] y el mayoral[82] Gasparet con sus medias azules, y la madre y el novio que vienen por ella; recogimos a toda prisa nuestros miriñaques,[83] se atan los cofres, nos despedimos de aquellas buenas mujeres, y en dos latigazos llegamos antes de ayer a Alcalá. La detención ha sido para que la señorita visite a otra tía monja que tiene aquí, tan arrugada y tan sorda como la que dejamos allá. Ya la ha visto, ya la han besado bastante una por una todas las religiosas, y creo que mañana temprano saldremos. Por esta casualidad nos …

CALAMOCHA Sí. No digas más…. Pero … ¿Conque el novio está en la posada?

RITA Ése es su cuarto, (*señalando el cuarto de, don Diego, el de doña Irene y el de doña Francisca*) éste el de la madre, y aquél el nuestro.

CALAMOCHA ¿Cómo nuestro? ¿Tuyo y mío?

RITA No, por cierto. Aquí dormiremos esta noche la señorita y yo; porque ayer, metidas las tres en ese de enfrente, ni cabíamos de pie, ni pudimos dormir un instante, ni respirar siquiera.

CALAMOCHA Bien. Adiós. (*Recoge los trastos que puso sobre la mesa en ademán de irse.*)

RITA Y ¿adónde?

CALAMOCHA Yo me entiendo…. Pero, el novio, ¿trae consigo criados, amigos o deudos que le quiten la primera zambullida[84] que le amenaza?

RITA Un criado viene con él.

CALAMOCHA ¡Poca cosa! … Mira, dile en caridad que se disponga, porque está de peligro. Adiós.

RITA ¿Y volverás presto?

CALAMOCHA Se supone. Estas cosas piden diligencia, y aunque apenas puedo moverme, es necesario que mi teniente deje la visita y venga a cuidar de su hacienda, disponer el entierro de ese hombre, y … ¿Conque ése es nuestro cuarto, eh?

RITA Sí. De la señorita y mío.

CALAMOCHA ¡Bribona![85]

RITA Botarate.[86] Adiós.

CALAMOCHA Adiós, aborrecida. (*Éntrase con los trastos en el cuarto de don Carlos.*)

ESCENA IX DOÑA FRANCISCA, RITA

RITA ¡Qué malo es! … Pero … ¡Válgame Dios! ¡Don Félix aquí! … Sí, la quiere, bien se conoce … (*Sale Calamocha del cuarto de don Carlos, y se va por la puerta del foro.*) ¡Oh! por más que digan, los hay muy finos; y entonces, ¿qué ha de hacer una? … Quererlos; no tiene remedio, quererlos…. Pero ¿qué dirá la señorita cuando le vea, que está ciega por él? ¡Pobrecita! ¿Pues no sería una lástima que … ? Ella es. (*Sale doña Francisca.*)

80. *tapias*: paredes
81. *colleras*: collares que se ponen a los caballos
82. *mayoral*: coche o carruaje
83. *miriñaques*: crinolinas
84. *le quiten la primera zambullida*: le salvan de la primera estocada (fig.).
85. *Bribona*: pícara; bellaca
86. *Botarate*: idiota

DOÑA FRANCISCA ¡Ay, Rita!

RITA ¿Qué es eso? ¿Ha llorado usted?

DOÑA FRANCISCA ¿Pues no he de llorar? Si vieras mi madre…. Empeñada está en que he de querer mucho a ese hombre…. Si ella supiera lo que sabes tú, no me mandaría cosas imposibles…. Y que es tan bueno, y que es rico, y que me irá tan bien con él…. Se ha enfadado tanto, y me ha llamado picarona, inobediente … ¡Pobre de mí! Porque no miento ni sé fingir, por eso me llaman picarona.

RITA Señorita, por Dios, no se aflija usted.

DOÑA FRANCISCA Ya, como tú no lo has oído…. Y dice que don Diego se queja de que yo no le digo nada…. Harto le digo, y bien he procurado hasta ahora mostrarme contenta delante de él, que no lo estoy por cierto, y reírme y hablar niñerías…. Y todo por dar gusto a mi madre, que si no…. Pero bien sabe la Virgen que no me sale del corazón. (*Se va obscureciendo lentamente el teatro.*)

RITA Vaya, vamos, que no hay motivo todavía para tanta angustia … ¿Quién sabe? … ¿No se acuerda usted ya de aquel día de asueto[87] que tuvimos el año pasado en la casa de campo del intendente?

DOÑA FRANCISCA ¡Ay! ¿Cómo puedo olvidarlo? … Pero ¿qué me vas a contar?

RITA Quiero decir que aquel caballero que vimos allí con aquella cruz verde, tan galán, tan fino …

DOÑA FRANCISCA ¡Qué rodeos! … Don Félix. ¿Y qué?

RITA Que nos fue acompañando hasta la ciudad …

DOÑA FRANCISCA Y bien…. Y luego volvió, y le vi, por mi desgracia, muchas veces…. Mal aconsejada de ti.

RITA ¿Por qué, señora? … ¿A quién dimos escándalo? Hasta ahora nadie lo ha sospechado en el convento. Él no entró jamás por las puertas, y cuando de noche hablaba con usted, mediaba entre los dos una distancia tan grande, que usted la maldijo no pocas veces…. Pero esto no es el caso. Lo que voy a decir es que un amante como aquél no es posible que se olvide tan presto de su querida Paquita…. Mire usted que todo cuanto hemos leído a hurtadillas[88] en las novelas, no equivale a lo que hemos visto en él … ¿Se acuerda usted de aquellas tres palmadas que se oían entre once y doce de la noche, de aquella sonora punteada[89] con tanta delicadeza y expresión?

DOÑA FRANCISCA ¡Ay, Rita! Sí, de todo me acuerdo, y mientras viva conservaré la memoria…. Pero está ausente … y entretenido acaso con nuevos amores.

RITA Eso no lo puedo yo creer.

DOÑA FRANCISCA Es hombre, al fin, y todos ellos …

RITA ¡Qué bobería! Desengáñese usted, señorita. Con los hombres y las mujeres sucede lo mismo que con los melones de Añover. Hay de todo; la dificultad está en saber escogerlos. El que se lleve chasco[90] en la elección, quéjese de su mala suerte, pero no desacredite la mercancía…. Hay hombres muy embusteros, muy picarones; pero no es creíble que lo sea el que ha dado pruebas tan repetidas de perseverancia y amor. Tres meses

87. *asueto*: descanso breve
88. *a hurtadillas*: a escondidas
89. *punteada*: su forma de golpear la puerta; el término se asocia con el rasgueo de la guitarra por el cual las cuerdas son tocadas individualmente.
90. *chasco*: decepción que causa que un hecho suceda de manera contraria a la que se esperaba

duró el terrero[91] y la conversación a oscuras, y en todo aquel tiempo, bien sabe usted que no vimos en él una acción descompuesta, ni oímos de su boca una palabra indecente ni atrevida.

DOÑA FRANCISCA Es verdad. Por eso le quise tanto, por eso le tengo tan fijo aquí … , aquí

… (*señalando el pecho*) ¿Qué habrá dicho al ver la carta? … ¡Oh! Yo bien sé lo que habrá dicho … : ¡Válgate Dios! ¡Es lástima! Cierto. ¡Pobre Paquita! … Y se acabó…. No habrá dicho más…. Nada más.

RITA No, señora; no ha dicho eso.

DOÑA FRANCISCA ¿Qué sabes tú?

RITA Bien lo sé. Apenas haya leído la carta se habrá puesto en camino, y vendrá volando a consolar a su amiga…. Pero … (*acercándose a la puerta del cuarto de doña Irene*)

DOÑA FRANCISCA ¿Adónde vas?

RITA Quiero ver si …

DOÑA FRANCISCA Está escribiendo.

RITA Pues ya presto habrá de dejarlo, que empieza a anochecer…. Señorita, lo que la he dicho a usted es la verdad pura. Don Félix está ya en Alcalá.

DOÑA FRANCISCA ¿Qué dices? No me engañes.

RITA Aquél es su cuarto…. Calamocha acaba de hablar conmigo.

DOÑA FRANCISCA ¿De veras?

RITA Sí, señora…. Y le ha ido a buscar para …

DOÑA FRANCISCA ¿Conque me quiere? … ¡Ay, Rita! Mira tú si hicimos bien de avisarle…. Pero ¿ves qué fineza? … ¿Si vendrá bueno? ¡Correr tantas leguas sólo por verme … porque yo se lo mando! … ¡Qué agradecida le debo estar! … ¡Oh!, yo le prometo que no se quejará de mí. Para siempre agradecimiento y amor.

RITA Voy a traer luces. Procuraré detenerme por allá abajo hasta que vuelvan…. Veré lo que dice y qué piensa hacer, porque hallándonos todos aquí, pudiera haber una de Satanás entre la madre, la hija, el novio y el amante; y si no ensayamos bien esta contradanza, nos hemos de perder en ella.

DOÑA FRANCISCA Dices bien…. Pero no; tiene resolución y talento, y sabrá determinar lo más conveniente…. Y ¿cómo has de avisarme? … Mira que así que llegue le quiero ver.

RITA No hay que dar cuidado. Yo le traeré por acá, y en dándome aquella tosecilla[92] seca … ¿Me entiende usted?

DOÑA FRANCISCA Sí, bien.

RITA Pues entonces no hay más que salir con cualquiera excusa. Yo me quedaré con la señora mayor; la hablaré de todos sus maridos y de sus concuñados,[93] y del obispo que murió en el mar…. Además, que si está allí don Diego …

DOÑA FRANCISCA Bien, anda; y así que llegue …

RITA Al instante.

DOÑA FRANCISCA Que no se te olvide toser.

RITA No haya miedo.

91. *terrero*: cortejo (fig.)
92. *tosecilla*: diminutivo de tos
93. *concuñados*: hermano o hermana del cónyuge del hermano o hermana de una persona

DOÑA FRANCISCA ¡Si vieras qué consolada estoy!

RITA Sin que usted lo jure lo creo.

DOÑA FRANCISCA ¿Te acuerdas, cuando me decía que era imposible apartarme de su memoria, que no habría peligros que le detuvieran, ni dificultades que no atropellara por mí?

RITA Sí, bien me acuerdo.

DOÑA FRANCISCA Ah! … Pues mira cómo me dijo la verdad. (*Doña Francisca se va al cuarto de doña Irene; Rita, por la puerta del foro.*)

ACTO II

ESCENA PRIMERA

DOÑA FRANCISCA Nadie parece aún … (*Teatro obscuro. Doña Francisca se acerca a la puerta del foro y vuelve.*) ¡Qué impaciencia tengo! … Y dice mi madre que soy una simple, que sólo pienso en jugar y reír, y que no sé lo que es amor…. Sí, diecisiete años y no cumplidos; pero ya sé lo que es querer bien, y la inquietud y las lágrimas que cuesta.

ESCENA II DOÑA IRENE, DOÑA FRANCISCA

DOÑA IRENE Sola y a obscuras me habéis dejado allí.

DOÑA FRANCISCA Como estaba usted acabando su carta, mamá, por no estorbarla me he venido aquí, que está mucho más fresco.

DOÑA IRENE Pero aquella muchacha, ¿qué hace que no trae una luz? Para cualquiera cosa se está un año…. Y yo que tengo un genio como una pólvora.[94] (*Siéntase.*) Sea todo por Dios … ¿Y don Diego? ¿No ha venido?

DOÑA FRANCISCA Me parece que no.

DOÑA IRENE Pues cuenta, niña, con lo que te he dicho ya. Y mira que no gusto de repetir una cosa dos veces. Este caballero está sentido,[95] y con muchísima razón.

DOÑA FRANCISCA Bien; sí, señora; ya lo sé. No me riña usted más.

DOÑA IRENE No es esto reñirte, hija mía; esto es aconsejarte. Porque como tú no tienes conocimiento para considerar el bien que se nos ha entrado por las puertas…. Y lo atrasada que me coge, que yo no sé lo que hubiera sido de tu pobre madre…. Siempre cayendo y levantando…. Médicos, botica[96] … Que se dejaba pedir aquel caribe de don Bruno (Dios le haya coronado de gloria) los veinte y los treinta reales[97] por cada papelillo de píldoras de coloquíntida y asafétida[98] … Mira que un casamiento como el que vas a hacer, muy pocas le consiguen. Bien que a las oraciones de tus tías, que son unas bienaventuradas, debernos agradecer esta fortuna, y no a tus méritos ni a mi diligencia … ¿Qué dices?

DOÑA FRANCISCA Yo, nada, mamá.

DOÑA IRENE Pues nunca dices nada, ¡Válgame Dios, señor! … En hablándote de esto no te ocurre nada que decir.

ESCENA III RITA, DOÑA IRENE, DOÑA FRANCISCA

(*Sale RITA por la puerta del foro con luces y las pone encima de la mesa.*)

94. tengo un genio como una pólvora: me enfado fácilmente
95. *sentido*: sensible; siente las cosas intensamente
96. *botica*: farmacia
97. *reales*: cantidad de dinero
98. *coloquíntida y asafétida*: medicamentos; aquí doña Irene enfatiza el estado delicado de su salud para manipular a Paquita

DOÑA IRENE Vaya, mujer, yo pensé que en toda la noche no venías.

RITA Señora, he tardado porque han tenido que ir a comprar las velas. Como el tufo del velón[99] la hace a usted tanto daño.

DOÑA IRENE Seguro que me hace muchísimo mal, con esta jaqueca[100] que padezco…. Los parches de alcanfor[101] al cabo tuve que quitármelos; si no me sirvieron de nada. Con las obleas,[102] me parece que me va mejor…. Mira, deja una luz ahí, y llévate la otra a mi cuarto, y corre la cortina, no se me llene todo de mosquitos.

RITA Muy bien. (*Toma una luz y hace que se va.*)

DOÑA FRANCISCA (*aparte, a Rita*) ¿No ha venido?

RITA Vendrá

DOÑA IRENE Oyes, aquella carta que está sobre la mesa, dásela al mozo de la posada para que la lleve al instante al correo … (*Vase Rita al cuarto de Doña Irene.*) Y tú, niña, ¿qué has de cenar? Porque será menester recogernos presto para salir mañana de madrugada.

DOÑA FRANCISCA Como las monjas me hicieron merendar …

DOÑA IRENE Con todo eso…. Siquiera unas sopas del puchero[103] para el abrigo del estómago … (*Sale Rita con una carta en la mano, y hasta el fin de la escena hace que se va y vuelve, según lo indica el diálogo.*) Mira, has de calentar el caldo que apartamos al medio día, y haznos un par de tazas de sopas, y tráetelas luego que estén.

RITA ¿Y nada más?

DOÑA IRENE No, nada más … ¡Ah!, y házmelas bien caldositas.[104]

RITA Sí, ya lo sé.

DOÑA IRENE RITA.

RITA (*aparte*) Otra. ¿Qué manda usted?

DOÑA IRENE Encarga mucho al mozo que lleve la carta al instante…. Pero no señor; mejor es…. No quiero que la lleve él, que son unos borrachones, que no se les puede…. Has de decir a Simón que digo yo que me haga el gusto de echarla en el correo. ¿Lo entiendes?

RITA Sí, señora.

DOÑA IRENE ¡Ah, mira.

RITA (*aparte*) Otra.

DOÑA IRENE Bien que ahora no corre prisa…. Es menester que luego me saques de ahí al tordo y colgarle por aquí, de modo que no se caiga y se me lastime … (*Vase Rita por la puerta del foro.*) ¡Qué noche tan mala me dio! … ¡Pues no se estuvo el animal toda la noche de Dios rezando el Gloria Patri y la oración del Santo Sudario! … Ello, por otra parte, edificaba, oblea cierto. Pero cuando se trata de dormir …

ESCENA IV DOÑA IRENE, DOÑA FRANCISCA

DOÑA IRENE Pues mucho será que don Diego no haya tenido algún encuentro por ahí, y eso le detenga. Cierto que es un señor muy mirado,[105] muy puntual … ¡Tan

99. *tufo del velón*: el olor de la lámpara de aceite
100. *jaqueca*: dolor de cabeza
101. *parches de alcanfor*: trozos de papel impregnados de una medicina usada para dolores musculares
102. *obleas*: hoja muy delgada de una masa hecha con harina y agua y sin levadura
103. *sopas de puchero*: comida ordinaria
104. *caldositas*: con mucho caldo
105. *mirado*: prudente

buen cristiano! ¡Tan atento! ¡Tan bien hablado! ¡Y con qué garbo[106] y generosidad se porta! … Ya se ve, un sujeto de bienes y de posibles … ¡Y qué casa tiene! Como un ascua[107] de oro la tiene…. Es mucho aquello. ¡Qué ropa blanca! ¡Qué batería de cocina! ¡Y qué despensa llena de cuanto Dios crió! … Pero tú no parece que atiendes a lo que estoy diciendo.

DOÑA FRANCISCA Sí, señora, bien lo oigo; pero no la quería interrumpir a usted.

DOÑA IRENE Allí estarás, hija mía, como el pez en el agua; pajaritas del aire que apetecieras las tendrías, porque como él te quiere tanto, y es un caballero tan de bien y tan temeroso de Dios…. Pero mira, Francisquita, que me cansa de veras el que siempre que te hablo de esto hayas dado en la flor de no responderme palabra … ¡Pues no es cosa particular, señor!

DOÑA FRANCISCA Mamá, no se enfade usted.

DOÑA IRENE No es buen empeño de … ¿Y te parece a ti que no sé yo muy bien de dónde viene todo eso? … ¿No ves que conozco las locuras que se te han metido en esa cabeza de chorlito?[108] … ¡Perdóneme Dios!

DOÑA FRANCISCA Pero…. Pues ¿qué sabe usted?

DOÑA IRENE ¿Me quieres engañar a mí, eh? ¡Ay, hija! He vivido mucho, y tengo yo mucha trastienda[109] y mucha penetración para que tú me engañes.

DOÑA FRANCISCA (aparte) ¡Perdida soy!

DOÑA IRENE Sin contar con su madre…. Como si tal madre no tuviera…. Yo te aseguro que aunque no hubiera sido con esta ocasión, de todos modos era ya necesario sacarte del convento. Aunque hubiera tenido que ir a pie y sola por ese camino, te hubiera sacado de allí … ¡Mire, usted qué juicio de niña éste! Que porque ha vivido un poco de tiempo entre monjas, ya se la puso en la cabeza el ser ella monja también…. Ni qué entiende ella de eso, ni qué…. En todos los estados se sirve a Dios, Frasquita[110]; pero el complacer a su madre, asistirla, acompañarla y ser el consuelo de sus trabajos, ésa es la primera obligación de una hija obediente…. Y sépalo usted, si no lo sabe.

DOÑA FRANCISCA Es verdad, mamá…. Pero yo nunca he pensado abandonarla usted.

DOÑA IRENE Sí, que no sé yo …

DOÑA FRANCISCA No, señora. Créame usted. La Paquita nunca se apartará de su madre, ni la dará disgustos.

DOÑA IRENE Mira si es cierto lo que dices.

DOÑA FRANCISCA Sí, señora; que yo no sé mentir.

DOÑA IRENE Pues, hija, ya sabes lo que te he dicho. Ya ves lo que pierdes, y la pesadumbre que me darás si no te portas en todo como corresponde…. Cuidado con ello.

DOÑA FRANCISCA (aparte) ¡Pobre de mí!

ESCENA V. DON DIEGO, DOÑA IRENE, DOÑA FRANCISCA

(Sale don DIEGO por la puerta del foro y deja sobre la mesa sombrero y bastón.)

DOÑA IRENE Pues ¿cómo tan tarde?

106. *garbo*: gracia
107. *ascua*: brasa
108. *chorlito*: ave acuática (fig.)
109. *Trastienda*: cautela
110. *Frasquita*: diminutivo de Francisca (Paquita)

DON DIEGO Apenas salí tropecé con el rector de Málaga y el doctor Padilla, y hasta que me han hartado bien de chocolate y bollos no me han querido soltar ... (*Siéntase junto a doña Irene.*) Y a todo esto, ¿cómo va?

DOÑA IRENE Muy bien.

DON DIEGO ¿Y doña Paquita?

DOÑA IRENE Doña Paquita siempre acordándose de sus monjas. Ya la digo que es tiempo de mudar de bisiesto,[111] y pensar sólo en dar gusto a su madre y obedecerla.

DON DIEGO ¡Qué diantre![112] ¿Conque tanto se acuerda de ... ?

DOÑA IRENE ¿Qué se admira usted? Son niñas.... No saben lo que quieren, ni lo que aborrecen.... En una edad, así, tan ...

DON DIEGO No; poco a poco; eso no. Precisamente en esa edad son las pasiones algo más enérgicas y decisivas que en la nuestra, y por cuanto la razón se halla todavía imperfecta y débil, los ímpetus del corazón son mucho más violentos ... (*Asiendo de una mano a doña Francisca, la hace sentar inmediata a él.*) Pero de veras, doña Paquita, ¿se volvería usted al convento de buena gana? ... La verdad.

DOÑA IRENE Pero si ella no ...

DON DIEGO Déjela usted, señora; que ella responderá.

DOÑA FRANCISCA Bien sabe usted lo que acabo de decirla.... No permita Dios que yo la dé que sentir.

DON DIEGO Pero eso lo dice usted tan afligida y ...

DOÑA IRENE Si es natural, señor. ¿No ve usted que ... ?

DO DIEGO Calle usted, por Dios, doña Irene, y no me diga usted a mí lo que es natural. Lo que es natural es que la chica esté llena de miedo, y no se atreva a decir una palabra que se oponga a lo que su madre quiere que diga.... Pero si esto hubiese, por vida mía que estábamos lucidos.

DOÑA FRANCISCA No, señor; lo que dice su merced, eso digo yo; lo mismo. Porque en todo lo que me mande la obedeceré.

DON DIEGO ¡Mandar, hija mía! ... En estas materias tan delicadas los padres que tienen juicio no mandan. Insinúan, proponen, aconsejan; eso sí, todo eso sí; ¡pero mandar! ... ¿Y quién ha de evitar después las resultas funestas[113] de lo que mandaron? ... Pues ¿cuántas veces vemos matrimonios infelices, uniones monstruosas, verificadas solamente porque un padre tonto se metió a mandar lo que no debiera? ... ¡Eh! No, señor; eso no va bien.... Mire usted, doña Paquita, yo no soy de aquellos hombres que se disimulan los defectos. Yo sé que ni mi figura ni mi edad son para enamorar perdidamente a nadie; pero tampoco he creído imposible que una muchacha de juicio y bien criada llegase a quererme con aquel amor tranquilo y constante que tanto se parece a la amistad, y es el único que puede hacer los matrimonios felices. Para conseguirlo no he ido a buscar ninguna hija de familia de estas que viven en una decente libertad.... Decente, que yo no culpo lo que no se opone al ejercicio de la virtud. Pero ¿cuál sería entre todas ellas la que no estuviese ya prevenida en favor de otro amante más apetecible que yo? Y en Madrid, figúrese usted en un Madrid.... Lleno de estas ideas me pareció que tal vez hallaría en usted todo cuanto deseaba.

111. *bisiesto*: el año que excede al común en un día (366 en vez de 365), que se añade al mes de febrero (el 29)

112. *diantre*: expresión que indica sorpresa, disgusto o admiración

113. *funestas*: tristes, desgraciadas

DOÑA IRENE Y puede usted creer, señor don Diego, que …

DON DIEGO Voy a acabar, señora; déjeme usted acabar. Yo me hago cargo, querida Paquita, de lo que habrán influido en una niña tan bien inclinada como usted las santas costumbres que ha visto practicar en aquel inocente asilo[114] de la devoción y la virtud; pero si a pesar de todo esto la imaginación acalorada, las circunstancias imprevistas, la hubiesen hecho elegir sujeto más digno, sepa usted que yo no quiero nada con violencia. Yo soy ingenuo; mi corazón y mi lengua no se contradicen jamás. Esto mismo la pido a usted, Paquita: sinceridad, el cariño que a usted la tengo no la debe hacer infeliz…. Su madre de usted no es capaz de querer una injusticia, y sabe muy bien que a nadie se le hace dichoso por fuerza. Si usted no halla en mí prendas que la inclinen, si siente algún otro cuidadillo en su corazón, créame usted, la menor disimulación en esto nos daría a todos muchísimo que sentir.

DOÑA IRENE ¿Puedo hablar ya, señor?

DON DIEGO Ella, ella debe hablar, y sin apuntador[115] y sin intérprete.

DOÑA IRENE Cuando yo se lo mande.

DON DIEGO Pues ya puede usted mandárselo, porque a ella la toca responder…. Con ella he de casarme, con usted no.

DOÑA IRENE Yo creo, señor don Diego, que ni con ella ni conmigo. ¿En qué concepto nos tiene usted? … Bien dice su padrino, y bien claro me lo escribió pocos días ha, cuando le di parte de este casamiento. Que diantre aunque no la ha vuelto a ver desde que la tuvo en la pila,[116] la quiere muchísimo; y a cuantos pasan por el Burgo de Osma les pregunta cómo está, y continuamente nos envía memorias con el ordinario.

DON DIEGO Y bien, señora, ¿qué escribió el padrino? … por mejor decir, ¿qué tiene que ver nada de eso con lo que estamos hablando?

DOÑA IRENE Sí señor, que tiene que ver; sí, señor. Y aunque yo lo diga, le aseguro a usted que ni un padre de Atocha hubiera puesto una carta mejor que la que él me envió sobre el matrimonio de la niña…. Y no es ningún catedrático, ni bachiller, ni nada de eso, sino un cualquiera, como quien dice, un hombre de capa y espada, con un empleíllo infeliz en el ramo del viento, que apenas le da para comer…. Pero es muy ladino,[117] y sabe de todo, y tiene una labia y escribe que da gusto…. Cuasi toda la carta venía en latín, no le parezca a usted, y muy buenos consejos que me daba en ella…. Que no es posible sino que adivinase lo que nos está sucediendo.

DON DIEGO Pero, señora, si no sucede nada, ni hay cosa que a usted la deba disgustar.

DOÑA IRENE Pues ¿no quiere usted que me disguste oyéndole hablar de mi hija en términos que … ? ¡Ella otros amores ni otros cuidados! … Pues si tal hubiera … ¡Válgame Dios …, la mataba a golpes, mire usted…. Respóndele, una vez que quiere que hables, y que yo no chiste. Cuéntale los novios que dejaste en Madrid cuando tenías doce años, y los que has adquirido en el convento al lado de aquella santa mujer. Díselo para que se tranquilice, y …

DON DIEGO Yo, señora, estoy más tranquilo que usted.

114. Aquel inocente asilo: el convento
115. *apuntador*: persona que, oculta a los espectadores, ayuda a los actores a recordar su papel durante la representación teatral
116. *pila*: recipiente cóncavo; se refiere al bautizo de Paquita
117. *ladino*: persona que actúa con astucia y disimulo para conseguir lo que se propone

DOÑA IRENE Respóndele.

DOÑA FRANCISCA Yo no sé qué decir. Si ustedes se enfadan.

DON DIEGO No, hija mía; esto es dar alguna expresión a lo que se dice; pero enfadarnos no, por cierto. Doña Irene sabe lo que yo la estimo.

DOÑA IRENE Sí, señor, que lo sé, y estoy sumamente agradecida a los favores que usted nos hace…. Por eso mismo …

DON DIEGO No se hable de agradecimiento; cuanto yo puedo hacer, todo es poco…. Quiero sólo que doña Paquita esté contenta.

DOÑA IRENE ¿Pues no ha de estarlo? Responde.

DOÑA FRANCISCA Sí, señor, que lo estoy.

DON DIEGO Y que la mudanza de estado que se la previene no la cueste el menor sentimiento.

DOÑA IRENE No, señor, todo al contrario…. Boda más a gusto de todos no se pudiera imaginar.

DON DIEGO En esa inteligencia puedo asegurarla que no tendrá motivos de arrepentirse después. En nuestra compañía vivirá querida y adorada, y espero que a fuerza de beneficios he[118] de merecer su estimación y su amistad.

DOÑA FRANCISCA Gracias, señor don Diego … ¡A una huérfana, pobre, desvalida como yo! …

DON DIEGO Pero de prendas tan estimables que la hacen a usted digna todavía de mayor fortuna.

DOÑA IRENE Ven aquí, ven…. Ven aquí, Paquita.

DOÑA FRANCISCA ¡Mamá! (*Levántase, abraza a su madre y se acarician mutuamente.*)

DOÑA IRENE ¿Ves lo que te quiero?

DOÑA FRANCISCA Sí, señora.

DOÑA IRENE ¿Y cuánto procuro tu bien, que no tengo otro pío sino el de verte colocada antes que yo falte[119]?

DOÑA FRANCISCA Bien lo conozco.

DOÑA IRENE ¡Hija de mi vida! ¿Has de ser buena?

DOÑA FRANCISCA Sí, señora.

DOÑA IRENE ¡Ay, que no sabes tú lo que te quiere tu madre!

DOÑA FRANCISCA Pues ¿qué? ¿No la quiero yo a usted?

DON DIEGO Vamos, vamos de aquí. (*Levántase don Diego, y después doña Irene.*) No venga alguno y nos halle a los tres llorando como tres chiquillos.

DOÑA IRENE Sí, dice usted bien.

(*Vanse los dos al cuarto de doña Irene. DOÑA FRANCISCA va detrás, y RITA, que sale por la puerta del foro, la hace detener.*)

ESCENA VI RITA, DOÑA FRANCISCA

RITA Señorita … ¡Eh!, chit …[120] señorita …

DOÑA FRANCISCA ¿Qué quieres?

RITA Ya ha venido.

118. *he*: haya
119. *Procuro … yo falte*: Irene quiere dejar a Francisca en buenas manos
120. *chit*: un sonido que se hace para llamar la atención

DOÑA FRANCISCA ¿Cómo?

RITA Ahora mismo acaba de llegar. Le he dado un abrazo con licencia de usted, y ya sube por la escalera.

DOÑA FRANCISCA ¡Ay, Dios! … ¿Y qué debo hacer?

RITA ¡Donosa[121] pregunta! … Vaya, lo que importa es no gastar el tiempo en melindres de amor…. Al asunto … y juicio…. Y mire usted que en el paraje[122] en que estamos la conversación no puede ser muy larga … ahí está.

DOÑA FRANCISCA Sí…. Él es.

RITA Voy a cuidar de aquella gente…. Valor, señorita, y resolución. (*Rita se entra en el cuarto de doña Irene.*)

DOÑA FRANCISCA No, no; que yo también…. Pero no lo merece.

ESCENA VII DON CARLOS, DOÑA FRANCISCA

(*Sale don CARLOS por la puerta del foro.*)

DON CARLOS ¡Paquita! … ¡Vida mía! Ya estoy aquí … ¿Cómo va, hermosa; cómo va?

DOÑA FRANCISCA Bien venido.

DON CARLOS ¿Cómo tan triste? … ¿No merece mi llegada más alegría?

DOÑA FRANCISCA Es verdad; pero acaban de sucederme cosas que me tienen fuera de mí…. Sabe usted…. Sí, bien lo sabe usted…. Después de escrita aquella carta, fueron por mí…. Mañana a Madrid…. Ahí está mi madre.

DON CARLOS ¿En dónde?

DOÑA FRANCISCA Ahí, en ese cuarto. (*señalando al cuarto de doña Irene*)

DON CARLOS ¿Sola?

DOÑA FRANCISCA No, señor.

DON CARLOS Estará en compañía del prometido esposo. (*Se acerca al cuarto de doña Irene, se detiene y vuelve.*) Mejor…. Pero ¿no hay nadie más con ella?

DOÑA FRANCISCA Nadie más, solos están … ¿Qué piensa usted hacer?

DON CARLOS Si me dejase llevar de mi pasión y de lo que esos ojos me inspiran, una temeridad…. Pero tiempo hay…. Él también será hombre de honor, y no es justo insultarle porque quiere bien a una mujer tan digna de ser querida…. Yo no conozco a su madre de usted ni…. Vamos, ahora nada se puede hacer…. Su decoro de usted merece la primera atención.

DOÑA FRANCISCA Es mucho el empeño que tiene en que me case con él.

DON CARLOS No importa.

DOÑA FRANCISCA Quiere que esta boda se celebre así que lleguemos a Madrid.

DON CARLOS ¿Cuál? … No. Eso no.

DOÑA FRANCISCA Los dos están de acuerdo, y dicen …

DON CARLOS Bien. Dirán…. Pero no puede ser.

DOÑA FRANCISCA Mi madre no me habla continuamente de otra materia. Me amenaza, me ha llenado de temor…. El insta[123] por su parte, me ofrece tantas cosas, me …

DON CARLOS Y usted, ¿qué esperanza le da? … ¿Ha prometido quererle mucho?

DOÑA FRANCISCA ¡Ingrato! … ¿Pues no sabe usted que … ? ¡Ingrato!

121. *Donosa*: graciosa
122. *paraje*: estado, ocasión y disposición de una cosa
123. *insta*: obliga, mediante la fuerza o la autoridad, a que se haga algo con rapidez

DON CARLOS Sí; no lo ignoro, Paquita…. Yo he sido el primer amor.

DOÑA FRANCISCA Y el último.

DON CARLOS Y antes perderé la vida que renunciar al lugar que tengo en ese corazón…. Todo él es mío … ¿Digo bien? (*asiéndola*[124] *de las manos*)

DOÑA FRANCISCA ¿Pues de quién ha de ser?

DON CARLOS ¡Hermosa! ¡Qué dulce esperanza me anima! … Una sola palabra de esa boca me asegura…. Para todo me da valor…. En fin, ya estoy aquí … ¿Usted me llama para que la defienda, la libre, la cumpla una obligación mil y mil veces prometida? Pues a eso mismo vengo yo…. Si ustedes se van a Madrid mañana, yo voy también. Su madre de usted sabrá quién soy…. Allí puedo contar con el favor de un anciano respetable y virtuoso, a quien más que tío debo llamar amigo y padre. No tiene otro deudo más inmediato ni más querido que yo; es hombre muy rico, y si los dones de la fortuna tuviesen para usted algún atractivo, esta circunstancia añadiría felicidades a nuestra unión.

DOÑA FRANCISCA ¿Y qué vale para mí toda la riqueza del mundo?

DON CARLOS Ya lo sé. La ambición no puede agitar a un alma tan inocente.

DOÑA FRANCISCA Querer y ser querida…. No apetezco más ni conozco mayor fortuna.

DON CARLOS Ni hay otra…. Pero usted debe serenarse, y esperar que la suerte mude nuestra aflicción presente en durables dichas.

DOÑA FRANCISCA ¿Y qué se ha de hacer para que a mi pobre madre no le cueste una pesadumbre?[125] … ¡Me quiere tanto! … Si acabo de decirla que no la disgustaré, ni me apartaré de su lado jamás; que siempre seré obediente y buena … ¡Y me abrazaba con tanta ternura! Quedó tan consolada con lo poco que acerté a decirla…. Yo no sé, no sé qué camino ha de hallar usted para salir de estos ahogos.

DON CARLOS Yo le buscaré … ¿No tiene usted confianza en mí?

DOÑA FRANCISCA ¿Pues no he de tenerla? ¿Piensa usted que estuviera yo viva si esa esperanza no me animase? Sola y desconocida de todo el mundo, ¿qué había yo de hacer? Si usted no hubiese venido, mis melancolías me hubieran muerto, sin tener a quién volver los ojos, ni poder comunicar a nadie la causa de ellas…. Pero usted ha sabido proceder como caballero y amante, y acaba de darme con su venida la prueba de lo mucho que me quiere. (*Se enternece y llora.*)

DON CARLOS ¡Qué llanto! … ¡Cómo persuade! … Sí, Paquita, yo sólo basto para defenderla a usted de cuantos quieran oprimirla. A un amante favorecido, ¿quién puede oponérsele? Nada hay que temer.

DOÑA FRANCISCA ¿Es posible?

DON CARLOS Nada…. Amor ha unido nuestras almas en estrechos nudos, y sólo la muerte bastará a dividirlas.

ESCENA VIII RITA, DON, CARLOS, DOÑA FRANCISCA

RITA Señorita, adentro. La mamá pregunta por usted. Voy a traerla cena, y se van a recoger al instante…. Y usted, señor galán, ya puede también disponer de su persona.

DON CARLOS Sí, que no conviene anticipar sospechas…. Nada tengo que añadir.

DOÑA FRANCISCA Ni yo.

DON CARLOS Hasta mañana. Con la luz del día veremos a este dichoso competidor.

124. *asiéndola*: "asiéndole"; cogiéndole las manos
125. *pesadumbre*: sentimiento de pena o disgusto

RITA Un caballero muy honrado, muy rico, muy prudente; con su chupa[126] larga, su camisola[127] limpia y sus sesenta años debajo del peluquín.[128] (*Se va por la puerta del foro.*)

DOÑA FRANCISCA Hasta mañana.

DON CARLOS Adiós. Paquita.

DOÑA FRANCISCA Acuéstese usted y descanse.

DON CARLOS ¿Descansar con celos?

DOÑA FRANCISCA ¿De quién?

DON CARLOS Buenas noches…. Duerma usted bien, Paquita.

DOÑA FRANCISCA ¿Dormir con amor?

DON CARLOS Adiós, vida mía.

DOÑA FRANCISCA Adiós. (*Éntrase al cuarto de doña Irene.*)

ESCENA IX DON CARLOS, CALAMOCHA, RITA

DON CARLOS ¡Quitármela! (*paseándose inquieto*) No…. Sea quien fuere, no me la quitará. Ni su madre ha de ser tan imprudente que se obstine en verificar ese matrimonio repugnándolo su hija … , mediando yo … ¡Sesenta años! … Precisamente será muy rico … ¡El dinero! … Maldito él sea, que tantos desórdenes origina.

CALAMOCHA Pues, señor (*Sale por la puerta del foro*), tenemos un medio cabrito asado, y … a lo menos parece cabrito. Tenemos una magnífica ensalada de berros,[129] sin anapelos[130] ni otra materia extraña, bien lavada, escurrida[131] y condimentada por estas manos pecadoras, que no hay más que pedir. Pan de Meco, vino de la Tercia…. Conque si hemos de cenar y dormir, me parece que sería bueno …

DON CARLOS Vamos … ¿Y adónde ha de ser?

CALAMOCHA Abajo…. Allí he mandado disponer una angosta y fementida[132] mesa, que parece un banco de herrador.[133]

RITA ¿Quién quiere sopas? (*Sale por la puerta del foro con unos platos, taza cuchara y servilleta.*)

DON CARLOS Buen provecho.

CALAMOCHA Si hay alguna real moza que guste de cenar cabrito, levante el dedo.

RITA La real moza se ha comido ya media cazuela de albondiguillas…. Pero lo agradece, señor militar. (*Éntrase al cuarto de doña Irene.*)

CALAMOCHA Agradecida te quiero yo, niña de mis ojos.

DON CARLOS Conque ¿vamos?

CALAMOCHA ¡Ay, ay, ay! … (*Calamocha se encamina a la puerta del foro, y vuelve; hablan él y don Carlos, con reservas, hasta que Calamocha se adelanta a saludar a Simón.*) ¡Eh! Chit, digo …

DON CARLOS ¿Qué?

CALAMOCHA ¿No ve usted lo que viene por allí?

126. *chupa*: prenda de vestir masculina que cubre el tronco del cuerpo, a veces con faldillas de la cintura para abajo y con mangas ajustadas; se ponía generalmente en traje militar
127. *camisola*: camisa amplia y ligera que se lleva por fuera
128. *peluquín*: antigua peluca con bucles y coleta
129. *berros*: planta de la familia crucífera cuyas hojas se comen en ensalada (tipo de lechuga)
130. *anapelos*: hierba venenosa
131. *escurrida*: con el agua sacada
132. *fementida*: falsa, engañosa
133. *herrador*: el que por oficio hierra las caballerías

DON CARLOS ¿Es Simón?

CALAMOCHA El mismo…. Pero ¿quién diablos le … ?

DON CARLOS ¿Y qué haremos?

CALAMOCHA ¿Qué sé yo? … Sonsacarle,[134] mentir y … ¿Me da usted licencia para que…?

DON CARLOS Sí; miente lo que quieras … ¿A qué habrá venido este hombre?

ESCENA X SIMÓN, DON CARLOS, CALAMOCHA

(*Simón sale por la puerta del foro.*)

CALAMOCHA Simón, ¿tú por aquí?

SIMÓN Adiós, Calamocha. ¿Cómo va?

CALAMOCHA Lindamente.

SIMÓN ¡Cuánto me alegro de … !

DON CARLOS ¡Hombre! ¿Tú en Alcalá? ¿Pues qué novedad es ésta?

SIMÓN ¡Oh, que estaba usted ahí, señorito! … ¡Voto va sanes![135]

DON CARLOS ¿Y mi tío?

SIMÓN Tan bueno.

CALAMOCHA ¿Pero se ha quedado en Madrid, o … ?

SIMÓN ¿Quién me había de decir a mí … ? ¡Cosa como ella! Tan ajeno estaba yo ahora de…. Y usted, de cada vez más guapo … ¿Conque usted irá a ver al tío, eh?

CALAMOCHA Tú habrás venido con algún encargo del amo.

SIMÓN ¡Y qué calor traje, y qué polvo por ese camino! ¡Ya, ya!

CALAMOCHA Alguna cobranza tal vez, ¿eh?

DON CARLOS Puede ser. Como tiene mi tío ese poco de hacienda en Ajalvir[136] … ¿No has venido a eso?

SIMÓN ¡Y qué buena maula[137] le ha salido el tal administrador! Labriego más marrullero[138] y más bellaco[139] no le hay en toda la campiña[140] … ¿Conque usted viene ahora de Zaragoza?

DON CARLOS Pues…. Figúrate tú.

SIMÓN ¿O va usted allá?

DON CARLOS ¿Adónde?

SIMÓN A Zaragoza. ¿No está allí el regimiento?

CALAMOCHA Pero, hombre, si salirnos el verano pasado de Madrid, ¿no habíamos de haber andado más de cuatro leguas?

SIMÓN ¿Qué sé yo? Algunos van por la posta, y tardan más de cuatro meses en llegar…. Debe de ser un camino muy malo.

CALAMOCHA (*Aparte, separándose de Simón: ¡Maldito seas tú y tu camino, y la bribona[141] que te dio papilla![142]*)

134. *sonsacarle*: lograr con habilidad que una persona diga una cosa que sabe y pretende ocultar

135. *voto va sanes*: expresión de sorpresa y/o enfado

136. *Ajalvir*: pueblo en el centro de España, cerca de Madrid

137. *maula*: Persona embustera o negligente

138. *marrullero*: persona que actúa aparentemente con buenas intenciones o ingenuidad pero que en realidad engaña o hace trampas para conseguir alguna cosa

139. *bellaco*: persona despreciable que actúa con maldad y falta de honradez

140. *campiña*: espacio grande de terreno llano dedicado al cultivo

141. *bribona*: pícara

142. *papilla*: comida especial para bebés; puré

DON CARLOS Pero aún no me has dicho si mi tío está en Madrid o en Alcalá, ni a qué has venido, ni …

SIMÓN Bien, a eso voy…. Sí señor, voy a decir a usted…. Conque…. Pues el amo me dijo …

ESCENA XI DON DIEGO, DON CARLOS, SIMÓN, CALAMOCHA

DON DIEGO No (*desde adentro*), no es menester; si hay luz aquí. Buenas noches, Rita.

(*Don CARLOS se turba y se aparta a un extremo del teatro.*)

DON CARLOS ¡Mi tío! …

DON DIEGO ¡SIMÓN! (*Sale del cuarto de doña Irene, encaminándose al suyo; repara en don CARLOS y se acerca a él. Simón le alumbra y vuelve a dejar la luz sobre la mesa.*)

SIMÓN Aquí estoy, señor.

DON CARLOS (*aparte*) ¡Todo se ha perdido!

DON DIEGO Vamos…. Pero … ¿quién es?

SIMÓN Un amigo de usted, señor.

DON CARLOS (*aparte*) ¡Yo estoy muerto!

DON DIEGO ¿Cómo un amigo? … ¿Qué? … Acerca esa luz.

DON CARLOS Tío. (*En ademán de besar la mano a don Diego, que le aparta de sí con enojo.*)

DON DIEGO Quítate de ahí.

DON CARLOS Señor.

DON DIEGO Quítate…. No sé cómo no le … ¿Qué haces aquí?

DON CARLOS Si usted se altera y …

DON DIEGO ¿Qué haces aquí?

DON CARLOS Mi desgracia me ha traído.

DON DIEGO ¡Siempre dándome que sentir, siempre! Pero … (*acercándose a don Carlos.*) ¿Qué dices? ¿De veras ha ocurrido, alguna desgracia? Vamos …

¿Qué te sucede? … ¿Por qué estás aquí?

CALAMOCHA Porque le tiene a usted ley, y le quiere bien, y …

DON DIEGO A ti no te pregunto nada … ¿Por qué has venido de Zaragoza sin que yo lo sepa? … ¿Por qué te asusta el verme? … Algo has hecho: sí, alguna locura has hecho que le habrá de costar la vida a tu pobre tío.

DON CARLOS No, señor; que nunca olvidaré las máximas de honor y prudencia que usted me ha inspirado tantas veces.

DON DIEGO Pues ¿a qué viniste? ¿Es desafío? ¿Son deudas? ¿Es algún disgusto con tus jefes? … Sácame de esta inquietud, Carlos…. Hijo mío, sácame de este afán.

CALAMOCHA Si todo ello no es más que …

DON DIEGO Ya he dicho que calles…. Ven acá. (*Tomándole de la mano se aparta con él a un extremo del teatro, y le habla en voz baja.*) Dime qué ha sido.

DON CARLOS Una ligereza, una falta de sumisión a usted…. Venir a Madrid sin pedirle licencia primero…. Bien arrepentido estoy, considerando la pesadumbre que le he dado al verme.

DON DIEGO ¿Y qué otra cosa hay?

DON CARLOS Nada más, señor.

DON DIEGO Pues ¿qué desgracia era aquella de que me hablaste?

DON CARLOS Ninguna. La de hallarle a usted en este paraje … y haberle disgustado

tanto, cuando yo esperaba sorprenderle en Madrid, estar en su compañía algunas semanas y volverme contento de haberle visto.

DON DIEGO ¿No hay más?

DON CARLOS No, señor.

DON DIEGO Míralo bien.

DON CARLOS No, señor.... A eso venía. No hay nada más.

DON DIEGO Pero no me digas tú a mí.... Si es imposible que estas escapadas se.... No, señor … ¿Ni quién ha de permitir que un oficial se vaya cuando se le antoje, y abandone de ese modo sus banderas? … Pues si tales ejemplos se repitieran mucho, adiós disciplina militar.... Eso no puede ser.

DON CARLOS Considere usted, tío, que estamos en tiempo de paz; que en Zaragoza no es necesario un servicio tan exacto como en otras plazas, en que no se permite descanso a la guarnición[143] … Y en fin, puede usted creer que este viaje supone la aprobación y la licencia de mis superiores, que yo también miro por mi estimación, y que cuando me he venido, estoy seguro de que no hago falta.

DON DIEGO Un oficial siempre hace falta a sus soldados. El rey le tiene allí para que los instruya, los proteja y les dé ejemplo de subordinación, de valor, de virtud.

DON CARLOS Bien está; pero ya he dicho los motivos …

DON DIEGO Todos esos motivos no valen nada … ¡Porque le dio la gana de ver al tío! … Lo que quiere su tío de usted no es verle cada ocho días, sino saber que es hombre de juicio, y que cumple con sus obligaciones. Eso es lo que quiere.... Pero (*Alza la voz y se pasea con inquietud.*) yo tomaré mis medidas para que estas locuras no se repitan otra vez.... Lo que usted ha de hacer ahora es marcharse inmediatamente.

DON CARLOS Señor, si …

DON DIEGO No hay remedio.... Y ha de ser al instante. Usted no ha de dormir aquí.

CALAMOCHA Es que los caballos no están ahora para correr … ni pueden moverse.

DON DIEGO Pues con ellos (*a Calamocha*) y con las maletas al mesón de afuera. Usted (*a don Carlos*) no ha de dormir aquí.... Vamos (*a Calamocha*) tú, buena pieza, menéate.[144] Abajo con todo. Pagar el gasto que se haya hecho, sacar los caballos y marchar.... Ayúdale tú … (*a Simón*) ¿Qué dinero tienes ahí?

SIMÓN Tendré unas cuatro o seis onzas. (*Saca de un bolsillo algunas monedas y se las da a don Diego.*)

DON DIEGO Dámelas acá.... Vamos, ¿qué haces? (*a Calamocha*) ¿No he dicho que ha de ser al instante? … Volando. Y tú (*a Simón*) ve con él, ayúdale, y no te me apartes de allí hasta que se hayan ido. (*Los dos criados entran en el cuarto de don Carlos.*)

ESCENA XII DON DIEGO, DON CARLOS

DON DIEGO Tome usted. (*Le da el dinero.*) Con eso hay bastante para el camino.... Vamos, que cuando yo lo dispongo así, bien sé lo que me hago … ¿No conoces que es todo por tu bien, y que ha sido un desatino[145] lo que acabas de hacer? … Y no hay que afligirse por eso, ni creas que es falta de cariño.... Ya sabes lo que te he querido siempre; y en obrando tú según corresponde, seré tu amigo como lo he sido hasta aquí.

DON CARLOS Ya lo sé.

143. *guarnición*: las tropas
144. *menéate*: muévete
145. *desatino*: necedad, error

DON DIEGO Pues bien; ahora obedece lo que te mando.

DON CARLOS Lo haré sin falta.

DON DIEGO Al mesón de afuera. (*A los criados, que salen con los trastos del cuarto de don Carlos, y se van por la puerta del foro.*) Allí puedes dormir, mientras los caballos comen y descansan.... Y no me vuelvas aquí por ningún pretexto ni entres en la ciudad ... ¡Cuidado! Y a eso de las tres o las cuatro, marchar. Mira que he de saber a la hora que sales. ¿Lo entiendes?

DON CARLOS Sí, señor.

DON DIEGO Mira que lo has de hacer.

DON CARLOS Sí, señor; haré lo que usted manda.

DON DIEGO Muy bien.... Adiós.... Todo te lo perdono.... Vete con Dios.... Y yo sabré también cuándo llegas a Zaragoza; no te parezca que estoy ignorante de lo que hiciste la vez pasada.

DON CARLOS ¿Pues qué hice yo?

DON DIEGO Si te digo que lo sé, y que te lo perdono, ¿qué más quieres? No es tiempo ahora de tratar de eso. Vete.

DON CARLOS Quede usted con Dios. (*Hace que se va, y vuelve.*)

DON DIEGO ¿Sin besar la mano a su tío, eh?

DON CARLOS No me atreví. (*Besa la mano a don Diego y se abrazan.*)

DON DIEGO Y dame un abrazo, por si no nos volvemos a ver.

DON CARLOS ¿Qué dice usted? ¡No lo permita Dios!

DON DIEGO ¡Quién sabe, hijo mío! ¿Tienes algunas deudas? ¿Te falta algo?

DON CARLOS No, señor; ahora, no.

DON DIEGO Mucho es, porque tú siempre tiras por largo ...[146] Como cuentas con la bolsa del tío.... Pues bien; yo escribiré al señor Aznar para que te dé cien doblones[147] de orden mía. Y mira cómo lo gastas ... ¿Juegas?

DON CARLOS No, señor; en mi vida.

DON DIEGO Cuidado con eso.... Conque, buen viaje. Y no te acalores[148]: jornadas regulares y nada más ... ¿Vas contento?

DON CARLOS No, señor. Porque usted me quiere mucho, me llena de beneficios, y yo le pago mal.

DON DIEGO No se hable ya de lo pasado.... Adiós.

DON CARLOS ¿Queda usted enojado conmigo?

DON DIEGO No, por cierto.... Me disgusté bastante, pero ya se acabó.... No me des que sentir. (*poniéndole ambas manos sobre los hombros*) Portarse como hombre de bien.

DON CARLOS No lo dude usted.

DON DIEGO Como oficial de honor.

DON CARLOS Así lo prometo.

DON DIEGO Adiós, Carlos. (*Abrázanse.*)

DON CARLOS (*aparte, al irse por la puerta del foro*) ¡Y la dejo! ... ¡Y la pierdo para siempre!

ESCENA XIII

DON DIEGO Demasiado bien se ha compuesto.... Luego lo sabrá enhorabuena....

146. *Tu siempre tiras por largo*: expresión equivalente a "gastar dinero sin moderación"

Pero no es lo mismo escribírselo que…. Después de hecho, no importa nada. ¡Pero siempre aquel respeto al tío! … Como una malva[149] es. (*Se enjuga las lágrimas, toma una luz y se va a su cuarto. Queda obscura la escena por un breve espacio.*)

ESCENA XIV DOÑA FRANCISCA, RITA

(*Salen del cuarto de doña Irene. Rita sacará una luz y la pone sobre la mesa.*)

RITA Mucho silencio hay por aquí.

DOÑA FRANCISCA Se habrán recogido ya…. Estarán rendidos.

RITA Precisamente.

DOÑA FRANCISCA ¡Un camino tan largo!

RITA ¡A lo que obliga el amor, señorita!

DOÑA FRANCISCA Sí; bien puedes decirlo: amor…. Y yo ¿qué no hiciera por él?

RITA Y deje usted, que no ha de ser éste el último milagro. Cuando lleguemos a Madrid, entonces será ella…. El pobre don Diego ¡qué chasco[150] se va a llevar! Y por otra parte, vea usted qué señor tan bueno, que cierto da lástima …

DOÑA FRANCISCA Pues en eso consiste todo. Si él fuese un hombre despreciable, ni mi madre hubiera admitido su pretensión, ni yo tendría que disimular mi repugnancia. Pero ya es otro tiempo, Rita. Don Félix ha venido, y ya no temo a nadie. Estando mi fortuna en su mano, me considero la más dichosa de las mujeres.

RITA ¡Ay! Ahora que me acuerdo…. Pues poquito me lo encargó…. Ya se ve, si con estos amores tengo yo también la cabeza…. Voy por él. (*encaminándose al cuarto de doña Irene*)

DOÑA FRANCISCA ¿A qué vas?

RITA El tordo, que ya se me olvidaba sacarle de allí.

DOÑA FRANCISCA Sí, tráele, no empiece a rezar como anoche…. Allí quedó junto a la ventana…. Y ve con cuidado, no despierte mamá.

RITA Sí; mire usted el estrépito[151] de caballerías que anda por allá abajo…. Hasta que lleguemos a nuestra calle del Lobo, número siete, cuarto segundo, no hay que pensar en dormir…. Y ese maldito portón,[152] que rechina,[153] que …

DOÑA FRANCISCA Te puedes llevar la luz.

RITA No es menester, que ya sé dónde está. (*Vase al cuarto de doña Irene.*)

ESCENA XV SIMÓN, DOÑA FRANCISCA

(*Sale por la puerta del foro SIMÓN.*)

DOÑA FRANCISCA Yo pensé que estaban ustedes acostados.

SIMÓN El amo ya habrá hecho esa diligencia; pero yo todavía no sé en dónde he de tender el rancho…. Y buen sueño que tengo.

DOÑA FRANCISCA ¿Qué gente nueva ha llegado ahora?

SIMÓN Nadie. Son unos que estaban ahí, y se han ido.

DOÑA FRANCISCA ¿Los arrieros?[154]

147. *doblones*: moneda española
148. *no te acalores*: no te agites
149. *malva*: tipo de flor parecida a la violeta
150. *chasco*: decepción
151. *estrépito*: alboroto
152. *portón*: puerta grande
153. *rechina*: hace mucho ruido
154. *arrieros*: gente dedicada al transporte de bestias de carga

SIMÓN No, señora. Un oficial y un criado suyo, que parece que se van a Zaragoza.

DOÑA FRANCISCA ¿Quiénes dice usted que son?

SIMÓN Un teniente coronel y su asistente.

DOÑA FRANCISCA ¿Y estaban aquí?

SIMÓN Sí, señora; ahí en ese cuarto.

DOÑA FRANCISCA No los he visto.

SIMÓN Parece que llegaron esta tarde y…. A la cuenta habrán despachado ya la comisión que traían…. Conque se han ido…. Buenas noches, señorita. (*Vase al cuarto de don Diego.*)

ESCENA XVI RITA, DOÑA FRANCISCA

DOÑA FRANCISCA ¡Dios mío de mi alma! ¿Qué es esto? … No puedo sostenerme … ¡Desdichada! (*Siéntase en una silla junto a la mesa.*)

RITA Señorita, yo vengo muerta. (*Saca la jaula del tordo y la deja encima de la mesa; abre la puerta del cuarto de don Carlos, y vuelve.*)

DOÑA FRANCISCA ¡Ay, que es cierto! … ¿Tú lo sabes también?

RITA Deje usted, que todavía no creo lo que he visto…. Aquí no hay nadie … , ni maletas, ni ropa, ni…. Pero ¿cómo podía engañarme? Si yo misma los he visto salir.

DOÑA FRANCISCA ¿Y eran ellos?

RITA Sí, señora. Los dos.

DOÑA FRANCISCA Pero ¿se han ido fuera de la ciudad?

RITA Si no los he perdido de vista hasta que salieron por la Puerta de Mártires…. Como está un paso de aquí.

DOÑA FRANCISCA ¿Y es ése el camino de Aragón?

RITA Ese es.

DOÑA FRANCISCA ¡Indigno! … ¡Hombre indigno!

RITA ¡Señorita!

DOÑA FRANCISCA ¿En qué te ha ofendido esta infeliz?

RITA Yo estoy temblando toda…. Pero…. Si es incomprensible…. Si no alcanzo a descubrir qué motivos ha podido haber para esta novedad.

DOÑA FRANCISCA ¿Pues no le quise más que a mi vida? … ¿No me ha visto loca de amor?

RITA No sé qué decir al considerar una acción tan infame.

DOÑA FRANCISCA ¿Qué has de decir? Que no me ha querido nunca, ni es hombre de bien … ¿Y vino para esto? ¡Para engañarme, para abandonarme así! (*Levántase y Rita la sostiene.*)

RITA Pensar que su venida fue con otro designio, no me parece natural…. Celos … ¿Por qué ha de tener celos? … Y aun eso mismo debiera enamorarle más…. Él no es cobarde, y no hay que decir que habrá tenido miedo de su competidor.

DOÑA FRANCISCA Te cansas en vano…. Di que es un pérfido,[155] di que es un monstruo de crueldad, y todo lo has dicho.

RITA Vamos de aquí, que puede venir alguien y …

DOÑA FRANCISCA Sí, vámonos…. Vamos a llorar … ¡Y en qué situación me deja! … Pero ¿ves qué malvado?

RITA Sí, señora; ya lo conozco.

155. *pérfido*: traidor, falso

DOÑA FRANCISCA ¡Qué bien supo fingir! … ¿Y con quién? Conmigo … ¿Pues yo merecí ser engañada tan alevosamente?[156] … ¿Mereció mi cariño este galardón? … ¡Dios de mi vida! ¡Cuál es mi delito, cuál es? (*Rita coge la luz y se van entrambas al cuarto de doña Francisca.*)

ACTO III

ESCENA PRIMERA DON DIEGO, SIMÓN

(*Teatro obscuro. Sobre la mesa habrá un candelero con vela apagada y la jaula del tordo. Simón duerme tendido en el banco.*)

DON DIEGO (*Sale de su cuarto poniéndose la bata*) Aquí, a lo menos, ya que no duerma no me derretiré…. Vaya, si alcoba como ella no se … ¡Cómo ronca éste! … Guardémosle el sueño hasta que venga el día, que ya poco puede tardar … (*Simón despierta y se levanta.*) ¿Qué es eso? Mira no te caigas, hombre.

SIMÓN Qué, ¿estaba usted ahí, señor?

DON DIEGO Sí, aquí me he salido, porque allí no se puede parar.

SIMÓN Pues yo, a Dios gracias, aunque la cama es algo dura, he dormido como un emperador.

DON DIEGO ¡Mala comparación! … Di que has dormido como un pobre hombre, que no tiene ni dinero, ni ambición, ni pesadumbres, ni remordimientos.

SIMÓN En efecto, dice usted bien … ¿Y qué hora será ya?

DON DIEGO Poco ha que sonó el reloj de San Justo, y si no conté mal, dio las tres.

SIMÓN ¡Oh!, pues ya nuestros caballeros irán por ese camino adelante echando chispas.

DON DIEGO Sí, ya es regular que hayan salido…. Me lo prometió, y espero que lo hará.[157]

SIMÓN ¡Pero si usted viera qué apesadumbrado le dejé! ¡Qué triste!

DON DIEGO Ha sido preciso.

SIMÓN Ya lo conozco.

DON DIEGO ¿No ves qué venida tan intempestiva[158]?

SIMÓN Es verdad. Sin permiso de usted, sin avisarle, sin haber un motivo urgente…. Vamos, hizo muy mal…. Bien que por otra parte él tiene prendas suficientes para que se le perdone esta ligereza…. Digo…. Me parece que el castigo no pasará adelante, ¿eh?

DON DIEGO ¡No, qué! No señor. Una cosa es que le haya hecho volver…. Ya ves en qué circunstancias nos cogía…. Te aseguro que cuando se fue me quedó un ansia en el corazón. (*Suenan a lo lejos tres palmadas, y poco después se oye que puntean un instrumento.*) ¿Qué ha sonado?

SIMÓN No sé…. Gente que pasa por la calle. Serán labradores.

DON DIEGO Calla.

SIMÓN Vaya, música tenemos, según parece.

DON DIEGO Sí, como lo hagan bien.

SIMÓN ¿Y quién será el amante infeliz que se viene a puntear a estas horas en ese callejón tan puerco? … Apostaré que son amores con la moza de la posada, que parece un mico.[159]

156. *alevosamente*: calculadamente
157. *hará*: haga
158. *intempestiva*: inoportuna
159. *mico*: nombre que se le da a un niño pequeño como apelativo cariñoso

DON DIEGO Puede ser.

SIMÓN Ya empiezan, oigamos … (*Tocan una sonata desde adentro.*) Pues dígole a usted que toca muy lindamente el pícaro del barberillo.

DON DIEGO No; no hay barbero que sepa hacer eso, por muy bien que afeite.

SIMÓN ¿Quiere usted que nos asomemos un poco, a ver? …

DON DIEGO No, dejarlos … ¡Pobre gente! ¡Quién sabe la importancia que darán ellos a la tal música…. No gusto yo de incomodar a nadie. (*Salen de su cuarto doña Francisca y Rita, encaminándose a la ventana. Don Diego y Simón se retiran a un lado, y observan.*)

SIMÓN Señor! … ¡Eh! … Presto, aquí a un ladito.

DON DIEGO ¿Qué quieres?

SIMÓN Que han abierto la puerta de esa alcoba, y huele a faldas que trasciende.[160]

DON DIEGO ¿Sí? … Retirémonos.

ESCENA II DOÑA FRANCISCA, RITA, DON DIEGO, SIMÓN

RITA Con tiento, Señorita.

DOÑA FRANCISCA Siguiendo la pared, ¿no voy bien? (*Vuelven a puntear el instrumento.*)

RITA Sí, señora…. Pero vuelven a tocar…. Silencio …

DOÑA FRANCISCA No te muevas…. Deja…. Sepamos primero si es él.

RITA ¿Pues no ha de ser? … La seña no puede mentir.

DOÑA FRANCISCA Calla…. Sí, él es … ¡Dios mío! (*Acércase Rita a la ventana, abre la vidriera[161] y da tres palmadas. Cesa la música.*) Ve, responde…. Albricias, corazón. Él es.

SIMÓN ¿Ha oído usted?

DON DIEGO Sí.

SIMÓN ¿Qué querrá decir esto?

DON DIEGO Calla.

DOÑA FRANCISCA (*Se asoma a la ventana. Rita se queda detrás de ella. Los puntos suspensivos indican las interrupciones más o menos largas.*) Yo soy…. Y ¿qué había de pensar viendo lo que usted acababa de hacer? … ¿Qué fuga es ésta ? … Rita (*Apartándose de la ventana, y vuelve después a asomarse.*) amiga, por Dios, ten cuidado, y si oyeres algún rumor, al instante avísame … ¿Para siempre? ¡Triste de mí! … Bien está, tírela usted…. Pero yo no acabo de entender … ¡Ay, don Félix! Nunca le he visto a usted tan tímido … (*Tiran desde adentro una carta que cae por la ventana al teatro. Doña Francisca la busca, y no hallándola vuelve a asomarse.*) No, no la he cogido; pero aquí está sin duda … ¿Y no he de saber yo hasta que llegue el día los motivos que tiene usted para dejarme muriendo? … Sí, yo quiero saberlo de boca de usted. Su Paquita de usted se lo manda…. Y ¿cómo le parece a usted que estará el mío? … No me cabe en el pecho…. Diga usted. (*Simón se adelanta un poco, tropieza con la jaula y la deja caer.*)

RITA Señorita, vamos de aquí…. Presto, que hay gente.

DOÑA FRANCISCA ¡Infeliz de mí! … Guíame.

160. *huele a faldas…*: se nota obviamente el meneo de faldas

161. *vidriera*: estructura de cristales, generalmente de colores, que con fines decorativos va colocada en una ventana o una puerta cerrándola o formando parte de ella

RITA Vamos. (*Al retirarse tropieza con Simón. Las dos se van al cuarto de doña Francisca.*) ¡Ay!

DOÑA FRANCISCA ¡Muerta voy!

ESCENA III DON DIEGO, SIMÓN

DON DIEGO ¿Qué grito fue ése?

SIMÓN Una de las fantasmas, que al retirarse tropezó conmigo.

DON DIEGO Acércate a esa ventana, y mira si hallas en el suelo un papel ... ¡Buenos estamos!

SIMÓN (*tentando por el suelo, cerca de la ventana*) No encuentro nada, señor.

DON DIEGO Búscale bien, que por ahí ha de estar.

SIMÓN ¿Le tiraron desde la calle?

DON DIEGO Sí ... ¿Qué amante es éste? ... ¡Y dieciséis años y criada en un convento! Acabó ya toda mi ilusión.

SIMÓN Aquí está. (*Halla la carta, y se la da a don Diego.*)

DON DIEGO Vete abajo, y enciende una luz.... En la caballeriza en la cocina.... Por ahí habrá algún farol.... Y vuelve con ella al instante. (*Vase Simón por la puerta del foro.*)

ESCENA IV

DON DIEGO ¿Ya quién debo culpar? (*apoyándose en el respaldo de una silla*) ¿Es ella la delincuente, o su madre, o sus tías, o yo? ... ¿Sobre quién ... , sobre quién ha de caer esta cólera, que por más que lo procuro no la sé reprimir? ... ¡La naturaleza la hizo tan amable a mis ojos! ... ¡Qué esperanzas tan halagüeñas[162] concebí! ¡Qué felicidades me prometía! ... ¡Celos! ... ¿Yo? ... ¡En qué edad tengo celos! ... Vergüenza es.... Pero esta inquietud que yo siento, esta indignación, estos deseos de venganza, ¿de qué provienen? ¿Cómo he de llamarlos? Otra vez parece que ... (*Advirtiendo que suena ruido en la puerta del cuarto de doña Francisca, se retira a un extremo del teatro.*) Sí.

ESCENA V RITA, DON DIEGO, SIMÓN

RITA Ya se han ido ... (*Observa, escucha, asómase después a la ventana y busca la carta por el suelo.*) ¡Válgame Dios! ... El papel estará muy bien escrito, pero el señor don Félix es un grandísimo picarón ... ¡Pobrecita de mi alma! ... Se muere sin remedio.... Nada, ni perros parecen por la calle ... ¡Ojalá no los hubiéramos conocido! ¿Y este maldito papel? ... Pues buena la hiciéramos si no pareciese ... ¿Qué dirá? ... Mentiras, mentiras y todo mentira.

SIMÓN Ya tenemos luz. (*Sale con luz. Rita se sorprende.*)

RITA ¡Perdida soy!

DON DIEGO (*acercándose*) ¡Rita! ¿Pues tú aquí?

RITA Sí, señor; porque ...

DON DIEGO ¿Qué buscas a estas horas?

RITA Buscaba.... Yo le diré a usted.... Porque oímos un ruido tan grande ...

SIMÓN ¿Sí, eh?

RITA Cierto.... Un ruido y ... y mire usted (*Alza la jaula que está en el suelo.*) era la jaula del tordo.... Pues la jaula era, no tiene duda ... ¡Válgate Dios! ¿Si habrá muerto? ... No, vivo está, vaya.... Algún gato habrá sido. Preciso.

162. *halagüeñas*: se le dice a una cosa que da muestras o indicios de que tendrá éxito o causará satisfacción

SIMÓN Sí, algún gato.

RITA ¡Pobre animal! ¡Y qué asustadillo se conoce que está todavía!

SIMÓN Y con mucha razón … ¿No te parece, si le hubiera pillado el gato? …

RITA Se le hubiera comido. (*Cuelga la jaula de un clavo que habrá en la pared.*)

SIMÓN Y sin pebre…. Ni plumas hubiera dejado.

DON DIEGO Tráeme esa luz.

RITA ¡Ah! Deje usted, encenderemos ésta (*Enciende la vela que está sobre la mesa.*) que ya lo que no se ha dormido …

DON DIEGO Y doña Paquita, ¿duerme?

RITA Sí, señor.

SIMÓN Pues mucho es que con el ruido del tordo …

DON DIEGO Vamos. (*Se entra en su cuarto. Simón va con él, llevándose una de las luces.*)

ESCENA VI DOÑA FRANCISCA, RITA

DOÑA FRANCISCA ¿Ha parecido el papel?

RITA No, señora.

DOÑA FRANCISCA ¿Y estaban aquí los dos cuando tú saliste?

RITA Yo no lo sé. Lo cierto es que el criado sacó una luz, y me hallé de repente, como por máquina, entre él y su amo, sin poder escapar ni saber qué disculpa darles. (*Coge la luz y vuelve a buscar la carta, cerca de la ventana.*)

DOÑA FRANCISCA Ellos eran, sin duda…. Aquí estarían cuando yo hablé desde la ventana … ¿Y ese papel?

RITA Yo no lo encuentro, Señorita.

DOÑA FRANCISCA Le tendrán ellos, no te canses…. Si es lo único que faltaba a mi desdicha…. No le busques. Ellos le tienen.

RITA A lo menos por aquí …

DOÑA FRANCISCA ¡Yo estoy loca! (*Siéntase.*)

RITA Sin haberse explicado este hombre, ni decir siquiera …

DOÑA FRANCISCA Cuando iba a hacerlo, me avisaste, y fue preciso retirarnos…. Pero ¿sabes tú con qué temor me habló, qué agitación mostraba? Me dijo que en aquella carta vería yo los motivos justos que le precisaban a volverse; que la había escrito para dejársela a persona fiel que la pusiera en mis manos, suponiendo que el verme sería imposible. Todo engaños, Rita, de un hombre aleve que prometió lo que no pensaba cumplir…. Vino, halló un competidor, y diría: Pues yo ¿para qué he de molestar a nadie ni hacerme ahora defensor de una mujer? … ¡Hay tantas mujeres! … Cásenla…. Yo nada pierdo…. Primero es mi tranquilidad que la vida de esa infeliz … ¡Dios mío, perdón! … ¡Perdón de haberle querido tanto!

RITA ¡Ay, Señorita! (*mirando hacia el cuarto de don Diego.*) Que parece que salen ya.

DOÑA FRANCISCA No importa, déjame.

RITA Pero si don Diego la ve a usted de esa manera …

DOÑA FRANCISCA Si todo se ha perdido ya, ¿qué puedo temer? … ¿Y piensas tú que tengo alientos para levantarme? … Que vengan, nada importa.

ESCENA VII DON DIEGO, SIMÓN, DOÑA FRANCISCA, RITA

SIMÓN Voy enterado, no es menester más.

DON DIEGO Mira, y haz que ensillen inmediatamente al Moro, mientras tú vas

allá. Si han salido, vuelves, montas a caballo y en una buena carrera que des, los alcanzas … ¿Los dos aquí, he? … Conque, vete, no se pierda tiempo. *(Después de hablar los dos, junto al cuarto de don Diego, se va Simón por la puerta del foro.)*

SIMÓN Voy allá.

DON DIEGO Mucho se madruga, doña Paquita.

DOÑA FRANCISCA Sí, señor.

DON DIEGO ¿Ha llamado ya doña Irene?

DOÑA FRANCISCA No, señor…. Mejor es que vayas allá, por si ha despertado y se quiere vestir. *(Rita se va al cuarto de doña Irene.)*

ESCENA VIII DON DIEGO, DOÑA FRANCISCA

DON DIEGO ¿Usted no habrá dormido bien esta noche?

DOÑA FRANCISCA No, señor. ¿Y usted?

DON DIEGO Tampoco.

DOÑA FRANCISCA Ha hecho demasiado calor.

DON DIEGO ¿Está usted desazonada?[163]

DOÑA FRANCISCA Alguna cosa.

DON DIEGO ¿Qué siente usted? *(Siéntase junto a doña Francisca.)*

DOÑA FRANCISCA No es nada…. Así un poco de…. Nada…. no tengo nada.

DON DIEGO Algo será, porque la veo a usted muy abatida, llorosa, inquieta … ¿Qué tiene usted, Paquita? ¿No sabe usted que la quiero tanto?

DOÑA FRANCISCA Sí, señor.

DON DIEGO Pues ¿por qué no hace usted más confianza de mí? ¿Piensa usted que no tendré yo mucho gusto en hallar ocasiones de complacerla?

DOÑA FRANCISCA Ya lo sé.

DON DIEGO ¿Pues cómo, sabiendo que tiene usted un amigo, no desahoga con él su corazón?

DOÑA FRANCISCA Porque eso mismo me obliga a callar.

DON DIEGO Eso quiere decir que tal vez soy yo la causa de su pesadumbre de usted.

DOÑA FRANCISCA No, señor; usted en nada me ha ofendido…. No es de usted de quien yo me debo quejar.

DON DIEGO Pues ¿de quién, hija mía? … Venga usted acá … *(Acércase más.)* Hablemos siquiera una vez sin rodeos, disimulación…. Dígame usted: ¿no es cierto que usted mira con algo de repugnancia este casamiento que se la propone? ¿Cuánto va que si la dejasen a usted entera libertad para la elección no se casaría conmigo

DOÑA FRANCISCA Ni con otro.

DON DIEGO ¿Será posible que usted no conozca otro más amable que yo, que la quiera bien, y que la corresponda como usted merece?

DOÑA FRANCISCA No, señor; no, señor.

DON DIEGO Mírelo usted bien.

DOÑA FRANCISCA ¿No le digo a usted que no?

DON DIEGO ¿Y he de creer, por dicha, que conserve usted tal inclinación al retiro en que se ha criado, que prefiera austeridad del convento a una vida más … ?

DOÑA FRANCISCA Tampoco; no señor…. Nunca he pensado así.

163. *desazonada:* angustiada

DON DIEGO No tengo empeño de saber más…. Pero de todo lo que acabo de oír resulta una gravísima contradicción. Usted no se halla inclinada al estado religioso, según parece. Usted me asegura que no tiene queja ninguna de mí, que está persuadida de lo mucho que la estimo, que no piensa casarse con otro, ni debo recelar que nadie me dispute su mano…. Pues ¿qué llanto es ése? ¿De dónde nace esa tristeza profunda, que en tan poco tiempo ha alterado su semblante de usted, en términos que apenas le reconozco? ¿Son éstas las señales de quererme exclusivamente a mí, de casarse gustosa conmigo dentro de pocos días? ¿Se anuncian así la alegría y el amor? (*Vase iluminando lentamente la escena, suponiendo que viene la luz del día.*)

DOÑA FRANCISCA Y ¿qué motivos le he dado a usted para tales desconfianzas?

DON DIEGO ¿Pues qué? Si yo prescindo de estas consideraciones, si apresuro las diligencias de nuestra unión, si su madre de usted sigue aprobándola y llega el caso de …

DOÑA FRANCISCA Haré lo que mi madre me manda, y me casaré con usted.

DON DIEGO ¿Y después, Paquita?

DOÑA FRANCISCA Después, … y mientras me dure la vida, seré mujer de bien.

DON DIEGO Eso no lo puedo yo dudar…. Pero si usted me considera como el que ha de ser hasta la muerte su compañero y su amigo, dígame usted: estos títulos ¿no me dan algún derecho para merecer de usted mayor confianza? ¿No he de lograr que usted me diga la causa de su dolor? Y no para satisfacer una impertinente curiosidad, sino para emplearme todo en su consuelo, en mejorar su suerte, en hacerla dichosa, si mi conato[164] y mis diligencias pudiesen tanto.

DOÑA FRANCISCA ¡Dichas para mí! … Ya se acabaron.

DON DIEGO ¿Por qué?

DOÑA FRANCISCA Nunca diré por qué.

DON DIEGO Pero ¡qué obstinado, qué imprudente silencio! … Cuando usted misma debe presumir que no estoy ignorante de lo que hay.

DOÑA FRANCISCA Si usted lo ignora, señor don Diego, por Dios no finja que lo sabe; y si en efecto lo sabe usted, no me lo pregunte.

DON DIEGO Bien está. Una vez que no hay nada que decir, que esa aflicción y esas lágrimas son voluntarias, hoy llegaremos a Madrid, y dentro de ocho días será usted mi mujer.

DOÑA FRANCISCA Y daré gusto a mi madre.

DON DIEGO Y vivirá usted infeliz.

DOÑA FRANCISCA Ya lo sé.

DON DIEGO Ve aquí los frutos de la educación. Esto es lo que se llama criar bien a una niña: enseñarla a que desmienta y oculte las pasiones más inocentes con una pérfida disimulación. Las juzgan honestas luego que las ven instruidas en el arte de callar y mentir. Se obstinan en que el temperamento, la edad ni el genio no han de tener influencia alguna en sus inclinaciones, o en que su voluntad ha de torcerse al capricho de quien las gobierna. Todo se las permite, menos la sinceridad. Con tal que no digan lo que sienten, con tal que finjan aborrecer lo que más desean, con tal que se presten a pronunciar, cuando se lo manden, un sí perjuro, sacrílego, origen de tantos escándalos, ya están bien criadas, y se llama excelente educación la que inspira en ellas el temor, la astucia y el silencio de un esclavo.

164. *conato*: tenacidad

DOÑA FRANCISCA Es verdad.... Todo eso es cierto.... Eso exigen de nosotras, eso aprendemos en la escuela que se nos da.... Pero el motivo de mi aflicción es mucho más grande.

DON DIEGO Sea cual fuere, hija mía, es menester que usted se anime.... Si la ve a usted su madre de esa manera, ¿qué ha de decir? ... Mire usted que ya parece que se ha levantado.

DOÑA FRANCISCA ¡Dios mío!

DON DIEGO Sí, Paquita; conviene mucho que usted vuelva un poco sobre sí.... No abandonarse tanto.... Confianza en Dios.... Vamos, que no siempre nuestras desgracias son tan grandes como la imaginación las pinta ... ¡Mire usted qué desorden éste! ¡Qué agitación! ¡Qué lágrimas! Vaya, ¿me da usted palabra de presentarse así ... , con cierta serenidad y...? ¿Eh?

DOÑA FRANCISCA Y usted, señor.... Bien sabe usted el genio de mi madre. Si usted no me defiende, ¿a quién he de volver los ojos? ¿Quién tendrá compasión de esta desdichada?

DON DIEGO Su buen amigo de usted.... Yo ... ¿Cómo es posible que yo la abandonase ... ¡criatura! ... en la situación dolorosa en que la veo? (*asiéndola de las manos*)

DOÑA FRANCISCA ¿De veras?

DON DIEGO Mal conoce usted mi corazón.

DOÑA FRANCISCA Bien le conozco. (*Quiere arrodillarse; don Diego se lo estorba, y ambos se levantan.*)

DON DIEGO ¿Qué hace usted, niña?

DOÑA FRANCISCA Yo no sé ... ¡Qué poco merece toda esa bondad una mujer tan ingrata para con usted! ... No, ingrata no; infeliz ... ¡Ay, qué infeliz soy, señor don Diego!

DON DIEGO Yo bien sé que usted agradece como puede el amor que la tengo.... Lo demás todo ha sido ... ¿qué sé yo? ... , una equivocación mía, y no otra cosa.... Pero usted, ¡inocente!, usted no ha tenido la culpa.

DOÑA FRANCISCA Vamos ... ¿No viene usted?

DON DIEGO Ahora no, Paquita. Dentro de un rato iré por allá.

DOÑA FRANCISCA Vaya usted presto. (*Encaminándose al cuarto de doña Irene, vuelve y se despide de don Diego besándole las manos.*)

DON DIEGO Sí, presto iré

ESCENA IX SIMÓN, DON DIEGO

SIMÓN Ahí están, señor.

DON DIEGO ¿Qué dices?

SIMÓN Cuando yo salía de la puerta, los vi a lo lejos, que iban ya de camino. Empecé a dar voces y hacer señas con el pañuelo; se detuvieron, y apenas llegué y le dije al señorito lo que usted mandaba, volvió las riendas, y está abajo. Le encargué que no subiera hasta que le avisara yo, por si acaso había gente aquí, y usted no quería que le viesen.

DON DIEGO ¿Y qué dijo cuando le diste el recado?

SIMÓN Ni una sola palabra.... Muerto viene.... Ya digo, ni una sola palabra.... A mí me ha dado compasión el verle así tan ...

DON DIEGO No me empieces ya a interceder por él.

SIMÓN ¿Yo, señor?

DON DIEGO Sí, que no te entiendo yo ... ¡Compasión! ... Es un pícaro.

SIMÓN Como yo no sé lo que ha hecho.

DON DIEGO Es un bribón, que me ha de quitar la vida…. Ya te he dicho que no quiero intercesores.

SIMÓN Bien está, señor. (*Vase por la puerta del foro. Don Diego se sienta, manifestando inquietud y enojo.*)

DON DIEGO Dile que suba.

ESCENA X DON CARLOS, DON DIEGO

DON DIEGO Venga usted acá, señorito; venga usted … ¿En dónde has estado desde que no nos vemos?

DON CARLOS En el mesón de afuera.

DON DIEGO ¿Y no has salido de allí en toda la noche, eh?

DON CARLOS Sí, señor; entré en la ciudad y …

DON DIEGO ¿A qué? … Siéntese usted.

DON CARLOS Tenía precisión de hablar con un sujeto … (*Siéntase.*)

DON DIEGO ¡Precisión!

DON CARLOS Sí, señor…. Le debo muchas atenciones, y no era posible volverme a Zaragoza sin estar primero con él.

DON DIEGO Ya. En habiendo tantas obligaciones de por medio…. Pero venirle a ver a las tres de la mañana, me parece mucho desacuerdo ¿Por qué no le escribiste un papel? … Mira, aquí he de tener…. Con este papel que le hubieras enviado en mejor ocasión, no había necesidad de hacerle trasnochar, ni molestar a nadie. (*dándole el papel que tiraron a la ventana. Don Carlos, luego que le reconoce, se le vuelve y se levanta en ademán[165] de irse.*)

DON CARLOS Pues si todo lo sabe usted, ¿para qué me llama? ¿Por qué no me permite seguir mi camino, y se evitaría una contestación de la cual ni usted ni yo quedaremos contentos?

DON DIEGO Quiere saber su tío de usted lo que hay en esto, y quiere que usted se lo diga.

DON CARLOS ¿Para qué saber más?

DON DIEGO Porque yo lo quiero y lo mando. ¡Oiga!

DON CARLOS Bien está.

DON DIEGO Siéntate ahí … (*Siéntase don Carlos.*) ¿En dónde has conocido a esta niña? … ¿Qué amor es éste? ¿Qué circunstancias han ocurrido? … ¿Qué obligaciones hay entre los dos? ¿Dónde, cuándo la viste?

DON CARLOS Volviéndome a Zaragoza el año pasado, llegué a Guadalajara sin ánimo de detenerme; pero el intendente, en cuya casa de campo nos apeamos, se empeñó en que había de quedarme allí todo aquel día, por ser cumpleaños de su parienta, prometiéndome que al siguiente me dejaría proseguir mi viaje. Entre las gentes convidadas hallé a doña Paquita, a quien la señora había sacado aquel día del convento para que se esparciese[166] un poco…. Yo no sé qué vi en ella, que excitó en mí una inquietud, un deseo constante, irresistible, de mirarla, de oírla, de hallarme a su lado, de hablar con ella, de hacerme agradable a sus ojos…. El intendente dijo entre otras cosas … , burlándose … , que yo era muy enamorado, y le ocurrió fingir que me llamaba don Félix de Toledo. Yo sostuve esa ficción, porque desde luego concebí la idea de permanecer algún tiempo en

165. *ademán*: gesto
166. *para que se esparciese*: para que se recreara

aquella ciudad, evitando que llegase a noticia de usted…. Observé que doña Paquita me trató con un agrado particular, y cuando por la noche nos separamos, yo quedé lleno de vanidad y de esperanzas, viéndome preferido a todos los concurrentes de aquel día, que fueron muchos. En fin…. Pero no quisiera ofender a usted refiriéndole …

DON DIEGO Prosigue.

DON CARLOS Supe que era hija de una señora de Madrid, viuda y pobre, pero de gente muy honrada…. Fue necesario fiar de mi amigo los proyectos de amor que me obligaban a quedarme en su compañía; y él, sin aplaudirlos ni desaprobarlos, halló disculpas, las más ingeniosas, para que ninguno de su familia extrañara mi detención. Como su casa de campo está inmediata a la ciudad, fácilmente iba y venía de noche…. Logré que doña Paquita leyese algunas cartas mías; y con las pocas respuestas que de ella tuve, acabé de precipitarme en una pasión que mientras viva me hará infeliz.

DON DIEGO Vaya…. Vamos, sigue adelante.

DON CARLOS Mi asistente (que, como usted sabe, es hombre de travesura y conoce el mundo), con mil artificios que a cada paso le ocurrían, facilitó los muchos estorbos que al principio hallábamos…. La seña era dar tres palmadas, a las cuales respondían con otras tres desde una ventanilla que daba al corral de las monjas. Hablábamos todas las noches, muy a deshora, con el recato y las precauciones que ya se dejan entender…. Siempre fui para ella don Félix de Toledo, oficial de un regimiento, estimado de mis jefes y hombre de honor…. Nunca la dije más, ni la hablé de mis parientes, ni de mis esperanzas, ni la di a entender que casándose conmigo podría aspirar a mejor fortuna; porque ni me convenía nombrarle a usted, ni quise exponerla a que las miras de interés, y no el amor, la inclinasen a favorecerme. De cada vez la hallé más fina, más hermosa, más digna de ser adorada…. Cerca de tres meses me detuve allí; pero al fin era necesario separarnos, y una noche funesta me despedí, la dejé rendida a un desmayo mortal, y me fui, ciego de amor, adonde mi obligación me llamaba…. Sus cartas consolaron por algún tiempo mi ausencia triste, y en una que recibí pocos días ha, me dijo cómo su madre trataba de casarla, que primero perdería la vida que dar su mano a otro que a mí; me acordaba mis juramentos, me exhortaba a cumplirlos…. Monté a caballo, corrí precipitado el camino, llegué` a Guadalajara, no la encontré, vine aquí…. Lo demás bien lo sabe usted, no hay para qué decírselo.

DON DIEGO ¿Y qué proyectos eran los tuyos en esta venida?

DON CARLOS Consolarla, jurarla de nuevo un eterno amor, pasar a Madrid, verle a usted, echarme a sus pies, referirle todo lo ocurrido, y pedirle, no riquezas, ni herencias, ni protecciones, ni … eso no…. Sólo su consentimiento y su bendición para verificar un enlace tan suspirado, en que ella y yo fundábamos toda nuestra felicidad.

DON DIEGO Pues ya ves, Carlos, que es tiempo de pensar muy de otra manera.

DON CARLOS Sí, señor.

DON DIEGO Si tú la quieres, yo la quiero también. Su madre y toda su familia aplauden este casamiento. Ella … y sean las que fueren las promesas que a ti te hizo … , ella misma, no ha media hora, me ha dicho que está pronta a obedecer a su madre y darme la mano, así que …

DON CARLOS Pero no el corazón. (*Levántase.*)

DON DIEGO ¿Qué dices?

DON CARLOS No, eso no…. Sería ofenderla…. Usted celebrará sus bodas cuando guste; ella se portará siempre como conviene a su honestidad y a su virtud; pero yo he sido el primero, el único objeto de su cariño, lo soy y lo seré…. Usted se llamará su

marido; pero si alguna o muchas veces la sorprende, y ve sus ojos hermosos inundados en lágrimas, por mí las vierte ...[167] No la pregunte usted jamás el motivo de sus melancolías.... Yo, yo seré la causa.... Los suspiros, que en vano procurará reprimir, serán finezas dirigidas a un amigo ausente.

DON DIEGO ¿Qué temeridad es ésta? (*Se levanta con mucho enojo, encaminándose hacia don Carlos, que se va retirando.*)

DON CARLOS Ya se lo dije a usted.... Era imposible que yo hablase una palabra sin ofenderle.... Pero acabemos esta odiosa conversación ... Viva usted feliz, y no me aborrezca, que yo en nada le he querido disgustar.... La prueba mayor que yo puedo darle de mi obediencia y mi respeto, es la de salir de aquí inmediatamente.... Pero no se me niegue a lo menos el consuelo de saber que usted me perdona.

DON DIEGO ¿Conque, en efecto, te vas?

DON CARLOS Al instante, señor.... Y esta ausencia será bien larga.

DON DIEGO ¿Por qué?

DON CARLOS Porque no me conviene verla en mi vida.... Si las voces que corren de una próxima guerra se llegaran a verificar ... entonces ...

DON DIEGO ¿Qué quieres decir? (*Asiendo de un brazo a don Carlos le hace venir más adelante.*)

DON CARLOS Nada.... Que apetezco la guerra porque soy soldado.

DON DIEGO ¡Carlos! ... ¡Qué horror! ... ¿Y tienes corazón para decírmelo?

DON CARLOS Alguien viene ... (*Mirando con inquietud hacia el cuarto de doña Irene, se desprende de don Diego y hace que se va por la puerta del foro. Don Diego va detrás de él y quiere detenerle.*) Tal vez será ella.... Quede usted con Dios.

DON DIEGO ¿Adónde vas? ... No, señor; no has de irte.

DON CARLOS Es preciso ... Yo no he de verla.... Una sola mirada nuestra pudiera causarle a usted inquietudes crueles.

DON DIEGO Ya he dicho que no ha de ser.... Entra en ese cuarto.

DON CARLOS Pero si ...

DON DIEGO Haz lo que te mando.

(*Éntrase don Carlos en el cuarto de don Diego.*)

ESCENA XI DOÑA IRENE, DON DIEGO

DOÑA IRENE Conque, señor don Diego, ¿es ya la de vámonos? ... Buenos días ... (*Apaga la luz que está sobre la mesa.*) ¿Reza usted?

DO DIEGO (*paseándose con inquietud*) Sí, para rezar estoy ahora.

DOÑA IRENE Si usted quiere, ya pueden ir disponiendo el chocolate, y que avisen al mayoral para que enganchen luego que.... Pero ¿qué tiene usted, señor? ... ¿Hay alguna novedad?

DON DIEGO Sí; no deja de haber novedades.

DOÑA IRENE Pues ¿qué? ... Dígalo usted, por Dios ... ¡Vaya, vaya! ... No sabe usted lo asustada que estoy.... Cualquiera cosa, así, repentina, me remueve toda y me.... Desde el último mal parto que tuve, quedé tan sumamente delicada de los nervios.... Y va ya para diez y nueve años, si no son veinte; pero desde entonces, ya digo, cualquiera friolera me trastorna.... Ni los baños, ni caldos de culebra, ni la conserva de tamarindos; nada me ha servido; de manera que ...

167. *vierte*: deja caer; llora

DON DIEGO Vamos, ahora no hablemos de malos partos ni de conservas…. Hay otra cosa más importante de que tratar … ¿Qué hacen esas muchachas?

DOÑA IRENE Están recogiendo la ropa y haciendo el cofre[168] para que todo esté a la vela y no haya detención.

DON DIEGO Muy bien. Siéntese usted…. Y no hay que asustarse ni alborotarse (*Siéntanse los dos.*) por nada de lo que yo diga; y cuenta, no nos abandone el juicio cuando más lo necesitamos…. Su hija de usted está enamorada …

DOÑA IRENE ¿Pues no lo he dicho ya mil veces? Sí señor que lo está; y bastaba que yo lo dijese para que …

DON DIEGO ¡Este vicio maldito de interrumpir a cada paso! Déjeme usted hablar.

DOÑA IRENE Bien, vamos, hable usted.

DON DIEGO Está enamorada; pero no está enamorada de mí.

DOÑA IRENE ¿Qué dice usted?

DON DIEGO Lo que usted oye.

DOÑA IRENE Pero ¿quién le ha contado a usted esos disparates?

DON DIEGO Nadie. Yo lo sé, yo lo he visto, nadie me lo ha contado, y cuando se lo digo a usted, bien seguro estoy de que es verdad…. Vaya, ¿qué llanto es ése?

DOÑA IRENE (*Llora.*) ¡Pobre de mí!

DON DIEGO ¿A qué viene eso?

DOÑA IRENE ¡Porque me ven sola y sin medios, y porque soy una pobre viuda, parece que todos me desprecian y se conjuran contra mí!

DON DIEGO Señora doña Irene …

DOÑA IRENE Al cabo de mis años y de mis achaques,[169] verme tratada de esta manera, como un estropajo,[170] como una puerca cenicienta, vamos al decir … ¿Quién lo creyera de usted? … ¡Válgame Dios! … ¡Si vivieran mis tres difuntos! … Con el último difunto que me viviera, que tenía un genio como una serpiente …

DON DIEGO Mire usted, señora, que se me acaba ya la paciencia.

DOÑA IRENE Que lo mismo era replicarle que se ponía hecho una furia del infierno, y un día del Corpus, yo no sé por qué friolera, hartó de mojicones[171] a un comisario ordenador, y si no hubiera sido por dos padres del Carmen, que se pusieron de por medio, le estrella contra un poste en los portales de Santa Cruz.

DON DIEGO Pero ¿es posible que no ha de atender usted a lo que voy a decirla?

DOÑA IRENE ¡Ay! No, señor; que bien lo sé, que no tengo pelo de tonta, no, señor…. Usted ya no quiere a la niña, y busca pretextos para zafarse de la obligación en que está … ¡Hija de mi alma y de mi corazón!

DON DIEGO Señora doña Irene, hágame usted el gusto de oírme, de no replicarme, de no decir despropósitos, y luego que usted sepa lo que hay, llore y gima, y grite y diga cuanto quiera…. Pero, entretanto, no me apure usted el sufrimiento, por amor de Dios.

DOÑA IRENE Diga usted lo que le dé la gana.

DON DIEGO Que no volvamos otra vez a llorar y a …

DOÑA IRENE No, señor; ya no lloro. (*enjugándose*[172] *las lágrimas con un pañuelo*)

168. *cofre*: caja o baúl
169. *achaques*: indisposiciones
170. *estropajo*: persona o cosa inútil
171. *mojicones*: bofetadas
172. *enjugándose*: secándose

DON DIEGO Pues hace ya cosa de un año, poco más o menos, que doña Paquita tiene otro amante. Se han hablado muchas veces, se han escrito, se han prometido amor, fidelidad, constancia.... Y, por último, existe en ambos una pasión tan fina, que las dificultades y la ausencia, lejos de disminuirla, han contribuido eficazmente a hacerla mayor. En este supuesto

...

DOÑA IRENE ¿Pero no conoce usted, señor, que todo es un chisme inventado por alguna mala lengua que no nos quiere bien?

DON DIEGO Volvemos otra vez a lo mismo.... No señora; no es chisme. Repito de nuevo que lo sé.

DOÑA IRENE ¿Qué ha de saber usted, señor, ni qué traza tiene eso de verdad? ¡Conque la hija de mis entrañas, encerrada en un convento, ayunando los siete reviernes, acompañada de aquellas santas religiosas! ¡Ella, que no sabe lo que es mundo, que no ha salido todavía del cascarón,[173] como quien dice! ... Bien se conoce que no sabe usted el genio que tiene Circuncisión ... ¡Pues bonita es ella para haber disimulado a su sobrina el menor desliz![174]

DON DIEGO Aquí no se trata de ningún desliz, señora doña Irene; se trata de una inclinación honesta, de la cual hasta ahora no habíamos tenido antecedente alguno. Su hija de usted es una niña muy honrada, y no es capaz de deslizarse[175] ... Lo que digo es que la madre Circuncisión, y la Soledad, y la Candelaria, y todas las madres, y usted, y yo el primero, nos hemos equivocado solemnemente. La muchacha se quiere casar con otro, y no conmigo.... Hemos llegado tarde; usted ha contado muy de ligero con la voluntad de su hija.... Vaya, ¿para qué es cansarnos? Lea usted ese papel, y Verá si tengo razón. (*Saca el papel de don Carlos y se le da a doña Irene. Ella, sin leerle, se levanta muy agitada, se acerca a la puerta de su cuarto y llama. Levántase don Diego y procura en vano contenerla.*)

DOÑA IRENE Yo he de volverme loca! ... ¡Francisquita! ... ¡Virgen del Tremedal! ... ¡Rita! ¡Francisca!

DON DIEGO Pero ¿a qué es llamarlas?

DOÑA IRENE Sí, señor; que quiero que venga y que se desengañe la pobrecita de quién es usted.

DON DIEGO Lo echó todo a rodar[176] ... Esto le sucede a quien se fía de la prudencia de una mujer.

ESCENA XII DOÑA FRANCISCA, RITA, DOÑA IRENE, DON DIEGO

RITA Señora.

DOÑA FRANCISCA ¿Me llamaba usted?

DOÑA IRENE Sí, hija, sí; porque el señor don Diego nos trata de un modo que ya no se puede aguantar. ¿Qué amores tienes, niña? ¿A quién has dado palabra de matrimonio? ¿Qué enredos son éstos? ... Y tú, picarona.... Pues tú también lo has de saber.... Por fuerza lo sabes ... ¿Quién ha escrito este papel? ¿Qué dice? (*presentando el papel abierto a doña Francisca.*)

RITA (*aparte a doña Francisca*) Su letra es.

173. *cascarón*: cáscara de huevo. Es decir, Paquita tiene poca experiencia; es un "bebé".
174. *desliz*: fallo involuntario
175. *deslizarse*: cometer un error
176. lo echó todo a rodar: empezó todo

DOÑA FRANCISCA ¡Qué maldad! … Señor don Diego, ¿así cumple usted su palabra?

DON DIEGO Bien sabe Dios que no tengo la culpa…. Venga usted aquí. (*Tomando de una mano a doña Francisca, la pone a su lado.*) No hay que temer…. Y usted, señora, escuche y calle, y no me ponga en términos de hacer un desatino[177] … Deme usted ese papel … (*Quitándole el papel.*) Paquita, ya se acuerda usted de las tres palmadas de esta noche.

DOÑA FRANCISCA Mientras viva me acordaré.

DON DIEGO Pues éste es el papel que tiraron a la ventana…. No hay que asustarse, ya lo he dicho. (*Lee.*) Bien mío; si no consigo hablar con usted, haré lo posible para que llegue a sus manos esta carta. Apenas me separé de usted, encontré en la posada al que yo llamaba mi enemigo, y al verle no sé cómo no expiré de dolor. Me mandó que saliera inmediatamente de la ciudad, y fue preciso obedecerle. Yo me llamo don Carlos, no don Félix. Don Diego es mi tío. Viva usted dichosa, y olvide para siempre a su infeliz amigo.— Carlos de Urbina.

DOÑA IRENE ¿Conque hay eso?

DOÑA FRANCISCA ¡Triste de mí!

DOÑA IRENE ¿Conque es verdad lo que decía el señor, grandísima picarona? Te has de acordar de mí. (*Se encamina hacia doña Francisca, muy colérica, y en ademán de querer maltratarla. Rita y don Diego lo estorban.*)

DOÑA FRANCISCA ¡Madre! … ¡Perdón!

DOÑA IRENE No, señor; que la he de matar.

DON DIEGO ¿Qué locura es ésta?

DOÑA IRENE He de matarla.

ESCENA XIII DON CARLOS, DON DIEGO, DOÑA IRENE, DOÑA FRANCISCA, RITA

(*Sale don Carlos del cuarto precipitadamente; coge de un brazo a doña Francisca, se la lleva hacia el fondo del teatro y se pone delante de ella para defenderla. Doña Irene se asusta y se retira.*)

DON CARLOS Eso no…. Delante de mí nadie ha de ofenderla.

DOÑA FRANCISCA ¡Carlos!

DON CARLOS (*a don Diego*) Disimule usted mi atrevimiento…. He visto que la insultaban y no me he sabido contener.

DOÑA IRENE ¿Qué es lo que me sucede, Dios mío? ¿Quién es usted? … ¿Qué acciones son éstas? … ¡Qué escándalo!

DON DIEGO Aquí no hay escándalos…. Ése es de quien su hija de usted está enamorada…. Separarlos y matarlos viene a ser lo mismo…. Carlos…. No importa…. Abraza a tu mujer.

(*Se abrazan don Carlos y doña Francisca, y después se arrodillan a los pies de don Diego.*)

DOÑA IRENE ¿Conque su sobrino de usted?

DON DIEGO Sí, señora; mi sobrino, que con sus palmadas, y su música, y su papel me ha dado la noche más terrible que he tenido en mi vida … ¿Qué es esto, hijos míos; qué es esto?

DOÑA FRANCISCA ¿Conque usted nos perdona y nos hace felices?

177. *desatino*: locura

DON DIEGO Sí, prendas de mi alma.... Sí. (*Los hace levantar con expresión de ternura.*)

DOÑA IRENE ¿Y es posible que usted se determina a hacer un sacrificio? ...

DON DIEGO Yo pude separarlos para siempre y gozar tranquilamente la posesión de esta niña amable, pero mi conciencia no lo sufre ... ¡Carlos! ... ¡Paquita! ¡Qué dolorosa impresión me deja en el alma el esfuerzo que acabo de hacer! ... Porque, al fin, soy hombre miserable y débil.

DON CARLOS Si nuestro amor (*besándole las manos*), si nuestro agradecimiento pueden bastar a consolar a usted en tanta pérdida ...

DOÑA IRENE ¡Conque el bueno de don Carlos! Vaya que ...

DON DIEGO Él y su hija de usted estaban locos de amor, mientras que usted y las tías fundaban castillos en el aire, y me llenaban la cabeza de ilusiones, que han desaparecido como un sueño.... Esto resulta del abuso de autoridad, de la opresión que la juventud padece, y éstas son las seguridades que dan los padres y los tutores, y esto lo que se debe fiar en el sí de las niñas.... Por una casualidad he sabido a tiempo el error en que estaba ... ¡Ay de aquellos que lo saben tarde!

DOÑA IRENE En fin, Dios los haga buenos, y que por muchos años se gocen.... Venga usted acá, señor; venga usted, que quiero abrazarte. (*Abrazando a don Carlos doña Francisca se arrodilla y besa la mano a su madre.*) Hija, Francisquita. ¡Vaya! Buena elección has tenido.... Cierto que es un mozo muy galán.... Morenillo, pero tiene un mirar de ojos muy hechicero.

RITA Sí, dígaselo usted, que no lo ha reparado[178] la niña.... Señorita, un millón de besos. (*Se besan doña Francisca y Rita.*)

DOÑA FRANCISCA Pero ¿ves qué, alegría tan grande? ... ¡Y tú, como me quieres tanto! ... Siempre, siempre serás mi amiga.

DON DIEGO Paquita hermosa (*Abraza a doña Francisca.*), recibe los primeros abrazos de tu nuevo padre.... No temo ya la soledad terrible que amenazaba a mi vejez.... Vosotros (*asiendo de los manos a doña Francisca y a don Carlos*) seréis la delicia de mi corazón; y el primer fruto de vuestro amor ... , sí, hijos, aquél ... no hay remedio, aquél es para mí. Y cuando le acaricie en mis brazos, podré decir: a mí me debe su existencia este niño inocente; si sus padres viven, si son felices, yo he sido la causa.

DON CARLOS ¡Bendita sea tanta bondad!

DON DIEGO Hijos, bendita sea la de Dios.

FIN

E. Cuestionario

ACTO I

1. ¿Dónde están los personajes al principio de este acto?
2. ¿Por qué no quiere ser visto don Diego?
3. Explica la confusión de Simón con respecto a la decisión de don Diego.
4. ¿Cómo es Paquita según don Diego? ¿Es así en realidad?
5. ¿Por qué está enfadado don Diego con su sobrino Carlos?
6. ¿Cómo es doña Irene? Menciona dos ejemplos de su caracterización.

178. *reparado*: considerado

7. ¿Qué quiere saber don Diego?

8. ¿Quién llega a la posada al final del primer acto?

9. ¿Por qué Paquita, en algún momento mientras conversan los tres, pide permiso para irse ("¿Me voy, mamá"?)? ¿Qué demuestra su pregunta?

ACTO II

1. ¿Cómo intenta manipular doña Irene a Paquita?

2. ¿Por qué quiere don Diego que doña Paquita le hable y no doña Irene?

3. ¿Cómo reacciona doña Paquita cuando ve a don Carlos?

4. ¿Cómo se compara la relación entre don Carlos y su tío con la relación entre doña Paquita y su madre?

5. ¿Cómo recibe don Diego a su sobrino? ¿Por qué lo trata así?

6. ¿Qué descubren Rita y doña Paquita al final del acto y cómo reaccionan?

ACTO III

1. ¿Cómo se entera don Diego de los amores de don Carlos y doña Paquita y cómo reacciona?

2. ¿Qué opina don Diego de la educación de las niñas?

3. ¿Cuándo y dónde conoció don Carlos a doña Paquita?

4. Describe la confrontación entre don Diego y don Carlos.

5. ¿De qué se da cuenta don Diego en ese momento?

6. ¿Cómo reacciona doña Irene cuando don Diego le dice que doña Paquita quiere a otro hombre?

7. ¿Cómo termina la obra?

Consideraciones generales[179]

1. La importancia de la edad. ¿Te casarías con una persona cincuenta años mayor que tú?

2. Las instituciones sociales cuestionadas durante este período de confusión social

3. La emoción/razón. ¿Cuál es más importante?

La literatura hispanoamericana del siglo XVIII

I. Francisco J. Clavijero (1731–1787)

A. Términos literarios

1. La etnografía
2. El costumbrismo

179. Dada la extensión de ciertas piezas, a veces incluimos secciones adicionales para que puedan tener una discusión más fructífera en clase.

B. El autor y su contexto social

1. La Ilustración
2. El nacionalismo mexicano
3. La imagen del indígena

C. Imágenes en contexto

Busca *Cérémonies et coutumes religieuses de tous les peuples du monde* (Bernard Picart, 1727) en línea (Google Imágenes) y piensa en lo siguiente en preparación para esta sección:

1. La imagen de los indígenas
2. Elementos visuales neoclásicos

E. El texto

1. *Historia antigua de México* (selecciones), 1780–1781

"Prólogo"

"Me he propuesto como principal objeto la verdad. Yo me habría fatigado menos y mi historia sería acaso más agradable a muchos, si toda la diligencia que he puesto en averiguar la verdad, la hubiese aplicado a hermosear mi narración con un estilo brillante y elocuente, con reflexiones filosóficas y políticas, y con hechos inventados por el capricho, como veo lo hacen no pocos autores de nuestro ponderado siglo. Pero a mí, enemigo de todo engaño, mentira y afectación, me parece que la verdad es tanto más hermosa cuanto está más desnuda. Al referir los acontecimientos de la conquista que hicieron los españoles, me aparto igualmente del panegírico de Solís que de la invectiva del ilustrísimo señor Las Casas,[180] porque no quiero adular a mis nacionales ni tampoco calumniarlos. Dejo los hechos en aquel grado de certeza o verosimilitud en que los encuentro: en donde no puedo acertar con algún suceso por razón de la discordancia de los autores, como en la muerte del rey Moctezuma, expongo sinceramente los diversos pareceres, pero sin omitir las conjeturas que dicta la recta razón. En suma, he tenido siempre presentes aquellas dos santas leyes de la historia: no atreverse a decir mentira, ni temer decir la verdad, y creo que no las he quebrantado".

[…] "Bartolomé de las Casas, famoso dominico español, primer obispo de Chiapas y muy benemérito de los indios. Los terribles escritos presentados por este venerable prelado a los reyes Carlos V y Felipe II en favor de los indios y contra los españoles conquistadores, impresos en Sevilla y después traducidos y reimpresos a competencia, en odio de los españoles, en varias lenguas de Europa, contienen algunos puntos de la historia antigua de los mexicanos; pero tan alterados y exagerados, que no puedo descansar sobre la fe del autor, aunque, por otra parte, muy respetable. El demasiado fuego de su celo difundió luz con humo, esto es, lo verdadero mezclado con lo falso, no porque de intento solicitase engañar a su rey y a todo el mundo, pues que sospechar de él tanta maldad

180. *Señor Las Casas*: Bartolomé de las Casas (1484–1566), el gran defensor de los indígenas

sería hacer injuria a su virtud, reconocida y respetada aun por sus enemigos, sino porque no habiendo presenciado lo que refiere de México, se confió demasiado de los informes de otros, lo que haré ver en algunos lugares de esta historia. Acaso hubieran ayudado mucho más estas otras dos grandes obras no publicadas hasta ahora, que son: I. Una Historia apologética[181] del clima y de la tierra de los países de la América, de la índole, las costumbres, etc., de los americanos sujetos al dominio del rey católico. Este manuscrito, en ochocientas treinta fojas,[182] se conservaba en la librería de los dominicos de Valladolid en España, donde lo leyó Remesal,[183] como lo testifica en su Crónica de los dominicos de Chiapas y Guatemala. II. Una Historia general de América, en tres tomos en folios, de la cual había una copia en la librería del Sr. conde de Villaumbrosa en Madrid, donde la vio Pinelo,[184] según afirma en su Biblioteca occidental. Dos tomos de esta obra vio el referido autor en el célebre archivo de Simancas, que ha, sido el sepulcro de muchos preciosos manuscritos de la América. Dos tomos igualmente había en Amsterdam, en la librería de Jacobo Kricio".

"Carácter de los mexicanos y demás naciones de anáhuac"

Las naciones que ocupaban estas tierras antes de los españoles, aunque muy diferentes entre sí en su lenguaje y parte también en sus costumbres, eran casi de un mismo carácter. La constitución física y moral de los mexicanos, su genio y sus inclinaciones, eran las mismas de los acolhuas, los tlaxcaltecas, los tepanecas[185] y las demás naciones, sin otra diferencia que la que produce la diferente educación. Y así, lo que dijere de unos quiero que se entienda de los demás. Varios autores, así antiguos como modernos, han emprendido[186] el retrato de estas naciones; pero entre tantos no se ha hallado uno que sea exacto y en todo fiel. La pasión y los prejuicios en unos autores, y la falta de conocimiento o de reflexión en otros, les han hecho emplear diversos colores de los que debieran. Lo que yo diré va fundado sobre un serio y prolijo[187] estudio de su historia, y sobre el íntimo trato de los mexicanos por muchos años. Por otra parte, no reconozco en mí cosa alguna que pueda preocuparme en favor o en contra de ellos. Ni la razón de compatriota inclina mi discernimiento en su favor, ni el amor de mi nación o el celo del honor de mis nacionales me empeña a condenarlos; y así diré franca y sinceramente lo bueno y lo malo que en ellos he conocido. Son los mexicanos de estatura regular, de la cual se desvían más frecuentemente por exceso que por defecto; de buenas carnes y de una justa proporción en todos sus miembros; de frente angosta,[188] de ojos negros y de una dentadura igual, firme, blanca y tersa; sus cabellos tupidos,[189] gruesos y lisos; de poca barba y rala[190] y de ningún pelo (por lo común) en aquellas partes del cuerpo que no recata el pudor.[191] El color de su piel es ordinariamente castaño claro. No creo que se hallará nación alguna

181. *historia apologética*: un tipo de defensa que un autor emplea para discutir sus creencias.
182. *fojas*: páginas
183. *Remesal*: Antonio de Remesal (1570–1619), historiador español que escribió un libro sobre Las Casas
184. *Pinelo*: Antonio de León Pinelo (1589–1660), historiador colonial de Tucumán, Argentina.
185. los acolhuas, los tlaxcaltecas, los tepanecas: tribus indígenas
186. *emprendido*: empezado
187. *prolijo*: cuidadoso
188. *angosta*: pequeña
189. *tupidos*: tienen sus elementos muy juntos o apretados
190. *rala*: no abundante
191. *recata el pudor*: encubre la modestia

en que sean más raros los contrahechos.[192] Un mexicano corcovado,[193] un estevado,[194] un bizco,[195] se puede mirar como un fenómeno. Su color, su poca barba y sus gruesos cabellos, se equilibran de tal suerte con la regularidad y proporción de sus miembros, que tienen un justo medio entre la hermosura y la deformidad; su semblante ni atrae ni ofende; pero en las jóvenes del otro sexo se ven muchas blancas y de singular belleza, a la cual dan mayor realce[196] la dulzura de su voz, la suavidad de su genio y la natural modestia de su semblante.

Sus sentidos son muy vivos, especialmente el de la vista, la cual conservan entera aun en su decrepitud. Su complexión es sana y su salud robusta. Están libres de muchas enfermedades que son frecuentes en los españoles; pero en las epidemias, que suele haber de tiempo en tiempo, son ellos las principales víctimas: en ellos empiezan y en ellos acaban. Jamás se percibe de la boca de un mexicano aquel mal aliento que produce en otros la corrupción de los humores o la indigestión del alimento. Son de complexión flemática,[197] pero su salivación es rara y muy escasas las evacuaciones pituitosas[198] de la cabeza. Encanecen[199] y encalvecen[200] más tarde que los españoles, y no son muy raros entre ellos los que arriban a la edad centenaria. De los demás casi todos mueren de enfermedad aguda.

Son y han sido siempre muy sobrios[201] en la comida; pero es vehemente su inclinación a los licores espirituosos.[202] En otro tiempo la severidad de las leyes los contenían en su beber; hoy la abundancia de semejantes licores y la impunidad[203] de la embriaguez[204] los han puesto en tal estado, que la mitad de la nación no acaba el día en su juicio; y esta es sin duda la principal causa del estrago[205] que hacen en ellos las enfermedades epidémicas; a lo cual se allega la miseria en que viven, más expuestos que otro alguno a recibir las malignas impresiones, y una vez recibidas, más destituidos de los medios para corregirlas.

Sus almas son en lo radical como las de los demás hombres, y están dotados de las mismas facultades. Jamás han hecho menos honor a su razón los europeos, que cuando dudaron de la racionalidad de los americanos. La policía[206] que vieron los españoles en México, muy superior a la que hallaron los fenicios y cartagineses en nuestra España, y los romanos en las Galias y en la Gran Bretaña, debía bastar para que jamás se excitare semejante duda en un entendimiento humano, si no hubieran contribuido a promoverla ciertos intereses injuriosos a la humanidad. Sus entendimientos son capaces de todas las

192. *contrahechos*: gente deforme
193. *corcovado*: con un defecto de la espalda
194. *estevado*: tener las piernas arqueadas
195. *bizco*: ojo o mirada que está torcido/a
196. *realce*: relieve, importancia, estimación
197. *flemática*: actúan con calma; término de la medicina humoral
198. *pituitosas*: mocosas
199. *encanecen*: llegan a tener canas
200. *encalvecen*: Se les cae el pelo.
201. *sobrios*: mesurados
202. *licores espirituosos*: bebidas alcohólicas
203. *impunidad*: falta de castigo o censura
204. *embriaguez*: estado producido por el consumo excesivo del alcohol
205. *estrago*: daño
206. *policía*: cortesía, buena crianza y urbanidad en el trato y costumbres (uso arcaico)

ciencias, como lo ha demostrado la experiencia. Entre los pocos mexicanos que se han dedicado al estudio de las letras, por estar el común de la nación empleado en los trabajos públicos y privados, hemos conocido hábiles geómetras, excelentes arquitectos, doctos teólogos y buenos filósofos, y tan buenos (hablo de la Filosofía Arábiga que se enseñaba en nuestras escuelas) que en concurso de muchos hábiles criollos llevaron el primer lugar, de los cuales aún viven algunos que podría nombrar.

Muchos, concediendo a los mexicanos una grande habilidad para la imitación, se la niegan para la invención. Error vulgar que se ve desmentido en la historia antigua de la nación. Su voluntad es sensible a las pasiones, pero éstas no sobran en sus almas con aquel ímpetu y furor que en otras. No se ven regularmente en los mexicanos aquellos transportes de ira, ni aquellos frenesíes del amor que son tan frecuentes en otras naciones. Son lentos en sus operaciones y de una flema imponderable en aquellas obras que necesitan de tiempo y de prolijidad.[207] Son muy sufridos en las injurias y trabajos, y muy agradecidos a cualquier beneficio, cuando la continua experiencia de tantos males no les hace temer algún daño de la mano benéfica. Pero algunos poco reflexivos, confundiendo el sufrimiento con la indolencia y la desconfianza con la ingratitud, dicen ya como proverbio, que el indio ni siente agravio ni agradece beneficio. Esta habitual desconfianza en que viven, los induce frecuentemente a la mendacidad[208] y a la perfidia, y, generalmente hablando, la buena fe no ha tenido entre ellos toda la estimación que debiera.

Son por su naturaleza serios, taciturnos y severos, y más celosos del castigo de los delitos que del premio de las virtudes. El desinterés y la liberalidad son de los principales atributos de su carácter. El oro no tiene para ellos todos los atractivos que tiene para otros. Dan sin dificultad lo que adquieren con sumo trabajo. Su desinterés y su poco amor a los españoles les hace rehusar el trabajo a que éstos los obligan, y esta es la decantada pereza de los americanos. Sin embargo, no hay gente en aquel reino que trabaje más, ni cuyo trabajo sea más útil ni más necesario.

El respeto de los hijos a los padres y de los jóvenes a los ancianos, es innato a la nación. Los padres aman demasiado a sus hijos; pero el amor del marido a la mujer es mucho menor que el de la mujer al marido. Es común (no general) en los hombres, el inclinarse más a la mujer ajena que a la propia.

El valor y la cobardía en diversos sentidos se alternan de tal suerte en sus ánimos, que es difícil el determinar cuál de los dos prevalezca. Se avanzan con intrepidez a todos los peligros que les amenazan de parte de las causas naturales; pero basta a intimidarlos el ceño[209] de un español. Aquella estúpida indiferencia respecto de la muerte y de la eternidad, que algunos autores creen trascendental a todos los americanos, sólo se verifica en aquellos que por falta de instrucción no han formado idea del juicio de Dios.

Su particular afecto a las prácticas exteriores de religión, degenera fácilmente en superstición, como sucede a los ignorantes de todas las naciones cristianas. Su pretendida adhesión a la idolatría[210] es una quimera forjada en la desarreglada imaginación de

207. *prolijidad*: detalle
208. *mendacidad*: falsedad, engaño
209. *ceño*: gesto, expresión
210. *idolatría*: adoración de ídolos. Los cristianos consideraban los ídolos como falsos dioses y una amenaza al cristianismo.

algunos necios. Uno u otro ejemplar de algunos serranos[211] no es bastante para infamar a todo el cuerpo de la nación.

Finalmente, en la composición del carácter de los mexicanos, como en la del carácter de las demás naciones, entra lo malo y lo bueno, pero lo malo podría en la mayor parte corregirse con la educación, como lo ha mostrado la experiencia. Difícilmente se hallará juventud más dócil para la instrucción, como no se ha visto jamás mayor docilidad que la de sus antepasados a la luz del Evangelio.

Por lo demás no puede dudarse que los mexicanos presentes no son en todo semejantes a los antiguos, como no son semejantes los griegos modernos a los que existieron en tiempos de Platón y de Pericles.[212] La constitución política y la religión de un Estado, tienen demasiado influjo en los ánimos de una nación. En las almas de los antiguos mexicanos había más fuego, y hacían mayor impresión las ideas de honor. Eran más intrépidos, más ágiles, más industriosos y más activos, pero más supersticiosos y más inhumanos.

E. Cuestionario

1. ¿Qué observa Clavijero en la *Brevísima relación* de Las Casas? ¿Qué vínculos existen entre esta crítica del relato del dominicano y la estética neoclasicista de Clavijero?
2. ¿En qué se basa la autoridad del jesuita?
3. ¿Cuáles son las características físicas del pueblo mexicano, según este texto? ¿Y las características de su psicología? ¿Existe una relación entre lo físico y lo psicológico en esta descripción? Explica.
4. ¿Cómo se comparan los mexicanos con otros grupos indígenas? ¿Y con los españoles?
5. En general, ¿cuál ha sido el efecto de la presencia española en el pueblo mexicano, según este relato?
6. ¿Cuáles son algunos ejemplos del Neoclasicismo manifestados en esta selección? ¿Y del costumbrismo?

Redes analíticas

1. ¿Qué relaciones existen entre el neoclasicismo, el costumbrismo y una conciencia independentista americana naciente en la selección de Clavijero?
2. ¿Cómo toca Moratín cuestiones de identidad nacional en su drama?
3. ¿Cómo se enfrentan estos dos autores a las tradiciones literarias y/o sociales del pasado? Piensa, por ejemplo, en las referencias a la *Brevísima relación* en el texto de Clavijero y en la presentación del tema del honor y las

211. *serranos*: rústicos
212. *Pericles*: político y orador famoso de la Antigua Grecia

máscaras sociales en *El retablo de las maravillas* (Cervantes) y en *El sí de las niñas*.

4. ¿Cómo intentan estos dos autores introducir un elemento didáctico en sus obras? ¿Cuáles son sus propósitos sociales?
5. Discute el tema de la autonomía/la libertad política, personal en estas selecciones.

El siglo XIX: España y las Américas

Busca *El caminante sobre el mar de nubes* (Caspar David Friedrich, 1818) en línea (Google Imágenes) y piensa en lo siguiente en preparación para esta sección:

- El hombre en relación con el paisaje
- Los colores
- El punto de vista del hombre

Introducción: primera mitad del siglo XIX, el Romanticismo

El siglo XIX en España típicamente, pero no estrictamente, se divide en dos partes al hablar de su historia literaria. La primera corresponde al Romanticismo. Opuesto al racionalismo de la Ilustración, en el Romanticismo la realidad se vuelve subjetiva, ya que los sentimientos sustituyen a la razón. A pesar del adjetivo "romántico" que el nombre evoca, el Romanticismo en términos generales tiene muy poco que ver con el concepto tradicional del amor, corazones y flechazos de Cupido. Más bien, la estética y temática del Romanticismo literario hacen hincapié en el individualismo y subjetivismo, al igual que reflejan la exaltación de la libertad. Por eso, es común que se mencione, al hablar de este movimiento, la importancia del "yo", un "yo" rebelde hacia, e insatisfecho con, la sociedad que lo rodea. Su descontento hace a este "yo" amigo de la soledad, lo irracional y el idealismo, y estas asociaciones inspiran su actitud pesimista. Aunque el héroe romántico se aferra a su idealismo a toda costa, no es extraño ver que su determinación le conduzca hacia la inquietud total; por lo tanto, intenta, fútilmente, saciar su ansiedad a través de los viajes o las búsquedas; en casos extremos, se entrega al suicidio. Las referencias a paisajes (cordilleras elevadas), lugares desolados (cementerios), o fenómenos sublimes (tempestades) simbolizan, en gran parte, la desolación y melancolía interior de un protagonista perturbado. Esta agitación está ligada, a veces, a la mujer, quien frecuentemente se convierte en una fuerza destructora del protagonista; mientras Dios, su otro antagonista, se vuelve supuestamente apático.

Con sus raíces alemanas e influencias napoleónicas, el Romanticismo español abre paso a nuevas tendencias literarias. En la poesía, por ejemplo, vemos que el poeta se deja llevar por sus instintos. El poeta romántico se encapricha con la polimetría, brindando musicalidad a sus versos. En el teatro, el Romanticismo se opone a las tres unidades

neoclásicas: tiempo (duración de veinticuatro horas), acción (una principal) y lugar (el mismo durante toda la obra). Las obras dramáticas románticas rompen por completo estas reglas, optando por todo lo contrario y recordándonos aquellos gritos de libertad mencionados anteriormente. Además, las obras de hibridez genérica se aplauden, como serían la combinación de la comedia y la tragedia o el verso mezclado con la prosa. El teatro romántico atrae a un público amplio, ya que sobresalen las fuertes emociones humanas como la angustia, la compasión, el miedo y la sorpresa. Por su parte, la prosa romántica, cuyos orígenes se remontan a la escritura periodística con su calidad crítica, tiene que ver, sobre todo, con la novela social y el costumbrismo. El costumbrismo detalla los aspectos de la vida cotidiana, incluyendo las costumbres sociales, desde un punto de vista satírico.

En Hispanoamérica, el Romanticismo coincide con las Guerras de Independencia, cuando "nacieron" muchos países al "cortar el cordón umbilical" con España. Como resultado, el Romanticismo en el Nuevo Mundo tiene rasgos en común con su equivalente europea y, a la vez, es distinto como (por ejemplo) en sus fines propagandísticos. Es decir, a través de la esencia romántica, los escritores buscan definirse por medio de la literatura en términos nacionales y regionales. Surge un interés por destapar la esencia y el orgullo hispanoamericanos, especialmente si se trata de diferenciarse de la madre patria. Por eso, vemos una celebración y revalorización de lo nativo, la época prehispánica, las costumbres locales y la singularidad geográfica, ya que en su conjunto ayudaban a crear una conciencia autóctona patriótica y dejar atrás el colonialismo.

La literatura española romántica

I. José de Espronceda (1808–1842)

A. Términos literarios

1. El estribillo
2. La octavilla
3. La sextina
4. El símbolo

B. El autor y su contexto social

1. Fanático de la literatura y la política
2. Encarcelado por su actividad política, luego pasa una temporada en un convento
3. Se autoexilia: primero a Portugal, después a Inglaterra
4. Conocido sobre todo por su producción poética

C. Imágenes en contexto

Busca *Engraving of Blackbeard* (James Basire, 1736) en línea (Google Imágenes) y piensa en lo siguiente en preparación para esta sección:

1. El aspecto físico del pirata
2. Su ropa y sus accesorios
3. La composición del dibujo, la figura del pirata con respecto a las otras figuras representadas
4. El concepto de movimiento o acción

D. Los textos

1. "Canción del pirata" (*El artista*, 1835)

Con diez cañones por banda,
viento en popa,[213] a toda vela,
no corta el mar, sino vuela
un velero bergantín.[214]
Bajel[215] pirata que llaman,
por su bravura, el *Temido*,
en todo mar conocido
del uno al otro confín.[216]

La luna en el mar rïela,[217]
en la lona[218] gime el viento,
y alza en blando movimiento
olas de plata y azul;
y ve el capitán pirata,
cantando alegre en la popa,
Asia a un lado, al otro Europa,
y allá a su frente Stambul[219]:

«Navega, velero mío,
sin temor,
que ni enemigo navío
ni tormenta, ni bonanza
tu rumbo a torcer alcanza,
ni a sujetar tu valor.

Veinte presas[220]
hemos hecho
a despecho[221]
del inglés,

213. *viento en popa*: cuando un barco tiene el viento a su favor, ya que la "popa" es su parte posterior. La expresión también se usa coloquialmente para describir algo que va bien.
214. *bergantín*: tipo de barco veloz con velas cuadradas
215. *bajel*: barco
216. *confín*: frontera
217. *riela*: del verbo "rielar", es decir, "brillar"
218. *lona*: la tela con que se hacen las velas
219. *Stambul*: Estanbul
220. *presas*: prisioneros
221. *despecho*: resentimiento

y han rendido
sus pendones[222]
cien naciones
a mis pies.

Que es mi barco mi tesoro,
que es mi dios la libertad,
mi ley, la fuerza y el viento,
mi única patria, la mar.

Allá muevan feroz guerra
ciegos reyes
por un palmo más de tierra;
que yo tengo aquí por mío
cuanto abarca el mar bravío,
a quien nadie impuso leyes.

Y no hay playa,
sea cualquiera,
ni bandera
de esplendor,
que no sienta
mi derecho
y dé pecho
a mi valor.

Que es mi barco mi tesoro,
que es mi dios la libertad,
mi ley, la fuerza y el viento,
mi única patria, la mar.

A la voz de «¡barco viene!»
es de ver
cómo vira[223] y se previene
a todo trapo a escapar;
que yo soy el rey del mar,
y mi furia es de temer.

En las presas
yo divido
lo cogido
por igual;
sólo quiero
por riqueza
la belleza
sin rival.

222. *pendones*: banderas militares
223. *virar*: girar cambiando de dirección

Que es mi barco mi tesoro,
que es mi dios la libertad,
mi ley, la fuerza y el viento,
mi única patria, la mar.

¡Sentenciado estoy a muerte!
Yo me río;
no me abandone la suerte,
y al mismo que me condena,
colgaré de alguna entena,[224]
quizá en su propio navío.

Y si caigo,
¿qué es la vida?
Por perdida
ya la di,
cuando el yugo[225]
del esclavo,
como un bravo,
sacudí.

Que es mi barco mi tesoro,
que es mi dios la libertad,
mi ley, la fuerza y el viento,
mi única patria, la mar.

Son mi música mejor
aquilones,[226]
el estrépito[227] y temblor
de los cables sacudidos,
del negro mar los bramidos[228]
y el rugir de mis cañones.

Y del trueno
al son violento,
y del viento
al rebramar,
yo me duermo
sosegado,
arrullado
por el mar.

Que es mi barco mi tesoro,
que es mi dios la libertad,

224. *entena*: las vergas de las velas
225. *yugo*: atadura
226. *aquilones*: vientos del norte
227. *estrépito*: ruido
228. *bramidos*: ruido causado por las olas del agua

mi ley, la fuerza y el viento,
mi única patria, la mar.

2. "EL MENDIGO[229]" (*LA REVISTA ESPAÑOLA*, 1834)

Mío es el mundo: como el aire libre,
otros trabajan porque coma yo;
todos se ablandan[230] si doliente pido
una limosna por amor de Dios.

El palacio, la cabaña
son mi asilo,
si del ábrego[231] el furor
troncha[232] el roble en la montaña,
o que inunda la campaña
El torrente asolador.[233]

Y a la hoguera
me hacen lado
los pastores
con amor.
Y sin pena
y descuidado
de su cena
ceno yo,
o en la rica
chimenea,
que recrea
con su olor,
me regalo
codicioso
del banquete
suntüoso
con las sobras[234]
de un señor.

Y me digo: el viento brama,
caiga furioso turbión[235];
que al son que cruje de la seca leña,
libre me duermo sin rencor ni amor.
Mío es el mundo como el aire libre …

229. *mendigo*: pordiosero, una persona que pide limosna
230. *se ablandan*: se humanizan. Es decir, tienen piedad del mendigo
231. *ábrego*: viento del sudoeste
232. *troncha*: romper
233. *asolador*: destructor
234. *sobras*: los restos de una comida que se guardan para otro día
235. *turbión*: aguacero corto y violento

Todos son mis bienhechores,[236]
y por todos
a Dios ruego con fervor;
de villanos y señores
yo recibo los favores
sin estima y sin amor.

Ni pregunto
quiénes sean,
ni me obligo
a agradecer;
que mis rezos
si desean,
dar limosna
es un deber.
Y es pecado
la riqueza:
la pobreza
santidad:
Dios a veces
es mendigo,
y al avaro
da castigo,
que le niegue
caridad.

Yo soy pobre y se lastiman
todos al verme plañir,[237]
sin ver son mías sus riquezas todas,
qué mina inagotable[238] es el pedir.
Mío es el mundo: como el aire libre …

Mal revuelto y andrajoso,[239]
entre harapos[240]
del lujo sátira soy,
y con mi aspecto asqueroso
me vengo del poderoso,
y a donde va, tras él voy.

Y a la hermosa
que respira
cien perfumes,
gala, amor,

236. *bienhechores*: auxiliadores, personas que ayudan a otros
237. *plañir*: llorar
238. *inagotable*: interminable
239. *andrajoso*: desafortunado, desgraciado
240. *harapos*: telas sucias y viejas. Se refiere a su ropa.

la persigo
hasta que mira,
y me gozo
cuando aspira
mi punzante[241]
mal olor.
Y las fiestas
y el contento
con mi acento
turbo yo,
y en la bulla[242]
y la alegría
interrumpen
la armonía
mis harapos
y mi voz:

Mostrando cuán cerca habitan
el gozo y el padecer,
que no hay placer sin lágrimas, ni pena
que no traspire en medio del placer.
Mío es el mundo; como el aire libre …

Y para mí no hay mañana,
ni hay ayer;
olvido el bien como el mal,
nada me aflige ni afana;
me es igual para mañana
un palacio, un hospital.

Vivo ajeno
de memorias,
de cuidados
libre estoy;
busquen otros
oro y glorias,
yo no pienso
sino en hoy.
Y do quiera
vayan leyes,
quiten reyes,
reyes den;
yo soy pobre,
y al mendigo,
por el miedo

241. *punzante*: en este contexto, "fuerte"
242. *bulla*: ruido de gente

del castigo,
todos hacen
siempre bien.

Y un asilo[243] donde quiera
y un lecho[244] en el hospital
siempre hallaré, y un hoyo donde caiga
mi cuerpo miserable al espirar.

Mío es el mundo: como el aire libre,
otros trabajan porque coma yo;
todos se ablandan, si doliente pido
una limosna por amor de Dios.

D. Cuestionario

1. ¿Por qué crees que Espronceda escogió un pirata como figura central del primer poema?
2. ¿Cómo es el pirata físicamente y de carácter? Da evidencia textual.
3. Cuando el pirata declara que su única patria es la mar, ¿a qué se refiere?
4. Explica el verso "Mío es el mundo: como el aire libre … " en su contexto romántico.
5. Compara la imagen del pirata con la del mendigo.
6. ¿Cómo vive el mendigo? Señala ejemplos textuales. ¿Es una vida buena o mala? Explica.
7. ¿Qué impresión tienes de este mendigo en particular? ¿Le darías tú limosna?
8. ¿Te acuerdas del tema del *carpe diem*? ¿Cómo se relaciona con el segundo poema de Espronceda?
9. ¿Cómo manipula a la gente el mendigo?

II. Rosalía de Castro (1837–1885)

A. Términos literarios

1. La personificación
2. El apóstrofe

B. La autora y su contexto social

1. Poeta romántica gallega
2. Poesía caracterizada por la melancolía y la añoranza
3. Defensora de la mujer

243. *asilo*: albergue o refugio
244. *lecho*: cama

C. Imágenes en contexto

Busca *Hombre y mujer contemplando la luna* (Caspar David Friedrich, 1824) en línea (Google Imágenes) y piensa en lo siguiente en preparación para esta sección:

1. El juego de luz y oscuridad
2. La contemplación y la temática amorosa
3. Los elementos sombríos
4. Lo desconocido

D. El texto

1. "A LA SOMBRA TE SIENTAS DE LAS DESNUDAS ROCAS" (*EN LAS ORILLAS DEL SAR*, 1884)

A la sombra te sientas de las desnudas rocas,
y en el rincón te ocultas donde zumba[245] el insecto,
y allí donde las aguas estancadas[246] dormitan
y no hay hermanos seres que interrumpan tus sueños,
¡quién supiera en qué piensas, amor de mis amores,
cuando con leve paso y contenido aliento,
temblando a que percibas mi agitación extrema,
allí donde te escondes, ansiosa te sorprendo!

—¡Curiosidad maldita!, frío aguijón[247] que hieres
las femeninas almas, los varoniles pechos:
tu fuerza impele al hombre a que busque la hondura
del desencanto amargo y a que remueva el cieno[248]
donde se forman siempre los miasmas[249] infectos.

—¿Qué has dicho de amargura y cieno y desencanto?
¡Ah! No pronuncies frases, mi bien, que no comprendo;
dime sólo en qué piensas cuando de mí te apartas
y huyendo de los hombres vas buscando el silencio.

—Pienso en cosas tan tristes a veces y tan negras,
y en otras tan extrañas y tan hermosas pienso,
que … no lo sabrás nunca, porque lo que se ignora
no nos daña si es malo, ni perturba si es bueno.
Yo te lo digo, niña, a quien de veras amo:
encierra el alma humana tan profundos misterios,
que cuando a nuestros ojos un velo los oculta,
es temeraria empresa descorrer[250] ese velo;
no pienses, pues, bien mío, no pienses en qué pienso.

245. *zumba*: el ruido que hace un insecto volador
246. *estancadas*: aguas que no fluyen y que están corrompidas
247. *aguijón*: espina
248. *cieno*: barro, lodo
249. *miasmas…*: mal olor que se emite de un cuerpo enfermo
250. *descorrer*: revelar lo que hay debajo del velo

—Pensaré noche y día, pues sin saberlo, muero.

Y cuenta que lo supo, y que la mató entonces
la pena de saberlo.

E. Cuestionario

1. ¿A quién se dirige la voz poética?
2. ¿Cómo describirías el tono del poema: optimista, pesimista u otro adjetivo?
3. Hay un diálogo que se entabla a partir de la primera estrofa. ¿Quiénes participan y de qué hablan?
4. ¿Cómo funcionan las interrogaciones en este poema?
5. ¿Cuál es el rol de la naturaleza?
6. Explica, basándote en la introducción, cómo este poema encaja en el marco romántico.
7. ¿Cuál podría ser la preocupación o el dilema de la voz poética?

III. Gustavo Adolfo Bécquer (1836–1870)

A. Términos literarios

1. El Postromanticismo
2. La personificación
3. La hipérbole
4. La metáfora
5. La paradoja

B. El autor y su contexto social

1. Huérfano
2. Fanático de la lectura
3. Uno de los escritores más celebrados y conocidos de las letras hispánicas
4. *Rimas*, poesía, y *Leyendas*, prosa, son sus composiciones más conocidas
5. Muere de tuberculosis, mal común durante la época apodado "la enfermedad romántica".

C. Imágenes en contexto

Busca *La musa* (dibujo de G.A. Bécquer, 1860) en línea (Google Imágenes) y piensa en lo siguiente en preparación para esta sección:

1. La representación de la inspiración
2. Lo etéreo
3. Lo terrestre

D. Los textos

1. "RIMA II" (*RIMAS*, 1871)

Saeta[251] que voladora
cruza, arrojada al azar,[252]
y que no se sabe dónde
temblando se clavará[253];

hoja que del árbol seca
arrebata el vendaval,[254]
sin que nadie acierte[255] el surco[256]
donde al polvo volverá;

gigante ola que el viento
riza y empuja en el mar,
y rueda y pasa, y se ignora
qué playa buscando va;

luz que en cercos temblorosos
brilla, próxima a expirar,
y que no se sabe de ellos
cuál el último será;

eso soy yo, que al acaso
cruzo el mundo sin pensar
de dónde vengo ni a dónde
mis pasos me llevarán.

2. "RIMA LII" (*RIMAS*, 1871)

Olas gigantes que os rompéis bramando[257]
en las playas desiertas y remotas,
envuelto entre la sábana de espumas,
¡llevadme con vosotras!

Ráfagas[258] de huracán que arrebatáis
del alto bosque las marchitas hojas,
arrastrado en el ciego torbellino,[259]
¡llevadme con vosotras!

251. *saeta*: flecha
252. *al azar*: por casualidad
253. *se clavará*: penetrará
254. *vendaval*: viento
255. *acierte*: adivinar
256. *surco*: señal
257. *bramando*: haciendo ruido
258. *ráfagas*: golpes de viento
259. *torbellino*: remolino de viento

Nube de tempestad que rompe el rayo
y en fuego ornáis[260] las sangrientas orlas,[261]
arrebatado entre la niebla oscura,
¡llevadme con vosotras!

Llevadme, por piedad, a donde el vértigo
con la razón me arranque la memoria.
¡Por piedad! ¡Tengo miedo de quedarme
con mi dolor a solas!
Prosa

3. "EL RAYO DE LUNA" (*EL CONTEMPORÁNEO*, 1862)

Yo no sé si esto es una historia que parece cuento o un cuento que parece historia; lo que puedo decir es que en su fondo hay una verdad, una verdad muy triste, de la que acaso yo seré uno de los últimos en aprovecharme, dadas mis condiciones de imaginación.

Otro, con esta idea, tal vez hubiera hecho un tomo de filosofía lacrimosa[262]; yo he escrito esta leyenda que, a los que nada vean en su fondo, al menos podrá entretenerles[263] un rato.

I

Era noble, había nacido entre el estruendo[264] de las armas, y el insólito clamor de una trompa de guerra no le hubiera hecho levantar la cabeza un instante ni apartar sus ojos un punto del oscuro pergamino en que leía la última cantiga de un trovador.[265]

Los que quisieran encontrarle, no lo debían buscar en el anchuroso patio de su castillo, donde los palafreneros[266] domaban los potros, los pajes enseñaban a volar a los halcones, y los soldados se entretenían los días de reposo en afilar el hierro de su lanza contra una piedra.

—¿Dónde está Manrique, dónde está vuestro señor? —preguntaba algunas veces su madre.

—No sabemos —respondían sus servidores:—acaso estará en el claustro del monasterio de la Peña, sentado al borde de una tumba, prestando oído a ver si sorprende alguna palabra de la conversación de los muertos; o en el puente, mirando correr unas tras otras las olas del río por debajo de sus arcos; o acurrucado[267] en la quiebra de una roca y entretenido en contar las estrellas del cielo, en seguir una nube con la vista o contemplar los fuegos fatuos[268] que cruzan como exhalaciones sobre el haz[269] de las lagunas. En cualquiera parte estará menos en donde esté todo el mundo.

En efecto, Manrique amaba la soledad, y la amaba de tal modo, que algunas veces hubiera deseado no tener sombra, porque su sombra no le siguiese a todas partes.

260. *ornáis*: adornáis
261. *orlas*: adorno en el borde de algo
262. *lacrimosa*: lo que induce lágrimas
263. *entretener*: divertir
264. *estruendo*: ruido grande
265. *trovador*: poeta de la Edad Media
266. *palafreneros*: criados que se ocupan de los caballos
267. *acurrucado*: encogido, usualmente para protegerse del frio
268. *fatuos*: engreídos
269. *haz*: cara o parte superior de algo

Amaba la soledad, porque en su seno, dando rienda suelta[270] a la imaginación, forjaba[271] un mundo fantástico, habitado por extrañas creaciones, hijas de sus delirios y sus ensueños de poeta, tanto, que nunca le habían satisfecho las formas en que pudiera encerrar sus pensamientos, y nunca los había encerrado al escribirlos.

Creía que entre las rojas ascuas[272] del hogar habitaban espíritus de fuego de mil colores, que corrían como insectos de oro a lo largo de los troncos encendidos, o danzaban en una luminosa ronda de chispas en la cúspide de las llamas, y se pasaba las horas muertas sentado en un escabel[273] junto a la alta chimenea gótica, inmóvil y con los ojos fijos en la lumbre.

Creía que en el fondo de las ondas del río, entre los musgos[274] de la fuente y sobre los vapores del lago, vivían unas mujeres misteriosas, hadas, sílfides u ondinas,[275] que exhalaban lamentos y suspiros, o cantaban y se reían en el monótono rumor del agua, rumor que oía en silencio intentando traducirlo.

En las nubes, en el aire, en el fondo de los bosques, en las grietas de las peñas, imaginaba percibir formas o escuchar sonidos misteriosos, formas de seres sobrenaturales, palabras ininteligibles que no podía comprender.

¡Amar! Había nacido para soñar el amor, no para sentirlo. Amaba a todas las mujeres un instante: a ésta porque era rubia, a aquélla porque tenía los labios rojos, a la otra porque se cimbreaba[276] al andar como un junco.[277]

Algunas veces llegaba su delirio hasta el punto de quedarse una noche entera mirando a la luna, que flotaba en el cielo entre un vapor de plata, o a las estrellas que temblaban a lo lejos como los cambiantes de las piedras preciosas. En aquellas largas noches de poético insomnio, exclamaba: —Si es verdad, como el prior[278] de la Peña me ha dicho, que es posible que esos puntos de luz sean mundos; si es verdad que en ese globo de nácar[279] que rueda sobre las nubes habitan gentes, ¡qué mujeres tan hermosas serán las mujeres de esas regiones luminosas, y yo no podré verlas, y yo no podré amarlas! … ¿Cómo será su hermosura? … ¿Cómo será su amor? …

Manrique no estaba aún lo bastante loco para que le siguiesen los muchachos, pero sí lo suficiente para hablar y gesticular a solas, que es por donde se empieza.

II

Sobre el Duero,[280] que pasaba lamiendo las carcomidas[281] y oscuras piedras de las murallas de Soria, hay un puente que conduce de la ciudad al antiguo convento de los Templarios, cuyas posesiones se extendían a lo largo de la opuesta margen del río.

En la época a que nos referimos, los caballeros de la Orden habían ya abandonado sus históricas fortalezas; pero aún quedaban en pie los restos de los anchos torreones de

270. *rienda suelta*: descontroladamente
271. *forjaba*: imaginaba
272. *ascuas*: pedazo de leña candente
273. *escabel*: banqueta pequeña sin respaldo
274. *musgos*: conjuntos de plantas
275. *hadas, sílfides u ondinas*: criaturas fantásticas femeninas de los bosques
276. *cimbrearse*: mover el cuerpo
277. *junco*: planta cilíndrica
278. *prior*: sacerdote
279. *nácar*: la sustancia y color del interior de una concha marina
280. *El Duero*: un río situado al noroeste de España
281. *carcomidas*: corroídas

sus muros, aún se veían, como en parte se ven hoy, cubiertos de hiedra y campanillas blancas, los macizos arcos de su claustro, las prolongadas galerías ojivales de sus patios de armas, en las que suspiraba el viento con un gemido, agitando las altas hierbas.

En los huertos y en los jardines, cuyos senderos no hollaban[282] hacía muchos años las plantas de los religiosos, la vegetación, abandonada a sí misma, desplegaba todas sus galas, sin temor de que la mano del hombre la mutilase, creyendo embellecerla. Las plantas trepadoras subían encaramándose[283] por los añosos troncos de los árboles; las sombrías calles de álamos, cuyas copas se tocaban y se confundían entre sí, se habían cubierto de césped; los cardos silvestres[284] y las ortigas brotaban en medio de los enarenados[285] caminos, y en dos trozos de fábrica, próximos a desplomarse,[286] el jaramago,[287] flotando al viento como el penacho de una cimera,[288] y las campanillas blancas y azules, balanceándose como en un columpio[289] sobre sus largos y flexibles tallos,[290] pregonaban[291] la victoria de la destrucción y la ruina.

Era de noche; una noche de verano, templada, llena de perfumes y de rumores apacibles, y con una luna blanca y serena, en mitad de un cielo azul, luminoso y transparente.

Manrique, presa su imaginación de un vértigo de poesía, después de atravesar el puente, desde donde contempló un momento la negra silueta de la ciudad, que se destacaba sobre el fondo de algunas nubes blanquecinas y ligeras arrolladas en el horizonte, se internó en las desiertas ruinas de los Templarios.[292]

La media noche tocaba a su punto. La luna, que se había ido remontando lentamente, estaba ya en lo más alto del cielo, cuando al entrar en una oscura alameda[293] que conducía desde el derruido claustro a la margen del Duero, Manrique exhaló un grito leve y ahogado, mezcla extraña de sorpresa, de temor y de júbilo.

En el fondo de la sombría alameda había visto agitarse una cosa blanca, que flotó un momento y desapareció en la oscuridad. La orla del traje de una mujer, de una mujer que había cruzado el sendero y se ocultaba entre el follaje, en el mismo instante en que el loco soñador de quimeras[294] o imposibles penetraba en los jardines.

–¡Una mujer desconocida! … ¡En este sitio! … ¡A estas horas! Esa, esa es la mujer que yo busco –exclamó Manrique; y se lanzó en su seguimiento, rápido como una saeta.[295]

III

Llegó al punto en que había visto perderse entre la espesura de las ramas a la mujer misteriosa. Había desaparecido. ¿Por dónde? Allá lejos, muy lejos, creyó divisar por entre

282. *hollar*: dejar huella; pisar
283. *encaramarse*: subir un lugar alto y difícil
284. *cardos*: una planta silvestre con hojas espinosas
285. *enarenados*: hechos de arena
286. desplomarse: caerse
287. *jaramago*: tipo de planta que brota entre los escombros
288. *penacho…cimera*: un yelmo emplumado
289. *columpio*: mecedora
290. *tallos*: ramas de una planta
291. *pregonaban*: anunciaban
292. *templarios*: caballeros de un orden militar cristiana de la Edad Media
293. *alameda*: pequeño bosque
294. *quimeras*: delirios o fantasías
295. *saeta*: flecha

los cruzados troncos de los árboles como una claridad o una forma blanca que se movía.

–¡Es ella, es ella, que lleva alas en los pies y huye como una sombra! –dijo, y se precipitó en su busca, separando con las manos las redes de hiedra que se extendían como un tapiz de unos en otros álamos. Llegó rompiendo por entre la maleza y las plantas parásitas hasta una especie de rellano[296] que iluminaba la claridad del cielo … ¡Nadie! ¡Ah!, por aquí, por aquí va –exclamó entonces.– Oigo sus pisadas sobre las hojas secas, y el crujido de su traje que arrastra por el suelo y roza en los arbustos; —y corría y corría como un loco de aquí para allá, y no la veía.—Pero siguen sonando sus pisadas —murmuró otra vez;—creo que ha hablado; no hay duda, ha hablado.… El viento que suspira entre las ramas; las hojas, que parece que rezan en voz baja, me han impedido oír lo que ha dicho; pero no hay duda, va por ahí, ha hablado … ha hablado … ¿En qué idioma? No sé, pero es una lengua extranjera.… Y tornó a correr en su seguimiento, unas veces creyendo verla, otras pensando oírla; ya notando que las ramas, por entre las cuales había desaparecido, se movían; ya imaginando distinguir en la arena la huella de sus propios pies; luego, firmemente persuadido de que un perfume especial que aspiraba a intervalos era un aroma perteneciente a aquella mujer que se burlaba de él, complaciéndose en huirle por entre aquellas intrincadas malezas. ¡Afán[297] inútil!

Vagó algunas horas de un lado a otro fuera de sí, ya parándose para escuchar, ya deslizándose[298] con las mayores precauciones sobre la hierba, ya en una carrera frenética y desesperada.

Avanzando, avanzando por entre los inmensos jardines que bordaban la margen del río, llegó al fin al pie de las rocas sobre que se eleva la ermita[299] de San Saturio. —Tal vez, desde esta altura podré orientarme para seguir mis pesquisas[300] a través de ese confuso laberinto —exclamó trepando de peña en peña[301] con la ayuda de su daga.

Llegó a la cima, desde la que se descubre la ciudad en lontananza[302] y una gran parte del Duero que se retuerce a sus pies, arrastrando una corriente impetuosa y oscura por entre las corvas márgenes que lo encarcelan.

Manrique, una vez en lo alto de las rocas, tendió la vista a su alrededor; pero al tenderla y fijarla al cabo en un punto, no pudo contener una blasfemia.

La luz de la luna rielaba chispeando en la estela que dejaba en pos de sí[303] una barca que se dirigía a todo remo a la orilla opuesta.

En aquella barca había creído distinguir una forma blanca y esbelta,[304] una mujer sin duda, la mujer que había visto en los Templarios, la mujer de sus sueños, la realización de sus más locas esperanzas. Se descolgó de las peñas con la agilidad de un gamo,[305] arrojó al suelo la gorra, cuya redonda y larga pluma podía embarazarle[306] para correr, y

296. *rellano*: plataforma
297. *afán*: anhelo
298. *deslizándose*: resbalándose
299. *ermita*: capilla pequeña situada en las afueras de una ciudad
300. *pesquisas*: búsquedas
301. *de peña en peña*: brincando de una roca a otra
302. *en lontananza*: a la distancia
303. en pos de sí: detrás
304. *esbelta*; alta, airosa, y elegante
305. *gamo*: venado
306. *embarazarle*: impedir su velocidad

desnudándose del ancho capotillo de terciopelo, partió como una exhalación hacia el puente.

Pensaba atravesarlo y llegar a la ciudad antes que la barca tocase en la otra orilla. ¡Locura! Cuando Manrique llegó jadeante[307] y cubierto de sudor a la entrada, ya los que habían atravesado el Duero por la parte de San Saturio, entraban en Soria por una de las puertas del muro, que en aquel tiempo llegaba hasta la margen del río, en cuyas aguas se retrataban sus pardas almenas.[308]

IV

Aunque desvanecida[309] su esperanza de alcanzar a los que habían entrado por el postigo[310] de San Saturio, no por eso nuestro héroe perdió la de saber la casa que en la ciudad podía albergarlos. Fija en su mente esta idea, penetró en la población, y dirigiéndose hacia el barrio de San Juan, comenzó a vagar por sus calles a la ventura.

Las calles de Soria eran entonces, y lo son todavía, estrechas, oscuras y tortuosas. Un silencio profundo reinaba en ellas, silencio que sólo interrumpían, ora el lejano ladrido de un perro; ora el rumor de una puerta al cerrarse, ora el relincho de un corcel que piafando[311] hacía sonar la cadena que le sujetaba al pesebre en las subterráneas caballerizas.

Manrique, con el oído atento a estos rumores de la noche, que unas veces le parecían los pasos de alguna persona que había doblado ya la última esquina de un callejón desierto, otras, voces confusas de gentes que hablaban a sus espaldas y que a cada momento esperaba ver a su lado, anduvo algunas horas, corriendo al azar de un sitio a otro.

Por último, se detuvo al pie de un caserón de piedra, oscuro y antiquísimo, y al detenerse brillaron sus ojos con una indescriptible expresión de alegría. En una de las altas ventanas ojivales[312] de aquel que pudiéramos llamar palacio, se veía un rayo de luz templada y suave que, pasando a través de unas ligeras colgaduras de seda color de rosa, se reflejaba en el negruzco y grieteado[313] paredón de la casa de enfrente.

—No cabe duda; aquí vive mi desconocida—murmuró el joven en voz baja sin apartar un punto sus ojos de la ventana gótica;—aquí vive. Ella entró por el postigo de San Saturio... por el postigo de San Saturio se viene a este barrio ... en este barrio hay una casa, donde pasada la media noche aún hay gente en vela[314] ... ¿En vela? ¿Quién sino ella, que vuelve de sus nocturnas excursiones, puede estarlo a estas horas? ... No hay más; ésta es su casa.

En esta firme persuasión, y revolviendo en su cabeza las más locas y fantásticas imaginaciones, esperó el alba frente a la ventana gótica, de la que en toda la noche no faltó la luz ni él separó la vista un momento.

Cuando llegó el día, las macizas[315] puertas del arco que daba entrada al caserón, y sobre cuya clave se veían esculpidos[316] los blasones de su dueño, giraron pesadamente

307. *jadeante*: estado de agotamiento físico que se manifiesta en la respiración rápida
308. *almenas*: resguardos
309. *desvanecida*: disipada
310. *postigo*: puerta
311. *relincho...piafando*: cuando un caballo alza primero una pata y después otra, dejándolas caer con fuerza
312. *ojivales*: góticos
313. *grietado*: agrietado, rajado
314. *en vela*: despierta
315. *macizas*: sólidas
316. *esculpidos*: grabados

sobre los goznes,[317] con un chirrido[318] prolongado y agudo. Un escudero reapareció en el dintel[319] con un manojo de llaves en la mano, restregándose los ojos[320] y enseñando al bostezar una caja de dientes capaces de dar envidia a un cocodrilo.

Verle Manrique y lanzarse a la puerta, todo fue obra de un instante.

—¿Quién habita en esta casa? ¿Cómo se llama ella? ¿De dónde es? ¿A qué ha venido a Soria? ¿Tiene esposo? Responde, responde, animal. —ésta fue la salutación que, sacudiéndole el brazo violentamente, dirigió al pobre escudero, el cual, después de mirarle un buen espacio de tiempo con ojos espantados y estúpidos, le contestó con voz entrecortada por la sorpresa:

En esta casa vive el muy honrado señor D. Alonso de Valdecuellos, montero mayor de nuestro señor el rey, que herido en la guerra contra moros, se encuentra en esta ciudad reponiéndose de sus fatigas.[321]

–Pero ¿y su hija? –interrumpió el joven impaciente;– ¿y su hija, o su hermana; o su esposa, o lo que sea?

–No tiene ninguna mujer consigo.

–¡No tiene ninguna! … Pues ¿quién duerme allí en aquel aposento, donde toda la noche he visto arder una luz?

–¿Allí? Allí duerme mi señor D. Alonso, que, como se halla enfermo, mantiene encendida su lámpara hasta que amanece.

Un rayo cayendo de improviso a sus pies no le hubiera causado más asombro que el que le causaron estas palabras.

V

—Yo la he de encontrar, la he de encontrar; y si la encuentro, estoy casi seguro de que he de conocerla … ¿En qué? … Eso es lo que no podré decir … pero he de conocerla. El eco de sus pisadas o una sola palabra suya que vuelva a oír, un extremo de su traje, un solo extremo que vuelva a ver, me bastarán para conseguirlo. Noche y día estoy mirando flotar delante de mis ojos aquellos pliegues de una tela diáfana[322] y blanquísima; noche y día me están sonando aquí dentro, dentro de la cabeza, el crujido de su traje, el confuso rumor de sus ininteligibles palabras … ¿Qué dijo? … ¿qué dijo? ¡Ah!, si yo pudiera saber lo que dijo, acaso … pero aún sin saberlo la encontraré … la encontraré; me lo da el corazón, y mi corazón no me engaña nunca. Verdad es que ya he recorrido inútilmente todas las calles de Soria; que he pasado noches y noches al sereno, hecho poste de una esquina; que he gastado más de veinte doblas en oro en hacer charlar a dueñas y escuderos; que he dado agua bendita en San Nicolás a una vieja, arrebujada con tal arte en su manto de anascote,[323] que se me figuró una deidad; y al salir de la Colegiata una noche de maitines, he seguido como un tonto la litera del arcediano,[324] creyendo que el extremo de sus hopalandas[325] era el del traje de mi desconocida; pero no importa …

317. *goznes*: articulaciones de una puerta
318. *chirrido*: sonido agudo y desagradable
319. *dintel*: parte superior de una puerta
320. *restregándose los ojos*: sobándose los ojos
321. *fatiga*: cansancio
322. *diáfana*: transparente
323. *anascote*: tejido usado para hábitos religiosos
324. *arcediano*: canónigo, juez religioso
325. *hopalandas*: túnica larga

yo la he de encontrar, y la gloria de poseerla excederá seguramente al trabajo de buscarla.

¿Cómo serán sus ojos? … Deben de ser azules, azules y húmedos como el cielo de la noche; me gustan tanto los ojos de ese color; son tan expresivos, tan melancólicos, tan…. Sí … no hay duda; azules deben de ser, azules son, seguramente; y sus cabellos negros, muy negros y largos para que floten…. Me parece que los vi flotar aquella noche, al par que su traje, y eran negros … no me engaño, no; eran negros.

¡Y qué bien sientan unos ojos azules, muy rasgados y adormidos, y una cabellera suelta, flotante y oscura, a una mujer alta … porque … ella es alta, alta y esbelta como esos ángeles de las portadas de nuestras basílicas, cuyos ovalados rostros envuelven en un misterioso crepúsculo las sombras de sus doseles[326] de granito!

¡Su voz! … su voz la he oído … su voz es suave como el rumor del viento en las hojas de los álamos, y su andar acompasado y majestuoso como las cadencias de una música.

Y esa mujer, que es hermosa como el más hermoso de mis sueños de adolescente, que piensa como yo pienso, que gusta como yo gusto, que odia lo que yo odio, que es un espíritu humano de mi espíritu, que es el complemento de mi ser, ¿no se ha de sentir conmovida al encontrarme? ¿No me ha de amar como yo la amaré, como la amo ya, con todas las fuerzas de mi vida, con todas las facultades de mi alma?

Vamos, vamos al sitio donde la vi la primera y única vez que le he visto … ¿Quién sabe si, caprichosa[327] como yo, amiga de la soledad y el misterio, como todas las almas soñadoras, se complace en vagar por entre las ruinas, en el silencio de la noche?

Dos meses habían transcurrido desde que el escudero de D. Alonso de Valdecuellos desengañó al iluso Manrique; dos meses durante los cuales en cada hora había formado un castillo en el aire, que la realidad desvanecía con un soplo; dos meses, durante los cuales había buscado en vano a aquella mujer desconocida, cuyo absurdo amor iba creciendo en su alma, merced a sus aún más absurdas imaginaciones, cuando después de atravesar absorto en estas ideas el puente que conduce a los Templarios, el enamorado joven se perdió entre las intrincadas sendas de sus jardines.

VI

La noche estaba serena y hermosa, la luna brillaba en toda su plenitud en lo más alto del cielo, y el viento suspiraba con un rumor dulcísimo entre las hojas de los árboles.

Manrique llegó al claustro, tendió la vista por su recinto y miró a través de las macizas columnas de sus arcadas…. Estaba desierto.

Salió de él encaminó sus pasos hacia la oscura alameda que conduce al Duero, y aún no había penetrado en ella, cuando de sus labios se escapó un grito de júbilo.

Había visto flotar un instante y desaparecer el extremo del traje blanco, del traje blanco de la mujer de sus sueños, de la mujer que ya amaba como un loco.

Corre, corre en su busca, llega al sitio en que la ha visto desaparecer; pero al llegar se detiene, fija los espantados ojos en el suelo, permanece un rato inmóvil; un ligero temblor nervioso agita sus miembros, un temblor que va creciendo, que va creciendo y ofrece

326. *doseles*: ornamentos
327. *caprichosa*: voluble, antojadiza

los síntomas de una verdadera convulsión, y prorrumpe[328] al fin una carcajada,[329] una carcajada sonora, estridente, horrible.

Aquella cosa blanca, ligera, flotante, había vuelto a brillar ante sus ojos, pero había brillado a sus pies un instante, no más que un instante.

Era un rayo de luna, un rayo de luna que penetraba a intervalos por entre la verde bóveda[330] de los árboles cuando el viento movía sus ramas.

Habían pasado algunos años. Manrique, sentado en un sitial[331] junto a la alta chimenea gótica de su castillo, inmóvil casi y con una mirada vaga e inquieta como la de un idiota, apenas prestaba atención ni a las caricias de su madre, ni a los consuelos de sus servidores.

—Tú eres joven, tú eres hermoso —le decía aquélla;— ¿por qué te consumes en la soledad? ¿Por qué no buscas una mujer a quien ames, y que amándote pueda hacerte feliz?

—¡El amor! … El amor es un rayo de luna —murmuraba el joven.

—¿Por qué no despertáis de ese letargo?[332] —le decía uno de sus escuderos;—os vestís de hierro de pies a cabeza, mandáis desplegar al aire vuestro pendón de rico hombre, y marchamos a la guerra: en la guerra se encuentra la gloria.

—¡La gloria! … La gloria es un rayo de luna.

—¿Queréis que os diga una cantiga,[333] la última que ha compuesto mosén Arnaldo, el trovador provenzal?

—¡No! ¡No! –exclamó el joven incorporándose colérico en su sitial;— no quiero nada … es decir, sí quiero … quiero que me dejéis solo…. Cantigas … mujeres … glorias … felicidad … mentiras todo, fantasmas vanos que formamos en nuestra imaginación y vestimos a nuestro antojo, y los amamos y corremos tras ellos, ¿para qué?, ¿para qué? Para encontrar un rayo de luna.

Manrique estaba loco: por lo menos, todo el mundo lo creía así. A mí, por el contrario, se me figuraba que lo que había hecho era recuperar el juicio.

E. Cuestionario

Rimas

1. Explica las cuatro metáforas en la Rima II. ("La poesía es …")
2. Después de cuatro comparaciones, la voz poética declara "eso soy yo". ¿A qué se refiere exactamente?
3. ¿Por qué crees que el poeta le pide a la naturaleza que lo "rescate"?
4. En la Rima II, la naturaleza también tiene un rol importante. Pero ¿cómo se diferencia la imagen de la naturaleza aquí? Señala ejemplos.
5. ¿Qué efecto produce el mandato "¡llevadme con vosotras!"? Piensa, por ejemplo, en la repetición del verso y también el verso en su contexto particular.

328. *prorrumpe*: se emite
329. *carcajada*: risa fuerte
330. *bóveda*: cúpula
331. *sitial*: trono
332. *letargo*: cansancio
333. *cantiga*: tipo de poesía medieval cantada por los trovadores

6. ¿Te sorprende que la voz poética romántica quiera ser arrebatada por la naturaleza de esta manera?

"Rayo de luna"

1. ¿Qué impresión tienes del narrador al leer los primeros dos párrafos? Explica tu respuesta.
2. ¿Cómo es el protagonista de esta historia? ¿Dónde vive? ¿A qué se dedica? ¿De qué clase social es? ¿Por qué es siempre difícil localizarlo?
3. ¿Cuáles son algunos de los "pasatiempos" del protagonista?
4. ¿Cómo se sabe que al protagonista le gusta estar solo?
5. ¿Por qué, según el narrador, el protagonista quisiera no tener sombra?
6. ¿Por qué el fuego, el aire y el agua son tan importantes para el protagonista?
7. ¿Qué opina Manrique sobre el amor? ¿Te sorprende su actitud?
8. ¿En qué piensa, por ejemplo, durante sus "noches de poético insomnio"?
9. ¿Cómo caracterizarías a su madre?
10. El párrafo que comienza con "En los huertos y en los jardines…" ofrece muchos ejemplos de decadencia. Da ejemplos y explica cómo las descripciones realzan este mundo romántico.
11. ¿Qué sucede una noche a las doce en punto? Explica cómo la descripción del ambiente se presta para un encuentro fortuito.
12. ¿A quién supuestamente ve Manrique esa noche y cómo le afecta la posibilidad de que exista esta persona?
13. ¿A dónde va la persona en cuestión y qué decide hacer Manrique? ¿A dónde va específicamente? Traza su trayectoria.
14. ¿Qué ha hecho Manrique para encontrar a esta persona? Explica cómo su nivel económico le permite hacerlo.
15. Comenta su llegada al caserón de piedra y su desengaño al hablar con el escudero que vive ahí.
16. ¿Qué representa el dueño de la casa para Manrique?
17. En la parte IV, Manrique llega a un claustro. Describe lo que él descubre dentro.
18. Explica su el título de la leyenda, y explica su relación con la trama.
19. ¿Cómo cambia Manrique después de esta experiencia? ¿Qué dicen su madre y sus vasallos?
20. ¿Te identificas con Manrique? ¿Por qué sí o no?
21. ¿Crees que Manrique está loco? ¿Cómo podríamos justificar su locura?
22. Menciona por lo menos cinco características románticas de la leyenda.

Literatura hispanoamericana romántica

I. José María Heredia (1803–1839)

A. Términos literarios

1. La hipérbole
2. El epíteto

3. La personificación
4. La antítesis
5. La sinestesia
6. La elipsis

B. El autor y su contexto social

1. Cubano exiliado en EE. UU. y México por sus ideas revolucionarias
2. Abogado
3. Su poesía: énfasis en los sentimientos

C. Imágenes en contexto

Busca *The Storming of Teocalli* (Emmanuel Leutze, 1848) en línea (Google Imágenes) y piensa en lo siguiente en preparación para esta sección:

1. El sacrificio
2. La violencia
3. La pintura histórica y su función política

D. El texto

1. "En el Teocalli de Cholula[334]" (compuesto en 1820, publicado por primera vez en *Poesías de José María Heredia*, 1825, bajo el título de "Fragmentos descriptivos de un poema mexicano")

¡Cuánto es bella la tierra que habitaban,
los aztecas valientes! En su seno
en una estrecha zona concentrados,
con asombro se ven todos los climas
que hay desde el Polo al Ecuador. Sus llanos
cubren a par de las doradas mieses
las cañas deliciosas. El naranjo
y la piña y el plátano sonante,
hijos del suelo equinoccial, se mezclan
a la frondosa vid,[335] al pino agreste,[336]
y de Minerva[337] el árbol majestoso.
Nieve eternal corona las cabezas
de Iztaccíhuatl[338] purísimo, Orizaba[339]
y Popocatépetl,[340] sin que el invierno,

334. *Teocalli de Cholua*: "Teocalli" es una palabra náhuatl que quiere decir "casa de Dios". En este contexto, se refiere a una pirámide mesoamericana, Tlachihualtepetl, que se encuentra en Puebla, México.
335. *vid*: planta cuyo fruto es la uva
336. *agreste*: del campo o silvestre
337. *Minerva*: diosa romana de la sabiduría
338. *Iztaccíhuatl*: un volcán dormido y el tercero más grande en todo México
339. *Orizaba*: el volcán dormido más grande en todo México. Mide casi de 18.500. pies.
340. *Popocatépetl*: el volcán segundo más grande activo en todo México

toque jamás con destructora mano
los campos fertilísimos, do[341] ledo[342]
los mira el indio en púrpura ligera
y oro teñirse, reflejando el brillo
del sol en occidente, que sereno
en yelo eterno y perennal verdura
a torrentes vertió su luz dorada,
y vio a Naturaleza conmovida
con su dulce calor hervir en vida.
Era la tarde; su ligera brisa
las alas en silencio ya plegaba,[343]
y entre la hierba y árboles dormía,
mientras el ancho sol su disco hundía
detrás de Iztaccíhuatl. La nieve eterna,
cual disuelta en mar de oro, semejaba
temblar en torno de él; un arco inmenso
que del empíreo[344] en el cenit[345] finaba,
como espléndido pórtico del cielo,
de luz vestido y centellante gloria,
de sus últimos rayos recibía
los colores riquísimos. Su brillo
desfalleciendo fue; la blanca luna
y de Venus la estrella solitaria
en el cielo desierto se veían.
¡Crepúsculo feliz! Hora más bella
que la alma[346] noche o el brillante día,
¡Cuánto es dulce tu paz al alma mía!
Hallábame sentado en la famosa
cholulteca pirámide. Tendido
el llano inmenso que ante mí yacía,
los ojos a espaciarse convidaba.
¡Qué silencio! ¡Qué paz! ¡Oh! ¿Quién diría
que en estos bellos campos reina alzada
la bárbara opresión, y que esta tierra
brota mieses tan ricas, abonada[347]
con sangre de hombres, en que fue inundada
por la superstición y por la guerra … ?
Bajó la noche en tanto. De la esfera
el leve azul, oscuro y más oscuro

341. *do*: "donde". Se usa mayormente en la poesía.
342. *ledo*: alegre
343. *plegaba*: doblaba sobre sí mismo
344. *empíreo*: el cielo
345. *cenit*: cuando el sol llega a su punto más alto
346. *la alma*: aunque gramaticalmente lleva el artículo definido "el", es común ver la palabra en forma femenina en la poesía
347. *abonar*: fertilizar

se fue tornando; la movible sombra
de las nubes serenas, que volaban
por el espacio en alas de la brisa,
era visible en el tendido llano.
Iztaccihual purísimo volvía
del argentado[348] rayo de la luna
el plácido fulgor,[349] y en el oriente,
bien como puntos de oro centellaban
mil estrellas y mil … ¡Oh! ¡Yo os saludo,
fuentes de luz, que de la noche umbría[350]
ilumináis el velo,
y sois del firmamento[351] poesía!
Al paso que la luna declinaba,
y al ocaso fulgente[352] descendía,
con lentitud la sombra se extendía
del Popocatépetl, y semejaba
fantasma colosal. El arco oscuro
a mí llegó, cubrióme, y su grandeza
fue mayor y mayor, hasta que al cabo
en sombra universal veló la tierra.
Volví los ojos al volcán sublime,
que velado en vapores transparentes,
sus inmensos contornos dibujaba
de occidente en el cielo.
¡Gigante del Anáhuac![353] ¿Cómo el vuelo
de las edades rápidas no imprime
alguna huella en tu nevada frente?
Corre el tiempo veloz, arrebatando
años y siglos, como el norte fiero
precipita ante sí la muchedumbre[354]
de las olas del mar. Pueblos y reyes
viste hervir a tus pies, que combatían
cual hora combatimos, y llamaban
eternas sus ciudades, y creían
fatigar a la tierra con su gloria.
Fueron: de ellos no resta ni memoria.
¿Y tú eterno serás? Tal vez un día
de tus profundas bases desquiciado[355]
caerás; abrumará tu gran ruina

348. *argentado*: color de plata
349. *fulgor*: resplandor
350. *umbría*: lugar terrenal donde casi nunca da el sol
351. *firmamento*: los cielos
352. *fulgente*: brillante
353. *Anáhuac*: nombre que usaban los Aztecas para referirse al Valle de México
354. *muchedumbre*: abundancia
355. *desquiciado*: perturbado

al yermo[356] Anáhuac; alzaránse[357] en ella
nuevas generaciones, y orgullosas,
que fuiste negarán …
Todo perece[358]
por ley universal. Aun este mundo
tan bello y tan brillante que habitamos,
es el cadáver pálido y deforme
de otro mundo que fue …
En tal contemplación embebecido[359]
sorprendióme el sopor. Un largo sueño
de glorias engolfadas y perdidas
en la profunda noche de los tiempos,
descendió sobre mí. La agreste pompa
de los reyes aztecas desplegóse
a mis ojos atónitos.[360] Veía
entre la muchedumbre silenciosa
de emplumados caudillos levantarse
el déspota[361] salvaje en rico trono,
de oro, perlas y plumas recamado;
y al son de caracoles belicosos[362]
ir lentamente caminando al templo
la vasta procesión, do la aguardaban
sacerdotes horribles, salpicados[363]
con sangre humana rostros y vestidos.
Con profundo estupor el pueblo esclavo
las bajas frentes en el polvo hundía,
y ni mirar a su señor osaba,
de cuyos ojos férvidos[364] brotaba
la saña del poder.

Tales ya fueron
tus monarcas, Anáhuac, y su orgullo,
su vil superstición y tiranía
en el abismo del no ser se hundieron.
Sí, que la muerte, universal señora,
hiriendo a par al déspota y esclavo,
escribe la igualdad sobre la tumba.
Con su manto benéfico el olvido

356. *yermo*: terreno que no se puede cultivar
357. *alzáranse*: se levantan
358. *perece*: muere
359. *embebecido*: entretenido
360. *atónitos*: asombrado, boquiabierto
361. *déspota*: tirano
362. *belicosos*: lo que tiene que ver con la guerra
363. *salpicados*: rociados, manchados
364. *férvidos*: ardientes

tu insensatez oculta y tus furores
a la raza presente y la futura.
Esta inmensa estructura
vio a la superstición más inhumana
en ella entronizarse.[365] Oyó los gritos
de agonizantes víctimas, en tanto
que el sacerdote, sin piedad ni espanto,
les arrancaba el corazón sangriento;
miró el vapor espeso de la sangre
subir caliente al ofendido cielo,
y tender en el sol fúnebre[366] velo,
y escuchó los horrendos alaridos[367]
con que los sacerdotes sofocaban[368]
el grito del dolor.
Muda[369] y desierta
ahora te ves, pirámide. ¡Más vale
que semanas de siglos yazcas[370] yerma,
y la superstición a quien serviste
en el abismo del infierno duerma!
A nuestros nietos últimos, empero,[371]
sé lección saludable; y hoy al hombre
que ciego en su saber fútil y vano
al cielo, cual Titán,[372] truena orgulloso,
sé ejemplo ignominioso[373]
de la demencia[374] y del furor[375] humano.

E. Cuestionario

1. ¿Qué sabes de los aztecas? Busca información en línea sobre su reinado y su territorio.
2. ¿Cuál es la función de la referencia a las frutas en la primera estrofa?
3. Si Iztaccihual y Popocatépetl son montañas/volcanes, ¿qué serían sus "cabezas" y la "nieve eternal corona"?
4. ¿Cómo se describen los volcanes?
5. ¿Qué es Iztaccihual?
6. ¿Qué está describiendo el poeta en el verso que comienza "Era la tarde"?
7. Al contemplar estas montañas, ¿en qué piensa el poeta?

365. *entronizarse*: coronarse
366. *fúnebre*: funerario
367. *alaridos*: gritos
368. *sofocaban*: asfixiaban
369. *muda*: sin poder hablar
370. *yazcas*: forma del subjuntivo del verbo "yacer"; reposar
371. *empero*: sin embargo
372. *Titán*: Los titanes eran una raza de dioses poderosos griega
373. *ignominioso*: deshonrado
374. *demencia*: locura
375. *furor*: furia

8. Explica, mientras dura la noche, el verso "y sois de firmamento poesía". Da ejemplos para justificar tu respuesta.

9. ¿Qué importancia tiene el paso del tiempo o la historia en el poema? Piensa, por ejemplo, ¿de qué han sido testigos estas montañas?

10. ¿Por qué el poeta contempla la permanencia o temporalidad de Popocatépetl?

11. ¿Qué le sucede al poeta en la estrofa "En tal contemplación"?

12. ¿Cómo se describe la civilización azteca al contemplar la pirámide? ¿Se lee de manera positiva o negativa?

13. Explica por qué la muerte es una "universal señora". ¿Es la muerte un tema principal en el poema?

14. ¿Qué es la "inmensa estructura" que "vio"?

15. Habla de la "lección" que se menciona al final del poema. ¿Qué podría ser? ¿Quién "enseña" y quién "aprende"?

16. ¿Por qué crees, después de leer el poema, que el poeta decide yuxtaponer estas montañas con la pirámide? ¿Cómo sirven de inspiración poética?

II. Gertrudis Gómez de Avellaneda (1814–1873)

A. Términos literarios

1. El clímax
2. La metáfora
3. El símil
4. La hipérbole
5. La anáfora

B. La autora y su contexto social

1. Cubana viviendo en España
2. Bibliófila
3. Temas poéticos por excelencia: el amor, la mujer, el negrismo
4. Escritora polémica: la esclavitud y el feminismo

C. Imágenes en contexto

Busca *Miranda* (John Waterhouse, 1875) en línea (Google Imágenes) y piensa en lo siguiente en preparación para esta sección:

1. Busca información sobre el personaje de Shakespeare, *Miranda*
2. La mujer y la actividad contemplativa/intelectual
3. La soledad
4. Las relaciones entre estos temas y la naturaleza

D. Los textos

1. "Significado de la palabra yo amé" (Imitación de Parny[376])
(*Poesías de la señorita Da. Gertrudis Gómez de Avellaneda*, 1841)

Con *yo amé* dice cualquiera

376. *Parny*: Évariste de Parny (1753–1814), poeta francés conocido por su colección, *Poésies érotiques*

Esta verdad desolante[377]:
-Todo en el mundo es quimera,
No hay ventura verdadera
Ni sentimiento constante.
Yo amé significa: -Nada
le basta al hombre jamás:
La pasión más delicada,
La promesa más sagrada,
Son humo y viento … ¡y no más!

2. "LAS CONTRADICCIONES" (IMITACIÓN DE PETRARCA)
(*POESÍAS DE LA SEÑORITA DA. GERTRUDIS GOMEZ DE AVELLANEDA*, 1841)

No encuentro paz, ni me permiten guerra;
de fuego devorado, sufro el frío;
abrazo un mundo, y quédome vacío;
me lanzo al cielo, y préndeme la tierra.

Ni libre soy, ni la
prisión me encierra;
veo sin luz, sin voz hablar ansío[378];
temo sin esperar, sin placer río;
nada me da valor, nada me aterra.[379]

Busco el peligro cuando auxilio[380] imploro;
al sentirme morir me encuentro fuerte;
valiente pienso ser, y débil lloro.

Cúmplese así mi extraordinaria suerte;
siempre a los pies de la beldad que adoro,
y no quiere mi vida ni mi muerte.

3. "ROMANCE" ("CONTESTANDO A OTRO DE UNA SEÑORITA")
(*POESÍAS DE LA SEÑORITA DA. GERTRUDIS GOMEZ DE AVELLANEDA*, 1841)

No soy *maga*, ni *sirena*,
ni *querub*[381] ni *pitonisa*,[382]
como en tus versos galanos
me llamas hoy, bella niña.
Gertrudis tengo por nombre,
cual recibido en la pila,
me dice *Tula* mi madre
y mis amigos la imitan.

377. desolante: lamentable
378. *ansío*: con ansia
379. *aterra*: da miedo
380. *auxilio*: socorro, ayuda
381. *querub*: tipo de ángel
382. *pitonisa*: mujer que adivina el futuro medio de cartas, bolas de cristal, etc.

Prescinde,[383] pues, te lo ruego,
de las *Safos* y *Corinas*
y simplemente me nombra
Gertrudis, Tula, o amiga.
Amiga, sí, que aunque tanto
contra tu sexo te indignas,[384]
y de maligno lo acusas,
y de envidioso lo tildas,[385]
en mí pretendo probarte
que hay en almas femeninas
para lo hermoso entusiasmo,
para lo bueno justicia.
Naturaleza madrastra
no fue (lo ves en ti misma)
con la mitad de la especie
que la razón ilumina.
No son las fuerzas corpóreas
de las del alma medida;
no se encumbra[386] el pensamiento
por el vigor de las fibras.
Perdona, pues, si no acato[387]
aquel fallo[388] que me intimas;
como no acepto el elogio
en que lo envuelves benigna.
No, no aliento ambición noble,
como engañada imaginas,
de que en páginas de gloria
mi humilde nombre se escriba.
Canto como canta el ave,
como las ramas se agitan,
como las fuentes murmuran,
como las auras suspiran.
Canto porque al cielo plugo[389]
darme el estro[390] que me anima,
como dio brillo a los astros,
como dio al orbe armonías.
Canto porque hay en mi pecho
secretas cuerdas que vibran
a cada afecto del alma,

383. *prescinde*: omite. En este contexto, se entiende como "olvídate".
384. *indignas*: te enfadas
385. *tildas*: señalas a algo o a alguien de una forma negativa
386. *encumbra*: levanta, ensalza
387. *acato*: acepto
388. *fallo*: error
389. *plugo*: imploro
390. *estro*: inspiración

a cada azar de la vida.
Canto porque hay luz y sombras,
porque hay pesar y alegría,
porque hay temor y esperanza,
porque hay amor y hay perfidia.[391]
Canto porque existo y siento;
porque lo grande me admira,
porque lo bello me encanta,
porque lo malo me irrita.
Canto porque ve mi mente
concordancias infinitas,
y placeres misteriosos,
y verdades escondidas.
Canto porque hay en los seres
sus condiciones precisas:
corre el agua, vuela el ave,
silba el viento, y el sol brilla.
Canto sin saber yo propia
si algo el canto significa,
y si al mundo que lo escucha
asombro o lástima inspira.
El ruiseñor[392] no ambiciona
que lo aplaudan cuando trina:
latidos son de su seno
sus nocturnas melodías.
Modera, pues, tu alabanza
y de mi frente retira
la inmarchitable corona
que tu amor me pronostica.
Premiando nobles esfuerzos
sienes[393] más heroicas ciña,[394]
que yo al cantar solo cumplo
la condición de mi vida.

E. Cuestionario

1. Explica la importancia del tiempo verbal de la frase "Yo amé".
2. ¿Qué opina la poeta de esa frase?
3. ¿Cómo puede significar tanto y a la vez "nada"?
4. ¿Cuál es su relación con el hombre?
5. ¿Quién fue "Parny" y por qué crees que la poeta lo imita?
6. Da ejemplos de las contradicciones en el poema.

391. *perfidia*: traición
392. *ruiseñor*: tipo de pájaro
393. *sienes*: las partes laterales de la cabeza
394. *ciña*: modera

7. En "Romance", ¿por qué Avellaneda rechaza los piropos que se le hacen? ¿Quién se los ha hecho?
8. Según la poeta, ¿por qué escribe poesía?
9. ¿A qué se refiere con su "canto"? ¿También es cantante?
10. ¿Por qué la imagen del ruiseñor aparece como el clímax del poema?
11. En los tres poemas, la imitación llega a ser un tema clave. Explica.

III. José Hernández (1834–1886)

A. Términos literarios

1. Las payadas
2. La poesía gauchesca

B. El autor y su contexto social

1. Argentino
2. La luchas políticas marcaron su vida
3. El fundador del periódico *Río de la Plata*

C. Imágenes en contexto

Busca *Payada en una pulpería* (Carlos Morel, 1840) en línea (Google Imágenes) y piensa en lo siguiente en preparación para esta sección:

1. El gaucho y la música
2. Elementos costumbristas/románticos
3. La expresión de una identidad argentina

D. El texto

1. *MARTIN FIERRO* (SELECCIÓNES; 1872–79)

Aquí me pongo a cantar
al compás de la vigüela,[395]
que el hombre que lo desvela
una pena extraordinaria,
como la ave solitaria,
con el cantar se consuela.

Pido a los santos del cielo
que ayuden mi pensamiento;
les pido en este momento
que voy a cantar mi historia
me refresquen la memoria
y aclaren mi entendimiento.

395. *vigüela*: "vihuela", tipo de guitarra. *Éste es el comienzo de una serie de palabras corruptas propias al vocabulario gauchesco.

Vengan santos milagrosos,
vengan todos en mi ayuda,
que la lengua se me añuda[396]
y se me turba la vista;
pido a mi Dios que me asista
en una ocasión tan ruda.

Yo he visto muchos cantores,
con famas bien otenidas,[397]
y que después de alquiridas[398]
no las quieren sustentar:
parece que sin largar
se cansaron en partidas.[399]

Mas ande otro criollo pasa
Martín Fierro ha de pasar;
nada lo hace recular[400]
ni las fantasmas lo espantan;
y dende[401] que todos cantan
yo también quiero cantar.

Cantando me he de morir,
cantando me han de enterrar,
y cantando he de llegar
al pie del Eterno Padre:
dende el vientre de mi madre
vine a este mundo a cantar.

Que no se trabe[402] mi lengua
ni me falte la palabra.
El cantar mi gloria labra,
y poniéndome a cantar,
cantando me han de encontrar
aunque la tierra se abra.

Me siento en el plan de un bajo
a cantar un argumento.
Como si soplara el viento
hago tiritar[403] los pastos.
Con oros, copas y bastos
juega allí mi pensamiento.

396. *se me anuda*: se me ata
397. *otenidas*: "obtenidas"
398. *alquiridas*: "adquiridas"
399. *sin largar ... partidas*: Después de recibir la primera adulación ya no se esfuerzan.
400. *recular*: retroceder, retirarse
401. *dende*: desde
402. *se trabe*: se anuda
403. *tiritar*: vibrar

Yo no soy cantor letrao,[404]
mas si me pongo a cantar
no tengo cuándo acabar
y me envejezco cantando;
las coplas me van brotando
como agua de manantial.[405]

Con la guitarra en la mano
ni las moscas se me arriman;
naides[406] me pone el pie encima,
y cuando el pecho se entona,[407]
hago gemir a la prima
y llorar a la bordona.[408]

Yo soy toro en mi rodeo
y torazo[409] en rodeo ajeno;
siempre me tuve por güeno,[410]
y si me quieren probar,
salgan otros a cantar
y veremos quién menos.

No me hago al lao[411] de la güeya[412]
aunque vengan degollando[413];
con los blandos yo soy blando
y soy duro con los duros,
y ninguno, en un apuro,
me ha visto andar tutubiando.[414]

En el peligro, ¡qué Cristos!,
el corazón se me enancha[415]
pues toda la tierra es cancha,
y de esto naides se asombre:
el que se tiene por hombre
donde quiera hace pata ancha.[416]

Soy gaucho, y entiendanló
como mi lengua lo explica,

404. *letrao*: "letrado", culto
405. *manantial*: fuente de agua
406. *naides*: "nadie"
407. *se entona*: canta
408. *bordona*: la sexta cuerda de una guitarra
409. *torazo*: súper toro
410. *güeno*: "bueno"
411. *lao*: "lado"
412. *güeya*: "huella"' en este contexto, "camino"
413. *degollando*: decapitar
414. *tutubiando*: "titubeando"; vacilando
415. *se me enancha*: se me crece
416. *donde quiera hace pata ancha*: hacer frente con valentía a cualquier peligro

para mí la tierra es chica
y pudiera ser mayor.
Ni la víbora[417] me pica
ni quema mi frente el sol.

Nací como nace el peje,[418]
en el fondo de la mar;
naides me puede quitar
aquello que Dios me dio:
lo que al mundo truge[419] yo
del mundo lo he de llevar.

Mi gloria es vivir tan libre
como el pájaro del cielo;
no hago nido en este suelo,
ande[420] hay tanto que sufrir;
y naides me ha de seguir
cuando yo remonto[421] el vuelo.

Yo no tengo en el amor
quien me venga con querella[422];
como esas aves tan bellas
que saltan de rama en rama;
yo hago en el trébol[423] mi cama
y me cubren las estrellas.

Y sepan cuantos escuchan
de mis penas el relato,
que nunca peleo ni mato
sino por necesidá,
y que a tanta adversidá
solo me arrojó el mal trato.

E. Cuestionario

1. Señala las características románticas, propias del Romanticismo, en la
 primera estrofa.
2. ¿Hay características realistas también en este fragmento? ¿Cuáles son?
 Piensa por ejemplo en el lenguaje.
3. ¿Por qué el gaucho pide ayuda a los santos?
4. ¿En qué sentido es distinto el lenguaje gauchesco? Busca ejemplos textuales.
5. ¿Por qué crees que el gaucho emplea un registro lingüístico distinto? Es

417. *víbora*: serpiente
418. *peje*: pez
419. *truge*: "traje"
420. *ande*: "donde"
421. *remonto*: volar alto, como los pájaros
422. *querella*: acusación
423. *trébol*: una planta con tres folíolos redondeados. El de cuatro es símbolo de la buena suerte.

decir, en términos de la imagen del gaucho construida por el poema, ¿cuál es el efecto producido por su forma de "hablar"?

6. ¿Cómo se imagina el mundo gauchesco?
7. ¿Cómo y por qué se resalta el orgullo patriótico?

Segunda mitad del siglo XIX, realismo y naturalismo

Busca *El taller del pintor* (Gustave Courbet, 1855) en línea (Google Imágenes) y piensa en lo siguiente en preparación para esta sección:

- El efecto de la luz y la oscuridad
- El cuadro entero como símbolo de la vida
- Los personajes retratados en el cuadro
- La representación en su conjunto

Introducción

El realismo español despliega ciertas facetas del Romanticismo (su interés por la naturaleza y el costumbrismo) y descarta otras (la imaginación desbocada, la fantasía, los trastornos emotivos). Si el Romanticismo buscaba un significado de la vida en lo interior: la subjetividad, las emociones, el "yo"; el realismo pretende hallar ese significado en el mundo exterior, de forma objetiva, distanciado de ese "yo", debido a que el privilegio del que gozaban los sentimientos en el contexto romántico es reemplazado por el escrutinio científico y la verosimilitud. El escritor realista no huye de su realidad como su predecesor romántico, sino que la afronta directamente para retratarla detalladamente y sin idealizaciones, a menudo con fines críticos. El género literario realista por excelencia es, lógicamente, la novela, cuya extensión y profundidad se prestan a evidenciar las cosas paulatina y minuciosamente. Es común, además, que las novelas realistas dispongan de una narración omnisciente para poder documentar estos detalles de la realidad.

¿Cómo surge el realismo? Como hemos visto, los movimientos literarios son casi siempre reaccionarios. Hartos de los frenesíes románticos, los escritores empiezan a producir narraciones más parecidas a la realidad del momento y, en particular, apuntan hacia los problemas sociales causados por la concienciación del concepto de clase social. Su nacimiento, además, está conectado al incremento de poder de la burguesía y a la nueva sociedad urbana que emergió como consecuencia de la Revolución Industrial en Europa. Por eso, el personaje realista por excelencia es un burgués.

Más tarde, a partir de la década de 1880, aparece una rama novelística del realismo, procedente de Francia gracias al escritor Émile Zola, llamada el naturalismo. Podríamos pensar en el naturalismo como el realismo llevado al extremo y con un énfasis en lo desagradable. Por lo tanto, los protagonistas naturalistas, a diferencia de los realistas, típicamente son marginados: tartamudos, alcohólicos, enfermos, prostitutas, etc. Eso

tiene que ver con el hecho de que el naturalismo cobra sentido por medio del materialismo: la herencia biológica, y el determinismo: el destino de uno mismo. Es decir, según el naturalismo, los problemas sociales son heredados y ya asignados. Sus antecedentes incluyen la literatura del Siglo de Oro, especialmente la novela picaresca. Sin embargo, la escritora española Emilia Pardo Bazán en su ensayo *La cuestión palpitante* plantea un naturalismo modificado para España, ya que la autora favorecía la idea del libre albedrío, la cual permitía un entendimiento más completo del comportamiento humano.

El realismo hispanoamericano se asemeja bastante a su equivalente europeo: énfasis en la observación detallada, minuciosidad descriptiva, notoria predilección por los bajos fondos sociales e incorporación de una problemática americana aspirando, igual que el Romanticismo americano, a crear obras propias. Los novelistas americanos describen y narran todo, en vez de describir y narrar solo lo mejor. Curiosamente, mientras el Romanticismo rechazaba lo europeo, especialmente lo español y lo francés, el realismo hispanoamericano busca imitar a esos países, ya que representan la prosperidad, lo culto y lo erudito. Doris Summer ha manifestado que el siglo diecinueve en su totalidad se puede considerar un período de "foundational fictions", ya que esta ficción ayuda a *construir* la nación.

El realismo/el naturalismo español

I. Emilia Pardo Bazán (1851–1921)

A. Términos literarios

1. El naturalismo (español)
2. El narrador omnisciente
3. La ironía

B. La autora y su contexto social

1. Cuentista, novelista, periodista, poeta
2. Nace en La Coruña (A Coruña en gallego), al noroeste de España.
3. Conocida por su curiosidad intelectual
4. Preocupada por la igualdad de género y la educación de la mujer
5. A pesar de sus logros literarios, se le niega membrecía en la Real Academia Española

C. Imágenes en contexto

Busca *The Garden of Don Juan* (Gulácsy, 1910) en línea (Google Imágenes) y piensa en lo siguiente en preparación para esta sección:

1. La representación de don Juan
2. La representación de la mujer
3. Lo social y lo físico
4. Lo ideal y lo real

D. Los textos

1. "La última ilusión[424] de Don Juan" (*Cuentos de amor*, 1898)

Las gentes superficiales, que nunca se han tomado el trabajo de observar al microscopio la complicada mecánica del corazón, suponen buenamente que a Don Juan, el precoz[425] libertino, el burlador sempiterno,[426] le bastan para su satisfacción los sentidos y, a lo sumo, la fantasía, y que no necesita ni gasta el inútil lujo del sentimiento, ni abre nunca el dorado ajimez[427] donde se asoma el espíritu para mirar al cielo cuando el peso de la tierra le oprime. Y yo os digo, en verdad, que esas gentes superficiales se equivocan de medio a medio, y son injustas con el pobre Don Juan, a quien sólo hemos comprendido los poetas, los que tenemos el alma inundada de caridad y somos perspicaces … cabalmente porque, cándidos en apariencia, creemos en muchas cosas.

A fin de poner la verdad en su punto, os contaré la historia de cómo alimentó y sostuvo Don Juan su última ilusión…, y cómo vino a perderla.

Entre la numerosa parentela de Don Juan—que, dicho sea de paso, es hidalgo como el rey—se cuentan unas primitas provincianas[428] muy celebradas de hermosas. La más joven, Estrella, se distinguía de sus hermanas por la dulzura del carácter, la exaltación de la virtud y el fervor de la religiosidad, por lo cual en su casa la llamaban la Beatita.[429] Su rostro angelical no desmentía las cualidades del alma: parecíase a una Virgen de Murillo,[430] de las que respiran honestidad y pureza (porque algunas, como la morena «de la servilleta»,[431] llamada Refitolera, sólo respiran juventud y vigor). Siempre que el humor vagabundo de Don Juan le impulsaba a darse una vuelta por la región donde vivían sus primas, iba a verlas, frecuentaba su trato y pasaba con Estrella pláticas interminables. Si me preguntáis qué imán atraía al perdido hacia la santa, y más aún a la santa hacia el perdido, os diré que era quizás el mismo contraste de sus temperamentos … y después de esta explicación nos quedaremos tan enterados como antes.

Lo cierto es que mientras Don Juan galanteaba[432] por sistema a todas las mujeres, con Estrella hablaba en serio, sin permitirse la más mínima insinuación atrevida; y que mientras Estrella rehuía[433] el trato de todos los hombres, veníase a la mano de Don Juan como la mansa paloma, confiada, segura de no mancharse el plumaje blanco. Las conversaciones de los primos podía oírlas el mundo entero; después de horas de charla inofensiva, reposada y dulce, levantábanse tan dueños de sí mismos, tan tranquilos, tan venturosos, y Estrella volaba a la cocina o a la despensa a preparar con esmero[434] algún plato de los que sabía que agradaban a Don Juan. Saboreaba éste, más que las golosinas,[435]

424. *ilusión*: esperanza
425. *precoz*: inmaduro
426. *sempiterno*: lo que perdura mucho tiempo (una combinación de "siempre" y "eterno")
427. *ajimez*: ventana
428. *provincianas*: mujeres de provincia, es decir, no de la capital
429. *beatita*: de "beata", una mujer muy religiosa
430. *Murillo*: el pintor barroco español Bartolomé Esteban Murillo (1617–1682)
431. <<*de la servilleta*>>: La Virgen de la Servilleta es una pintura de Murillo que, según la leyenda, Murillo pintó en una servilleta (aunque el cuadro auténtico fue pintado sobre un lienzo).
432. *galanteaba*: intentaba enamorar. En este contexto, implica "seducir".
433. *rehuía*: evitaba
434. *esmero*: con cuidado o con mucha atención
435. *golosinas*: dulces o caramelos

el mimo[436] con que se las presentaban, y la frescura de su sangre y la anestesia de sus sentidos le hacían bien, como un refrigerante baño al que caminó largo tiempo por abrasados arenales.

Cuando Don Juan levantaba el vuelo,[437] yéndose a las grandes ciudades en que la vida es fiebre y locura, Estrella le escribía difusas cartas, y él contestaba en pocos renglones, pero siempre. Al retirarse a su casa, al amanecer, tambaleándose,[438] aturdido por la bacanal[439] o vibrantes aún sus nervios de las violentas emociones de la profana cita; al encerrarse para mascar, entre risa irónica, la hiel de un desengaño —porque también Don Juan los cosecha —; al prepararse al lance de honor templando la voluntad para arrostrar impávido[440] la muerte; al reír; al blasfemar, al derrochar su mocedad y su salud cual pródigo insensato de los mejores bienes que nos ofrece el Cielo, Don Juan reservaba y apartaba, como se aparta el dinero para una ofrenda a Nuestra Señora, diez minutos que dedicar a Estrella. En su ambición de cariño, aquella casta consagración de un ser tan delicado y noble representaba el sorbo de agua que se bebe en medio del combate y restituye al combatiente fuerzas para seguir lidiando.[441] Traiciones, falsías, perfidias[442] y vilezas de otras mujeres podían llevarse en paciencia, mientras en un rincón del mundo alentase el leal afecto de Estrella la Beatita. A cada carta ingenua y encantadora que recibía Don Juan, soñaba el mismo sueño; se veía caminando difícilmente por entre tinieblas muy densas, muy frías, casi palpables, que rasgaban por intervalos la luz sulfurosa del relámpago y el culebreo del rayo, pero allá lejos, muy lejos, donde ya el cielo se esclarecía un poco, divisaba Don Juan blanca figura velada, una mujer con los ojos bajos, sosteniendo en la diestra[443] una lamparita encendida y protegiéndola con la izquierda. Aquella luz no se apagaba jamás.

En efecto, corrían años, Don Juan se precipitaba despeñado,[444] por la pendiente de su delirio, y las cartas continuaban con regularidad inalterable, impregnadas de igual ternura latente y serena. Eran tan gratas[445] a Don Juan estas cartas, que había determinado no volver a ver a su prima nunca, temeroso de encontrarla desmejorada y cambiada por el tiempo, y no tener luego ilusión bastante para sostener la correspondencia. A toda costa deseaba eternizar su ensueño, ver siempre a Estrella con rostro murillesco,[446] de santita virgen de veinte años. Las epístolas de Don Juan, a la verdad, expresaban vivo deseo de hacer a su prima una visita, de renovar la charla sabrosa; pero como nadie le impedía a Don Juan realizar este propósito, hay que creer, pues no lo realizaba, que la gana no debía de apretarle mucho.

436. *mimo*: ternura, cariño
437. *levantaba el vuelo*: se marchaba de un lugar
438. *tambaleándose*: desequilibrado, caminando mal
439. *aturdido por el bacanal*: Se refiere al estado de ánimo de Don Juan después de una conquista sexual
440. *impávido*: intrépido
441. *lidiando*: batallando
442. *perfidias*: infidelidades
443. *diestra*: la mano derecha
444. *despeñado*: caído en un vicio
445. *gratas*: agradables
446. *murillesco*: Se refiere al pintor barroco Bartolomé Esteban Murillo, cuyos temas preferidos eran la religión y la mujer.

Eran pasados dos lustros,[447] cuando un día recibió Don Juan, en vez del ancho pliego acostumbrado, escrito por las cuatro carillas y cruzado después, una esquelita[448] sin cruzar, grave y reservada en su estilo, y en que hasta la letra carecía del abandono que imprime la efusión del espíritu guiando la mano y haciéndola acariciar, por decirlo así, el papel. ¡Oh mujer, oh agua corriente, oh llama fugaz, oh soplo de aire! Estrella pedía a don Juan que ni se sorprendiese ni se enojase, y le confesaba que iba a casarse muy pronto…. Se había presentado un novio a pedir de boca, un caballero excelente, rico, honrado, a quien el padre de Estrella debía atenciones sin cuento; y los consejos y exhortaciones de «todos» habían decidido a la santita, que esperaba, con la ayuda de Dios, ser dichosa en su nuevo estado y ganar el cielo.

Quedó Don Juan absorto[449] breves instantes; luego arrugó el papel y lo lanzó con desprecio a la encendida chimenea. ¡Pensar que si alguien le hubiese dicho dos horas antes que podía casarse Estrella, al tal le hubiese tratado de bellaco calumniador![450] ¡Y se lo participaba ella misma, sin rubor, como el que cuenta la cosa más natural y lícita del mundo!

Desde aquel día, Don Juan, el alegre libertino, ha perdido su última ilusión; su alma va peregrinando entre sombras, sin ver jamás el resplandorcito de la lámpara suave que una virgen protege con la mano; y el que aún tenía algo de hombre, es sólo fiera, con dientes para morder y garras para destrozar sin misericordia. Su profesión de fe es una carcajada cínica[451]; su amor, un latigazo[452] que quema y arranca la piel haciendo brotar la sangre.

Me diréis que la santita tenía derecho a buscar felicidades reales y goces siempre más puros que los que libaba[453] sin tregua su desenfrenado ídolo. Y acaso diréis muy bien, según el vulgar sentido común y la enana razoncilla práctica. ¡Que esa enteca[454] razón os aproveche! En el sentir de los poetas, menos malo es ser galeote del vicio que desertor del ideal. La santita pecó contra la poesía y contra los sueños divinos del amor irrealizable. Don Juan, creyendo en su abnegación[455] eterna, era, de los dos, el verdadero soñador.

2. "Leliña"

Siempre que salían los esposos en su cesta, tirada por jacas del país, a entretener un poco las largas tardes de primavera en el campo, encontraban, junto al mismo matorral[456] formado por una maraña[457] de saúcos[458] en flor, a la misma mujer de ridículo aspecto. Era un accidente del camino, cepo[459] o piedra, el hito que señala una demarcación, o el

447. *lustro*: Un lustro equivale a cinco años así que dos lustros son diez años.
448. *esquelita*: una carta muy breve
449. *absorto*: pasmado
450. *bellaco calumniador*: un malvado mentiroso
451. carcajada: risa violenta
452. *latigazo*: azote
453. *libaba*: disfrutaba
454. *enteca*: débil
455. *abnegación*: renuncia
456. *matorral*: espesura, maleza
457. *maraña*: matorral
458. *saúcos*: tipo de árbol
459. *cepo*: trampa o instrumento que sirve para aprisionar algo

crucero cubierto de líquenes[460] y menudas parasitarias. Manolo sonreía y pegaba suave codazo[461] a Fanny.

-Ya pareció tu Leliña … ¡Qué fea, qué avechucho[462]! En este momento, el sol la hiere de frente…. Fíjate.

La mayordoma[463] les había referido la historia de aquella mujer. ¿La historia? En realidad, no cabe tener menos historia que Leliña. Sin familia, como los hongos,[464] dormía en cobertizos y pajares[465] —¡a veces en los cubiles y cuadras del ganado!—y comía … , si le daban «un bien de caridad».

Sin embargo, no mendigaba. Para mendigar se requiere conciencia de la necesidad, nociones de previsión, maña o arte en pedir … , y Leliña ni sospechaba todo eso. ¿Cómo había de sospecharlo, si era idiota desde el nacer, tonta, boba, lela, «leliña»? ¡Ella pedir!

Un can[466] pide meneando la cola; un pájaro ronda las migajas a saltitos…. Leliña ni aun eso; como no le pusiesen delante la escudilla de bazofia,[467] allí se moriría de hambre.

Inútil socorrerla con dinero; a la manera que su abierta boca de imbécil dejaba fluir la saliva por los dos cantos,[468] de sus manazas gordas, color de ocre, se escapaban las monedas, yendo a rodar al polvo, a perderse entre la espesa hierba trigal. Manolo y Fanny lo sabían, porque, al principio, acostumbraban lanzar al regazo[469] de la tonta pesetas[470] relucientes…. Ahora preferían atenderla de otro modo: con ropa y alimento. El pañuelo de percal amarillo, el pañolón anaranjado de lana, el zagalejo azul de Leliña, se lo habían regalado los esposos. ¡Cosa curiosa! Leliña, indiferente a la comida, gruñó[471] de satisfacción viéndose trajeada[472] de nuevo. Una sonrisa iluminó su faz inexpresiva, al ponerse, en vez de sus andrajos,[473] las prendas de esos matices vivos, chillones, por los cuales se pirran[474] las aldeanas de las Mariñas de Betanzos,[475] el más pintoresco rincón del mundo …

-¡Hembra al fin! … -fue el comentario de Manolo.

-¡Pobrecilla! -exclamó Fanny-. ¡Me alegro de que le gusten sus galas! …[476]

Fanny ansiaba hacer algo bueno; tenía el alma impregnada de una compasión morbosa, originado por la íntima tristeza de su esterilidad. Diez años de matrimonio sin sucesión, el dictamen[477] pesimista de los ginecólogos más afamados de Madrid y París, pesaban sobre sus tenaces ilusiones maternales. «Ensayen ustedes una vida muy higiénica, aire libre, comida sana … », les ordenó, por ordenarles algo, el último doctor a quien

460. *líquenes*: la simbiosis entre un hongo y alga
461. *codazo*: un golpe con el codo
462. *avechucho*: ave de apariencia desagradable
463. *mayordoma*: tipo de criada, asistenta
464. *hongos*: organismos parasíticos que crecen en lugares frescos, oscuros y húmedos
465. *cobertizos y pajares*: Se refieren a tipos de construcciones que ofrecen albergue durante las tormentas
466. *can*: perro
467. la escudilla de bazofia: plato de sobras
468. *los dos cantos*: los dos extremos de la boca
469. *regazo*: las faldas
470. *pesetas*: monedas
471. *gruñó*: murmuró
472. *trajeada*: vestida
473. *andrajos*: ropa rota y sucia
474. *se pirran*: desean, querer mucho
475. *Mariñas de Betanzos*: un pueblo en La Coruña
476. *galas*: adornos. En este contexto, se refiere a su nuevo vestuario.
477. *dictamen*: opinión

acudieron en consulta. Y se agarraron al clavo ardiendo de la rusticación,[478] método que si no les traía el heredero suspirado, al menos debía proporcionarles calma y paz. Pero en medio de la naturaleza remozada, germinadora, florida, despierta ya bajo las caricias solares, la nostalgia de los esposos revistió caracteres agudos; se convirtió en honda pena. Fanny no contenía las lágrimas cuando encontraba a una criatura.[479] ¡Y en la aldea mariñana[480] cuidado si pululaban[481] los chiquillos! A la puerta de las casucas, remangada[482] la camisa sobre el barrigón, revolcándose entre el estiércol del curro,[483] llevando a pastar la vaca, tirando peladillas a los cerezos[484] o agarrándose al juego trasero del coche y voceando: «¡Tralla atrás...!»; en el atrio de la iglesia, a la salida de misa, con un dedo en la boca, en la romería comiendo galletas duras, en la playa del vecino pueblecito de Areal escarabajeando[485] al través de las redes tendidas a manera de cangrejillos vivaces ... no se hallaba otra cosa: cabezas rubias, ensortijadas,[486] que serían ideales si conociesen el peine; cabezas pelinegras, carnes sucias y rosadas, chiquillería, chiquillería.

-Los pobres, señorita, cargamos de hijos.... Es como la sardina, que cuanta más apañamos,[487] más cría el mar de Nuestro Señor ... -decía a Fanny una pescadora de Areal, la Camarona, madre de ocho rapaces,[488] ocho manzanas por lo frescos ...

La dama torcía el rostro para ocultar al esposo la humedad que vidriaba sus pupilas, y allá dentro, dentro del corazón, elevaba al cielo una oferta. Quería realizar algo que fuese agradable al poder que reparte niños, que fertiliza o seca las entrañas de las mujeres. No permitiría ella aquel invierno que la idiota, la mísera Leliña, tiritase en la cuneta encharcada y helada[489]; apenas soplase una ráfaga de cierzo, recogería a la inocente, dándole sustento y abrigo, y la Providencia, en premio, cuajaría en carne y sangre su honesto amor conyugal.... Por eso -al divisar a Leliña cuando cruzaban al pie del enredijo de saúcos en flor-, Manolo, confidencialmente, empujaba el codo de Fanny, y una esperanza loca, mística, ensoñadora, animaba un instante a los dos esposos. La idiota no les hacía caso. Ellos, en cambio, la contemplaban, se volvían para mirarla otra vez desde la revuelta. Les pertenecía; por aquel hilo tirarían de la misericordia de Dios.

Fue Manolo el primero que advirtió que los cocheros se reían y se hacían un guiño[490] al pasar ante la idiota, y les reprendió, con enojo:

-¿Qué es eso? ¡Bonita diversión, mofarse de una pobre! ¡Cuidadito! ¡No lo toleraré!

-Señorito ... -barbotó[491] el cochero, que era antiguo en la casa y tenía fueros de confianza-. Si es que ... ¿No sabe el señorito? ... -y puso las jacas[492] al paso, casi las paró.

-¿Qué tengo de saber? Porque sea lela esa desdichada, no debéis vosotros ...

478. *rusticación*: salir al campo
479. *criatura*: un niño/a
480. *mariñana*: marina
481. *pululaban*: abundaban
482. *remangada*: levantadas las mangas de la ropa
483. *estiércol del curro*: excremento de un puerco
484. *peladillas*: almendras
485. *escarabajeando*: moverse. Un escarabajo es un tipo de cucarrón.
486. *ensortijadas*: crespo, rizado
487. *apañamos*: solucionamos, arreglamos
488. *rapaces*: un rapaz es un ave (como un águila) pero en este contexto, significa "hijos"
489. *tiritase...helada*: que sufriera
490. *guiño*: señal
491. *barbotó*: habló de una forma confusa
492. *jacas*: yeguas

-Pero, señorito.... ¡si es que ya corre por toda la aldea![493] ...

-¿Qué diantres[494] es lo que corre?

-Que, perdone la señorita, Leliña está ...

Un ademán[495] completó la frase; Fanny y Manolo se quedaron fríos, paralizados, igual que si hubiesen sufrido inmensa decepción. La señora, después de palidecer de sorpresa, sintió que la vergüenza de la idiota le encendía las mejillas a ella, que había proyectado redimirla y salvarla. Bajó la frente, cruzó las manos, hizo un gesto de amargura.

-Eso debe de ser mentira -exclamaba Manolo, furioso-. ¡Si no se comprende! ¡Si no cabe en cabeza humana! ... ¡La idiota! ¡La lela! Digo que no y que no ...

Marido y mujer, entre el ruido de las ruedas y el tilinteo[496] de los cascabeles de las jacas, que volvían a trotar, examinaron probabilidades, dieron vueltas al extraño caso ... ¡Vamos, Leliña ni aun tenía figura humana! ¿Y su edad? ¿Qué años habían pasado sobre su testa greñosa,[497] vacía, sin luz ni pensamiento? ¿Treinta? ¿Cincuenta? Su cara era una pella[498] de barro; su cuerpo, un saco; sus piernas, dos troncos de pino, negruzcos, con resquebrajaduras[499] ... ¡Leliña! ... ¡Qué asco! Y al volver de paseo, envueltos ya en la dulce luz crepuscular de una tarde radiosa, viendo a derecha e izquierda cubiertos de vegetación y florecillas los linderos,[500] respirando el olor fecundo, penetrante, que derraman los blancos ramilletes del vieiteiro,[501] y a Leliña ni triste ni alegre, indiferente, inmóvil en su sitio acostumbrado, Manolo murmuró, con mezcla indefinible de ironía y cólera:

-¡Como la tierra! ...

Fanny, súbitamente deprimida, llena de melancolía, repitió:

-¡Como la tierra! ...

No hablaron más del proyecto de recoger a la idiota. Ya era distinto ... ¿Quién pensaba en eso? Preguntaron a derecha e izquierda, poseídos de curiosidad malsana,[502] sin lograr satisfacerla. ¿El culpable del desaguisado?[503] ¡Asús, asús![504] Nadie lo sabía, y Leliña de seguro era quien menos. No sería hombre de la parroquia, no sería cristiano; algún licenciado de presidio[505] que va de paso, algún húngaro de esos que vienen remendando calderos y sartenes ... ¡Qué pecado tan grande! ¡Hacer burla de la inocente! El que fuese, ¡asús!, había ganado el infierno ...

El verano transcurrió lento, aburrido; comenzaron a rojear las hojas, y Fanny y Manolo, al acercarse a los saúcos, donde ahora el fruto, los granitos, verdosos, se oscurecían con la madurez, volvían el rostro por no mirar a Leliña.

De reojo[506] la adivinaban, quieta, en su lugar. Un día, Fanny, girando el cuerpo de repente, apretó el brazo de su marido, emocionada.

493. *ya corre...*: Es decir, la noticia corre por todo el pueblo
494. *diantres*: "diablos"; expresa enojo o sorpresa
495. *ademán*: movimiento
496. *tilinteo*: sonido de cascabeles
497. *testa greñosa*: pelo despeinado
498. *pella*: masa redonda
499. *resquebrajaduras*: grietas o aperturas superficiales
500. *linderos*: los límites de un terreno
501. *vieiteiro*: sauce o arbusto que produce rosas aparasoladas
502. *malsana*: perjudicial
503. *desaguisado*: ilegal
504 *¡Asús, asús!*: expresión de disgusto
505. *presidio*: cárcel
506. *mirar de reojo*: mirar disimuladamente sin girar la cabeza

-¡Leliña no está! ¡No está, Manolo!

Cruzaron una ojeada, entendiéndose. No añadieron palabra y permanecieron silenciosos todo el tiempo que el paseo duró. Durmieron con agitado sueño. Tampoco estaba Leliña a la tarde siguiente. Más de ocho días tardó la idiota en reaparecer. Antes aún de llegar al grupo de saúcos, Fanny se estremeció.

-Tiene el niño -murmuró, oprimida por una aflicción aguda, violenta.

-Sí que lo tiene … -balbució[507] Manolo-. Y le da el pecho. ¿No es increíble?

Abierto el ya haraposo pañolón de lana,[508] recostada sobre el ribazo, colgantes los descalzos pies deformes, la idiota amamantaba[509] a su hijo, agasajándole[510] con la falda del zagalejo,[511] sin cuidarse de la humedad que le entumecía[512] los muslos.

-¡Si hoy parece una mujer como las demás! -observó Manolo, admirando.

Fanny no contestó; de pronto sacó el pañuelo y ahogó con él sollozos histéricos, entrecortados, que acabaron en estremecedora risa.

-Calla … , calla…. Déjame…. No me consueles … ¡No hay consuelo para mí! Ella con su niño … ¡Yo, nunca, nunca! —repetía, mordiendo el pañuelo, desgarrándolo con los dientes, a carcajadas.

El esposo se alzó en el asiento, y gritó:

-Den la vuelta…. A casa, a escape … ¡Se ha puesto enferma la señora!

E. Cuestionario

"La última ilusión de don Juan"

1. Explica cómo la narradora intenta defender a Don Juan al comienzo. ¿Cuál es el efecto del uso de la segunda persona "tú"?
2. ¿Quién y cómo es Estrella? Parece que entre ella y Don Juan hay un caso de polos opuestos que se atraen. Comenta.
3. ¿Cómo se podría caracterizar su amor? Piensa por ejemplo en la luz que lleva Estrella en la mano.
4. Cuando Don Juan se ausenta, ¿qué hace Estrella? ¿Hace Don Juan lo mismo? Explica por qué es revelador este detalle.
5. Estrella le escribe a Don Juan durante años. ¿Cambia su tono durante este tiempo? ¿Cambia la actitud de Don Juan? ¿Por qué prefiere no ver a Estrella?
6. Da ejemplos de cómo el romántico persigue el sufrimiento y las dificultades.
7. ¿Qué noticias tiene la última carta de Estrella? ¿Cómo reacciona Don Juan? ¿Se justifica su sorpresa?
8. Después de lo que la narradora llama "su última ilusión", ¿cuál es el destino de Don Juan y cómo cambia él en términos de carácter?
9. ¿Cómo explicas la actitud de la voz narrativa en el último párrafo? ¿Por qué vuelve a defender a Don Juan y a criticar a Estrella?
10. ¿Has conocido alguna vez a un hombre o una mujer que se comporte como Don Juan? ¿Cómo explicarías su actitud voluble?

507. *balbució*: tartamudeó
508. *haraposo pañolón de lana*: viejo chal o pashmina
509. *amamantaba*: daba el pecho a un bebé
510. *agasajándole*: dándole mucha atención
511. *zagalejo*: falda
512. *entumecía*: adormecía

"Leliña"

1. ¿Cómo es Leliña? Piensa en términos físicos, mentales, sociales, etc.
2. ¿Por qué Manolo y Fanny no le dan limosna a Leliña? ¿Qué le dan, entonces?
3. ¿Cómo reacciona Leliña al verse "trajeada de nuevo"?
4. ¿Qué se entiende con el comentario de Manolo, "¡Hembra al fin!"? ¿Por qué este comentario, al final del cuento, se vuelve irónico?
5. Fanny también es una mujer con sus propios problemas. ¿Cuáles son?
6. Compara la vida de Fanny con la de Leliña.
7. ¿Por qué Fanny y Manolo van al campo con tanta frecuencia? A pesar del aire fresco y la naturaleza, Fanny se deprime mucho. ¿Qué es lo que abunda en este pueblo?
8. Describe a los niños y la gente del pueblo que visitan.
9. Tal vez al ser testigo de tanta indigencia en el pueblo, Fanny se propone hacer algo noble, según ella. Elabora.
10. Comenta esta oración: "Les pertenecía; por aquel hilo tirarían de la misericordia de Dios".
11. Uno de los cocheros que se ríe de Leliña da a Fanny y a Manolo una gran y sorprendente noticia. ¿Qué es?
12. ¿Por qué no pueden creer lo que el cochero acaba de contarles? Fíjate bien en las descripciones realistas/naturalistas.
13. ¿Por qué la pareja abandona después su "proyecto"?
14. Fanny y Manolo, picados por la curiosidad, empiezan a hacer preguntas sobre Leliña. ¿Qué quieren saber?
15. Desaparece Leliña un día. ¿A dónde va?
16. ¿Cómo describe la narradora la escena cuando por primera vez ven Fanny y Manolo a Leliña cuando reaparece?
17. ¿Qué le sucede a Fanny al final del cuento? ¿Cómo interpretas este final?

El realismo/el naturalismo americano

I. Eugenio María de Hostos (1839–1903)

A. Términos literarios

1. El ensayo literario
2. La retórica

B. El autor y su contexto social

1. De Mayagüez, Puerto Rico
2. Apodo: "El gran ciudadano de las Américas"
3. Escritor, abogado, filósofo, maestro
4. Progresista

5. A raíz de la presentación de "La educación científica de la mujer" en Chile en 1873, el país empezó a permitir que las mujeres se matricularan en la universidad.

C. Imágenes en contexto

Busca *The Lesson* (Jules Trayer, 1861) en línea (Google Imágenes) y piensa en lo siguiente en preparación para esta sección:

1. El alfabetismo femenino
2. La mujer como maestra
3. La relación entre la educación académica y la maternidad
4. La función social de la educación de la mujer

D. El texto

1. "La educación científica de la mujer" (discurso pronunciado en la Academia de Bellas Artes, Santiago, Chile, 1872)

Al aceptar nuestra primera base, que siempre será gloria y honra del pensador eminente que os la propuso y nos preside, todos vosotros la habéis meditado; y la habéis abarcado, al meditarla, en todas sus fases, en todas sus consecuencias lógicas, en todas sus trascendencias de presente y porvenir.[513] No caerá, por lo tanto, bajo el anatema[514] del escándalo el tema que me propongo desarrollar ante vosotros: que cuando se ha atribuido al arte literario el fin de expresar la verdad filosófica; cuando se le atribuye como regla de composición y de críticas el deber de conformar las obras científicas a los hechos demostrados positivamente por la ciencia, y el deber de amoldar las obras sociológicas o meramente literarias al desarrollo de la naturaleza humana, se ha devuelto al arte de la palabra, escrita o hablada, el fin esencial a que corresponde; y el pensador que en esa reivindicación del arte literario ha sabido descubrir la rehabilitación de esferas enteras de pensamiento, con sólo esa rehabilitación ha demostrado la profundidad de su indagación, la alteza de su designio, y al asociarse a vosotros y al asociaros a su idea generosa, algo más ha querido, quería algo más que matar el ocio impuesto: ha querido lo que vosotros queréis, lo que yo quiero; deducir de la primera base las abundantes consecuencias que contiene.

Entre esas consecuencias está íntegramente el tema que desenvolverá este discurso.

Esta Academia[515] quiere un arte literario basado en la verdad, y fuera de la ciencia no hay verdad; quiere servir a la verdad por medio de la palabra, y fuera de la que conquista prosélitos[516] para la ciencia, no hay palabra; quiere, tiene que querer difusión para las verdades demostradas, y fuera de la propaganda continua no hay difusión; quiere, tiene que querer eficacia para la propaganda, y fuera de la irradiación del sentimiento no hay eficacia de verdad científica en pueblos niños que no han llegado todavía al libre uso de razón. Como el calor reanima los organismos más caducos,[517] porque se hace

513. *porvenir*: futuro
514. *anatema*: abominación
515. *esta Academia*: Se refiere a la Academia de Bellas Letras de Santiago, Chile.
516. *prosélitos*: se usa para personas que se convierten de religión
517. *caducos*: viejos, gastados

sentir en los conductos más secretos de la vida, el sentimiento despierta el amor de la verdad en los pueblos no habituados a pensarla, porque hay una electricidad moral y el sentimiento es el mejor conductor de esa electricidad. El sentimiento es facultad inestable, transitoria e inconstante en nuestro sexo; es facultad estable, permanente, constante, en la mujer. Si nuestro fin es servir por medio del arte literario a la verdad, y en el estado actual de la vida chilena el medio más adecuado a ese fin es el sentimiento, y el sentimiento es más activo y por lo tanto más persuasivo y eficaz en la mujer, por una encadenación[518] de ideas, por una rigurosa deducción llegaréis, como he llegado yo, a uno de los fines contenidos en la base primera: la educación científica de la mujer. Ella es sentimiento: educadla, y vuestra propaganda de verdad será eficaz; haced eficaz por medio de la mujer la propaganda redentora,[519] y difundiréis por todas partes los principios eternos de la ciencia; difundid esos principios, y en cada labio tendréis palabras de verdad; dadme una generación que hable la verdad, y yo os daré una generación que haga el bien; daos madres que lo enseñen científicamente a sus hijos, y ellas os darán una patria que obedezca virilmente a la razón, que realice concienzudamente[520] la libertad, que resuelva despacio el problema capital del Nuevo Mundo, basando la civilización en la ciencia, en la moralidad y en el trabajo, no en la fuerza corruptora, no en la moral indiferente, no en el predominio exclusivo del bienestar individual.

Pero educar a la mujer para la ciencia es empresa tan ardua[521] a los ojos de casi todos los hombres, que aquellos en quienes tiene luz más viva la razón y más sana energía la voluntad, prefieren la tiniebla del error, prefieren la ociosidad de su energía, a la lucha que impone la tarea Y no seréis vosotros los únicos, señores, que al llevar al silencio del hogar las congojas[522] acerbas[523] que en todo espíritu de hombre destila el espectáculo de la anarquía moral e intelectual de nuestro siglo, no seréis vosotros los únicos que os espantéis de concebir que allí, en el corazón afectuoso, en el cerebro ocioso, en el espíritu erial de la mujer, está probablemente el germen de la nueva vida social, del nuevo mundo moral que en vano reclamáis de los gobiernos, de las costumbres, de las leyes. No seréis los únicos que os espantéis de concebirlo. Educada exclusivamente como está por el corazón y para él, aislada sistemáticamente como vive en la esfera de la idealidad enfermiza, la mujer es una planta que vegeta,[524] no una conciencia que conoce su existencia; es una mimosa sensitiva que lastima el contacto de los hechos, que las brutalidades de la realidad marchitan; no una entidad de razón y de conciencia que amparada por ellas en su vida, lucha para desarrollarlas, las desarrolla para vivirlas, las vive libremente, las realiza. Vegetación, no vida; desarrollo fatal, no desarrollo libre; instinto, no razón; haz de nervios irritables, no haz de facultades dirigibles; sístole-diástole[525] fatal que dilata o contrae su existencia, no desenvolvimiento voluntario de su vida; eso han hecho de la mujer los errores que pesan sobre ella, las tradiciones sociales, intelectuales y morales que la abruman, y no es extraordinario que cuando concebimos en la rehabilitación total de la mujer la esperanza de un nuevo orden social, la esperanza de la armonía moral e intelectual,

518. encadenación: cadena
519. *redentora*: librar a alguien de una mala situación
520. *concienzudamente*: cuidadosamente, de forma esmerada
521. *ardua*: difícil
522. *congojas*: angustias
523. *acerbas*: desagradable o cruel
524. *vegeta*: languidece
525. *sístole—diástole*: cerrar—abrir

nos espantemos: entregar la dirección del porvenir a un ser a quien no hemos sabido todavía entregar la dirección de su propia vida, es un peligro pavoroso.[526]

Y sin embargo, es necesario arrostrarlo, porque es necesario vencerlo. Ese peligro es obra nuestra, es creación nuestra; es obra de nuestros errores, es creación de nuestras debilidades; y nosotros los hombres, los que monopolizamos la fuerza de que casi nunca sabemos hacer justo empleo; los que monopolizamos el poder social, que casi siempre manejamos con mano femenina; los que hacemos las leyes para nosotros, para el sexo masculino, para el sexo fuerte, a nuestro gusto, prescindiendo temerariamente de la mitad del género humano, nosotros somos responsables de los males que causan nuestra continua infracción de las leyes eternas de la naturaleza. Ley eterna de la naturaleza es igualdad moral del hombre y de la mujer, porque la mujer, como el hombre, es obrero de la vida; porque para desempeñar[527] ese augusto[528] ministerio, ella como él está dotada de las facultades creadoras que completan la formación física del hombre-bestia por la formación moral del hombre-dios. Nosotros violamos esa ley, cuando reduciendo el ministerio de la mujer a la simple cooperación de la formación física del animal, le arrebatamos el derecho de cooperar a la formación psíquica del ángel. Para acatar las leyes de la naturaleza, no basta que las nuestras reconozcan la personalidad de la mujer, es necesario que instituyan esa personalidad, y sólo hay personalidad en donde hay responsabilidad y en donde la responsabilidad es efectiva. Más lógicos en nuestras costumbres que solemos serlo en las especulaciones de nuestro entendimiento, aún no nos hemos atrevido a declarar responsable del desorden moral e intelectual a la mujer, porque, aun sabiendo que en ese desorden tiene ella una parte de la culpa, nos avergonzamos de hacerla responsable. ¿Por magnanimidad,[529] por fortaleza? No; por estricta equidad, porque si la mujer es cómplice de nuestras faltas y copartícipe de nuestros males, lo es por ignorancia, por impotencia moral; porque la abandonamos cobardemente en las contiendas[530] intelectuales que nosotros sostenemos con el error, porque la abandonamos impíamente[531] a las congojas del cataclismo moral que atenebra[532] la conciencia de este siglo. Reconstituyamos[533] la personalidad de la mujer, instituyamos su responsabilidad ante sí misma, ante el hogar, ante la sociedad; y para hacerlo, restablezcamos la ley de la naturaleza, acatemos[534] la igualdad moral de los dos sexos, devolvamos a la mujer el derecho de vivir racionalmente; hagámosle conocer este derecho, instruyámosla en todos sus deberes, eduquemos su conciencia para que ella sepa educar su corazón. Educada en su conciencia, será una personalidad responsable: educada en su corazón, responderá de su vida con las amables virtudes que hacen del vivir una satisfacción moral y corporal tanto como una resignación intelectual.

¿Cómo?

Ya lo sabéis: obedeciendo a la naturaleza. Más justa con el hombre que lo es él consigo mismo, la naturaleza previó que el ser a quien dotaba de la conciencia de su

526. *pavoroso*: terrible, horroroso
527. *desempeñar*: ejercer
528. *augusto*: honorable
529. *magnanimidad*: generosidad
530. *contiendas*: luchas
531. *impíamente*: sin compasión
532. *atenebra*: oscurece, llena de tinieblas
533. *reconstituyamos*: es decir "devolvamos" (a la mujer sus condiciones normales)
534. *acatemos*: aceptemos

destino, no hubiera podido resignarse a tener por compañera a un simple mamífero; y al dar al hombre un colaborador de la vida en la mujer, dotó a ésta de las mismas facultades de razón y la hizo colaborador de su destino. Para que el hombre fuera hombre, es decir, digno de realizar los fines de su vida, la naturaleza le dio conciencia de ella, capacidad de conocer su origen, sus elementos favorables y contrarios, su trascendencia y relaciones, su deber y su derecho, su libertad y su responsabilidad; capacidad de sentir y de amar lo que sintiera; capacidad de querer y realizar[535] lo que quisiera; capacidad de perfeccionarse y de mejorar por sí mismo las condiciones de su ser y por sí mismo elevar el ideal de su existencia. Idealistas o sensualistas, materialistas o positivistas, describan las facultades del espíritu según orden de ideas innatas o preestablecidas, según desarrollo del alma por el desarrollo de los sentidos, ya como meras modificaciones de la materia, ya como categorías, todos los filósofos y todos los psicólogos se han visto forzados a reconocer tres órdenes de facultades que conjuntamente constituyen la conciencia del ser humano, y que funcionando aisladamente constituyen su facultad de conocer, su facultad de sentir, su facultad de querer. Si estas facultades están con diversa intensidad repartidas en el hombre y la mujer, es un problema; pero que están total y parcialmente determinando la vida moral de uno y otro sexo, es un axioma[536]: que los positivistas refieran al instinto la mayor parte de los medios atribuidos por los idealistas a la facultad de sentir; que Spinoza[537] y la escuela escocesa señalen en los sentidos la mejor de las aptitudes que los racionalistas declaran privativas de la razón; que Krause[538] hiciera de la conciencia una como facultad de facultades; que Kant[539] resumiera en la razón pura todas las facultades del conocimiento y en la razón práctica todas las determinaciones del juicio, importa poco, en tanto que no se haya demostrado que el conocer, el sentir y el querer se ejercen de un modo absolutamente diverso en cada sexo. No se demostrará jamás, y siempre será base de la educación científica de la mujer la igualdad moral del ser humano. Se debe educar a la mujer para que sea ser humano, para que cultive y desarrolle sus facultades para que practique su razón, para que viva su conciencia, no para que funcione en la vida social con las funciones privativas de mujer. Cuanto más ser humano se conozca y se sienta, más mujer querrá ser y sabrá ser.

Si se me permitiera distribuir en dos grupos las facultades y las actividades de nuestro ser, llamaría *conciencia* a las primeras, *corazón* a las segundas, para expresar las dos grandes fases de la educación de la mujer y para hacer comprender que si la razón, el sentimiento y la voluntad pueden y deben educarse en cuanto facultades, sólo pueden dirigirse en cuanto actividades: educación es también dirección, pero es externa, indirecta, mediata, extrapersonal; la dirección es esencialmente directa, inmediata, interna, personal. Como ser humano consciente, la mujer es educable; como corazón, sólo ella misma puede dirigirse. Que dirigirá mejor su corazón cuando esté más educada su conciencia; que sus actividades serán más saludables cuanto mejor desenvueltas estén sus facultades, es tan evidente y es tan obvio, que por eso es necesario, indispensable, obligatorio, educar científicamente a la mujer.

Ciencia es el conjunto de verdades demostradas o de hipótesis demostrables, ya se

535. *realizar*: llevar a cabo o hacer
536. *axioma*: verdad
537. *Spinoza*: Baruch Spinoza era un filósofo racionalista holandés del siglo XVII
538. *Krause*: Karl Christian Friedrich Krause era un filósofo alemán (1781–1832).
539. *Kant*: Immanuel Kant, otro filósofo alemán (1724–1804)

refieran al mundo exterior o al interior, al yo o al no-yo, como dice la antigua metafísica; comprenden por lo tanto, todos los objetos de conocimiento positivo e hipotético, desde la materia en sus varios elementos, formas, transformaciones, fines, necesidades y relaciones, hasta el espíritu en sus múltiples aptitudes, derechos, deberes, leyes, finalidad y progresiones; desde el ser hasta el no-ser; desde el conocimiento de las evoluciones de los astros hasta el conocimiento de las revoluciones del planeta; desde las leyes que rigen el universo físico hasta las que rigen el mundo moral; desde las verdades axiomáticas en que está basada la ciencia de lo bello, hasta los principios fundamentales de la moral; desde el conjunto de hipótesis que se refieren al origen, transmigración, civilización y decadencia de las razas, hasta el conjunto de hechos que constituyen la sociología.

Esta abrumadora diversidad de conocimientos, cada uno de los cuales puede absorber vidas enteras y en cada uno de los cuales establecen diferencias, divisiones y separaciones sucesivas el método, el rigor lógico y la especialización de hechos, de observaciones y de experimentaciones que antes no se habían comprobado, esta diversidad de conocimientos está virtualmente reducida a la unidad de la verdad, y se puede, por una sencilla generalización, abarcar[540] en una simple serie. Todo lo cognoscible se refiere necesaria y absolutamente a alguno de nuestros medios de conocer. Conocemos por medio de nuestras facultades, y nuestras facultades están de tan íntimo modo ligadas entre sí, que lo que es conocer para las unas es sentir para las otras y querer para las restantes; y a veces la voluntad es sentimiento y conocimiento, y frecuentemente el sentimiento suple o completa e ilumina a la facultad que conoce y a la que realiza. Distribuyendo, pues, toda la ciencia conocida en tantas categorías cuantas facultades tenemos para conocer la verdad, para amarla y para ejercitarla, la abarcaremos en su unidad trascendental, y sin necesidad de conocerla en su abundante variedad, adquiriremos todos sus fundamentos, en los cuales, hombre o mujer, podemos todos conocer las leyes generales del universo, los caracteres propios de la materia y del espíritu, los fundamentos de la sociabilidad, los principios necesarios de derecho, los motivos, determinaciones y elementos de lo bello, la esencia y la necesidad de lo bueno y de lo justo.

Todo eso puede saberlo la mujer, porque para todos esos conocimientos tiene facultades; todo eso debe saberlo, porque sabiendo todo eso se emancipará[541] de la tutela del error y de la esclavitud en que la misma ociosidad[542] de sus facultades intelectuales y morales la retienen. Se ama lo que se conoce bello, bueno, verdadero; el universo, el mundo, el hombre, la sociedad, la ciencia, el arte, la moral, todo es bello, bueno y verdadero en sí mismo; conociéndolo todo en su esencia, ¿no sería todo más amado? Y habiendo necesariamente en la educación científica de la mujer un desenvolvimiento correlativo de su facultad de amar, ¿no amaría más conociendo cuanto hoy ama sin conocer? Amando más y con mejor amor, ¿no sería más eficaz su misión en la sociedad? Educada por ella, conocedora y creadora ya de las leyes inmutables del universo, del planeta, del espíritu, de las sociedades, libre ya de las supersticiones, de los errores, de los terrores en que continuamente zozobran[543] su sentimiento, su razón y su voluntad, ¿no sabría ser la primera y la última educadora de sus hijos, la primera para dirigir sus facultades, la última para moderar sus actividades, presentándoles siempre lo bello, lo bueno, lo ver-

540. *abarcar*: englobar, cubrir
541. *se emancipará*: se independizará
542. *ociosidad*: pereza, inactividad
543. *zozobran*: peligran

dadero como meta? La mujer es siempre madre; de sus hijos, porque les ha revelado la existencia; de su amado, porque le ha revelado la felicidad; de su esposo, porque le ha revelado la armonía. Madre, amante, esposa, toda mujer es una influencia. Armad de conocimientos científicos esa influencia, y soñad la existencia, la felicidad y la armonía inefable de que gozaría el hombre en el planeta, si la dadora, si la embellecedora, si la compañera de la vida fuera, como madre, nuestro guía científico; como amada, la amante reflexiva de nuestras ideas, y de nuestros designios[544] virtuosos; como esposa, la compañera de nuestro cuerpo, de nuestra razón, de nuestro sentimiento, de nuestra voluntad y nuestra conciencia. Sería hombre completo. Hoy no lo es.

El hombre que educa a una mujer, ése vivirá en la plenitud de su ser, y hay en el mundo algunos hombres que saben vivir su vida entera; pero ellos no son el mundo, y el infinito número de crímenes, de atrocidades, de infracciones de toda ley que en toda llora se cometen en todos los ámbitos del mundo, están clamando[545] contra las pasiones bestiales que la ignorancia de la mujer alienta en todas partes, contra los intereses infernales que una mujer educada moderaría en el corazón de cada hijo, de cada esposo, de cada padre.

Esta mujer americana, que tantas virtudes espontáneas atesora,[546] que tan nobles ensueños acaricia, que tan alta razón despliega en el consejo de familia y tan enérgica voluntad pone al infortunio, que tan asombrosa perspicacia manifiesta y con tan poderosa intuición se asimila los conocimientos que el aumento de civilización diluye en la atmósfera intelectual de nuestro siglo; esta mujer americana, tan rebelde por tan digna, como dócil y educable por tan buena, es digna de la iniciación científica que está destinada a devolverle la integridad de su ser, la libertad de su conciencia, la responsabilidad de su existencia. En ella más que en nadie es perceptible en la América latina la trascendencia del cambio que se opera en el espíritu de la humanidad, y si ella no sabe de dónde viene la ansiosa vaguedad de sus deseos, a dónde van las tristezas morales que la abaten, dónde está el ideal en que quisiera revivir su corazón, antes marchito que formado, ella sabe que está pronta para bendecir el nuevo mundo moral en donde, convertida la verdad en realidad, convertida en verdad la idea de lo bello; convertida en amable belleza la virtud, las tres Gracias[547] del mito simbólico descienden a la tierra y enlazadas estrechamente de la mano como estrechamente se enlazan la facultad de conocer lo verdadero, la facultad de querer lo justo, la facultad de amar lo bello, ciencia, conciencia y caridad se den la mano.

E. Cuestionario

1. ¿Cuál es el "tema" que el ensayista propone en este ensayo?
2. ¿Cuáles son las diferencias y similitudes entre un ensayo y un poema o un cuento? Explica tu respuesta, refiriéndote a ejemplos encontrados en esta antología.
3. Según Hostos, ¿cómo se diferencian los hombres de las mujeres?
4. Explica esta oración: "No seréis los únicos que os espantéis de concebirlo".

544. *designios*: objetivos
545. *clamando*: quejándose, implorando
546. *atesora*: guarda
547. *las tres Gracias*: Son Aglaya, Talía y Eufrosine, tres hermanas de la mitología griega, que simbolizan la belleza, la abundancia, y la felicidad, respectivamente. Ver el cuadro de Peter Paul Rubens.

5. ¿Cómo aparece la idea de una "nueva orden social" en este ensayo?
6. ¿De que, según Hostos, son culpables los hombres con respecto a las mujeres?
7. En tu opinión, ¿podría considerarse este ensayo problemático hoy día? Fíjate por ejemplo en esta afirmación: "el conocer, el sentir y el querer se ejercen de un modo absolutamente diverso en cada sexo".
8. ¿Qué dice Hostos de la "conciencia" y el "corazón"?
9. ¿En qué consiste la educación científica y cómo se distingue de la educación tradicional que ha recibido la mujer?
10. ¿Por qué se refiere el autor a varios filósofos?
11. ¿Por qué, entonces, es casi un deber educar científicamente a la mujer?
12. ¿Cómo funciona la serie de preguntas retóricas en el párrafo que comienza con "Todo eso puede saberlo la mujer"?
13. ¿Por qué educar a la mujer podría ser también beneficioso para el hombre? ¿Por qué el hombre de su época no es un hombre completo?
14. Comenta el lenguaje poético en el ensayo, específicamente el que se emplea al final, y su relación con la propuesta del ensayista.
15. ¿Cómo es la actitud del autor al final del ensayo?

II. Ricardo Palma (1833–1919)

A. Términos literarios

1. El realismo
2. La verosimilitud

B. El autor y su contexto social

1. Autor, bibliotecario, político
2. De Lima, Perú
3. Escribió una colección famosa llamada *Tradiciones peruanas*, en las cuales se mezclan la ficción (relato) y la historia (crónica).
4. Aunque su poesía sigue un compás romántico, vemos rasgos costumbristas en sus *Tradiciones peruanas*.

C. Imágenes en contexto

Busca *Lima's Main Square* (Johann Moritz Rugendas, mediados del siglo XIX) en línea (Google Imágenes) y piensa en lo siguiente en preparación para esta sección:

1. La sociedad peruana: su composición étnica y cultural
2. Elementos realistas
3. Elementos románticos

D. Los textos

1. "Por beber una copa de oro" (*Tradiciones peruanas*)

El pueblo de Tintay, situado sobre una colina del Pachachaca, en la provincia de Aymaraes, era en 1613 cabeza de distrito de Colcabamba.[548] Cerca de seis mil indios habitaban

548. *Tintay … Colcabamba*: pueblos indígenas en el Perú.

el pueblo, de cuya importancia bastará a dar idea el consignar[549] que tenía cuatro iglesias.

El cacique[550] de Tintay cumplía anualmente por enero con la obligación de ir al Cuzco, para entregar al corregidor los tributos[551] colectados, y su regreso era celebrado por los indios con tres días de ancho jolgorio.[552]

En febrero de aquel año volvió a su pueblo el cacique muy quejoso de las autoridades españolas, que lo habían tratado con poco miramiento. Acaso por esta razón fueron más animadas las fiestas; y en el último día, cuando la embriaguez[553] llegó a su colmo, dio el cacique rienda suelta a su enojo con estas palabras:

—Nuestros padres hacían sus libaciones[554] en copas de oro, y nosotros, hijos degenerados, bebemos en tazas de barro. *Los viracochas*[555] son señores de lo nuestro, porque nos hemos envilecido hasta el punto de que en nuestras almas ha muerto el coraje para romper el yugo. Esclavos, bailad y cantad al compás de la cadena. Esclavos, bebed en vasos toscos,[556] que los de fino metal no son para vosotros.

El reproche[557] del cacique exaltó[558] a los indios, y uno de ellos, rompiendo la vasija[559] de barro que en la mano traía, exclamó:

—¡Que me sigan los que quieran beber en copa de oro!

El pueblo se desbordó[560] como un río que sale de cauce, y lanzándose sobre los templos, se apoderó de los cálices[561] de oro destinados para el santo sacrificio.

El cura de Tintay, que era un venerable anciano, se presentó en la puerta de la iglesia parroquial con un crucifijo en la mano, amonestando[562] a los profanadores e impidiéndoles la entrada. Pero los indios, sobreexcitados por la bebida, lo arrojaron al suelo, pasaron sobre su cuerpo, y dando gritos espantosos penetraron en el santuario.

Allí, sobre el altar mayor y en el sagrado cáliz, cometieron sacrílegas profanaciones.

Pero en medio de la danza y la algazara,[563] la voz del ministro del Altísimo vibró tremenda, poderosa, irresistible, gritándoles:

—¡Malditos! ¡Malditos! ¡Malditos!

La sacrílega orgía se prolongó hasta media noche, y al fin, rendidos[564] de cansancio, se entregaron al sueño los impíos.

Con el alba despertaron muchos sintiendo las angustias de una sed devoradora, y sus mujeres e hijos salieron a traer agua de los arroyos[565] vecinos.

¡Poder de Dios! Los arroyos estaban secos.

549. *consignar*: establecer, determinar
550. *cacique*: jefe o líder de una tribu indígena
551. *tributos*: impuestos que los indígenas les pagaban a los españoles
552. *jolgorio*: fiesta, celebración
553. *embriaguez*: borrachera
554. *libaciones*: bebidas usualmente ofrecidas a una deidad
555. *Viracochas*: Viracocha figuraba como el dios de los Inca
556. *toscos*: rústicos
557. *reproche*: regaño, crítica
558. *exaltó*: se excitó, se enfureció
559. *vasija*: jarra, recipiente
560. *desbordó*: inundó, se salió (típicamente cuando se habla de líquidos.)
561. *cálices*: copas
562. *amonestando*: regañando
563. *algazara*: pandemónium
564. *rendidos*: agotados
565. *arroyos*: riachuelos

Hoy (1880) es Tintay una pobre aldea de sombrío[566] aspecto, con trescientos cuarenta y cuatro vecinos, y sus alrededores son de escasa vegetación. El agua de sus arroyos es ligeramente salobre[567] y malsana para los viajeros.

Entre las ruinas, y perfectamente conservada, encontróse en 1804 una efigie del Señor de la Exaltación, a cuya solemne fiesta concurren el 14 de septiembre los creyentes de diez leguas a la redonda.

E. Cuestionario

1. ¿Cómo se funden la historia y la ficción en este cuento y qué efecto tiene?
2. ¿Por qué es importante la referencia a las cuatro iglesias? Piensa por ejemplo en el contexto histórico-cultural.
3. ¿Por qué el cacique vuelve enojado después de un viaje?
4. Fíjate bien en el discurso que da el cacique. Comenta las imágenes (la copa de oro) y el lenguaje ("degenerados" "esclavos") que usa para incitar a su pueblo.
5. Alentados por su furia, ¿qué hacen los indígenas?
6. ¿Cuáles son las consecuencias de este acto de rebeldía?
7. ¿Cuál podría ser la "lección" de este cuento?
8. Explica cómo las fechas al final aumentan la supuesta veracidad de lo que se cuenta.

Fin de siglo: el modernismo

Busca *El beso* (Gustav Klimt, 1908–1909) en línea (Google Imágenes) y piensa en lo siguiente en preparación para esta sección:

- El uso de colores
- El exotismo
- El erotismo
- Los elementos no realistas

Introducción

El modernismo es una corriente literaria que surge a finales del s. XIX como una reacción contra el realismo. Inspirados por dos tendencias francesas—el simbolismo pretende encontrar la armonía, y el parnasianismo enfatiza la creación de una belleza sublime y el arte por el arte—los poetas modernistas pretenden superar las banalidades de la realidad cotidiana a través del arte. Su poesía tiene semejanzas con el romanticismo (a pesar del rechazo modernista de la retórica sentimental romántica) y con el verso

566. *sombrío*: oscuro, lóbrego
567. *salobre*: salado

gongorino (el culteranismo), reflejando así el exotismo, el idealismo, la intimidad de la expresión, el lenguaje culto y la musicalidad del verso. *Azul* (1888), una colección de cuentos cortos y poemas del nicaragüense Rubén Darío, se considera la cumbre de la producción literaria modernista.

En términos de su impacto político, se ha afirmado que el modernismo fue el primer movimiento literario que surgió en Latinoamérica[568] e influyó de forma significativa en las letras españolas, en vez de al revés. Sin embargo, esta observación resulta un poco simplista, ya que se percibe la influencia americana en las letras españolas a partir de los primeros contactos coloniales. Más tarde en su desarrollo, la literatura modernista empieza a expresar sentimientos independentistas y nacionalistas debidos, en parte, a la relativamente reciente independencia de los países latinoamericanos del imperio español. Así, la producción literaria modernista adquiere un elemento de concienciación social explícito que contrasta con sus tendencias iniciales estrictamente esteticistas. El poema "Si ves un monte de espumas", del cubano José Martí, ofrece un excelente ejemplo de la combinación de estos dos enfoques temáticos.

Fin de siglo: el modernismo

I. José Martí (Cuba, 1835–1895)

A. Términos literarios

1. La antítesis
2. El símil
3. La metáfora
4. La anáfora
5. El hipérbaton

B. El autor y su contexto social

1. Considerado el padre del modernismo
2. Poeta y soldado
3. Luchó por la independencia de Cuba
4. Los compromisos políticos y estéticos

C. Imágenes en contexto

Busca *Pintor modernista rodeado de curiosos* (Pablo Picasso, 1899) en línea (Google Imágenes) y piensa en lo siguiente en preparación para esta sección:

568. Hay una pequeña diferencia entre "Hispanoamérica" y "Latinoamérica". El primer término se refiere a todos los países del continente americano donde se habla español. El segundo engloba los países donde se habla cualquier lengua romance como por ejemplo Brasil y a veces también las regiones anglófonas del Caribe.

1. La autoconsciencia del artista, pintura sobre pintura
2. Los elementos realistas frente a elementos no realistas
3. El uso de colores
4. La sencillez de las figuras
5. El contraste

D. El texto

1. "Si ves un monte de espumas"[569] (*Versos sencillos*, 1891)

Si ves un monte de espumas,
es mi verso lo que ves:
Mi verso es un monte, y es
un abanico[570] de plumas.

Mi verso es como un puñal[571]
que por el puño[572] echa flor:
Mi verso es un surtidor[573]
que da un agua de coral.

Mi verso es de un verde claro
y de un carmín[574] encendido:
Mi verso es un ciervo herido
que busca en el monte amparo.[575]

Mi verso al valiente agrada:
Mi verso, breve y sincero,
es del vigor del acero
con que se funde la espada.

E. Cuestionario

1. En términos generales, ¿cuál es el tema del poema?
2. ¿Con qué se compara su verso? ¿Cómo se llama la figura retórica que predomina?
3. ¿Qué connotaciones tienen estas comparaciones?
4. Explica el uso del contraste.
5. ¿De las parejas de palabras siguientes, ¿cuáles serían las que más se asemejan a la descripción que José Martí nos da de su poesía? Explica.
 "Mi poesía es una *nube* y una *mariposa*"
 "Mi poesía es un *pavo real* y una *águila*"

569. *espuma*: conjunto de burbujas que se forman en la superficie de los líquidos, como el agua del mar
570. *abanico*: instrumento semicircular y plegable empleado para hacer aire
571. *puñal*: cuchillo, daga
572. *puño*: la parte del cuchillo que cabe en la mano
573. *surtidor*: fuente, chorro
574. *carmín*: rojo
575. *amparo*: protección

"Mi poesía es una *roca* y un *volcán*"
"Mi poesía es una *estrella* y un *incendio*"

6. Siguiendo el modelo de Martí, empleando la metáfora y el contraste, inventa tu propia comparación para describir su poesía.

Redes analíticas

1. Después de leer varios ejemplos literarios del Romanticismo en contexto, ¿cómo defines tú el Romanticismo?
2. ¿Ves alguna diferencia entre los ejemplos del Romanticismo en su primera fase (Espronceda) y los de la segunda (de Castro, Bécquer)?
3. ¿Qué tienen en común los poemas de Bécquer y su leyenda?
4. ¿Te identificas con la actitud del personaje romántico típico? Explica.
5. Compara a Manrique de Bécquer con el Don Juan de Pardo Bazán. ¿Qué tienen en común y en qué se diferencian?
6. En tus propias palabras y basándote en las lecturas, describe las diferencias entre un protagonista/voz poética romántica y un personaje realista.
7. ¿Qué tienen en común la poesía romántica y la de Martí? ¿En qué se distinguen?
8. ¿Cuál de estos movimientos te gusta más como lector/a y por qué?
9. ¿Qué tienen en común el Neoclasicismo y el realismo?
10. Explica cómo el Neoclasicismo es una reacción al Barroco, cómo el Romanticismo es una reacción al Neoclasicismo y cómo el realismo es una reacción al Romanticismo.
11. ¿Cómo se diferencia el lenguaje usado en un cuento del que se usa en un ensayo?
12. ¿Qué textos son buenos ejemplos del nacionalismo latinoamericano? ¿Cuáles tocan el tema de la identidad nacional española?

Redes: cine y literatura

1. *Tristana* (Dir. Luís Buñuel, 1970)
2. *Don Juan mi amor* (Dir. Antonio Mercero, 1990)
3. *Goya's Ghosts* (Dir. Milos Forman, 2007)

4

El siglo XX y
el período contemporáneo

España

Busca la pintura *Guernica* (Pablo Picasso, 1937) en línea (Google Imágenes) y piensa en lo siguiente en preparación para esta sección:

- La distorsión
- El juego de luz y sombra
- La percepción de la realidad y la importancia de la perspectiva
- Sugerir frente a decir
- El compromiso social
- La representación de la violencia
- La palabra hablada y la palabra escrita

Introducción

La polarización de la sociedad española de los siglos XVIII y XIX llega a su clímax en el siglo XX con la guerra civil española (1936–1939) y, como resultado de este conflicto, la dictadura de Francisco Franco (1939–1975). A pesar de las consecuencias perjudiciales de la guerra y la dictadura, la literatura española contemporánea ha sido reconocida por su calidad, con cinco autores españoles galardonados con un Premio Nobel: José Echegaray (teatro, 1904), Jacinto Benavente (teatro, 1927), Juan Ramón Jiménez (poesía, 1956) Vicente Aleixandre (poesía, 1977) y el novelista Camilo José Cela (1989).

Las llamadas "generaciones literarias"—entendidas en su sentido más amplio como conjuntos de escritores con metas estilísticas e ideológicas comunes durante un período determinado—sobresalen durante esta época. Las generaciones de escritores más importantes durante las primeras tres décadas del siglo veinte son las del 98, 14 y 27. La denominación "generación del 98" se populariza alrededor del año 1913 cuando aparece como título de unos ensayos escritos por una de las figuras más representativas de la actividad literaria de la época, José Martínez Ruiz, conocido por su apodo, Azorín. A pesar de las tendencias homogeneizadoras del uso del término "generación", su aplicación

cuidadosa facilita la organización y comprensión de un paisaje literario e intelectual complicado. Concretamente, este grupo adquiere su nombre por una asociación con la Guerra de Cuba (Spanish-American War) que ocurrió en el año 1898. Tras la derrota de la flota española en Cuba causada por las fuerzas navales estadounidenses que tuvo como resultado en la pérdida de las últimas colonias españolas ultramarinas (y por consiguiente el final definitivo del imperio español), la intelectualidad española entró en un período de crisis cultural. El llamado "desastre" de 1898 inspiró en varios intelectuales de la época un deseo de alejarse de los valores supuestamente universales del realismo dieciochesco burgués para adoptar posturas más críticas y explorar nuevos temas y técnicas literarias. Este grupo de escritores examina la historia, geografía y situación contemporánea de España a través de artículos, ensayos, poesía, novelas y teatro. Mediante el esfuerzo de definir un concepto coherente de identidad nacional española, sus obras expresan una perspectiva pesimista sobre lo que se ha llamado "el problema de España". Exhiben, también, una tendencia individualista e introspectiva con técnicas expresivas que favorecen la innovación estilística. Esta última característica se ejemplifica en los años veinte en los escritos de los *vanguardistas*, término usado para caracterizar a los autores cuyas obras son deliberadamente experimentales e innovadoras.

Los ejemplos incluidos en esta antología ofrecen dos perspectivas distintas sobre las preocupaciones generales de los del 98. En "Mi religión", Miguel de Unamuno discute la importancia de la religión católica desde una perspectiva personal, social y filosófica; ubica el estado de la espiritualidad española en un contexto más amplio que toca los cambios en la mentalidad religiosa en España y los relaciona con tradiciones teológicas y filosóficas de otras naciones occidentales. En "Democracia morbosa", José Ortega y Gasset trata un fenómeno similar, pero en este caso en el contexto político: la recepción de ideologías nuevas, muchas veces provenientes de otras culturas, por parte de los españoles. Aunque Ortega es frecuentemente clasificado como miembro de la generación del 14, grupo que se conoce por su aprecio a lo europeo, su rigor racional, su elitismo y su vanguardismo, esta generación más tardía se puede entender como un desarrollo de las preocupaciones de la del 98. Por consiguiente, aunque Ortega demuestra una aproximación más rigurosa y sistemática que la de Unamuno, tanto el primero como el segundo ejemplifican algunas de las características más destacadas de la generación del 98: el individualismo, la preocupación por España y la identidad nacional española, la modernización frente a la tradición, y el pesimismo.

Entre 1923 y 1927, surge otro grupo de escritores denominado la generación del 27. Estos poetas expresan un deseo común de experimentar con formas estéticas vanguardistas, buscando su inspiración en la obra del célebre poeta barroco Luis de Góngora. De hecho, la primera reunión formal de los poetas del 27 ocurre como parte de la conmemoración del tricentésimo aniversario de su muerte. En términos generales, sus composiciones combinan un interés por el folklore y la cultura popular de España con un aprecio a estilos vanguardistas europeos y tradiciones literarias clásicas. Las dos selecciones de García Lorca que forman parte de este capítulo ilustran estas características tanto en el ámbito poético como en el dramático.

Es posible afirmar que la Guerra Civil divide la historia española del siglo XX en dos partes distintas: la España de antes de la guerra y la de después. Este largo conflicto seguido por una dictadura casi interminable, ¡unos 36 años!, tiene un efecto devastador en las letras españolas. La derrota del ejército republicano infligida por los nacionalistas

en el año 1939 trajo consigo una censura rigurosa y frenó la actividad literaria dentro del país. Incluso algunos de los escritores más importantes de las primeras tres décadas del siglo perdieron la vida como consecuencia directa o indirecta del conflicto: García Lorca es asesinado, Antonio Machado fallece al intentar escaparse de España y Miguel Hernández muere en la cárcel. Otros, como Pedro Salinas, Juan Ramón Jiménez, Rafael Alberti y Luis Cernuda, se exiliaron y, como resultado, sus obras escritas durante su destierro reflejan la nostalgia y el resentimiento que sentían hacia su país natal. Como ejemplo de creadores españoles trabajando en el exilio, hemos incluido selecciones de la obra poética de Antonio Machado, quien aparece como poeta español exiliado.

Miguel Delibes y Camilo José Cela son dos escritores que mantienen su labor creativa dentro de España durante el período franquista. La obra más conocida de Delibes es *Cinco horas con Mario* (1966), una novela psicológica representativa de la idea de "las dos Españas" en la que todo está contado desde la perspectiva del monólogo interior de una viuda en el velorio de su esposo. Cela, por su parte, destaca por su producción novelística: *La familia de Pascual Duarte* (1949) dibuja una imagen de la pobreza, ignorancia y violencia de una España rural y aislada durante las primeras décadas del siglo XX y es su novela más conocida.

Durante las décadas de los cincuenta y sesenta, las letras españolas muestran una preferencia por el realismo social provocada por las condiciones económicas y políticas del país. Algunos ejemplos de escritores que muestran esta tendencia son los novelistas Rafael Sánchez Ferlosio (*El Jarama*, 1955), Ramón J. Sender (*Réquiem por un campesino español*, escrito en el exilio en 1953) y Ana María Matute (*Pequeño teatro*, 1954). En el drama, la obra de Antonio Buero Vallejo abarca el teatro simbolista (*En la ardiente oscuridad*, 1950), el teatro de crítica social (*El tragaluz*, 1967) y el teatro histórico (*Las Meninas*, 1960 y *El sueño de la razón*, 1970). Dos poetas importantes de la postguerra son Gabriel Celaya, cuyo verdadero nombre era Rafael Múgica Celaya, (*Las cartas boca arriba*, 1951 y *Cantos Íberos*, 1955) y Blas de Otero (*Pido la paz y la palabra*, 1955 y *Que trata de España*, 1964). Estos dos poetas también comparten una filosofía estética basada en el compromiso social. Por su parte, los cuentos de Carmen Laforet y Ana María Matute que aparecen en esta antología ilustran bien este énfasis en la realidad española de la postguerra, un realismo que también se percibe, aunque de manera distinta, en la adaptación flamenca de la tragedia lorquiana *Bodas de sangre* (1981) dirigida por Carlos Saura.

Debido a la muerte de Franco y la transición a un régimen democrático, España experimenta repentinas transformaciones socioculturales a la par de cambios políticos y económicos. La movida describe el fenómeno de finales de los setenta y principios de los ochenta por el cual Madrid se convierte en un centro importante de actividad estética y social, que llegará a otros centros urbanos españoles. Ola cultural hedonista, la movida se caracteriza por la transgresión de viejos tabúes asociados con el régimen franquista, la libertad de expresión y el consumo tanto de productos de marca como de drogas. El director de cine Pedro Almodóvar es un ejemplo representativo de este fenómeno, pero también se percibe la influencia de la movida en la música, con grupos como Kaka de Luxe, Radio Futura, Hombres G y Nacha Pop; en la fotografía, con artistas como Ouka Leele y Gorka de Duo; y en la pintura, con artistas como Javier Mariscal y Patricia Gadea. En la literatura asociada con la movida destacan autores como Gregorio Morales, Vicente Molina Foix y José Antonio Gabriel y Galán, todos ellos figuras importantes en la "Tertulia de Creadores" que tuvo lugar en el Círculo de Bellas Artes en Madrid entre 1983–84. El

periodista Francisco Umbral documentó el movimiento en varios artículos publidcados en el periódico español *El País* y, tal como se ve en el siglo XX en Latinoamérica, sus ensayos ilustran la vinculación íntima entre el mundo estético y el mundo periodístico. Te invitamos a que busques información sobre estas personas en línea para conocerlas a ellas y a sus obras más a fondo.

Tres autoras que no se asocian con la movida explícitamente, pero que comparten la estética postmodernista característica del movimiento, son la poeta Pureza Canelo, la dramaturga Paloma Pedrero y la novelista y cuentista Carmen Martín Gaite. En poemarios como *Celda verde* (1971), Canelo explora temas simbolistas, en particular la insuficiencia del lenguaje para captar la experiencia. La obra dramática de Pedrero (*Resguardo personal*, 1985) se caracteriza por su humor, su subversión de los roles sociales asociados con el género y la libertad del individuo en la sociedad contemporánea. En términos generales, estas escritoras siguen la misma exploración de fronteras asociada con la movida; mientras Canelo lo hace en el ámbito lingüístico y psicológico, Pedrera lo lleva a cabo en el ámbito social.

Sería difícil, si no imposible, resumir y encasillar la producción literaria del siglo XX tardío y los primeros años del XXI, en parte porque hay una gran variedad, además, nos falta la perspectiva que la distancia temporal nos brinda; ¡todavía somos parte de algo en progreso! Sin embargo, entre los autores españoles más recientes de significativo reconocimiento mundial se encuentran Arturo Pérez Reverte (*El capitán Alatriste*, 1996, la primera novela de una serie sobre un hombre de armas ficticio del Siglo de Oro) y Carlos Ruiz Zafón (*La sombra del viento*, 2001, novela que también forma parte de una serie). A través del trabajo de estos dos autores, conocidos por sus novelas históricas de impresionante popularidad, es posible ver el interés por el pasado español y, en el caso de Ruiz Zafón, cuya novela *La sombra del viento* tiene lugar en la Barcelona de la postguerra, preocupación por la recuperación de la memoria histórica. Este último tema surge alrededor del año 2000 y se concretiza en el año 2007 con la promulgación de la *Ley de Memoria Histórica* por la cual "se reconocen y amplían derechos y se establecen medidas en favor de quienes padecieron persecución o violencia durante la guerra civil y la dictadura" (*Boletín Oficial del Estado, 2007*). En *La voz dormida* (2002), Dulce Chacón explora cuestiones de la memoria histórica en relación específica con la maternidad y la mujer, dándole así un toque feminista al tema.

La literatura española

I. Miguel de Unamuno (1864–1936)

A. Términos literarios

1. El ensayo: género predilecto de la generación del 98
2. El ejemplo
3. Los juegos de palabras
4. La voz narrativa

5. El tono
6. La antítesis

B. El autor y su contexto social

1. El "desastre" del 98
2. La modernización frente a la tradición
3. La religión católica y la identidad española
4. Lo personal frente a lo social

C. Imágenes en contexto

Busca *The Wrestle of Jacob* (Gustave Doré, 1855) en línea (Google Imágenes) y piensa en lo siguiente en preparación para esta sección:

1. El significado literal y simbólico del título
2. El tamaño de las figuras
3. La solidez frente a la inestabilidad
4. La luz y la sombra

D. El texto

1. "Mi religión" (*"Mi religión" y otros ensayos*, 1910)

Me escribe un amigo desde Chile diciéndome que se ha encontrado allí con algunos que, refiriéndose a mis escritos, le han dicho: "Y bien, en resumidas cuentas,[1] ¿cuál es la religión de este señor Unamuno"? Pregunta análoga[2] se me ha dirigido aquí varias veces. Y voy a ver si consigo no contestarla, cosa que no pretendo, sino plantear[3] algo mejor el sentido de la tal pregunta.

Tanto los individuos como los pueblos de espíritu perezoso—y cabe pereza espiritual con muy fecundas actividades de orden económico y de otros órdenes análogos—propenden[4] al dogmatismo, sépanlo o no lo sepan, quiéranlo o no, proponiéndose o sin proponérselo. La pereza espiritual huye de la posición crítica o escéptica.

Escéptica digo, pero tomando la voz escepticismo en su sentido etimológico y filosófico, porque escéptico no quiere decir el que duda, sino el que investiga o rebusca, por oposición al que afirma y cree haber hallado. Hay quien escudriña un problema y hay quien nos da una fórmula, acertada o no, como solución de él.

En el orden de la pura especulación filosófica, es una precipitación[5] el pedirle a uno soluciones dadas, siempre que haya hecho adelantar el planteamiento de un problema. Cuando se lleva mal un largo cálculo, el borrar lo hecho y empezar de nuevo significa un no pequeño progreso. Cuando una casa amenaza ruina o se hace completamente

1. en resumidas cuentas: brevemente
2. *análoga*: similar
3. *plantear*: desarrollar
4. *propenden*: tienen tendencia hacia
5. *precipitación*: rapidez prematura

inhabitable, lo que procede es derribarla,[6] y no hay que pedir se edifique otra sobre ella. Cabe, sí, edificar la nueva con materiales de la vieja, pero es derribando antes ésta. Entretanto, puede la gente albergarse[7] en una barraca,[8] si no tiene otra casa, o dormir a campo raso.[9]

Y es preciso no perder de vista que para la práctica de nuestra vida, rara vez tenemos que esperar a las soluciones científicas definitivas. Los hombres han vivido y viven sobre hipótesis y explicaciones muy deleznables,[10] y aun sin ellas. Para castigar al delincuente no se pusieron de acuerdo sobre si éste tenía o no libre albedrío,[11] como para estornudar no reflexiona uno sobre el daño que puede hacerle el pequeño obstáculo en la garganta que le obliga al estornudo.

Los hombres que sostienen que de no creer en el castigo eterno del infierno serían malos, creo, en honor de ellos, que se equivocan. Si dejaran de creer en una sanción de ultratumbas[12] no por eso se harían peores, sino que entonces buscarían otra justificación ideal a su conducta. El que siendo bueno cree en un orden trascendente, no tanto es bueno por creer en él cuanto que cree en él por ser bueno. Proposición ésta que habrá de parecer oscura o enrevesada,[13] estoy de ello cierto, a los preguntones de espíritu perezoso.

Y bien, se me dirá, "¿Cuál es tu religión"? Y yo responderé: mi religión es buscar la verdad en la vida y la vida en la verdad, aun a sabiendas de que no he de encontrarlas mientras viva; mi religión es luchar incesante e incansablemente con el misterio; mi religión es luchar con Dios desde el romper del alba hasta el caer de la noche, como dicen que con Él luchó Jacob.[14] No puedo transigir con aquello del Inconocible—o Incognoscible, como escriben los pedantes—ni con aquello otro de "de aquí no pasarás".[15] Rechazo el eterno *ignorabimus*.[16] Y en todo caso, quiero trepar a lo inaccesible.

"Sed perfectos como vuestro Padre que está en los cielos es perfecto",[17] nos dijo el Cristo, y semejante ideal de perfección es, sin duda, inasequible.[18] Pero nos puso lo inasequible como meta y término de nuestros esfuerzos. Y ello ocurrió, dicen los teólogos, con la gracia. Y yo quiero pelear mi pelea sin cuidarme de la victoria. ¿No hay ejércitos

6. *derribarla*: destruirla
7. *albergarse*: buscar refugio
8. *barraca*: vivienda construida toscamente; albergue rústico
9. *a campo raso*: al aire libre
10. *deleznables*: inconsistentes, frágiles
11. *libre albedrío*: voluntad propia
12. *de ultratumbas*: después de la muerte
13. *enrevesada*: complicada, incomprensible
14. *Jacob*: patriarca del viejo testamento Su lucha con el personaje divino (Génesis 32:32–22) simboliza, entre otras cosas, que el ser humano necesita Dios y que Dios, pudiendo vencer a Jacob fácilmente, no lo hizo porque admiraba su tenacidad y porque el patriarca luchó por Dios y no contra Él.
15. *De aquí no pasarás*: Job 38:11. En este versículo, Dios le muestra a Job los límites de su conocimiento dando el ejemplo de las olas que, a pesar de su fuerte e insistente movimiento, no llegan más allá de la orilla del mar.
16. *ignorabimus*: segunda parte de la frase latina "ignoramus et ignorabimus" Significa "no lo sabemos y nunca lo sabremos" y se refiere a los límites del conocimiento científico.
17. Sed perfectos …: Mateo 5:48
18. *inasequible*: imposible de alcanzar

y aun pueblos que van a una derrota segura? ¿No elogiamos a los que se dejaron matar peleando antes que rendirse? Pues ésta es mi religión.

Ésos, los que me dirigen esa pregunta, quieren que les dé un dogma, una solución en que pueda descansar el espíritu en su pereza. Y ni esto quieren, sino que buscan poder encasillarme[19] y meterme en uno de los cuadriculados[20] en que colocan a los espíritus, diciendo de mí: es luterano, es calvinista,[21] es católico, es ateo, es racionalista, es místico, o cualquier otro de estos motes,[22] cuyo sentido claro desconocen, pero que les dispensa[23] de pensar más. Y yo no quiero dejarme encasillar, porque yo, Miguel de Unamuno, como cualquier otro hombre que aspire a conciencia plena, soy una especie única. "No hay enfermedades, sino enfermos", suelen decir algunos médicos, y yo digo que no hay opiniones, sino opinantes.

En el orden religioso apenas hay cosa alguna que tenga racionalmente resuelta, y como no la tengo, no puedo comunicarla lógicamente, porque sólo es lógico y transmisible lo racional. Tengo, sí, con el afecto, con el corazón, con el sentimiento, una fuerte tendencia al cristianismo sin atenerme a dogmas especiales de esta o de aquella confesión cristiana. Considero cristiano a todo el que invoca con respeto y amor el nombre de Cristo, y me repugnan los ortodoxos, sean católicos o protestantes —éstos suelen ser tan intransigentes como aquéllos— que niegan cristianismo a quienes no interpretan el Evangelio como ellos. Cristiano protestante conozco que niega el que los unitarios sean cristianos.

Confieso sinceramente que las supuestas pruebas racionales—la ontológica, la cosmológica, la ética,[24] etcétera—de la existencia de Dios no me demuestran nada; que cuantas razones se quieren dar de que existe un Dios me parecen razones basadas en paralogismos[25] y peticiones de principio.[26] En esto estoy con Kant.[27] Y siento, al tratar de esto, no poder hablar a los zapateros en términos de zapatería.

Nadie ha logrado convencerme racionalmente de la existencia de Dios, pero tampoco de su no existencia; los razonamientos de los ateos me parecen de una superficialidad y futileza mayores aún que los de sus contradictores. Y si creo en Dios, o, por lo menos, creo creer en Él, es, ante todo, porque quiero que Dios exista, y después, porque se me revela, por vía cordial,[28] en el Evangelio y a través de Cristo y de la Historia. Es cosa de corazón.

Lo cual quiere decir que no estoy convencido de ello como lo estoy de que dos y dos hacen cuatro.

19. *encasillarme*: clasificarme
20. *cuadriculados*: órdenes o estructuras rígidas
21. *luterano, calvinista*: denominaciones protestantes
22. *motes*: sobrenombres
23. *dispensa*: les quita la responsabilidad u obligación
24. *Ontología … la ética*: distintas aproximaciones filosóficas que pueden ser utilizadas para responder a la pregunta sobre la existencia de Dios. La ontología tiene que ver con definir la realidad (o lo que realmente existe), la ética, con lo moralmente correcto, y la cosmología con el origen, forma y organización del universo.
25. *paralogismo*: argumento filosófico inválido pero sin una voluntad de engaño
26. *peticiones de principio*: falacia que ocurre cuando la proposición por ser probada se asume en alguna de las premisas que la prueban
27. *Immanuel Kant*: filósofo alemán que escribió sobre la imposibilidad de probar la existencia de Dios con una aproximación ontológica en su *Crítica de la razón pura* (1781)
28. *vía cordial*: a través del amor o el sentimiento; se contrasta con la vía intelectual o la razón.

Si se tratara de algo en que no me fuera la paz de la conciencia y el consuelo de haber nacido, no me cuidaría acaso del problema; pero como en él me va mi vida toda interior y el resorte[29] de toda mi acción, no puedo aquietarme con decir: ni sé ni puedo saber. No sé, cierto es; tal vez no pueda saber nunca, pero "quiero" saber. Lo quiero, y basta.

Y me pasaré la vida luchando con el misterio y aun sin esperanza de penetrarlo, porque esa lucha es mi alimento y es mi consuelo. Sí, mi consuelo. Me he acostumbrado a sacar esperanza de la desesperación misma. Y no griten ¡Paradoja! los mentecatos[30] y los superficiales.

No concibo a un hombre culto sin esta preocupación, y espero muy poca cosa en el orden de la cultura—y cultura no es lo mismo que civilización—de aquellos que viven desinteresados del problema religioso en su aspecto metafísico y sólo lo estudian en su aspecto social o político. Espero muy poco para el enriquecimiento del tesoro espiritual del género humano de aquellos hombres o de aquellos pueblos que por pereza mental, por superficialidad, por cientificismo, o por lo que sea, se apartan de las grandes y eternas inquietudes del corazón. No espero nada de los que dicen: "¡No se debe pensar en eso!"; espero menos aún de los que creen en un cielo y un infierno como aquel en que creíamos de niños, y espero todavía menos de los que afirman con la gravedad del necio: "Todo eso no son sino fábulas y mitos; al que se muere lo entierran, y se acabó". Sólo espero de los que ignoran, pero no se resignan a ignorar; de los que luchan sin descanso por la verdad y ponen su vida en la lucha misma más que en la victoria.

Y lo más de mi labor ha sido siempre inquietar a mis prójimos,[31] removerles el poso[32] del corazón, angustiarlos, si puedo. Lo dije ya en mi *Vida de Don Quijote y Sancho,* que es mi más extensa confesión a este respecto. Que busquen ellos, como yo busco; que luchen, como lucho yo, y entre todos algún pelo de secreto arrancaremos a Dios, y, por lo menos, esa lucha nos hará más hombres, hombres de más espíritu.

Para esta obra—obra religiosa—me ha sido menester, en pueblos como estos pueblos de lengua castellana, carcomidos[33] de pereza y de superficialidad de espíritu, adormecidos en la rutina del dogmatismo católico o del dogmatismo librepensador o cientificista, me ha sido preciso aparecer unas veces impúdico[34] e indecoroso, otras duro y agresivo, no pocas enrevesado y paradójico. En nuestra menguada[35] literatura apenas se le oía a nadie gritar desde el fondo del corazón, descomponerse, clamar. El grito era casi desconocido. Los escritores temían ponerse en ridículo. Les pasaba y les pasa lo que a muchos que soportan en medio de la calle una afrenta por temor al ridículo de verse con el sombrero por el suelo y presos por un polizonte. Yo, no; cuando he sentido ganas de gritar, he gritado. Jamás me ha detenido el decoro. Y ésta es una de las cosas que menos me perdonan estos mis compañeros de pluma, tan comedidos, tan correctos, tan disciplinados hasta cuando predican la incorrección y la indisciplina. Los anarquistas literarios se cuidan,

29. *resorte*: medio de que uno se vale para lograr un fin
30. *mentecatos*: necios, tontos
31. *prójimos*: personas en relación con él en la colectividad humana
32. *poso*: sedimento
33. *carcomidos*: corroídos
34. *impúdico*: atrevido, provocativo, indecente
35. *menguada*: ruin, falta de nobleza, de poca profundidad

más que de otra cosa, de la estilística y de la sintaxis. Y cuando desentonan lo hacen entonadamente; sus desacordes tiran a ser armónicos.

Cuando he sentido un dolor, he gritado, y he gritado en público. Los salmos que figuran en mi volumen de *Poesías* no son más que gritos del corazón, con los cuales he buscado hacer vibrar las cuerdas dolorosas de los corazones de los demás. Si no tienen esas cuerdas, o si las tienen tan rígidas que no vibran, mi grito no resonará en ellas, y declararán que eso no es poesía, poniéndose a examinarlo acústicamente. También se puede estudiar acústicamente el grito que lanza un hombre cuando ve caer muerto de repente a su hijo, y el que no tenga ni corazón ni hijos, se queda en eso.

Esos salmos de mis *Poesías,* con otras varias composiciones que allí hay, son mi religión, y mi religión cantada, y no expuesta lógica y razonadamente. Y la canto, mejor o peor, con la voz y el oído que Dios me ha dado, porque no la puedo razonar. Y el que vea raciocinios[36] y lógica, y método y exégesis, más que vida, en esos mis versos porque no hay en ellos faunos, dríades, silvanos, nenúfares, "absintios" (o sea ajenjos), ojos glaucos y otras garambainas[37] más o menos modernistas,[38] allá se quede con lo suyo, que no voy a tocarle el corazón con arcos de violín ni con martillo.

De lo que huyo, repito, como de la peste, es de que me clasifiquen, y quiero morirme oyendo preguntar de mí a los holgazanes de espíritu que se paren alguna vez a oírme: "Y este señor, ¿qué es"? Los liberales o progresistas tontos me tendrán por reaccionario y acaso por místico, sin saber, por supuesto, lo que esto quiere decir, y los conservadores y reaccionarios tontos me tendrán por una especie de anarquista espiritual, y unos y otros, por un pobre señor afanoso[39] de singularizarse[40] y de pasar por original y cuya cabeza es una olla de grillos.[41] Pero nadie debe cuidarse de lo que piensen de él los tontos, sean progresistas o conservadores, liberales o reaccionarios.

Y como el hombre es terco y no suele querer enterarse y acostumbra después que se le ha sermoneado cuatro horas a volver a las andadas,[42] los preguntones, si leen esto, volverán a preguntarme: "Bueno; pero ¿qué soluciones traes"? Y yo, para concluir, les diré que si quieren soluciones, acudan[43] a la tienda de enfrente, porque en la mía no se vende semejante artículo. Mi empeño[44] ha sido, es y será que los que me lean, piensen y mediten en las cosas fundamentales, y no ha sido nunca el de darles pensamientos hechos. Yo he buscado siempre agitar, y, a lo sumo, sugerir, más que instruir. Si yo vendo pan, no es pan, sino levadura o fermento.[45]

36. *raciocinios:* razonamiento
37. *faunos ... garambainas:* recursos lingüísticos característicos de un estilo poético artificial y pedante
38. *modernistas:* Unamuno se distancia de esta tendencia poética por su asociación con el arte por el arte y el lenguaje poético artificial y esteticista. Ver la unidad III para repasar la información sobre el modernismo.
39. *afanoso:* deseoso
40. singularizarse: destacarse
41. *olla de grillos:* lugar de mucho desorden y confusión (*fig.*). Los grillos son insectos nocturnos que nunca están quietos; saltan y hacen un sonido agudo y monótono.
42. *volver a las andadas:* volver a hacer lo mismo
43. *acudan:* vayan
44. *empeño:* propósito
45. *levadura o fermento:* sustancia que levanta o hace fermentar la masa con la que se mezcla

Hay amigos, y buenos amigos, que me aconsejan me deje de esta labor y me recoja a hacer lo que llaman una obra objetiva, algo que sea, dicen, definitivo, algo de construcción, algo duradero. Quieren decir algo dogmático. Me declaro incapaz de ello y reclamo mi libertad, mi santa libertad, hasta la de contradecirme, si llega el caso. Yo no sé si algo de lo que he hecho o de lo que haga en lo sucesivo habrá de quedar por años o por siglos después que me muera; pero sé que si se da un golpe en el mar sin orillas las ondas en derredor[46] van sin cesar, aunque debilitándose. Agitar es algo. Si merced a esa agitación viene detrás otro que haga algo duradero, en ello durará mi obra.

Es obra de misericordia suprema despertar al dormido y sacudir al parado, y es obra de suprema piedad religiosa buscar la verdad en todo y descubrir dondequiera el dolor, la necedad y la inepcia.

Ya sabe, pues, mi buen amigo el chileno lo que tiene que contestar a quien le pregunte cuál es mi religión. Ahora bien; si es uno de esos mentecatos que creen que guardo ojeriza[47] a un pueblo o una patria cuando le he cantado las verdades a alguno de sus hijos irreflexivos, lo mejor que puede hacer es no contestarles.

E. Cuestionario

1. Según Unamuno, ¿qué tienen en común los ateos y los que profesan una fe ciega?
2. ¿Cómo es el concepto de fe de Unamuno?
3. ¿Qué razones ofrece el autor para su defensa del sentimiento como manera de llegar al conocimiento?
4. ¿Crees que existe un conflicto entre la fe y la razón? Explica.
5. ¿Cuál es la actitud de Unamuno hacia los poetas modernistas? ¿Cómo cabe este juicio estético dentro del marco religioso que trata aquí?
6. Describe cómo esta selección ejemplifica las preocupaciones generales de la generación del 98.

II. José Ortega y Gasset (1883–1955)

A. Términos literarios

1. El ensayo: género predilecto de la generación del 98
2. El ejemplo
3. La antítesis
4. La voz narrativa
5. La ironía

B. El autor y su contexto social

1. El "desastre" del 98
2. La modernización frente a la tradición

46. *en derredor*: en circuito, alrededor de
47. *ojeriza*: aversión o antipatía

3. La democracia y la identidad española
4. Lo personal frente a lo social

C. Imágenes en contexto

Busca *The Goddess of Democracy* (estatua realizada por estudiantes chinos y derrumbada por el gobierno chino en 1989) en línea (Google Imágenes) y piensa en lo siguiente en preparación para esta sección:

1. Semejanzas con otras representaciones visuales clásicas de conceptos como "democracia" o "justicia"
2. La democracia griega
3. El contraste: las imágenes, la estatua/el retrato; las figuras, el individuo/la muchedumbre; los colores, blanco/rojo
4. La palabra o el concepto de "democracia" como herramienta retórica y política

D. El texto

1. "Democracia morbosa" (*El Espectador II*, 1917)

Las cosas buenas que por el mundo acontecen[48] obtienen en España sólo un pálido reflejo. En cambio, las malas repercuten[49] con increíble eficacia y adquieren entre nosotros mayor intensidad que en parte alguna.

En los últimos tiempos ha padecido[50] Europa un grave descenso de la cortesía, y coetáneamente[51] hemos llegado en España al imperio indiviso[52] de la descortesía. Nuestra raza valetudinaria[53] se siente halagada[54] cuando alguien la invita a adoptar una postura plebeya,[55] de la misma suerte que el cuerpo enfermo agradece que se le permita tenderse[56] a su sabor.[57] El plebeyismo, triunfante en todo el mundo, tiraniza en España. Y como toda tiranía es insufrible, conviene que vayamos preparando la revolución contra el plebeyismo, el más insufrible de los tiranos.

Tenemos que agradecer el adviento[58] de tan enojosa monarquía al triunfo de la democracia. Al amparo[59] de esta noble idea se ha deslizado[60] en la conciencia pública la perversa afirmación de todo lo bajo y ruin.[61]

¡Cuántas veces acontece esto! La bondad de una cosa arrebata[62] a los hombres y,

48. *acontecen*: ocurren
49. *repercuten*: se repiten
50. *padecido*: sufrido
51. *coetáneamente*: simultáneamente
52. *indiviso*: no dividida en partes
53. *valetudinaria*: enfermizo, especialmente por la edad
54. *halagada*: satisfecha, orgullosa
55. *plebeya*: innoble
56. *tenderse*: acostarse
57. *sabor*: gusto
58. *adviento*: nacimiento, llegada
59. *amparo*: servicio
60. *deslizado*: llegado desapercibido
61. *ruin*: indigno, despreciable
62. *arrebata*: excita

puestos a su servicio, olvidan fácilmente que hay otras muchas cosas buenas con quienes es forzoso compaginar[63] aquélla, so pena[64] de convertirla en una cosa pésima[65] y funesta.[66] La democracia, como democracia, es decir, estricta y exclusivamente como norma del derecho político, parece una cosa óptima. Pero la democracia exasperada y fuera de sí, la democracia en religión o en arte, la democracia en el pensamiento y en el gesto, la democracia en el corazón y en la costumbre, es el más peligroso morbo[67] que puede padecer una sociedad.

Cuanto más reducida sea la esfera de acción propia a una idea, más perturbadora[68] será su influencia, si se pretende proyectarla sobre la totalidad de la vida. Imagínese lo que sería un vegetariano en frenesí que aspire a mirar el mundo desde lo alto de su vegetarianismo culinario: en arte censuraría cuanto no fuese el paisaje hortelano; en economía nacional sería eminentemente agrícola; en religión no admitiría sino las arcaicas divinidades cereales; en indumentaria,[69] sólo vacilaría entre el cáñamo, el lino y el esparto,[70] y como filósofo, se obstinaría en propagar una botánica trascendental. Pues no parece menos absurdo el hombre que, como tantos hoy, se llega a nosotros y nos dice: ¡Yo, ante todo, soy demócrata!

En tales ocasiones suelo recordar el cuento de aquel monaguillo[71] que no sabía su papel, y a cuanto decía el oficiante, según la liturgia, respondía: "¡Bendito y alabado sea el Santísimo Sacramento!" Hasta que, harto de la insistencia, el sacerdote se volvió y le dijo: "¡Hijo mío, eso es muy bueno; pero no viene al caso!"

No es lícito ser ante todo demócrata, porque el plano[72] a que la idea democrática se refiere no es un primer plano, no es un "ante todo". La política es un orden instrumental y adjetivo de la vida, una de las muchas cosas que necesitamos atender y perfeccionar para que nuestra vida personal sufra menos fracasos y logre más fácil expansión. Podrá la política, en algún momento agudo, significar la brecha[73] donde debemos movilizar nuestras mejores energías, a fin de conquistar o asegurar un vital aumento; pero nunca puede ser normal esa situación.

Es uno de los puntos en que más resueltamente urge[74] corregir al siglo XIX. Ha padecido éste una grave perversión en el instinto ordenador de la perspectiva, que le condujo a situar en el plano último y definitivo de su preocupación lo que por naturaleza sólo penúltimo y previo puede ser. La perfección de la técnica es la perfección de los medios externos que favorecen la vitalidad. Nada más discreto,[75] pues, que ocuparse de las mejores técnicas. Pero hacer de ello la empresa decisiva de nuestra existencia, dedicarle los más delicados y constantes esfuerzos nuestros, es evidentemente una aberración.[76]

63. *compaginar*: compatibilizar
64. *so pena*: bajo condena o sanción
65. *pésima*: terrible
66. *funesta*: desgraciada, fatal
67. *morbo*: retorcimiento, enfermedad
68. *perturbadora*: inquietante
69. indumentaria: ropa
70. *cáñamo, lino, esparto*: fibras vegetales empleadas para hacer telas
71. *monaguillo*: niño que ayuda al sacerdote en la misa
72. *plano*: lado
73. *brecha*: fisura
74. *urge*: exhorta; ruega; implora
75. *discreto*: correcto
76. *aberración*: perversión

Lo propio acontece con la política que intenta la articulación de la sociedad, como la técnica de la naturaleza, a fin de que quede al individuo un margen cada vez más amplio donde dilatar[77] su poder personal.

Como la democracia es una pura forma jurídica,[78] incapaz de proporcionarnos orientación alguna para todas aquellas funciones vitales que no son derecho público, es decir, para casi toda nuestra vida, al hacer de ella principio integral de la existencia se engendran las mayores extravagancias. Por lo pronto, la contradicción del sentimiento mismo que motivó la democracia. Nace ésta como noble deseo de salvar a la plebe de su baja condición. Pues bien: el demócrata ha acabado por simpatizar con la plebe, precisamente en cuanto plebe, con sus costumbres, con sus maneras, con su giro[79] intelectual. La forma extrema de esto puede hallarse en el credo socialista—¡porque se trata, naturalmente, de un credo religioso!—, donde hay un artículo que declara la cabeza del proletario[80] única apta para la verdadera ciencia y la debida moral. En el orden de los hábitos, puedo decir que mi vida ha coincidido con el proceso de conquista de las clases superiores por los modales chulescos.[81] Lo cual indica que no ha elegido uno la mejor época para nacer. Porque antes de entregarse los círculos selectos a los ademanes[82] y léxico[83] del Avapiés,[84] claro es que ha adoptado más profundas y graves características de la plebe.

Toda interpretación *soi-disant*[85] democrática de un orden vital que no sea el derecho público es fatalmente plebeyismo.

En el triunfo del movimiento democrático contra la legislación de privilegios, la constitución de castas, etcétera, ha intervenido no poco esta perversión moral que llamo plebeyismo; pero más fuerte que ella ha sido el noble motivo de romper la desigualdad jurídica. En el antiguo régimen son los derechos quienes hacen desiguales a los hombres, prejuzgando su situación antes que nazcan. Con razón hemos negado a esos derechos el título de derechos y dando a la palabra un sentido peyorativo[86] los llamamos privilegios. El nervio saludable de la democracia es, pues, la nivelación de privilegios, no propiamente de derechos. Nótese que los "derechos del hombre" tienen un contenido negativo, son la barbacana[87] que la nueva organización social, más rigurosamente jurídica que las anteriores, presenta a la posible reviviscencia[88] del privilegio.[A] A los "derechos del hombre" ya conocidos y conquistados habrá de acumular otros y otros hasta que desaparezcan los últimos restos de mitología política. Porque los privilegios que, como digo, no son derechos, consisten en perduraciones residuales[89] de tabúes religiosos.

Sin embargo, no acertamos a prever que los futuros "derechos del hombre", cuya invención y triunfo ponemos en manos de las próximas generaciones, tengan un vasto

77. *dilatar*: ampliar
78. *jurídica*: legal
79. *giro*: vuelta, cambio
80. *proletario*: clase obrera
81. *chulescos*: groseros o de clase baja
82. *ademanes*: gestos
83. *léxico*: forma de hablar
84. *Avapiés* (Lavapiés): barrio madrileño de baja categoría
85. *soi-disant*: así llamado
86. *peyorativo*: negativo
87. *barbacana*: escape
88. *reviviscencia*: proceso biológico mediante el cual los seres que se encuentran en estado de vida latente recuperan sus actividades normales
89. perduraciones residuales: restos

alcance y modifiquen la faz[90] de la sociedad tanto como los ya logrados o en vías de lograrse.[B] De modo que si hay empeño en reducir el significado de la democracia a esta obra niveladora de privilegios, puede decirse que han pasado sus horas gloriosas.

Si, en efecto, la organización jurídica de la sociedad se quedara en ese estadio negativo y polémico,[91] meramente destructor de la organización "religiosa" de la sociedad; si no mira el hombre su obra de democracia tan sólo como el primer esfuerzo de la justicia, aquel en que abrimos un ancho margen de equidad, dentro del cual crear una nueva estructura social justa—que sea justa, pero que sea estructura—, los temperamentos de delicada moralidad maldecirán la democracia y volverán sus corazones al pretérito, organizado, es cierto, por la superstición; mas, al fin y al cabo, organizado. Vivir es esencialmente, y antes que toda otra cosa, estructura: una pésima estructura es mejor que ninguna.

Y si antes decía que no es lícito[92] ser "ante todo" demócrata, añado ahora que tampoco es lícito ser "sólo" demócrata. El amigo de la justicia no puede detenerse en la nivelación de privilegios, en asegurar igualdad de derechos para lo que en todos los hombres hay de igualdad. Siente la misma urgencia por legislar, por legitimar lo que hay de desigualdad entre los hombres.

Aquí tenemos el criterio para discernir dónde el sentimiento democrático degenera en plebeyismo. Quien se irrita al ver tratados desigualmente a los iguales, pero no se inmuta[93] al ver tratados igualmente a los desiguales, no es demócrata, es plebeyo.

La época en que la democracia era un sentimiento saludable y de impulso ascendente, pasó. Lo que hoy se llama democracia es una degeneración de los corazones.

A Nietzsche[94] debemos el descubrimiento del mecanismo que funciona en la conciencia pública degenerada: le llamó *ressentiment*.[95] Cuando un hombre se siente a sí mismo inferior por carecer de ciertas calidades—inteligencia o valor o elegancia—procura indirectamente afirmarse ante su propia vista negando la excelencia de esas cualidades. Como ha indicado finalmente un glosador de Nietzsche, no se trata del caso de la zorra y las uvas. La zorra sigue estimando como lo mejor la madurez en el fruto, y se contenta con negar esa estimable condición a las uvas demasiado altas. El "resentido" va más allá: odia la madurez y prefiere lo agraz.[96] Es la total inversión de los valores: lo superior, precisamente por serlo, padece una *capitis diminutio*,[97] y en su lugar triunfa lo inferior.

El hombre del pueblo suele o solía tener una sana capacidad admirativa. Cuando veía pasar una duquesa, en su carroza se extasiaba,[98] y le era grato[99] cavar la tierra de un planeta donde se ven, por veces, tan lindos espectáculos transeúntes.[100] Admira y goza el lujo, la prestancia,[101] la belleza, como admiramos los oros y los rubíes con que solemniza

90. *faz*: la superficie
91. *polémico*: problemático, discutible
92. *lícito*: legítimo, justo
93. *se inmuta*: siente una conmoción repentina del ánimo y la manifiesta a través del gesto o la voz
94. *Nietzsche*: (Friedrich Nietzsche, 1844–1900) filósofo alemán que investigó las consecuencias del triunfo del secularismo y la Ilustración en la cultura occidental
95. *ressentiment*: odio envidioso
96. *agraz*: amargura, disgusto
97. *capitis diminutio*: cuando una persona pierde la libertad o la ciudadanía
98. *se extasiaba*: se maravillaba
99. *grato*: agradable
100. *transeúntes*: ambulantes
101. prestancia: elegancia

su ocaso[102] el Sol moribundo.[103] ¿Quién es capaz de envidiar el áureo[104] lujo del atardecer? El hombre del pueblo no se despreciaba a sí mismo: se sabía distinto y menor que la clase noble; pero no mordía su pecho el venenoso "resentimiento". En los comienzos de la Revolución francesa una carbonera decía a una marquesa: "Señora, ahora las cosas van a andar al revés: yo iré en silla de manos y la señora llevará al carbón". Un abogadete[105] "resentido" de los que hostigaban[106] al pueblo hacia la revolución, hubiera corregido: "No, ciudadana: ahora vamos a ser todos carboneros".

Vivimos rodeados de gentes que no se estiman a sí mismas, y casi siempre con razón. Quisieran los tales que a toda prisa fuese decretada la igualdad entre los hombres; la igualdad ante la ley no les basta: ambicionan la declaración de que todos los hombres somos iguales en talento, sensibilidad, delicadeza y altura cordial.[107] Cada día que tarde en realizarse esta irrealizable nivelación es una cruel jornada para esas criaturas "resentidas", que se saben fatalmente condenadas a formar la plebe moral e intelectual de nuestra especie. Cuando se quedan solas les llegan del propio corazón bocanadas[108] de desdén[109] para sí mismas. Es inútil que por medio de astucias[110] inferiores consigan hacer papeles vistosos[111] en la sociedad. El aparente triunfo social envenena más su interior, revelándoles el desequilibrio inestable de su vida, a toda hora amenazada[112] de un justiciero derrumbamiento.[113] Aparecen ante sus propios ojos como falsificadores de sí mismos, como monederos falsos de trágica especie, donde la moneda defraudada es la persona misma defraudadora.

Este estado de espíritu, empapado[114] de ácidos corrosivos, se manifiesta tanto más en aquellos oficios donde la ficción de las cualidades ausentes es menos posible. ¿Hay nada tan triste como un escritor, un profesor o un político sin talento, sin finura sensitiva, mordidos por el íntimo fracaso, a cuanto cruza ante ellos irradiando[115] perfección y sana estima de sí mismo?

Periodistas, profesores y políticos sin talento componen, por tal razón, el Estado Mayor de la envidia, que, como dice Quevedo, va tan flaca y amarilla porque muerde y no come. Lo que hoy llamamos "opinión pública" y "democracia" no es en grande parte sino la purulenta[116] secreción de esas almas rencorosas.[117]

A. Este carácter negativo, defensivo, polémico de los derechos del hombre aparece bien claro cuando se asiste a su germinación en la revolución inglesa.

B. Así el "derecho económico del hombre" por el cual combaten los partidos obreros.

102. *ocaso*: atardecer
103. *moribundo*: a punto de morir
104. *áureo*: dorado
105. *abogadete*: forma peyorativa para referirse a un abogado o funcionario
106. *hostigaban*: molestaban, castigaban
107. *cordial*: afectuosa
108. *bocanadas*: exhalación, soplo
109. *desdén*: odio
110. *astucias*: artificios
111. *vistosos*: atractivos, llamativos
112. *amenazada*: bajo el peligro de
113. *derrumbamiento*: decaimiento
114. *empapado*: humedecido, imbuido
115. *irradiando*: transmitiendo luz, calor u otra energía
116. *purulenta*: infectada, virulenta
117. *rencorosas*: resentidas, vengativas

E. Cuestionario

1. ¿En qué sentido puede ser morbosa la democracia, según Ortega?
2. ¿Cómo define el autor la idea del "plebeyismo"?
3. ¿Cómo ha cambiado la actitud de la persona común hacia la nobleza? ¿Por qué es significativo este cambio en el marco de la crítica orteguiana?
4. ¿Qué significa *ressentiment* en el contexto de este artículo?
5. ¿Cuáles serán las consecuencias del tipo de democracia que Ortega describe?
6. ¿Has notado casos de "democracia morbosa" en tu propia experiencia? ¿En qué contextos?
7. ¿Se deben imponer límites a la democracia? ¿En qué situaciones? ¿Cómo?
8. ¿Cuáles son los peligros de las ideas de Ortega y Gasset? ¿Y sus puntos fuertes?

III. Antonio Machado (1875–1939)

A. Términos literarios

1. Los temas
 a. La soledad
 b. La nostalgia
 c. España
 d. La fe
 e. La muerte y el tiempo
2. Las técnicas
 a. La anáfora
 b. La aliteración

B. El autor y su contexto social

1. La generación del 98
2. *Las dos Españas*
3. El exilio

C. Imágenes en contexto

Busca *Las dos Españas* (caricatura política publicada en *La madeja* en 1875) en línea (Google Imágenes) y piensa en lo siguiente en preparación para esta sección:

1. La España tradicional
2. La España progresista
3. Luz y sombra
4. Imágenes iconográficas

D. Los textos

1. "LA SAETA" (*CAMPOS DE CASTILLA*, 1912)

¡Oh la saeta,[118] el cantar
al Cristo de los gitanos,
siempre con sangre en las manos
siempre por desenclavar!
¡Cantar del pueblo andaluz
que todas las primaveras
anda pidiendo escaleras
para subir a la cruz!
¡Cantar de la tierra mía,
que echa flores
al Jesús de la agonía,
y es la fe de mis mayores!
¡Oh, no eres tú mi cantar!
¡No puedo cantar, ni quiero,
a ese Jesús del madero,[119]
sino al que anduvo en el mar!

2. "ESPAÑOLITO" (*CAMPOS DE CASTILLA*, 1912)

Ya hay un español que quiere
vivir y a vivir empieza,
entre una España que muere
y otra España que bosteza.[120]
Españolito que vienes
al mundo te guarde Dios.
una de las dos Españas
ha de helarte[121] el corazón.

E. Cuestionario

1. En la primera selección, se presentan dos conceptos de Jesús. ¿Cómo son? ¿En qué se distinguen?
2. En la segunda selección, se presentan dos conceptos de España. ¿Cómo son? ¿En qué se distinguen?
3. Comenta esta estructura binaria, ubicando estos poemas en su contexto social.

118. *saeta*: canción popular flamenca cantada durante procesiones religiosas
119. *madero*: cruz
120. *bosteza*: abre la boca involuntariamente para tomar y expulsar aire lenta y profundamente
121. *helarte*: congelarte

IV. Federico García Lorca (1898–1936)

A. Términos literarios

1. La tragedia
2. La trilogía
3. La alegoría
4. La catarsis
5. La prefiguración

B. Su contexto social

1. La generación del 27
2. El surrealismo
3. Andalucía: principios del siglo XX
4. Los clásico/lo folklórico; lo universal/lo local
5. La violencia
6. El matrimonio

C. Imágenes en contexto

Busca ejemplos de carteles de publicidad para la adaptación fílmica de *Bodas de sangre* de Carlos Saura (1980) en línea (Google Imágenes) y piensa en lo siguiente en preparación para esta sección:

1. La representación visual de los personajes: el Novio, la Novia, la Suegra
2. Las imágenes visuales de música y baile
3. El vestuario
4. La fotografía: documental, artística, publicitaria
5. El contraste: pasado/presente

D. El texto

1. *BODAS DE SANGRE* (1933)

PERSONAJES:

LA MADRE.
LA NOVIA.
LA SUEGRA.
LA MUJER DE LEONARDO.
LA CRIADA.
LA VECINA.
MUCHACHAS.
LEONARDO.
EL NOVIO.
EL PADRE DE LA NOVIA.
LA LUNA.
LA MUERTE (como mendigo).

LEÑADORES.
MOZOS.

Acto primero CUADRO[122] PRIMERO

Habitación pintada de amarillo.

Novio: (*Entrando*) Madre.

Madre: ¿Qué?

Novio: Me voy.

Madre: ¿Adónde?

Novio: A la viña. (*Va a salir.*)

Madre: Espera.

Novio: ¿Quieres algo?

Madre: Hijo, el almuerzo.

Novio: Déjalo. Comeré uvas. Dame la navaja.

Madre: ¿Para qué?

Novio: (*Riendo*) Para cortarlas.

Madre: (*Entre dientes y buscándola*) La navaja, la navaja…. Malditas sean todas y el bribón[123] que las inventó.

Novio: Vamos a otro asunto.

Madre: Y las escopetas,[124] y las pistolas, y el cuchillo más pequeño, y hasta las azadas[125] y los bieldos[126] de la era.[127]

Novio: Bueno.

Madre: Todo lo que puede cortar el cuerpo de un hombre. Un hombre hermoso, con su flor en la boca, que sale a las viñas o va a sus olivos propios, porque son de él, heredados …

Novio: (*Bajando la cabeza*) Calle usted.

Madre: … y ese hombre no vuelve. O si vuelve es para ponerle una palma encima[128] o un plato de sal gorda para que no se hinche. No sé cómo te atreves a llevar una navaja en tu cuerpo, ni cómo yo dejo a la serpiente dentro del arcón.[129]

Novio: ¿Está bueno ya?

Madre: Cien años que yo viviera no hablaría de otra cosa. Primero, tu padre, que me olía a clavel[130] y lo disfruté tres años escasos. Luego, tu hermano. ¿Y es justo y puede ser que una cosa pequeña como una pistola o una navaja pueda acabar con un hombre, que es un toro? No callaría nunca. Pasan los meses y la desesperación me pica en los ojos y hasta en las puntas del pelo.

Novio: (*Fuerte*) ¿Vamos a acabar?

Madre: No. No vamos a acabar. ¿Me puede alguien traer a tu padre y a tu hermano?

122. *cuadro*: escena
123. *bribón*: pícaro, rufián
124. *escopetas*: rifles
125. *azadas*: instrumentos agrícolas formados por una pala de metal cuadrangular, afilada en uno de sus extremos, utilizados para cavar y remover la tierra
126. *bieldos*: instrumentos utilizados para separar la paja del trigo
127. *era*: trozo pequeño de tierra destinado al cultivo de flores u hortalizas
128. *ponerle una palma encima*: una palma de tierra; enterrarlo
129. *arcón*: caja
130. *clavel*: tipo de flor

Y luego, el presidio.[131] ¿Qué es el presidio? ¡Allí comen, allí fuman, allí tocan los instrumentos! Mis muertos llenos de hierba, sin hablar, hechos polvo; dos hombres que eran dos geranios…. Los matadores, en presidio, frescos, viendo los montes …

Novio: ¿Es que quiere usted que los mate?

Madre: No…. Si hablo, es porque … ¿Cómo no voy a hablar viéndote salir por esa puerta? Es que no me gusta que lleves navaja. Es que … que no quisiera que salieras al campo.

Novio: (*Riendo*) ¡Vamos!

Madre: Que me gustaría que fueras una mujer. No te irías al arroyo[132] ahora y bordaríamos las dos cenefas[133] y perritos de lana.[134]

Novio: (*Coge de un brazo a la madre y ríe.*) Madre, ¿y si yo la llevara conmigo a las viñas?

Madre: ¿Qué hace en las viñas una vieja? ¿Me ibas a meter debajo de los pámpanos?[135]

Novio: (*Levantándola en sus brazos*) Vieja, revieja, requetevieja.

Madre: Tu padre sí que me llevaba. Eso es buena casta. Sangre. Tu abuelo dejó a un hijo en cada esquina. Eso me gusta. Los hombres, hombres, el trigo, trigo.

Novio: ¿Y yo, madre?

Madre: ¿Tú, qué?

Novio: ¿Necesito decírselo otra vez?

Madre: (*Seria*) ¡Ah!

Novio: ¿Es que le parece mal?

Madre: No

Novio: ¿Entonces …?

Madre: No lo sé yo misma. Así, de pronto, siempre me sorprende. Yo sé que la muchacha es buena. ¿Verdad que sí? Modosa.[136] Trabajadora. Amasa su pan y cose sus faldas, y siento, sin embargo, cuando la nombro, como si me dieran una pedrada en la frente.

Novio: Tonterías.

Madre: Más que tonterías. Es que me quedo sola. Ya no me queda más que tú, y siento que te vayas.

Novio: Pero usted vendrá con nosotros.

Madre: No. Yo no puedo dejar aquí solos a tu padre y a tu hermano. Tengo que ir todas las mañanas, y si me voy es fácil que muera uno de los Félix, uno de la familia de los matadores, y lo entierren al lado. ¡Y eso sí que no! ¡Ca! ¡Eso sí que no! Porque con las uñas los desentierro y yo sola los machaco[137] contra la tapia.[138]

Novio: (*Fuerte*) Vuelta otra vez.

Madre: Perdóname. (*Pausa*) ¿Cuánto tiempo llevas en relaciones?

Novio: Tres años. Ya pude comprar la viña.

131. *presidio*: cárcel
132. *arroyo*: corriente, riachuelo
133. *cenefas*: borde
134. *perritos de lana*: tipo de perro con el pelaje rizado
135. *pámpanos*: brotes verdes y tiernos
136. *modosa*: bien educada, decente
137. *machaco*: aplasto
138. *tapia*: pared

Madre: Tres años. Ella tuvo un novio, ¿no?

Novio: No sé. Creo que no. Las muchachas tienen que mirar con quien se casan.

Madre: Sí. Yo no miré a nadie. Miré a tu padre, y cuando lo mataron miré a la pared de enfrente. Una mujer con un hombre, y ya está.

Novio: Usted sabe que mi novia es buena.

Madre: No lo dudo. De todos modos, siento no saber cómo fue su madre.

Novio: ¿Qué más da?

Madre: (*Mirándole*) Hijo.

Novio: ¿Qué quiere usted?

Madre: ¡Que es verdad! ¡Que tienes razón! ¿Cuándo quieres que la pida?

Novio: (*Alegre*) ¿Le parece bien el domingo?

Madre: (*Seria*) Le llevaré los pendientes de azófar,[139] que son antiguos, y tú le compras …

Novio: Usted entiende más …

Madre: Le compras unas medias caladas,[140] y para ti dos trajes … ¡Tres! ¡No te tengo más que a ti!

Novio: Me voy. Mañana iré a verla.

Madre: Sí, sí; y a ver si me alegras con seis nietos, o lo que te dé la gana, ya que tu padre no tuvo lugar de hacérmelos a mí.

Novio: El primero para usted.

Madre: Sí, pero que haya niñas. Que yo quiero bordar y hacer encaje y estar tranquila.

Novio: Estoy seguro que usted querrá a mi novia.

Madre: La querré. (*Se dirige a besarlo y reacciona.*) Anda, ya estás muy grande para besos. Se los das a tu mujer. (*Pausa. Aparte.*) Cuando lo sea.

Novio: Me voy.

Madre: Que caves bien la parte del molinillo,[141] que la tienes descuidada.

Novio: ¡Lo dicho!

Madre: Anda con Dios.

(*Vase el novio. La madre queda sentada de espaldas a la puerta. Aparece en la puerta una vecina vestida de color oscuro, con pañuelo a la cabeza.*)

Madre: Pasa.

Vecina: ¿Cómo estás?

Madre: Ya ves.

Vecina: Yo bajé a la tienda y vine a verte. ¡Vivimos tan lejos …!

Madre: Hace veinte años que no he subido a lo alto de la calle.

Vecina: Tú estás bien.

Madre: ¿Lo crees?

Vecina: Las cosas pasan. Hace dos días trajeron al hijo de mi vecina con los dos brazos cortados por la máquina. (*Se sienta.*)

Madre: ¿A Rafael?

Vecina: Sí. Y allí lo tienes. Muchas veces pienso que tu hijo y el mío están mejor donde están, dormidos, descansando, que no expuestos a quedarse inútiles.

139. *azófar*: metal
140. *caladas*: de encajes
141. *molinillo*: instrumento pequeño para pulverizar granos

Madre: Calla. Todo eso son invenciones, pero no consuelos.

Vecina: ¡Ay!

Madre: ¡Ay! (*Pausa*)

Vecina: (*Triste*) ¿Y tu hijo?

Madre: Salió.

Vecina: ¡Al fin compró la viña!

Madre: Tuvo suerte.

Vecina: Ahora se casará.

Madre: (*Como despertando y acercando su silla a la silla de la vecina*) Oye.

Vecina: (*En plan confidencial*) Dime.

Madre: ¿Tú conoces a la novia de mi hijo?

Vecina: ¡Buena muchacha!

Madre: Sí, pero …

Vecina: Pero quien la conozca a fondo no hay nadie. Vive sola con su padre allí, tan lejos, a diez leguas de la casa más cerca. Pero es buena. Acostumbrada a la soledad.

Madre: ¿Y su madre?

Vecina: A su madre la conocí. Hermosa. Le relucía[142] la cara como un santo; pero a mí no me gustó nunca. No quería a su marido.

Madre: (*Fuerte*) Pero ¡cuántas cosas sabéis las gentes!

Vecina: Perdona. No quisiera ofender; pero es verdad. Ahora, si fue decente o no, nadie lo dijo. De esto no se ha hablado. Ella era orgullosa.

Madre: ¡Siempre igual!

Vecina: Tú me preguntaste.

Madre: Es que quisiera que ni a la viva ni a la muerte las conociera nadie. Que fueran como dos cardos,[143] que ninguna persona los nombra y pinchan[144] si llega el momento.

Vecina: Tienes razón. Tu hijo vale mucho.

Madre: Vale. Por eso lo cuido. A mí me habían dicho que la muchacha tuvo novio hace tiempo.

Vecina: Tendría ella quince años. Él se casó ya hace dos años con una prima de ella, por cierto. Nadie se acuerda del noviazgo.

Madre: ¿Cómo te acuerdas tú?

Vecina: ¡Me haces unas preguntas …!

Madre: A cada uno le gusta enterarse de lo que le duele. ¿Quién fue el novio?

Vecina: Leonardo.

Madre: ¿Qué Leonardo?

Vecina: Leonardo, el de los Félix.

Madre: (*Levantándose*) ¡De los Félix!

Vecina: Mujer, ¿qué culpa tiene Leonardo de nada? Él tenía ocho años cuando las cuestiones.

Madre: Es verdad…. Pero oigo eso de Félix y es lo mismo (*Entre dientes*) Félix que llenárseme de cieno[145] la boca (*Escupe.*), y tengo que escupir, tengo que escupir por no matar.

142. *relucía*: brillaba
143. *cardos*: plantas compuestas de hojas espinosas
144. *pinchan*: pican, fastidian
145. *cieno*: lodo

Vecina: Repórtate.[146] ¿Qué sacas con eso?

Madre: Nada. Pero tú lo comprendes.

Vecina: No te opongas a la felicidad de tu hijo. No le digas nada. Tú estás vieja. Yo, también. A ti y a mí nos toca callar.

Madre: No le diré nada.

Vecina: (*Besándola*) Nada.

Madre: (*Serena*) ¡Las cosas …!

Vecina: Me voy, que pronto llegará mi gente del campo.

Madre: ¿Has visto qué día de calor?

Vecina: Iban negros los chiquillos que llevan el agua a los segadores.[147] Adiós, mujer.

Madre: Adiós.

(*Se dirige a la puerta de la izquierda. En medio del camino se detiene y lentamente se santigua.*[148])

Telón

Acto primero CUADRO SEGUNDO

Habitación pintada de rosa con cobres[149] *y ramos de flores populares. En el centro, una mesa con mantel. Es la mañana. Suegra de Leonardo con un niño en brazos. Lo mece. La mujer, en la otra esquina, hace punto de media.*[150]

Suegra:

Nana,[151] niño, nana
del caballo grande
que no quiso el agua.
El agua era negra
dentro de las ramas.[152]
Cuando llega el puente
se detiene y canta.
¿Quién dirá, mi niño,
lo que tiene el agua
con su larga cola
por su verde sala?

Mujer: (*Bajo*)

Duérmete, clavel,
que el caballo no quiere beber.

Suegra:

Duérmete, rosal,[153]
que el caballo se pone a llorar.
Las patas heridas,

146. *repórtate*: contrólate
147. *segadores*: personas que cortan cereales o hierba para recolectarlos
148. *se santigua*: hace la señal de la cruz
149. *cobres*: tipo de metal
150. *punto de media*: cose o borde
151. *nana*: canción infantil para dormir a los bebés
152. *ramas*: cada una de las partes de una planta que nacen del tronco o tallo principal y en las que, generalmente, brotan las hojas, flores y frutos
153. *rosal*: rosas

las crines[154] heladas,
dentro de los ojos
un puñal[155] de plata.
Bajaban al río.
¡Ay, cómo bajaban!
La sangre corría
más fuerte que el agua.
Mujer:
Duérmete, clavel,
que el caballo no quiere beber.
Suegra:
Duérmete, rosal,
que el caballo se pone a llorar.
Mujer:
No quiso tocar
la orilla mojada,
su belfo[156] caliente
con moscas de plata.
A los montes duros
solo relinchaba[157]
con el río muerto
sobre la garganta.
¡Ay caballo grande
que no quiso el agua!
¡Ay dolor de nieve,
caballo del alba!
Suegra:
¡No vengas! Detente,
cierra la ventana
con rama de sueños
y sueño de ramas.
Mujer:
Mi niño se duerme.
Suegra:
Mi niño se calla.
Mujer:
Caballo, mi niño
tiene una almohada.
Suegra:
Su cuna de acero.
Mujer:

154. *crines*: conjunto de pelos que tienen algunos animales en la parte superior del cuello
155. *puñal*: cuchillo
156. *belfo*: labio del caballo y otros animales
157. *relinchaba*: emitía su voz el caballo

Su colcha de holanda.[158]

Suegra:
Nana, niño, nana.

Mujer:
¡Ay caballo grande
que no quiso el agua!

Suegra:
¡No vengas, no entres!
Vete a la montaña.
Por los valles grises
donde está la jaca.

Mujer: (*Mirando*)
Mi niño se duerme.

Suegra:
Mi niño descansa.

Mujer: (*Bajito*)
Duérmete, clavel,
que el caballo no quiere beber.

Mujer: (*Levantándose, y muy bajito*)
Duérmete, rosal.
que el caballo se pone a llorar.
(*Entran al niño. Entra Leonardo.*)

Leonardo: ¿Y el niño?

Mujer: Se durmió.

Leonardo: Ayer no estuvo bien. Lloró por la noche.

Mujer: (*Alegre*) Hoy está como una dalia.[159] ¿Y tú? ¿Fuiste a casa del herrador?[160]

Leonardo: De allí vengo. ¿Querrás creer? Llevo más de dos meses poniendo herraduras nuevas al caballo y siempre se le caen. Por lo visto se las arranca con las piedras.

Mujer: ¿Y no será que lo usas mucho?

Leonardo: No. Casi no lo utilizo.

Mujer: Ayer me dijeron las vecinas que te habían visto al límite de los llanos.[161]

Leonardo: ¿Quién lo dijo?

Mujer: Las mujeres que cogen las alcaparras.[162] Por cierto que me sorprendió. ¿Eras tú?

Leonardo: No. ¿Qué iba a hacer yo allí en aquel secano?[163]

Mujer: Eso dije. Pero el caballo estaba reventando de sudor.[164]

Leonardo: ¿Lo viste tú?

Mujer: No. Mi madre.

Leonardo: ¿Está con el niño?

Mujer: Sí. ¿Quieres un refresco de limón?

158. *colcha de holanda*: cobertura fina que sirve de adorno o abrigo a la cama
159. *dalia*: tipo de flor
160. *herrador*: persona que se dedica a poner herraduras a las caballerías
161. *llanos*: terrenos
162. *alcaparras*: tipo de verdura parecida a la cebolla
163. *secano*: tierra de labor que no tiene riego y solo recibe el agua de lluvia
164. *reventando de sudor*: a punto de explotar (fig.); cansado, rendido

Leonardo: Con el agua bien fría.

Mujer: ¡Cómo no viniste a comer! …

Leonardo: Estuve con los medidores[165] del trigo. Siempre entretienen.

Mujer: (*Haciendo el refresco y muy tierna*) ¿Y lo pagan a buen precio?

Leonardo: El justo.

Mujer: Me hace falta un vestido y al niño una gorra con lazos.

Leonardo: (*Levantándose*) Voy a verlo.

Mujer: Ten cuidado, que está dormido.

Suegra: (*Saliendo*) Pero ¿quién da esas carreras al caballo? Está abajo, tendido, con los ojos desorbitados,[166] como si llegara del fin del mundo.

Leonardo: (*Agrio*) Yo.

Suegra: Perdona; tuyo es.

Mujer: (*Tímida*) Estuvo con los medidores del trigo.

Suegra: Por mí, que reviente.[167] (*Se sienta.*) (*Pausa*)

Mujer: El refresco. ¿Está frío?

Leonardo: Sí.

Mujer: ¿Sabes que piden a mi prima?

Leonardo: ¿Cuándo?

Mujer: Mañana. La boda será dentro de un mes. Espero que vendrán a invitarnos.

Leonardo: (*Serio*) No sé.

Suegra: La madre de él creo que no estaba muy satisfecha con el casamiento.

Leonardo: Y quizá tenga razón. Ella es de cuidado.

Mujer: No me gusta que penséis mal de una buena muchacha.

Suegra: Pero cuando dice eso es porque la conoce. ¿No ves que fue tres años novia suya? (*Con intención*)

Leonardo: Pero la dejé. (*A su mujer*) ¿Vas a llorar ahora? ¡Quita! (*La aparta*[168] *bruscamente las manos de la cara.*) Vamos a ver al niño. (*Entran abrazados.*)

(*Aparece la muchacha, alegre. Entra corriendo.*)

Muchacha: Señora.

Suegra: ¿Qué pasa?

Muchacha: Llegó el novio a la tienda y ha comprado todo lo mejor que había.

Suegra: ¿Vino solo?

Muchacha: No, con su madre. Seria, alta. (*La imita.*) Pero ¡qué lujo!

Suegra: Ellos tienen dinero.

Muchacha: ¡Y compraron unas medias caladas! … ¡Ay, qué medias! ¡El sueño de las mujeres en medias! Mire usted: una golondrina[169] aquí (*Señala el tobillo.*[170]), un barco aquí (*Señala la pantorrilla.*[171]) y aquí una rosa. (*Señala el muslo.*[172])

Suegra: ¡Niña!

165. *medidores*: personas que miden una cosa; contadores
166. *desorbitados*: salidos; muy abiertos
167. *reviente*: explota
168. *aparta*: aleja
169. *golondrina*: pájaro pequeño y de color negro azulado asociado con la llegada de primavera en España
170. *tobillo*: parte del cuerpo humano correspondiente a la unión del pie y la pierna
171. *pantorrilla*: parte carnosa y abultada de la pierna entre la rodilla y el tobillo
172. *muslo*: parte de la pierna desde la juntura de las caderas hasta la rodilla

Muchacha: ¡Una rosa con las semillas y el tallo![173] ¡Ay! ¡Todo en seda!

Suegra: Se van a juntar dos buenos capitales.

(*Aparecen Leonardo y su mujer.*)

Muchacha: Vengo a deciros lo que están comprando.

Leonardo: (*Fuerte*) No nos importa.

Mujer: Déjala.

Suegra: Leonardo, no es para tanto.

Muchacha: Usted dispense.[174] (*Se va llorando.*)

Suegra: ¿Qué necesidad tienes de ponerte a mal con las gentes?

Leonardo: No le he preguntado su opinión. (*Se sienta.*)

Suegra: Está bien.

(*Pausa*)

Mujer: (*A Leonardo*) ¿Qué te pasa? ¿Qué idea te bulle[175] por dentro de cabeza? No me dejes así, sin saber nada …

Leonardo: Quita.

Mujer: No. Quiero que me mires y me lo digas.

Leonardo: Déjame. (*Se levanta.*)

Mujer: ¿Adónde vas, hijo?

Leonardo: (*Agrio*) ¿Te puedes callar?

Suegra: (*Enérgica, a su hija*) ¡Cállate! (*Sale Leonardo.*) ¡El niño! (*Entra y vuelve a salir con él en brazos.*) (*La mujer ha permanecido de pie, inmóvil.*)

Las patas heridas,
las crines heladas,
dentro de los ojos
un puñal de plata.
Bajaban al río.
La sangre corría
más fuerte que el agua.

Mujer: (*Volviéndose lentamente y como soñando*)

Duérmete, clavel,
que el caballo se pone a beber.

Suegra:

Duérmete, rosal,
que el caballo se pone a llorar.

Mujer:

Nana, niño, nana.

Suegra:

Ay, caballo grande,
que no quiso el agua!

Mujer: (*Dramática*)

¡No vengas, no entres!
¡Vete a la montaña!
¡Ay dolor de nieve,

173. *tallo*: brote
174. *dispense*: perdone
175. *bulle*: hierve

caballo del alba![176]
Suegra: (*Llorando*)
Mi niño se duerme …
Mujer: (*Llorando y acercándose lentamente*)
Mi niño descansa …
Suegra:
Duérmete, clavel,
que el caballo no quiere beber.
Mujer: (*Llorando y apoyándose sobre la mesa*)
Duérmete, rosal,
que el caballo se pone a llorar.
Telón

Acto primero CUADRO TERCERO

Interior de la cueva donde vive la novia. Al fondo, una cruz de grandes flores rosa. Las puertas, redondas, con cortinajes de encaje y lazos rosa. Por las paredes, de material blanco y duro, abanicos redondos, jarros azules y pequeños espejos.

Criada: Pasen … (*Muy afable, llena de hipocresía humilde. Entran el novio y su madre. La madre viste de raso[177] negro y lleva mantilla de encaje. El novio, de pana[178] negra con gran cadena de oro.*) ¿Se quieren sentar? Ahora vienen. (*Sale.*) (*Quedan madre e hijo sentados, inmóviles como estatuas. Pausa larga.*)

Madre: ¿Traes el reloj?
Novio: Sí. (*Lo saca y lo mira.*)
Madre: Tenemos que volver a tiempo. ¡Qué lejos vive esta gente!
Novio: Pero estas tierras son buenas.
Madre: Buenas; pero demasiado solas. Cuatro horas de camino y ni una casa ni un árbol.
Novio: Estos son los secanos.
Madre: Tu padre los hubiera cubierto de árboles.
Novio: ¿Sin agua?
Madre: Ya la hubiera buscado. Los tres años que estuvo casado conmigo, plantó diez cerezos.[179] (*Haciendo memoria*) Los tres nogales[180] del molino, toda una viña y una planta que se llama Júpiter, que da flores encarnadas,[181] y se secó. (*Pausa*)
Novio: (*Por la novia*) Debe estar vistiéndose.

(*Entra el padre de la novia. Es anciano, con el cabello blanco, reluciente. Lleva la cabeza inclinada. La madre y el novio se levantan y se dan las manos en silencio.*)

Padre: ¿Mucho tiempo de viaje?
Madre: Cuatro horas. (*Se sientan.*)
Padre: Habéis venido por el camino más largo.
Madre: Yo estoy ya vieja para andar por las terreras[182] del río.

176. *alba*: mañana
177. *raso*: seda
178. *pana*: tela gruesa generalmente de algodón y similar al terciopelo
179. *cerezos*: arboles con cerezas
180. *nogales*: tipo de árbol con una madera muy apreciada
181. *encarnadas*: de color de carne
182. *terreras*: depósito de tierras acumuladas por la acción de las aguas

Novio: Se marea.[183] (*Pausa*)

Padre: Buena cosecha[184] de esparto.

Novio: Buena de verdad.

Padre: En mi tiempo, ni esparto daba esta tierra. Ha sido necesario castigarla y hasta llorarla, para que nos dé algo provechoso.

Madre: Pero ahora da. No te quejes. Yo no vengo a pedirte nada.

Padre: (*Sonriendo*) Tú eres más rica que yo. Las viñas valen un capital. Cada pámpano una moneda de plata. Lo que siento es que las tierras … ¿entiendes? … estén separadas. A mí me gusta todo junto. Una espina[185] tengo en el corazón, y es la huertecilla esa metida entre mis tierras, que no me quieren vender por todo el oro del mundo.

Novio: Eso pasa siempre.

Padre: Si pudiéramos con veinte pares de bueyes[186] traer tus viñas aquí y ponerlas en la ladera.[187] ¡Qué alegría!…

Madre: ¿Para qué?

Padre: Lo mío es de ella y lo tuyo de él. Por eso. Para verlo todo junto, ¡que junto es una hermosura!

Novio: Y sería menos trabajo.

Madre: Cuando yo me muera, vendéis aquello y compráis aquí al lado.

Padre: Vender, ¡vender! ¡Bah!; comprar hija, comprarlo todo. Si yo hubiera tenido hijos hubiera comprado todo este monte hasta la parte del arroyo. Porque no es buena tierra; pero con brazos se la hace buena, y como no pasa gente no te roban los frutos y puedes dormir tranquilo. (*Pausa*)

Madre: Tú sabes a lo que vengo.

Padre: Sí.

Madre: ¿Y qué?

Padre: Me parece bien. Ellos lo han hablado.

Madre: Mi hijo tiene y puede.

Padre: Mi hija también.

Madre: Mi hijo es hermoso. No ha conocido mujer. La honra más limpia que una sábana puesta al sol.

Padre: Qué te digo de la mía. Hace las migas[188] a las tres, cuando el lucero.[189] No habla nunca; suave como la lana, borda toda clase de bordados y puede cortar una maroma[190] con los dientes.

Madre: Dios bendiga su casa.

Padre: Que Dios la bendiga.

(*Aparece la criada con dos bandejas.[191] Una con copas y la otra con dulces.*)

Madre: (*Al hijo*) ¿Cuándo queréis la boda?

Novio: El jueves próximo.

183. *se marea*: se pone mala
184. *cosecha*: recolección
185. *espina*: astilla pequeña y puntiaguda
186. *bueyes*: toro castrado usado como animal de tiro
187. *ladera*: lado
188. *migas*: plato hecho con migas de pan
189. *lucero*: luz de la mañana
190. *maroma*: cuerda gruesa
191. *bandejas*: piezas planas usadas para servir o presentar cosas

Padre: Día en que ella cumple veintidós años justos.

Madre: ¡Veintidós años! Esa edad tendría mi hijo mayor si viviera. Que viviría caliente y macho como era, si los hombres no hubieran inventado las navajas.

Padre: En eso no hay que pensar.

Madre: Cada minuto. Métete la mano en el pecho.

Padre: Entonces el jueves. ¿No es así?

Novio: Así es.

Padre: Los novios y nosotros iremos en coche hasta la iglesia, que está muy lejos, y el acompañamiento en los carros y en las caballerías que traigan.

Madre: Conformes.

(*Pasa la criada.*)

Padre: Dile que ya puede entrar. (*A la madre*) Celebraré mucho que te guste.

(*Aparece la novia. Trae las manos caídas en actitud modesta y la cabeza baja.*)

Madre: Acércate. ¿Estás contenta?

Novia: Sí, señora.

Padre: No debes estar seria. Al fin y al cabo ella va a ser tu madre.

Novia: Estoy contenta. Cuando he dado el sí es porque quiero darlo.

Madre: Naturalmente. (*Le coge la barbilla.*) Mírame.

Padre: Se parece en todo a mi mujer.

Madre: ¿Sí? ¡Qué hermoso mirar! ¿Tú sabes lo que es casarse, criatura?

Novia: (*Seria*) Lo sé.

Madre: Un hombre, unos hijos y una pared de dos varas[192] de ancho para todo lo demás.

Novio: ¿Es que hace falta otra cosa?

Madre: No. Que vivan todos, ¡eso! ¡Que vivan!

Novia: Yo sabré cumplir.

Madre: Aquí tienes unos regalos.

Novia: Gracias.

Padre: ¿No tomamos algo?

Madre: Yo no quiero. (*Al novio*) ¿Y tú?

Novio: Tomaré. (*Toma un dulce. La novia toma otro.*)

Padre: (*Al novio*) ¿Vino?

Madre: No lo prueba.

Padre: ¡Mejor!

(*Pausa Todos están de pie.*)

Novio: (*A la novia*) Mañana vendré.

Novia: ¿A qué hora?

Novio: A las cinco.

Novia: Yo te espero.

Novio: Cuando me voy de tu lado siento un despego grande y así como un nudo en la garganta.

Novia: Cuando seas mi marido ya no lo tendrás.

Novio: Eso digo yo.

Madre: Vamos. El sol no espera. (*Al padre*) ¿Conformes en todo?

192. *varas*: medida de longitud de casi un metro

Padre: Conformes.

Madre: (*A la criada*) Adiós, mujer.

Criada: Vayan ustedes con Dios.

(*La madre besa a la novia y van saliendo en silencio.*)

Madre: (*En la puerta*) Adiós, hija. (*La novia contesta con la mano.*)

Padre: Yo salgo con vosotros. (*Salen.*)

Criada: Que reviento por ver los regalos.

Novia: (*Agria*) Quita.

Criada: ¡Ay, niña, enséñamelos!

Novia: No quiero.

Criada: Siquiera las medias. Dicen que todas son caladas. ¡Mujer!

Novia: ¡Ea, que no!

Criada: Por Dios. Está bien. Parece como si no tuvieras ganas de casarte.

Novia: (*Mordiéndose la mano con rabia*) ¡Ay!

Criada: Niña, hija, ¿qué te pasa? ¿Sientes dejar tu vida de reina? No pienses en cosas agrias.[193] ¿Tienes motivo? Ninguno. Vamos a ver los regalos. (*Coge la caja.*)

Novia: (*Cogiéndola de las muñecas*) Suelta.

Criada: ¡Ay, mujer!

Novia: Suelta he dicho.

Criada: Tienes más fuerza que un hombre.

Novia: ¿No he hecho yo trabajos de hombre? ¡Ojalá fuera!

Criada: ¡No hables así!

Novia: Calla he dicho. Hablemos de otro asunto.

(*La luz va desapareciendo de la escena. Pausa larga*)

Criada: ¿Sentiste anoche un caballo?

Novia: ¿A qué hora?

Criada: A las tres.

Novia: Sería un caballo suelto de la manada.[194]

Criada: No. Llevaba jinete.

Novia: ¿Por qué lo sabes?

Criada: Porque lo vi. Estuvo parado en tu ventana. Me chocó mucho.

Novia: ¿No sería mi novio? Algunas veces ha pasado a esas horas.

Criada: No.

Novia: ¿Tú le viste?

Criada: Sí.

Novia: ¿Quién era?

Criada: Era Leonardo.

Novia: (*Fuerte*) ¡Mentira! ¡Mentira! ¿A qué viene aquí?

Criada: Vino.

Novia: ¡Cállate! ¡Maldita sea tu lengua! (*Se siente el ruido de un caballo.*)

Criada: (*En la ventana*) Mira, asómate.[195] ¿Era?

Novia: ¡Era!

Telón rápido

193. *agrias*: amargas, desagradables
194. *manada*: grupo de animales de la misma especie
195. *asómate*: muéstrate

Acto segundo CUADRO PRIMERO

Zaguán[196] *de casa de la novia. Portón al fondo. Es de noche. La novia sale con ena-*
guas[197] *blancas encañonadas, llenas de encajes y puntas bordadas, y un corpiño*[198] *blanco,*
con los brazos al aire. La criada lo mismo.

Criada: Aquí te acabaré de peinar.

Novia: No se puede estar ahí dentro, del calor.

Criada: En estas tierras no refresca ni al amanecer.

(*Se sienta la novia en una silla baja y se mira en un espejito de mano. La criada la peina.*)

Novia: Mi madre era de un sitio donde había muchos árboles. De tierra rica.

Criada: ¡Así era ella de alegre!

Novia: Pero se consumió aquí.

Criada: El sino.[199]

Novia: Como nos consumimos todas. Echan fuego las paredes. ¡Ay!, no tires dema-
siado.

Criada: Es para arreglarte mejor esta onda. Quiero que te caiga sobre la frente. (*La
novia se mira en el espejo.*) ¡Qué hermosa estás! ¡Ay! (*La besa apasionadamente.*)

Novia: (*Seria*) Sigue peinándome.

Criada: (*Peinándola*) ¡Dichosa tú que vas a abrazar a un hombre, que lo vas a besar,
que vas a sentir su peso!

Novia: Calla.

Criada: Y lo mejor es cuando te despiertes y lo sientas al lado y que él te roza[200] los
hombros con su aliento, como con una plumilla de ruiseñor.[201]

Novia: (*Fuerte*) ¿Te quieres callar?

Criada: ¡Pero, niña! Una boda, ¿qué es? Una boda es esto y nada más. ¿Son los dul-
ces? ¿Son los ramos de flores? No. Es una cama relumbrante[202] y un hombre y una mujer.

Novia: No se debe decir.

Criada: Eso es otra cosa. ¡Pero es bien alegre!

Novia: O bien amargo.

Criada: El azahar[203] te lo voy a poner desde aquí hasta aquí, de modo que la corona
luzca sobre el peinado. (*Le prueba un ramo de azahar.*)

Novia: (*Se mira en el espejo.*) Trae. (*Coge el azahar y lo mira y deja caer la cabeza
abatida.*[204])

Criada: ¿Qué es esto?

Novia: Déjame.

Criada: No son horas de ponerse triste. (*Animosa*) Trae el azahar. (*La novia tira el
azahar.*) ¡Niña! Qué castigo pides tirando al suelo la corona? ¡Levanta esa frente! ¿Es que
no te quieres casar? Dilo. Todavía te puedes arrepentir. (*Se levanta.*)

196. *zaguán:* portal o vestíbulo
197. *enaguas:* prendas interiores femeninas
198. *corpiño:* prenda de vestir muy ajustada al cuerpo, sin mangas y que llega hasta la cintura; suje-
tador
199. *sino:* destino
200. *roza:* toca suavemente
201. *ruiseñor:* pájaro conocido por su canto
202. *relumbrante:* brillante
203. *azahar:* flor blanca del naranjo
204. *abatida:* sin ánimo ni energía

Novia: Son nublos.[205] Un mal aire en el centro, ¿quién no lo tiene?

Criada: Tú quieres a tu novio.

Novia: Lo quiero.

Criada: Sí, sí, estoy segura.

Novia: Pero este es un paso muy grande.

Criada: Hay que darlo.

Novia: Ya me he comprometido.

Criada: Te voy a poner la corona.

Novia: (*Se sienta.*) Date prisa, que ya deben ir llegando.

Criada: Ya llevarán lo menos dos horas de camino.

Novia: ¿Cuánto hay de aquí a la iglesia?

Criada: Cinco leguas por el arroyo, que por el camino hay el doble.

(*La novia se levanta y la criada se entusiasma al verla.*)

Despierte la novia
la mañana de la boda.
¡Que los ríos del mundo
lleven tu corona!

Novia: (*Sonriente*) Vamos.

Criada: (*La besa entusiasmada y baila alrededor.*)

Que despierte
con el ramo verde
del laurel[206] florido.
¡Que despierte
por el tronco y la rama
de los laureles!

(*Se oyen unos aldabonazos.*[207])

Novia: ¡Abre! Deben ser los primeros convidados.

(*Entra. La criada abre sorprendida.*)

Criada: ¿Tú?

Leonardo: Yo. Buenos días.

Criada: ¡El primero!

Leonardo: ¿No me han convidado?

Criada: Sí.

Leonardo: Por eso vengo.

Criada: ¿Y tu mujer?

Leonardo: Yo vine a caballo. Ella se acerca por el camino.

Criada: ¿No te has encontrado a nadie?

Leonardo: Los pasé con el caballo.

Criada: Vas a matar al animal con tanta carrera.

Leonardo: ¡Cuando se muera, muerto está!

(*Pausa*)

Criada: Siéntate. Todavía no se ha levantado nadie.

205. *nublos*: nube que amenaza tormenta
206. *laurel*: planta cuyas hojas son muy usadas en la fitoterapia (uso de hierbas con propósitos medicinales) folklórica. En la mitología griega, el laurel decora la corona de Apolo.
207. *aldabonazos*: llamadas de atención

Leonardo: ¿Y la novia?

Criada: Ahora mismo la voy a vestir.

Leonardo: ¡La novia! ¡Estará contenta!

Criada: (*Variando la conversación*) ¿Y el niño?

Leonardo: ¿Cuál?

Criada: Tu hijo.

Leonardo: (*Recordando como soñoliento*) ¡Ah!

Criada: ¿Lo traen?

Leonardo: No.

(*Pausa. Voces cantando muy lejos.*)

Voces:

¡Despierte la novia

la mañana de la boda!

Leonardo:

Despierte la novia

la mañana de la boda.

Criada: Es la gente. Vienen lejos todavía.

Leonardo: (*Levantándose*) La novia llevará una corona grande, ¿no? No debía ser tan grande. Un poco más pequeña le sentaría mejor. ¿Y trajo ya el novio el azahar que se tiene que poner en el pecho?

Novia: (*Apareciendo todavía en enaguas y con la corona de azahar puesta*) Lo trajo.

Criada: (*Fuerte*) No salgas así.

Novia: ¿Qué más da? (*Seria*) ¿Por qué preguntas si trajeron el azahar? ¿Llevas intención?

Leonardo: Ninguna. ¿Qué intención iba a tener? (*Acercándose*) Tú, que me conoces, sabes que no la llevo. Dímelo. ¿Quién he sido yo para ti? Abre y refresca tu recuerdo. Pero dos bueyes y una mala choza[208] son casi nada. Esa es la espina.

Novia: ¿A qué vienes?

Leonardo: A ver tu casamiento.

Novia: ¡También yo vi el tuyo!

Leonardo: Amarrado[209] por ti, hecho con tus dos manos. A mí me pueden matar, pero no me pueden escupir. Y la plata, que brilla tanto, escupe algunas veces.

Novia: ¡Mentira!

Leonardo: No quiero hablar, porque soy hombre de sangre, y no quiero que todos estos cerros[210] oigan mis voces.

Novia: Las mías serían más fuertes.

Criada: Estas palabras no pueden seguir. Tú no tienes que hablar de lo pasado. (*La criada mira a las puertas presa de inquietud.*)

Novia: Tienes razón. Yo no debo hablarte siquiera. Pero se me calienta el alma de que vengas a verme y atisbar[211] mi boda y preguntes con intención por el azahar. Vete y espera a tu mujer en la puerta.

Leonardo: ¿Es que tú y yo no podemos hablar?

208. *choza*: caseta pobre
209. *amarrado*: encadenado
210. *cerros*: montes
211. *atisbar*: observar

Criada: (*Con rabia*) No; no podéis hablar.

Leonardo: Después de mi casamiento he pensado noche y día de quién era la culpa, y cada vez que pienso sale una culpa nueva que se come a la otra; pero ¡siempre hay culpa!

Novia: Un hombre con su caballo sabe mucho y puede mucho para poder estrujar[212] a una muchacha metida en un desierto. Pero yo tengo orgullo. Por eso me caso. Y me encerraré con mi marido, a quien tengo que querer por encima de todo.

Leonardo: El orgullo no te servirá de nada. (*Se acerca.*)

Novia: ¡No te acerques!

Leonardo: Callar y quemarse es el castigo más grande que nos podemos echar encima. ¿De qué me sirvió a mí el orgullo y el no mirarte y el dejarte despierta noches y noches? ¡De nada! ¡Sirvió para echarme fuego encima! Porque tú crees que el tiempo cura y que las paredes tapan, y no es verdad, no es verdad. ¡Cuando las cosas llegan a los centros, no hay quien las arranque!

Novia: (*Temblando*) No puedo oírte. No puedo oír tu voz. Es como si me bebiera una botella de anís y me durmiera en una colcha de rosas. Y me arrastra y sé que me ahogo, pero voy detrás.

Criada: (*Cogiendo a Leonardo por las solapas*[213]) ¡Debes irte ahora mismo!

Leonardo: Es la última vez que voy a hablar con ella. No temas nada.

Novia: Y sé que estoy loca y sé que tengo el pecho podrido de aguantar, y aquí estoy quieta por oírlo, por verlo menear[214] los brazos.

Leonardo: No me quedo tranquilo si no te digo estas cosas. Yo me casé. Cásate tú ahora.

Criada: (*A Leonardo*) ¡Y se casa!

Voces: (*Cantando más cerca*)
Despierte la novia
la mañana de la boda.

Novia: ¡Despierte la novia! (*Sale corriendo a su cuarto.*)

Criada: Ya está aquí la gente. (*A Leonardo*) No te vuelvas a acercar a ella.

Leonardo: Descuida. (*Sale por la izquierda.*)

(*Empieza a clarear el día.*)

Muchacha 1ª: (*Entrando*)
Despierte la novia
la mañana de la boda;
ruede[215] la ronda[216]
y en cada balcón una corona.

Voces:
¡Despierte la novia!

Criada: (*Moviendo algazara*[217])
Que despierte

212. *estrujar*: apretar
213. *solapas*: parte del vestido correspondiente al pecho que suele ir doblada hacia fuera sobre la misma prenda de vestir
214. *menear*: mover el cuerpo, o partes del cuerpo, de un lado a otro
215. *ruede*: gire
216. *ronda*: serenata; vigilancia
217. *algazara*: conmoción alegre

con el ramo verde
del amor florido.
¡Que despierte
por el tronco y la rama
de los laureles!
Muchacha 2ª: (*Entrando*)
Que despierte
con el largo pelo,
camisa de nieve,
botas de charol y plata
y jazmines[218] en la frente.
Criada:
¡Ay pastora,
que la luna asoma!
Muchacha 1ª:
¡Ay galán,
deja tu sombrero por el olivar!
Mozo 1º: (*Entrando con el sombrero en alto*)
Despierte la novia.
que por los campos viene
rondando la boda,
con bandejas de dalias
y panes de gloria.
Voces:
¡Despierte la novia!
Muchacha 2ª:
La novia
se ha puesto su blanca corona,
y el novio
se la prende con lazos de oro.
Criada:
Por el toronjil[219]
la novia no puede dormir.
Muchacha 3ª: (*Entrando*)
Por el naranjel[220]
el novio le ofrece cuchara y mantel.
(*Entran tres convidados.*)
Mozo 1º:
¡Despierta. paloma!
El alba despeja[221]
campanas de sombra.

218. *jazmines*: flores blancas con un olor muy aromático
219. *toronjil*: planta herbácea también conocida como melisa, hoja de limón, y citronela
220. *naranjel*: huerto de naranjas. Nota también el ritmo y la sonoridad de las palabras "toronjil" y
 "naranjel".
221. *despeja*: aclara, revela

Convidado:
La novia, la blanca novia,
hoy doncella,
mañana señora.
Muchacha 1ª:
Baja, morena,
arrastrando tu cola de seda.[222]
Convidado:
Baja, morenita.
que llueve rocío[223] la mañana fría.
Mozo 1º:
Despertad, señora, despertad,
porque viene el aire lloviendo azahar.
Criada:
Un árbol quiero bordarle
lleno de cintas granates[224]
y en cada cinta un amor
con vivas[225] alrededor.
Voces:
Despierte la novia.
Mozo 1º:
¡La mañana de la boda!
Convidado:
La mañana de la boda
qué galana vas a estar;
pareces, flor de los montes,
la mujer de un capitán.
Padre: (*Entrando*)
La mujer de un capitán
se lleva el novio.
¡Ya viene con sus bueyes por el tesoro!
Muchacha 3ª:
El novio
parece la flor del oro.
Cuando camina,
a sus plantas[226] se agrupan las clavellinas.[227]
Criada:
¡Ay mi niña dichosa!
Mozo 2º:
Que despierte la novia.

222. *cola*: la parte trasera, generalmente larga, del vestido
223. *rocío*: condensación o humedad en la hierba por las mañanas
224. *granates*: rojos
225. *vivas*: aclamación, glorificación
226. *plantas*: pies
227. *clavellinas*: claveles pequeños

Criada:
¡Ay mi galana!
Muchacha 1ª:
La boda está llamando
por las ventanas.
Muchacha 2ª:
Que salga la novia.
Muchacha 1ª:
¡Que salga, que salga!
Criada:
¡Que toquen y repiquen[228]
las campanas!
Mozo 1º:
¡Que viene aquí! ¡Que sale ya!
Criada:
¡Como un toro, la boda
levantándose está!

(*Aparece la novia. Lleva un traje negro mil novecientos, con caderas y larga cola rodeada de gasas[229] plisadas y encajes duros. Sobre el peinado de visera[230] lleva la corona de azahar. Suenan las guitarras. Las Muchachas besan a la novia.*)

Muchacha 3ª: ¿Qué esencia te echaste en el pelo?
Novia: (*Riendo*) Ninguna.
Muchacha 2ª: (*Mirando el traje*) La tela es de lo que no hay.
Mozo 1º: ¡Aquí está el novio!
Novio: ¡Salud!
Muchacha 1ª: (*Poniéndole una flor en la oreja*)
El novio
parece la flor del oro.
Muchacha 2ª:
¡Aires de sosiego[231]
le manan[232] los ojos!
(*El novio se dirige al lado de la novia.*)
Novia: ¿Por qué te pusiste esos zapatos?
Novio: Son más alegres que los negros.
Mujer de Leonardo: (*Entrando y besando a la novia*) ¡Salud!
(*Hablan todas con algazara.[233]*)
Leonardo: (*Entrando como quien cumple un deber*)
La mañana de casada
la corona te ponemos.
Mujer:

228. *repiquen*: suenan repetidamente
229. *gasas*: telas ligeras y transparentes
230. peinado de visera: con fleco
231. *sosiego*: paz
232. *manan*: fluyen
233. *algazara*: ruido de gente que se divierte

¡Para que el campo se alegre
con el agua de tu pelo!

Madre: (*Al padre*) ¿También están ésos aquí?

Padre: Son familia. ¡Hoy es día de perdones!

Madre: Me aguanto, pero no perdono.

Novio: ¡Con la corona da alegría mirarte!

Novia: ¡Vámonos pronto a la iglesia!

Novio: ¿Tienes prisa?

Novia: Sí. Estoy deseando ser tu mujer y quedarme sola contigo, y no oír más voz que la tuya.

Novio: ¡Eso quiero yo!

Novia: Y no ver más que tus ojos. Y que me abrazaras tan fuerte, que aunque me llamara mi madre, que está muerta, no me pudiera despegar de ti.

Novio: Yo tengo fuerza en los brazos. Te voy a abrazar cuarenta años seguidos.

Novia: (*Dramática, cogiéndole del brazo*) ¡Siempre!

Padre: ¡Vamos pronto! ¡A coger las caballerías y los carros! Que ya ha salido el sol.

Madre: ¡Que llevéis cuidado! No sea que tengamos mala hora.

(*Se abre el gran portón del fondo. Empiezan a salir.*)

Criada: (*Llorando*)
Al salir de tu casa,
blanca doncella,
acuérdate que sales
como una estrella …

Muchacha 1ª:
Limpia de cuerpo y ropa
al salir de tu casa para la boda.

(*Van saliendo.*)

Muchacha 2ª:
¡Ya sales de tu casa
para la iglesia!

Criada:
¡El aire pone flores
por las arenas!

Muchacha 3ª:
¡Ay la blanca niña!

Criada:
Aire oscuro el encaje
de su mantilla.

(*Salen. Se oyen guitarras, palillos y panderetas.*[234] *Quedan solos Leonardo y su mujer.*)

Mujer: Vamos.

Leonardo: ¿Adónde?

Mujer: A la iglesia. Pero no vas en el caballo. Vienes conmigo.

Leonardo: ¿En el carro?

Mujer: ¿Hay otra cosa?

234. *palillos y panderetas*: instrumentos de percusión sencillos

Leonardo: Yo no soy hombre para ir en carro.

Mujer: Y yo no soy mujer para ir sin su marido a un casamiento. ¡Que no puedo más!

Leonardo: ¡Ni yo tampoco!

Mujer: ¿Por qué me miras así? Tienes una espina en cada ojo.

Leonardo: ¡Vamos!

Mujer: No sé lo que pasa. Pero pienso y no quiero pensar. Una cosa sé. Yo ya estoy despachada.[235] Pero tengo un hijo. Y otro que viene. Vamos andando. El mismo sino tuvo mi madre. Pero de aquí no me muevo.

(*Voces fuera*)

Voces:
¡Al salir de tu casa
para la iglesia,
acuérdate que sales
como una estrella!

Mujer: (*Llorando*)
¡Acuérdate que sales
como una estrella!

Así salí yo de mi casa también. Que me cabía todo el campo en la boca.

Leonardo: (*Levantándose*) Vamos.

Mujer: ¡Pero conmigo!

Leonardo: Sí. (*Pausa*) ¡Echa a andar! (*Salen.*)

Voces:
Al salir de tu casa
para la iglesia,
acuérdate que sales
como una estrella.

Telón lento

Acto segundo CUADRO SEGUNDO

Exterior de la cueva de la novia. Entonación[236] *en blancos grises y azules fríos. Grandes chumberas. Tonos sombríos y plateados. Panorama de mesetas color barquillo,*[237] *todo endurecido como paisaje de cerámica popular.*

Criada: (*Arreglando en una mesa copas y bandejas*)
Giraba,
giraba la rueda
y el agua pasaba,
porque llega la boda,
que se aparten las ramas
y la luna se adorne
por su blanca baranda.
¡Pon los manteles! (*En voz alta*)
Cantaban. (*En voz patética*)

235. *despachada*: acabada
236. *entonación*: tono de voz pero aquí tiene más que ver con colores que sonidos
237. *barquillo*: galletas de color crema

cantaban los novios
y el agua pasaba,
porque llega la boda,
que relumbre la escarcha[238]
y se llenen de miel
las almendras amargas.
¡Prepara el vino! (*En voz alta*)
Galana. (*En voz patética*)
galana de la tierra.
mira cómo el agua pasa.
Porque llega tu boda
recógete las faldas
y bajo el ala del novio
nunca salgas de tu casa.
Porque el novio es un palomo
con todo el pecho de brasa
y espera el campo el rumor
de la sangre derramada.[239]
Giraba,
giraba la rueda
y el agua pasaba.
¡Porque llega tu boda,
deja que relumbre el agua!

Madre: (*Entrando*) ¡Por fin!

Padre: ¿Somos los primeros?

Criada: No. Hace rato llegó Leonardo con su mujer. Corrieron como demonios. La mujer llegó muerta de miedo. Hicieron el camino como si hubieran venido a caballo.

Padre: Ese busca la desgracia. No tiene buena sangre.

Madre: ¿Qué sangre va a tener? La de toda su familia. Mana de su bisabuelo, que empezó matando, y sigue en toda la mala ralea,[240] manejadores de cuchillos y gente de falsa sonrisa.

Padre: ¡Vamos a dejarlo!

Criada: ¿Cómo lo va a dejar?

Madre: Me duele hasta la punta de las venas. En la frente de todos ellos yo no veo más que la mano con que mataron a lo que era mío. ¿Tú me ves a mí? ¿No te parezco loca? Pues es loca de no haber gritado todo lo que mi pecho necesita. Tengo en mi pecho un grito siempre puesto de pie a quien tengo que castigar y meter entre los mantos. Pero me llevan a los muertos y hay que callar. Luego la gente critica. (*Se quita el manto.*)

Padre: Hoy no es día de que te acuerdes de esas cosas.

Madre: Cuando sale la conversación, tengo que hablar. Y hoy más. Porque hoy me quedo sola en mi casa.

Padre: En espera de estar acompañada.

Madre: Esa es mi ilusión: los nietos. (*Se sientan.*)

238. *escarcha*: rocío helado
239. *derramada*: vertida, esparcida
240. *ralea*: categoría

Padre: Yo quiero que tengan muchos. Esta tierra necesita brazos que no sean pagados. Hay que sostener una batalla con las malas hierbas, con los cardos, con los pedruscos[241] que salen no se sabe dónde. Y estos brazos tienen que ser de los dueños, que castiguen y que dominen, que hagan brotar[242] las simientes.[243] Se necesitan muchos hijos.

Madre: ¡Y alguna hija! ¡Los varones son del viento! Tienen por fuerza que manejar armas. Las niñas no salen jamás a la calle.

Padre: (*Alegre*) Yo creo que tendrán de todo.

Madre: Mi hijo la cubrirá bien. Es de buena simiente. Su padre pudo haber tenido conmigo muchos hijos.

Padre: Lo que yo quisiera es que esto fuera cosa de un día. Que en seguida tuvieran dos o tres hombres.

Madre: Pero no es así. Se tarda mucho. Por eso es tan terrible ver la sangre de una derramada por el suelo. Una fuente que corre un minuto y a nosotros nos ha costado años. Cuando yo llegué a ver a mi hijo, estaba tumbado[244] en mitad de la calle. Me mojé las manos de sangre y me las lamí[245] con la lengua. Porque era mía. Tú no sabes lo que es eso. En una custodia[246] de cristal y topacios pondría yo la tierra empapada por ella.

Padre: Ahora tienes que esperar. Mi hija es ancha y tu hijo es fuerte.

Madre: Así espero. (*Se levantan.*)

Padre: Prepara las bandejas de trigo.

Criada: Están preparadas.

Mujer de Leonardo: (*Entrando*) ¡Que sea para bien!

Madre: Gracias.

Leonardo: ¿Va a haber fiesta?

Padre: Poca. La gente no puede entretenerse.

Padre: ¡Ya están aquí!

(*Van entrando invitados en alegres grupos. Entran los novios cogidos del brazo. Sale Leonardo.*)

Novio: En ninguna boda se vio tanta gente.

Novia: (*Sombría*) En ninguna.

Padre: Fue lucida.

Madre: Ramas enteras de familias han venido.

Novio: Gente que no salía de su casa.

Madre: Tu padre sembró mucho y ahora lo recoges tú.

Novio: Hubo primos míos que yo ya no conocía.

Madre: Toda la gente de la costa.

Novio: (*Alegre*) Se espantaban de los caballos.

(*Hablan.*)

Madre: (*A la novia*) ¿Qué piensas?

Novia: No pienso en nada.

Madre: Las bendiciones pesan mucho.

241. *pedruscos*: piedras
242. *brotar*: florecer
243. *simientes*: semillas
244. *tumbado*: caído, echado
245. *me las lamí*: probé la sangre
246. *custodia*: pieza en la que se expone la Eucaristía

(*Se oyen guitarras.*)

Novia: Como el plomo.

Madre: (*Fuerte*) Pero no han de pesar. Ligera como paloma debes ser.

Novia: ¿Se queda usted aquí esta noche?

Madre: No. Mi casa está sola.

Novia: ¡Debía usted quedarse!

Padre: (*A la madre*) Mira el baile que tienen formado. Bailes de allá de la orilla del mar.

(*Sale Leonardo y se sienta. Su mujer, detrás de él en actitud rígida.*)

Madre: Son los primos de mi marido. Duros como piedras para la danza.

Padre: Me alegra el verlos. ¡Qué cambio para esta casa! (*Se va.*)

Novio: (*A la novia*) ¿Te gustó el azahar?[247]

Novia: (*Mirándole fija*) Sí.

Novio: Es todo de cera. Dura siempre. Me hubiera gustado que llevaras en todo el vestido.

Novia: No hace falta.

(*Mutis*[248] *Leonardo por la derecha.*)

Muchacha 1ª: Vamos a quitarle los alfileres.

Novia: (*Al novio*) Ahora vuelvo.

Mujer: ¡Que seas feliz con mi prima!

Novio: Tengo seguridad.

Mujer: Aquí los dos; sin salir nunca y a levantar la casa. ¡Ojalá yo viviera también así de lejos!

Novio: ¿Por qué no compráis tierras? El monte es barato y los hijos se crían mejor.

Mujer: No tenemos dinero. ¡Y con el camino que llevamos!

Novio: Tu marido es un buen trabajador.

Mujer: Sí, pero le gusta volar demasiado. Ir de una cosa a otra. No es hombre tranquilo.

Criada: ¿No tomáis nada? Te voy a envolver unos roscos[249] de vino para tu madre, que a ella le gustan mucho.

Novio: Ponle tres docenas.

Mujer: No, no. Con media tiene bastante.

Novio: Un día es un día.

Mujer: (*A la criada*) ¿Y Leonardo?

Criada: No lo vi.

Novio: Debe estar con la gente.

Mujer: ¡Voy a ver! (*Se va.*)

Criada: Aquello está hermoso.

Novio: ¿Y tú no bailas?

Criada: No hay quien me saque.

(*Pasan al fondo dos muchachas, durante todo este acto, el fondo será un animado cruce de figuras.*)

Novio: (*Alegre*) Eso se llama no entender. Las viejas frescas como tú bailan mejor que las jóvenes.

247. *azahar:* flor blanca del naranjo o limonero
248. *mutis:* se retire de la escena
249. *roscos:* pasteles

Criada: Pero ¿vas a echarme requiebros,[250] niño? ¡Qué familia la tuya! ¡Machos entre los machos! Siendo niña vi la boda de tu abuelo. ¡Qué figura! Parecía como si se casara un monte.

Novio: Yo tengo menos estatura.

Criada: Pero el mismo brillo en los ojos. ¿Y la niña?

Novio: Quitándose la toca.[251]

Criada: ¡Ah! Mira. Para la medianoche, como no dormiréis, os he preparado jamón y unas copas grandes de vino antiguo. En la parte baja de la alacena.[252] Por si lo necesitáis.

Novio: (*Sonriente*) No como a medianoche.

Criada: (*Con malicia*) Si tú no, la novia. (*Se va.*)

Mozo 1º: (*Entrando*) ¡Tienes que beber con nosotros!

Novio: Estoy esperando a la novia.

Mozo 2º: ¡Ya la tendrás en la madrugada!

Mozo 1º: ¡Que es cuando más gusta!

Mozo 2º: Un momento.

Novio: Vamos.

(*Salen. Se oye gran algazara. Sale la novia. Por el lado opuesto salen dos muchachas corriendo a encontrarla.*)

Muchacha 1ª: ¿A quién diste el primer alfiler, a mí o a esta?

Novia: No me acuerdo.

Muchacha 1ª: A mí me lo diste aquí.

Muchacha 2ª: A mí delante del altar.

Novia: (*Inquieta y con una gran lucha interior*) No sé nada.

Muchacha 1ª: Es que yo quisiera que tú …

Novia: (*Interrumpiendo*) Ni me importa. Tengo mucho que pensar.

Muchacha 2ª: Perdona.

(*Leonardo cruza el fondo.*)

Novia: (*Ve a Leonardo.*) Y estos momentos son agitados.

Muchacha 1ª: ¡Nosotras no sabemos nada!

Novia: Ya lo sabréis cuando os llegue la hora. Estos pasos son pasos que cuestan mucho.

Muchacha 1ª: ¿Te ha disgustado?

Novia: No. Perdonad vosotras.

Muchacha 2ª: ¿De qué? Pero los dos alfileres sirven para casarse, ¿verdad?

Novia: Los dos.

Muchacha 1ª: Ahora, que una se casa antes que otra.

Novia: ¿Tantas ganas tenéis?

Muchacha 2ª: (*Vergonzosa*) Sí.

Novia: ¿Para qué?

Muchacha 1ª: Pues … (*Abrazando a la segunda*)

(*Echan a correr las dos. Llega el novio y, muy despacio, abraza a la novia por detrás.*)

Novia: (*Con gran sobresalto*) ¡Quita!

Novio: ¿Te asustas de mí?

250. *requiebros*: piropos
251. *toca*: velo
252. *alacena*: dispensa

Novia: ¡Ay! ¿Eras tú?

Novio: ¿Quién iba a ser? (*Pausa*) Tu padre o yo.

Novia: ¡Es verdad!

Novio: Ahora que tu padre te hubiera abrazado más blando.

Novia: (*Sombría*) ¡Claro!

Novio: Porque es viejo. (*La abraza fuertemente de un modo un poco brusco.*[253])

Novia: (*Seca*) ¡Déjame!

Novio: ¿Por qué? (*La deja.*)

Novia: Pues … la gente. Pueden vernos.

(*Vuelve a cruzar el fondo la criada, que no mira a los novios.*)

Novio: ¿Y qué? Ya es sagrado.

Novia: Sí, pero déjame…. Luego.

Novio: ¿Qué tienes? ¡Estás como asustada!

Novia: No tengo nada. No te vayas.

(*Sale la mujer de Leonardo.*)

Mujer: No quiero interrumpir …

Novio: Dime.

Mujer: ¿Pasó por aquí mi marido?

Novio: No.

Mujer: Es que no le encuentro y el caballo no está tampoco en el establo.

Novio: (*Alegre*) Debe estar dándole una carrera.

(*Se va la mujer, inquieta. Sale la criada.*)

Criada: ¿No andáis satisfechos de tanto saludo?

Novio: Yo estoy deseando que esto acabe. La novia está un poco cansada.

Criada: ¿Qué es eso, niña?

Novia: ¡Tengo como un golpe en las sienes!

Criada: Una novia de estos montes debe ser fuerte. (*Al novio*) Tú eres el único que la puedes curar, porque tuya es. (*Sale corriendo.*)

Novio: (*Abrazándola*) Vamos un rato al baile. (*La besa.*)

Novia: (*Angustiada*) No. Quisiera echarme en la cama un poco.

Novio: Yo te haré compañía.

Novia: ¡Nunca! ¿Con toda la gente aquí? ¿Qué dirían? Déjame sosegar[254] un momento.

Novio: ¡Lo que quieras! ¡Pero no estés así por la noche!

Novia: (*En la puerta*) A la noche estaré mejor.

Novio: ¡Que es lo que yo quiero!

(*Aparece la madre.*)

Madre: Hijo.

Novio: ¿Dónde anda usted?

Madre: En todo ese ruido. ¿Estás contento?

Novio: Sí.

Madre: ¿Y tu mujer?

Novio: Descansa un poco. ¡Mal día para las novias!

Madre: ¿Mal día? El único bueno. Para mí fue como una herencia. (*Entra la criada*

253. *brusco:* descortés, violento
254. *sosegar:* tranquilizar

y se dirige al cuarto de la novia.) Es la roturación[255] de las tierras, la plantación de árboles nuevos.

Novio: ¿Usted se va a ir?

Madre: Sí. Yo tengo que estar en mi casa.

Novio: Sola.

Madre: Sola, no. Que tengo la cabeza llena de cosas y de hombres y de luchas.

Novio: Pero luchas que ya no son luchas.

(*Sale la criada rápidamente; desaparece corriendo por el fondo.*)

Madre: Mientras una vive, lucha.

Novio: ¡Siempre la obedezco!

Madre: Con tu mujer procura[256] estar cariñoso, y si la notas infatuada[257] o arisca,[258] hazle una caricia que le produzca un poco de daño, un abrazo fuerte, un mordisco y luego un beso suave. Que ella no pueda disgustarse, pero que sienta que tú eres el macho, el amo, el que mandas. Así aprendí de tu padre. Y como no lo tienes, tengo que ser yo la que te enseñe estas fortalezas.

Novio: Yo siempre haré lo que usted mande.

Padre: (*Entrando*) ¿Y mi hija?

Novio: Está dentro.

Muchacha 1ª: ¡Vengan los novios, que vamos a bailar la rueda!

Mozo 1º: (*Al novio*) Tú la vas a dirigir

Padre: (*Saliendo*) ¡Aquí no está!

Novio: ¿No?

Padre: Debe haber subido a la baranda.

Novio: ¡Voy a ver! (*Entra.*)

(*Se oye algazara y guitarras.*)

Muchacha 1ª: ¡Ya ha empezado! (*Sale.*)

Novio: (*Saliendo*) No está.

Madre: (*Inquieta*) ¿No?

Padre: ¿Y adónde puede haber ido?

Criada: (*Entrando*) Y la niña. ¿dónde está?

Madre: (*Seria*) No lo sabemos.

(*Sale el novio. Entran tres invitados.*)

Padre: (*Dramático*) Pero ¿no está en el baile?

Criada: En el baile no está.

Padre: (*Con arranque*) Hay mucha gente. ¡Mirad!

Criada: ¡Ya he mirado!

Padre: (*Trágico*) ¿Pues dónde está?

Novio: (*Entrando*) Nada. En ningún sitio.

Madre: (*Al padre*) ¿Qué es esto? ¿Dónde está tu hija?

(*Entra la mujer de Leonardo.*)

Mujer: ¡Han huido! ¡Han huido! Ella y Leonardo. En el caballo. Van abrazados, como una exhalación.

255. *roturación*: rotación
256. *procura*: intenta
257. *infatuada*: vanidosa, presumida
258. *arisca*: esquiva, insociable

Padre: ¡No es verdad! ¡Mi hija, no!

Madre: ¡Tu hija, sí! Planta de mala madre, y él, él también, él. Pero ¡ya es la mujer de mi hijo!

Novio: (*Entrando*) ¡Vamos detrás! ¿Quién tiene un caballo?

Madre: ¿Quién tiene un caballo ahora mismo, quién tiene un caballo? Que le daré todo lo que tengo, mis ojos y hasta mi lengua …

Voz: Aquí hay uno.

Madre: (*Al hijo*) ¡Anda! ¡Detrás! (*Salen con dos mozos.*) No. No vayas. Esa gente mata pronto y bien …; ¡pero sí, corre, y yo detrás!

Padre: No será ella. Quizá se haya tirado al aljibe.[259]

Madre: Al agua se tiran las honradas, las limpias; ¡ésa, no! Pero ya es mujer de mi hijo. Dos bandos. Aquí hay ya dos bandos. (*Entran todos.*) Mi familia y la tuya. Salid todos de aquí. Limpiarse el polvo de los zapatos. Vamos a ayudar a mi hijo. (*La gente se separa en dos grupos.*) Porque tiene gente; que son: sus primos del mar y todos los que llegan de tierra adentro. ¡Fuera de aquí! Por todos los caminos. Ha llegado otra vez la hora de la sangre. Dos bandos. Tú con el tuyo y yo con el mío. ¡Atrás! ¡Atrás!

Telón

Acto tercero CUADRO PRIMERO

Bosque. Es de noche. Grandes troncos húmedos. Ambiente oscuro. Se oyen dos violines. Salen tres leñadores.[260]

Leñador 1º: ¿Y los han encontrado?

Leñador 2º: No. Pero los buscan por todas partes.

Leñador 3º: Ya darán con ellos.

Leñador 2º: ¡Chisss!

Leñador 3º: ¿Qué?

Leñador 2º: Parece que se acercan por todos los caminos a la vez.

Leñador 1º: Cuando salga la luna los verán.

Leñador 2º: Debían dejarlos.

Leñador 1º: El mundo es grande. Todos pueden vivir de él.

Leñador 3º: Pero los matarán.

Leñador 2º: Hay que seguir la inclinación: han hecho bien en huir.

Leñador 1º: Se estaban engañando uno a otro y al fin la sangre pudo más.

Leñador 3º: ¡La sangre!

Leñador 1º: Hay que seguir el camino de la sangre.

Leñador 2º: Pero sangre que ve la luz se la bebe la tierra.

Leñador 1º: ¿Y qué? Vale más ser muerto desangrado que vivo con ella podrida.

Leñador 3º: Callar.

Leñador 1º: ¿Qué? ¿Oyes algo?

Leñador 3º: Oigo los grillos, las ranas, el acecho[261] de la noche.

Leñador 1º: Pero el caballo no se siente.

Leñador 3º: No

Leñador 1º: Ahora la estará queriendo.

259. *aljibe*: cisterna, lugar donde se guarda el agua de lluvia
260. *leñadores*: los que salen al bosque a cortar leña (madera para quemar)
261. *acecho*: vigilancia

Leñador 2º: El cuerpo de ella era para él y el cuerpo de él para ella.

Leñador 3º: Los buscan y los matarán.

Leñador 1º: Pero ya habrán mezclado sus sangres y serán como dos cántaros[262] vacíos, como dos arroyos secos.

Leñador 2º: Hay muchas nubes y será fácil que la luna no salga.

Leñador 3º: El novio los encontrará con luna o sin luna. Yo lo vi salir. Como una estrella furiosa. La cara color ceniza. Expresaba el sino de su casta.

Leñador 1º: Su casta de muertos en mitad de la calle.

Leñador 2º: ¡Eso es!

Leñador 3º: ¿Crees que ellos lograrán romper el cerco?[263]

Leñador 2º: Es difícil. Hay cuchillos y escopetas a diez leguas a la redonda.

Leñador 3º: Él lleva buen caballo.

Leñador 2º: Pero lleva una mujer.

Leñador 1º: Ya estamos cerca.

Leñador 2º: Un árbol de cuarenta ramas. Lo cortaremos pronto.

Leñador 3º: Ahora sale la luna. Vamos a darnos prisa.

(*Por la izquierda surge una claridad.*)

Leñador 1º:

¡Ay luna que sales!

Luna de las hojas grandes.

Leñador 2º:

¡Llena de jazmines de sangre!

Leñador 1º:

¡Ay luna sola!

¡Luna de las verdes hojas!

Leñador 2º:

Plata en la cara de la novia.

Leñador 3º:

¡Ay luna mala!

Deja para el amor la oscura rama.

Leñador 1º:

¡Ay triste luna!

¡Deja para el amor la rama oscura!

(*Salen. Por la claridad de la izquierda aparece la Luna. La Luna es un leñador joven, con la cara blanca. La escena adquiere un vivo resplandor azul.*)

Luna:

Cisne redondo en el río,

ojo de las catedrales,

alba fingida en las hojas

soy; ¡no podrán escaparse!

¿Quién se oculta? ¿Quién solloza[264]

por la maleza[265] del valle?

262. *cántaros*: jarros, recipientes
263. *cerco*: lo que ciñe o rodea algo
264. *solloza*: llora fuertemente.
265. *maleza*: abundancia de mala hierba

La luna deja un cuchillo
abandonado en el aire,
que siendo acecho de plomo
quiere ser dolor de sangre.
¡Dejadme entrar! ¡Vengo helada
por paredes y cristales!
¡Abrid tejados y pechos
donde pueda calentarme!
¡Tengo frío! Mis cenizas
de soñolientos[266] metales
buscan la cresta[267] del fuego
por los montes y las calles.
Pero me lleva la nieve
sobre su espalda de jaspe,[268]
y me anega, dura y fría,
el agua de los estanques.[269]
Pues esta noche tendrán
mis mejillas roja sangre,
y los juncos agrupados
en los anchos pies del aire.
¡No haya sombra ni emboscada,[270]
que no puedan escaparse!
¡Que quiero entrar en un pecho
para poder calentarme!
¡Un corazón para mí!
¡Caliente! que se derrame
por los montes de mi pecho;
dejadme entrar, ¡ay, dejadme! (*A las ramas*)
No quiero sombras. Mis rayos
han de entrar en todas partes,
y haya en los troncos oscuros
un rumor de claridades,
para que esta noche tengan
mis mejillas dulce sangre,
y los juncos[271] agrupados
en los anchos pies del aire.
¿Quién se oculta? ¡Afuera digo!
¡No! ¡No podrán escaparse!
Yo haré lucir al caballo
una fiebre de diamante.

266. *soñolientos*: adormilados
267. *cresta*: cima
268. *jaspe*: tipo de mineral o piedra
269. *estanques*: lagunas, pantanos
270. *emboscada*: trampa, encerrona
271. *juncos*: plantas que crecen en la orilla del río

(*Desaparece entre los troncos y vuelve la escena a su luz oscura. Sale una anciana totalmente cubierta por tenues[272] paños verdeoscuros. Lleva los pies descalzos. Apenas si se le verá el rostro entre los pliegues.[273] Este personaje no figura en el reparto.[274]*)

Mendiga:

Esa luna se va, y ellos se acercan.
De aquí no pasan. El rumor del río
apagará con el rumor de troncos
el desgarrado[275] vuelo de los gritos.
Aquí ha de ser, y pronto. Estoy cansada.
Abren los cofres, y los blancos hilos
aguardan por el suelo de la alcoba
cuerpos pesados con el cuello herido.
No se despierte un pájaro y la brisa,
recogiendo en su falda los gemidos,
huya con ellos por las negras copas
o los entierre por el blanco limo.[276]
¡Esa luna, esa luna! (*Impaciente*)
¡Esa luna, esa luna!

(*Aparece la luna. Vuelve la luz intensa.*)

Luna:

Ya se acercan.
Unos por la cañada[277] y otros por el río.
Voy a alumbrar las piedras. ¿Qué necesitas?

Mendiga:

Nada.

Luna:

El aire va llegando duro, con doble filo.

Mendiga:

Ilumina el chaleco y aparta los botones,
que después las navajas ya saben el camino.

Luna:

Pero que tarden mucho en morir. Que la sangre
me ponga entre los dedos su delicado silbo.
¡Mira que ya mis valles de ceniza despiertan
en ansia de esta fuente de chorro[278] estremecido![279]

Mendiga: No dejemos que pasen el arroyo. ¡Silencio!

Luna: ¡Allí vienen!

(*Se va. Queda la escena a oscuras.*)

Mendiga:

272. *tenues*: débiles
273. *pliegues*: dobleces o plegaduras
274. *reparto*: lista de personajes que aparecen en un drama
275. *desgarrado*: roto, destrozado
276. *limo*: tipo de sedimento parecido al barro
277. *cañada*: valle, hondada; también, camino o vía
278. *chorro*: líquido que sale con fuerza de una apertura
279. *estremecido*: conmovido, alarmado

¡De prisa! Mucha luz. ¿Me has oído?

¡No pueden escaparse!

(*Entran el novio y mozo 1º. La mendiga se sienta y se tapa con el manto.*)

Novio: Por aquí.

Mozo 1º: No los encontrarás.

Novio: (*Enérgico*) ¡Sí los encontraré!

Mozo 1º: Creo que se han ido por otra vereda.[280]

Novio: No. Yo sentí hace un momento el galope.

Mozo 1º: Sería otro caballo.

Novio: (*Dramático*) Oye. No hay más que un caballo en el mundo, y es éste. ¿Te has enterado? Si me sigues, sígueme sin hablar.

Mozo 1º: Es que yo quisiera …

Novio: Calla. Estoy seguro de encontrármelos aquí. ¿Ves este brazo? Pues no es mi brazo. Es el brazo de mi hermano y el de mi padre y el de toda mi familia que está muerta. Y tiene tanto poderío, que puede arrancar este árbol de raíz si quiere. Y vamos pronto, que siento los dientes de todos los míos clavados aquí de una manera que se me hace imposible respirar tranquilo.

Mendiga: (*Quejándose*) ¡Ay!

Mozo 1º: ¿Has oído?

Novio: Vete por ahí y da la vuelta.

Mozo 1º: Esto es una caza.

Novio: Una caza. La más grande que se puede hacer.

(*Se va el mozo. El novio se dirige rápidamente hacia la izquierda y tropieza con la mendiga, la Muerte.*)

Mendiga: ¡Ay!

Novio: ¿Qué quieres?

Mendiga: Tengo frío.

Novio: ¿Adónde te diriges?

Mendiga: (*Siempre quejándose como una mendiga*) Allá lejos …

Novio: ¿De dónde vienes?

Mendiga: De allí … de muy lejos.

Novio: ¿Viste un hombre y una mujer que corrían montados en un caballo?

Mendiga: (*Despertándose*) Espera … (*Lo mira.*) Hermoso galán. (*Se levanta.*) Pero mucho más hermoso si estuviera dormido.

Novio: Dime, contesta, ¿los viste?

Mendiga: Espera … ¡Qué espaldas más anchas! ¿Cómo no te gusta estar tendido sobre ellas y no andar sobre las plantas de los pies, que son tan chicas?

Novio: (*Zamarreándola*[281]) ¡Te digo si los viste! ¿Han pasado por aquí?

Mendiga: (*Enérgica*) No han pasado; pero están saliendo de la colina. ¿No los oyes?

Novio: No.

Mendiga: ¿Tú no conoces el camino?

Novio: ¡Iré, sea como sea!

Mendiga: Te acompañaré. Conozco esta tierra.

Novio: (*Impaciente*) ¡Pero vamos! ¿Por dónde?

280. *vereda*: camino
281. *zamarreándola*: sacudiéndola

Mendiga: (*Dramática*) ¡Por allí!

(*Salen rápidos. Se oyen lejanos dos violines que expresan el bosque. Vuelven los leñadores. Llevan las hachas[282] al hombro. Pasan lentos entre los troncos.*)

Leñador 1º:

¡Ay muerte que sales!

Muerte de las hojas grandes.

Leñador 2º:

¡No abras el chorro de la sangre!

Leñador 1º:

¡Ay muerte sola!

Muerte de las secas hojas.

Leñador 3º:

¡No cubras de flores la boda!

Leñador 2º:

¡Ay triste muerte!

Deja para el amor la rama verde.

Leñador 1º:

¡Ay muerte mala!

¡Deja para el amor la verde rama!

(*Van saliendo mientras hablan. Aparecen Leonardo y la novia.*)

Leonardo: ¡Calla!

Novia:

Desde aquí yo me iré sola.

¡Vete! ¡Quiero que te vuelvas!

Leonardo:

¡Calla, digo!

Novia:

Con los dientes,

con las manos, como puedas.

quita de mi cuello honrado

el metal de esta cadena,

dejándome arrinconada[283]

allá en mi casa de tierra.

Y si no quieres matarme

como a víbora pequeña,

pon en mis manos de novia

el cañón de la escopeta.

¡Ay, qué lamento, qué fuego

me sube por la cabeza!

¡Qué vidrios se me clavan en la lengua!

Leonardo:

Ya dimos el paso; ¡calla!

porque nos persiguen cerca

282. *hachas*: herramienta cortantes de hoja ancha y mango de madera
283. *arrinconada*: metida en un rincón; uso figurativo para expresar la idea de estar alejado/a y olvidado/a por los demás

y te he de llevar conmigo.
Novia:
¡Pero ha de ser a la fuerza!
Leonardo:
¿A la fuerza? ¿Quién bajó
primero las escaleras?
Novia:
Yo las bajé.
Leonardo:
¿Quién le puso
al caballo bridas[284] nuevas?
Novia:
Yo misma. Verdad.
Leonardo:
¿Y qué manos
me calzaron las espuelas?[285]
Novia:
Estas manos que son tuyas,
pero que al verte quisieran
quebrar las ramas azules
y el murmullo de tus venas.
¡Te quiero! ¡Te quiero! ¡Aparta!
Que si matarte pudiera,
te pondría una mortaja[286]
con los filos de violetas.
¡Ay, qué lamento, qué fuego
me sube por la cabeza!
Leonardo:
¡Qué vidrios se me clavan en la lengua!
Porque yo quise olvidar
y puse un muro de piedra
entre tu casa y la mía.
Es verdad. ¿No lo recuerdas?
Y cuando te vi de lejos
me eché en los ojos arena.
Pero montaba a caballo
y el caballo iba a tu puerta.
Con alfileres de plata
mi sangre se puso negra,
y el sueño me fue llenando
las carnes de mala hierba.
Que yo no tengo la culpa,

284. *bridas*: frenos del caballo
285. *espuelas*: arcos metálicos en forma de una estrella con puntas que se ajustan al talón del calzado del jinete para picar a la cabalgadura
286. *mortaja*: vestidura con que se envuelve el cadáver para enterrarlo

que la culpa es de la tierra
y de ese olor que te sale
de los pechos y las trenzas.
Novia:
¡Ay que sinrazón! No quiero
contigo cama ni cena,
y no hay minuto del día
que estar contigo no quiera,
porque me arrastras y voy,
y me dices que me vuelva
y te sigo por el aire
como una brizna[287] de hierba.
He dejado a un hombre duro
y a toda su descendencia
en la mitad de la boda
y con la corona puesta.
Para ti será el castigo
y no quiero que lo sea.
¡Déjame sola! ¡Huye tú!
No hay nadie que te defienda.
Leonardo:
Pájaros de la mañana
por los árboles se quiebran.
La noche se está muriendo
en el filo de la piedra.
Vamos al rincón oscuro,
donde yo siempre te quiera,
que no me importa la gente,
ni el veneno que nos echa.
(*La abraza fuertemente.*)
Novia:
Y yo dormiré a tus pies
para guardar lo que sueñas.
Desnuda, mirando al campo,
como si fuera una perra, (*Dramática*)
¡porque eso soy! Que te miro
y tu hermosura me quema.
Leonardo:
Se abrasa lumbre con lumbre.
La misma llama pequeña
mata dos espigas[288] juntas.
¡Vamos!
(*La arrastra.*)
Novia:

287. *brizna*: filamento vegetal
288. *espigas*: granos de los cereales

¿Adónde me llevas?

Leonardo:
A donde no puedan ir
estos hombres que nos cercan.
¡Donde yo pueda mirarte!

Novia: (*Sarcástica*)
Llévame de feria en feria,
dolor de mujer honrada,
a que las gentes me vean
con las sábanas de boda
al aire como banderas.

Leonardo:
También yo quiero dejarte
si pienso como se piensa.
Pero voy donde tú vas.
Tú también. Da un paso. Prueba.
Clavos de luna nos funden
mi cintura y tus caderas.

(*Toda esta escena es violenta, llena de gran sensualidad.*)

Novia: ¿Oyes?

Leonardo: Viene gente.

Novia:
¡Huye!
Es justo que yo aquí muera
con los pies dentro del agua,
espinas en la cabeza.
Y que me lloren las hojas.
mujer perdida y doncella.

Leonardo: Cállate. Ya suben.

Novia: ¡Vete!

Leonardo:
Silencio. Que no nos sientan.
Tú delante. ¡Vamos, digo!

(*Vacila la novia.*)

Novia: ¡Los dos juntos!

Leonardo: (*Abrazándola*)
¡Como quieras!
Si nos separan, será
porque esté muerto.

Novia:
Y yo muerta.

(*Salen abrazados. Aparece la luna muy despacio. La escena adquiere una fuerte luz azul. Se oyen los dos violines. Bruscamente se oyen dos largos gritos desgarrados y se corta la música de los violines. Al segundo grito aparece la mendiga y queda de espaldas. Abre el manto y queda en el centro, como un gran pájaro de alas inmensas. La luna se detiene. El telón baja en medio de un silencio absoluto.*)

Telón

Acto tercero CUADRO SEGUNDO

Habitación blanca con arcos y gruesos muros. A la derecha y a la izquierda, escaleras blancas. Gran arco al fondo y pared del mismo color. El suelo será también de un blanco reluciente. Esta habitación simple tendrá un sentido monumental de iglesia. No habrá ni un gris, ni una sombra, ni siquiera lo preciso para la perspectiva. Dos muchachas vestidas de azul oscuro están devanando una madeja roja.

Muchacha 1ª:
Madeja, madeja,
¿qué quieres hacer?
Muchacha 2ª:
Jazmín de vestido,
cristal de papel.
Nacer a las cuatro,
morir a las diez.
Ser hilo de lana,
cadena a tus pies
y nudo que apriete
amargo laurel.
Niña: (*Cantando*)
¿Fuiste a la boda?
Muchacha 1ª:
No.
Niña:
¡Tampoco fui yo!
¿Qué pasaría
por los tallos[289] de la viña?
¿Qué pasaría
por el ramo de la oliva?
¿Qué pasó
que nadie volvió?
¿Fuiste a la boda?
Muchacha 2ª:
Hemos dicho que no.
Niña: (*Yéndose*)
¡Tampoco fui yo!
Muchacha 2ª:
Madeja, madeja
¿qué quieres cantar?
Muchacha 1ª:
Heridas de cera,
dolor de arrayán.[290]
Dormir la mañana,
de noche velar.

289. *tallos*: germen que ha brotado de una semilla
290. *arrayán*: mirto (tipo de arbusto)

Niña: (*En la puerta*)
El hilo tropieza
con el pedernal.[291]
Los montes azules
lo dejan pasar.
Corre, corre, corre.
y al fin llegará
a poner cuchillo
y a quitar el pan.
(*Se va.*)
Muchacha 2ª:
Madeja. madeja,
¿qué quieres decir?
Muchacha 1ª:
Amante sin habla.
Novio carmesí.
Por la orilla muda
tendidos los vi.
(*Se detiene mirando la madeja.*)
Niña: (*Asomándose a la puerta*)
Corre, corre, corre
el hilo hasta aquí.
Cubiertos de barro
los siento venir.
¡Cuerpos estirados,
paños[292] de marfil!
(*Se va. Aparece la mujer y la suegra de Leonardo. Llegan angustiadas.*)
Muchacha 1ª:
¿Vienen ya?
Suegra: (*Agria*)
No sabemos.
Muchacha 2ª:
Qué contáis de la boda?
Muchacha 1ª:
Dime.
Suegra: (*Seca*)
Nada.
Mujer:
Quiero volver para saberlo todo.
Suegra: (*Enérgica*)
Tú, a tu casa.
Valiente y sola en tu casa.
A envejecer y a llorar.
Pero la puerta cerrada.

291. *pedernal*: piedra
292. *paños*: telas, velos

Nunca. Ni muerto ni vivo.
Clavaremos las ventanas.
Y vengan lluvias y noches
sobre las hierbas amargas.
Mujer:
¿Qué habrá pasado?
Suegra:
No importa.
Échate un velo en la cara.
Tus hijos son hijos tuyos
nada más. Sobre la cama
pon una cruz de ceniza
donde estuvo su almohada.
(*Salen.*)
Mendiga: (*A la puerta*)
Un pedazo de pan, muchachas.
Niña:
¡Vete!
(*Las muchachas se agrupan.*)
Mendiga:
¿Por qué?
Niña:
Porque tú gimes: vete.
Muchacha 1ª:
¡Niña!
Mendiga:
¡Pude pedir tus ojos! Una nube
de pájaros me sigue: ¿quieres uno?
Niña:
¡Yo me quiero marchar!
Muchacha 2ª: (*A la mendiga*)
¡No le hagas caso!
Muchacha 1ª:
¿Vienes por el camino del arroyo?
Mendiga:
Por allí vine.
Muchacha 1ª: (*Tímida*)
¿Puedo preguntarte?
Mendiga:
Yo los vi; pronto llegan: dos torrentes[293]
quietos al fin entre las piedras grandes,
dos hombres en las patas del caballo.
Muertos en la hermosura de la noche. (*Con delectación[294]*)
Muertos sí, muertos.

293. *torrentes*: corrientes
294. *delectación*: deleite, placer

Muchacha 1ª:

¡Calla, vieja, calla!

Mendiga:

Flores rotas los ojos, y sus dientes
dos puñados de nieve endurecida.
Los dos cayeron, y la novia vuelve
teñida[295] en sangre falda y cabellera.
Cubiertos con dos mantas ellos vienen
sobre los hombros de los mozos altos.
Así fue; nada más. Era lo justo.
Sobre la flor del oro, sucia arena.

(*Se va. Las muchachas inclinan la cabeza y rítmicamente van saliendo.*)

Muchacha 1ª:

Sucia arena.

Muchacha 2ª:

Sobre la flor del oro.

Niña:

Sobre la flor del oro
traen a los novios del arroyo.
Morenito el uno,
morenito el otro.
¡Qué ruiseñor de sombra vuela y gime[296]
sobre la flor del oro!

(*Se va. Queda la escena sola. Aparece la madre con una vecina. La vecina viene llorando.*)

Madre: Calla.

Vecina: No puedo.

Madre: Calla, he dicho. (*En la puerta*) ¿No hay nadie aquí? (*Se lleva las manos a la frente.*) Debía contestarme mi hijo. Pero mi hijo es ya un brazado[297] de flores secas. Mi hijo es ya una voz oscura detrás de los montes. (*Con rabia, a la vecina*) ¿Te quieres callar? No quiero llantos en esta casa. Vuestras lágrimas son lágrimas de los ojos nada más, y las mías vendrán cuando yo esté sola, de las plantas de los pies, de mis raíces, y serán más ardientes que la sangre.

Vecina: Vente a mi casa; no te quedes aquí.

Madre: Aquí. Aquí quiero estar. Y tranquila. Ya todos están muertos. A medianoche dormiré, dormiré sin que ya me aterren[298] la escopeta o el cuchillo. Otras madres se asomarán a las ventanas, azotadas por la lluvia, para ver el rostro de sus hijos. Yo, no. Yo haré con mi sueño una fría paloma de marfil que lleve camelias[299] de escarcha sobre el camposanto. Pero no; camposanto, no, camposanto, no; lecho de tierra, cama que los cobija[300] y que los mece por el cielo. (*Entra una mujer de negro que se dirige a la derecha*

295. *teñida*: manchada
296. *gime*: suspira, se lamenta
297. *brazado*: lo que se puede llevar y abarcar de una vez con los brazos
298. *aterren*: den miedo
299. *camelias*: tipo de flor
300. *cobija*: refugia, cubre

y allí se arrodilla. A la vecina.) Quítate las manos de la cara. Hemos de pasar días terribles. No quiero ver a nadie. La tierra y yo. Mi llanto y yo. Y estas cuatro paredes. ¡Ay! ¡Ay! (*Se sienta transida.*[301])

Vecina: Ten caridad de ti misma.

Madre: (*Echándose el pelo hacia atrás*) He de estar serena. (*Se sienta.*) Porque vendrán las vecinas y no quiero que me vean tan pobre. ¡Tan pobre! Una mujer que no tiene un hijo siquiera que poderse llevar a los labios.

(*Aparece la novia. Viene sin azahar y con un manto negro.*)

Vecina: (*Viendo a la novia, con rabia*) ¿Dónde vas?

Novia: Aquí vengo.

Madre: (*A la vecina*) ¿Quién es?

Vecina: ¿No la reconoces?

Madre: Por eso pregunto quién es. Porque tengo que no reconocerla, para no clavarla mis dientes en el cuello. ¡Víbora! (*Se dirige hacia la novia con ademán fulminante*[302]; *se detiene. A la vecina.*) ¡La ves? Está ahí, y está llorando, y yo quieta, sin arrancarle los ojos. No me entiendo. ¿Será que yo no quería a mi hijo? Pero, ¿y su honra? ¿Dónde está su honra? (*Golpea a la novia. Ésta cae al suelo.*)

Vecina: ¡Por Dios! (*Trata de separarlas.*)

Novia: (*A la vecina*) Déjala; he venido para que me mate y que me lleven con ellos. (*A la madre*) Pero no con las manos; con garfios de alambre,[303] con una hoz,[304] y con fuerza, hasta que se rompa en mis huesos. ¡Déjala! Que quiero que sepa que yo soy limpia,[305] que estaré loca, pero que me puedan enterrar sin que ningún hombre se haya mirado en la blancura de mis pechos.

Madre: Calla, calla; ¿qué me importa eso a mí?

Novia: ¡Porque yo me fui con el otro, me fui! (*Con angustia*) Tú también te hubieras ido. Yo era una mujer quemada, llena de llagas por dentro y por fuera, y tu hijo era un poquito de agua de la que yo esperaba hijos, tierra, salud; pero el otro era un río oscuro, lleno de ramas, que acercaba a mí el rumor de sus juncos y su cantar entre dientes. Y yo corría con tu hijo que era como un niñito de agua, frío, y el otro me mandaba cientos de pájaros que me impedían el andar y que dejaban escarcha sobre mis heridas de pobre mujer marchita,[306] de muchacha acariciada por el fuego. Yo no quería, ¡óyelo bien!; yo no quería, ¡óyelo bien!. Yo no quería. ¡Tu hijo era mi fin y yo no lo he engañado, pero el brazo del otro me arrastró como un golpe de mar, como la cabezada de un mulo, y me hubiera arrastrado siempre, siempre, siempre, siempre, aunque hubiera sido vieja y todos los hijos de tu hijo me hubiesen agarrado de los cabellos!

(*Entra una vecina.*)

Madre: Ella no tiene culpa, ¡ni yo! (*Sarcástica*) ¿Quién la tiene, pues? ¡Floja, delicada, mujer de mal dormir es quien tira una corona de azahar para buscar un pedazo de cama calentado por otra mujer!

Novia: ¡Calla, calla! Véngate de mí; ¡aquí estoy! Mira que mi cuello es blando; te

301. *transida*: angustiada
302. *fulminante*: rápido, repentino
303. *garfios de alambre*: gancho metálico
304. *hoz*: instrumento curvo y muy afilado en su parte cóncava, con mango de madera, que se utiliza para segar
305. *limpia*: virgen
306. *marchita*: deslucida, enflaquecida

costará menos trabajo que segar una dalia de tu huerto. Pero ¡eso no! Honrada, honrada como una niña recién nacida. Y fuerte para demostrártelo. Enciende la lumbre. Vamos a meter las manos; tú por tu hijo; yo, por mi cuerpo. La retirarás antes tú.

(*Entra otra vecina.*)

Madre: Pero ¿qué me importa a mí tu honradez? ¿Qué me importa tu muerte? ¿Qué me importa a mí nada de nada? Benditos sean los trigos, porque mis hijos están debajo de ellos; bendita sea la lluvia, porque moja la cara de los muertos. Bendito sea Dios, que nos tiende juntos para descansar.

(*Entra otra vecina.*)

Novia: Déjame llorar contigo.

Madre: Llora, pero en la puerta.

(*Entra la niña. La novia queda en la puerta. La madre en el centro de la escena.*)

Mujer: (*Entrando y dirigiéndose a la izquierda*)
Era hermoso jinete,
y ahora montón de nieve.
Corría ferias y montes
y brazos de mujeres.
Ahora, musgo[307] de noche
le corona la frente.

Madre:
Girasol[308] de tu madre,
espejo de la tierra.
Que te pongan al pecho
cruz de amargas adelfas[309];
sábana que te cubra
de reluciente seda,
y el agua forme un llanto
entre tus manos quietas.

Mujer:
¡Ay, qué cuatro muchachos
llegan con hombros cansados!

Novia:
¡Ay, qué cuatro galanes
traen a la muerte por el aire!

Madre:
Vecinas.

Niña: (*En la puerta*)
Ya los traen.

Madre:
Es lo mismo.
La cruz, la cruz.

Mujeres:
Dulces clavos,

307. *musgo*: planta que crece en las superficies sombrías y húmedas
308. *girasol*: flor amarilla de tallo largo
309. *adelfas*: tipo de arbusto

dulce cruz,
dulce nombre
de Jesús.
Novia:
Que la cruz ampare a muertos y vivos.
Madre:
Vecinas: con un cuchillo,
con un cuchillito,
en un día señalado, entre las dos y las tres,
se mataron los dos hombres del amor.
Con un cuchillo,
con un cuchillito
que apenas cabe en la mano,
pero que penetra fino
por las carnes asombradas
y que se para en el sitio
donde tiembla enmarañada[310]
la oscura raíz del grito.
Novia:
Y esto es un cuchillo,
un cuchillito
que apenas cabe en la mano;

pez sin escamas[311] ni río,
para que un día señalado, entre las dos y las tres,
con este cuchillo
se queden dos hombres duros
con los labios amarillos.
Madre:
Y apenas cabe en la mano.
Pero que penetra frío
por las carnes asombradas
y allí se para, en el sitio
donde tiembla enmarañada
la oscura raíz del grito.
(*Las vecinas, arrodilladas en el suelo, lloran.*)
TELÓN

E. Cuestionario

Acto I

1. ¿De qué hablan la Madre y el Novio? ¿Cómo reacciona ella cuando él menciona el cuchillo?

310. *enmarañada*: enredada, revuelta
311. *escamas*: membranas delgadas y transparentes que cubren total o parcialmente la piel de algunos animales y principalmente la de los peces y reptiles

2. ¿Qué elemento importante se revela a través de la conversación entre la Madre y la Vecina?
3. Describe la "nana" que la Mujer de Leonardo canta. ¿Cuál es su simbología?
4. ¿Cómo reacciona Leonardo cuando se anuncia la boda del Novio y la Novia?
5. Describe lo que pasa cuando la Madre y el Novio visitan la casa de la Novia. ¿Qué detalle se revela al final del acto?

Acto II

1. Describe la conversación entre el Novio y la Novia.
2. ¿Qué le pide la Novia al Novio antes de la boda?
3. Describe la discusión entre Leonardo y su esposa.
4. ¿Qué ocurre durante el banquete?
5. ¿Cómo reaccionan los siguientes personajes a este acontecimiento: el Novio, la Mujer de Leonardo, el Padre de la Novia y la Madre?

Acto III

1. ¿Dónde están los personajes al principio de este acto?
2. ¿Qué figuras simbólicas aparecen en este acto? ¿Qué representan? ¿Cuál es su plan?
3. ¿Qué le recomienda el Mozo 1º al Novio?
4. ¿Qué le ofrece la Muerte al Novio?
5. ¿De qué hablan la Novia y Leonardo?
6. ¿Qué otros personajes aparecen?
7. ¿Cuál es el resultado del duelo entre Leonardo y el Novio?
8. Describe la vuelta de la Novia al pueblo.
9. ¿Qué crees que le va a pasar a ella? Explica.
10. Comenta las imágenes y los símbolos poéticos en la obra. ¿Qué función tienen?
11. La honra tiene un rol importante en la obra. Explica.
12. ¿Por qué crees que la mayoría de los personajes no tiene nombre propio?
13. Las acotaciones sirven para describir textualmente lo que se vería en el escenario o el estado emocional de un personaje. Por este motivo, forman parte de la trama y deberían leerse. Escoge dos acotaciones, preferiblemente largas, y explica su relevancia contextual y posible simbolismo.

Consideraciones generales

1. El honor/la violencia
2. El individuo frente a la sociedad
3. El papel de la mujer
4. La muerte
5. La maternidad
6. El simbolismo de las imágenes siguientes: la luna, el cuchillo, la sangre, el caballo, la plata, el color blanco, la paloma, la rueda y el azahar
7. El surrealismo
8. La combinación de prosa y verso
9. La importancia de las acotaciones
10. El rol y simbolismo de la naturaleza

V. Carmen Laforet (1921–2004)

A. Términos literarios

1. El cuento
2. La voz narrativa, el uso de primera y tercera persona
3. El diálogo
4. El ambiente

B. La autora y su contexto social

1. La literatura de la postguerra/la dictadura de Francisco Franco
2. La situación de la mujer

C. Imágenes en contexto

Busca fotos del bombardeo de Lleida tomadas por el fotógrafo Agustí Centellas (1937) en línea (Google Imágenes) y piensa en lo siguiente en preparación para esta sección:

1. La violencia y sus efectos en la familia
2. La muerte
3. La desarticulación física/la desarticulación psicológica

D. El texto

1. "Rosamunda" (*La muerta*, 1953)

Estaba amaneciendo, al fin. El departamento[312] de tercera clase olía a cansancio, a tabaco y a botas de soldado. Ahora se salía de la noche como de un gran túnel y se podía ver a la gente acurrucada,[313] dormidos hombres y mujeres en sus asientos duros. Era aquél un incómodo vagón-tranvía, con el pasillo atestado[314] de cestas y maletas. Por las ventanillas se veía el campo y la raya plateada del mar.

Rosamunda se despertó. Todavía se hizo una ilusión placentera al ver la luz entre sus pestañas semicerradas. Luego comprobó que su cabeza colgaba hacia atrás, apoyada en el respaldo del asiento y que tenía la boca seca de llevarla abierta. Se rehízo, enderezándose.[315] Le dolía el cuello—su largo cuello marchito—. Echó una mirada a su alrededor y se sintió aliviada al ver que dormían sus compañeros de viaje. Sintió ganas de estirar las piernas entumecidas[316]—el tren traqueteaba, pitaba—. Salió con grandes precauciones, para no despertar, para no molestar, <<con pasos de hada>>—pensó—hasta la plataforma.

El día era glorioso. Apenas se notaba el frío del amanecer. Se veía el mar entre naran-

312. *departamento*: vagón de tren
313. *acurrucada*: encogerse para resguardarse del frío o por otros motivos
314. *atestado*: completo
315. *enderezándose*: arreglándose
316. *entumecidas*: adormecidas

jos. Ella se quedó como hipnotizada por el profundo verde de los árboles, por el claro horizonte de agua.

—«Los odiados, odiados naranjos…. Las odiadas palmeras…. El maravilloso mar …»

—¿Qué decía usted?

A su lado estaba un soldadillo. Un muchachito pálido. Parecía bien educado. Se parecía a su hijo. A un hijo suyo que se había muerto. No al que vivía; al que vivía, no, de ninguna manera.

—No sé si será usted capaz de entenderme—dijo, con cierta altivez—. Estaba recordando unos versos míos. Pero si usted quiere, no tengo inconveniente en recitar …

El muchacho estaba asombrado. Veía a una mujer ya mayor, flaca, con profundas ojeras.[317] El cabello oxigenado,[318] el traje de color verde, muy viejo. Los pies calzados en unas viejas zapatillas de baile …, sí, unas asombrosas zapatillas de baile, color de plata, y en el pelo una cinta plateada también, atada con un lacito…. Hacía mucho que él la observaba.

—¿Qué decide usted?—preguntó Rosamunda, impaciente—. ¿Le gusta o no oír recitar?

—Sí, a mí…. El muchacho no se reía porque le daba pena mirarla. Quizá más tarde se reiría. Además, él tenía interés porque era joven, curioso. Había visto pocas cosas en su vida y deseaba conocer más. Aquello era una aventura. Miró a Rosamunda y la vio soñadora. Entornaba[319] los ojos azules. Miraba al mar.

—¡Qué difícil es la vida!

Aquella mujer era asombrosa.[320] Ahora había dicho esto con los ojos llenos de lágrimas.

—Si usted supiera, joven…. Si usted supiera lo que este amanecer significa para mí, me disculparía. Este correr hacia el Sur. Otra vez hacia el Sur…. Otra vez a mi casa. Otra vez a sentir ese ahogo[321] de mi patio cerrado, de la incomprensión de mi esposo…. No se sonría usted, hijo mío; usted no sabe nada de lo que puede ser la vida de una mujer como yo. Este tormento infinito…. Usted dirá que por qué le cuento todo esto, por qué tengo ganas de hacer confidencias, yo, que soy de naturaleza reservada…. Pues, porque ahora mismo, al hablarle, me he dado cuenta de que tiene usted corazón y sentimiento y porque esto es mi confesión. Porque, después de usted, me espera, como quien dice, la tumba…. El no poder hablar ya a ningún ser humano …, a ningún ser humano que me entienda.

Se calló, cansada, quizá, por un momento. El tren corría, corría…. El aire se iba haciendo cálido, dorado. Amenazaba un día terrible de calor.

—Voy a empezar a usted mi historia, pues creo que le interesa…. Sí. Figúrese usted una joven rubia, de grandes ojos azules, una joven apasionada por el arte…. De nombre, Rosamunda…. Rosamunda, ¿ha oído? … Digo que si ha oído mi nombre y qué le parece.

El soldado se ruborizó[322] ante el tono imperioso.[323]

317. *ojeras*: coloración oscura debajo de los ojos
318. *oxigenado*: hecho más rubio con agua oxigenada
319. *entornaba*: tenía los ojos semicerrados
320. *asombrosa*: daba miedo
321. *ahogo*: sofocación
322. *se ruborizó*: enrojecer por vergüenza
323. *imperioso*: autoritario

—Me parece bien … bien.

—Rosamunda …—continuó ella, un poco vacilante. Su verdadero nombre era Felisa; pero, no se sabe por qué, lo aborrecía.[324] En su interior siempre había sido Rosamunda, desde los tiempos de su adolescencia. Aquel Rosamunda se había convertido en la fórmula mágica que la salvaba de la estrechez de su casa, de la monotonía de sus horas; aquel Rosamunda convirtió al novio zafio[325] y colorado en un príncipe de leyenda. Rosamunda era para ella un nombre amado, de calidades exquisitas…. Pero ¿para qué explicar al joven tantas cosas?

—Rosamunda tenía un gran talento dramático. Llegó a actuar con éxito brillante. Además, era poetisa. Tuvo ya cierta fama desde su juventud…. Imagínese, casi una niña, halagada,[326] mimada por la vida y, de pronto, una catástrofe…. El amor … ¿Le he dicho a usted que era ella famosa? Tenía dieciséis años apenas, pero la rodeaban por todas partes los admiradores. En uno de los recitales de poesía, vio al hombre que causó su ruina. A … A mi marido, pues Rosamunda, como usted comprenderá, soy yo. Me casé sin saber lo que hacía, con un hombre brutal, sórdido y celoso. Me tuvo encerrada años y años. ¡Yo! … Aquella mariposa de oro que era yo … ¿Entiende?

(Sí, se había casado, si no a los dieciséis años, a los veintitrés; pero ¡al fin y al cabo! … Y era verdad que le había conocido un día que recitó versos suyos en casa de una amiga. Él era carnicero. Pero, a este muchacho, ¿se le podían contar las cosas así? Lo cierto era aquel sufrimiento suyo, de tantos años. No había podido ni recitar un solo verso, ni aludir a sus pasados éxitos—éxitos quizás inventados, ya que no se acordaba bien; pero …—Su mismo hijo solía decirle que se volvería loca de pensar y llorar tanto. Era peor esto que las palizas[327] y los gritos de él cuando llegaba borracho. No tuvo a nadie más que al hijo aquél, porque las hijas fueron descaradas[328] y necias, y se reían de ella, y el otro hijo, igual que su marido, había intentado hasta encerrarla).

—Tuve un hijo único. Un solo hijo. ¿Se da cuenta? Le puse Florisel…. Crecía delgadito, pálido, así como usted. Por eso quizá le cuento a usted estas cosas. Yo le contaba mi magnífica vida anterior. Sólo él sabía que conservaba un traje de gasa, todos mis collares…. Y él me escuchaba, me escuchaba … como usted ahora, embobado.

Rosamunda sonrió. Sí, el joven la escuchaba absorto.

—Este hijo se me murió. Yo no lo pude resistir…. Él era lo único que me ataba a aquella casa. Tuve un arranque,[329] cogí mis maletas y me volví a la gran ciudad de mi juventud y de mis éxitos … ¡Ay! He pasado unos días maravillosos y amargos. Fui acogida con entusiasmo, aclamada de nuevo por el público, de nuevo adorada … ¿Comprende mi tragedia? Porque mi marido, al enterarse de esto, empezó a escribirme cartas tristes y desgarradoras[330]: no podía vivir sin mí. No puede, el pobre. Además es el padre de Florisel, y el recuerdo del hijo perdido estaba en el fondo de todos mis triunfos, amargándome.

El muchacho veía animarse por momentos a aquella figura flaca y estrafalaria[331] que

324. *aborrecía*: odiaba
325. *zafio*: grosero, inculto
326. *halagada*: adulada, mimada
327. *palizas*: golpes
328. *descaradas*: sinvergüenzas
329. *arranque*: impulso
330. *desgarradoras*: que causan horror y sufrimiento
331. *estrafalaria*: extravagante

era la mujer. Habló mucho. Evocó un hotel fantástico, el lujo derrochado[332] en el teatro el día de su «reaparición»; evocó ovaciones delirantes y su propia figura, una figura de «sílfide[333] cansada», recibiéndolas.

—Y, sin embargo, ahora vuelvo a mi deber.… Repartí mi fortuna entre los pobres y vuelvo al lado de mi marido como quien va a un sepulcro.

Rosamunda volvió a quedarse triste. Sus pendientes eran largos, baratos; la brisa los hacía ondular.… Se sintió desdichada, muy «gran dama» … Había olvidado aquellos terribles días sin pan en la ciudad grande. Las burlas de sus amistades ante su traje de gasa, sus abalorios[334] y sus proyectos fantásticos. Había olvidado aquel largo comedor con mesas de pino cepillado, donde había comido el pan de los pobres entre mendigos de broncas[335] toses. Sus llantos, su terror en el absoluto desamparo de tantas horas en que hasta los insultos de su marido había echado de menos. Sus besos a aquella carta del marido en que, en su estilo tosco y autoritario a la vez, recordando al hijo muerto, le pedía perdón y la perdonaba.

El soldado se quedó mirándola. ¡Qué tipo más raro, Dios mío! No cabía duda de que estaba loca la pobre.… Ahora le sonreía.… Le faltaban dos dientes.

El tren se iba deteniendo en una estación del camino. Era la hora del desayuno, de la fonda[336] de la estación venía un olor apetitoso.… Rosamunda miraba hacia los vendedores de rosquillas.

—¿Me permite usted convidarla, señora? En la mente del soldadito empezaba a insinuarse una divertida historia. ¿Y si contara a sus amigos que había encontrado en el tren una mujer estupenda y que …?

—¿Convidarme? Muy bien, joven.… Quizá sea la última persona que me convide.… Y no me trate con tanto respeto, por favor. Puede usted llamarme Rosamunda …, no he de enfadarme por eso.

E. Cuestionario

1. ¿Quiénes son los personajes principales y cómo los describirías?
2. ¿Cómo es el diálogo de la protagonista? ¿Cómo reacciona su oyente?
3. ¿Qué elementos del cuento corresponden a la historia inventada de Clarisa? ¿Cuáles corresponden a la "realidad" que observa su oyente?
4. ¿Cómo sugiere este cuento la posibilidad de una voz narrativa no digna de confianza?
5. ¿Qué efecto tienen las distintas voces narrativas?
6. ¿Hay aspectos de este cuento que apelen más a un público femenino?

VI. Ana María Matute (1925–2014)

A. Términos literarios

1. La exposición
2. La complicación, el nudo

332. *derrochado*: consumido, malgastado
333. *sílfide*: ninfa (mujer delgada, fina)
334. *abalorios*: adornos
335. *broncas*: duros, disonantes
336. *fonda*: comedor

3. El clímax
4. El desenlace
5. La voz narrativa

B. La autora y su contexto social

1. La postguerra española
 a. La pobreza
 b. El abandono
2. El desarrollo de los niños
 a. La herencia biológica
 b. El entorno social y familiar
3. El realismo social

C. Imágenes en contexto

Busca la foto de un mendigo tomada por el fotógrafo Hermes Pato (1940) en línea (Google Imágenes) y piensa en lo siguiente en preparación para esta sección:

1. El ambiente social
 a. Imágenes de pobreza
 b. Imágenes de desigualdad
2. Los efectos de este ambiente en la familia

D. El texto

1. "Pecado de omisión" (*Historias de Artámila*, 1961)

A los trece años se le murió la madre, que era lo último que le quedaba. Al quedar huérfano[337] ya hacía lo menos tres años que no acudía[338] a la escuela, pues tenía que buscarse el jornal de un lado para otro. Su único pariente era un primo de su madre, llamado Emeterio Ruiz Heredia. Emeterio era el alcalde y tenía una casa de dos pisos asomada[339] a la plaza del pueblo, redonda y rojiza bajo el sol de agosto. Emeterio tenía doscientas cabezas de ganado paciendo[340] por las laderas de Sagrado, y una hija moza, bordeando los veinte, morena, robusta, riente y algo necia. Su mujer, flaca y dura como un chopo,[341] no era de buena lengua y sabía mandar. Emeterio Ruiz no se llevaba bien con aquel primo lejano, y a su viuda, por cumplir, la ayudó buscándole jornales extraordinarios. Luego, al chico, aunque le recogió una vez huérfano, sin herencia ni oficio, no le miró a derechas, y como él los de su casa.

La primera noche que Lope durmió en casa de Emeterio, lo hizo debajo del granero.[342] Se le dio cena y un vaso de vino. Al otro día, mientras Emeterio se metía la camisa

337. *huérfano*: niño cuyos padres están muertos
338. *acudía*: asistía
339. *asomada*: alrededor
340. *paciendo*: comiendo hierba
341. *chopo*: tipo de árbol
342. *granero*: lugar donde se guarda el grano

dentro del pantalón, apenas apuntando el sol en el canto de los gallos, le llamó por el hueco[343] de la escalera, espantando a las gallinas que dormían entre los huecos:

—¡Lope!

Lope bajó descalzo, con los ojos pegados de legañas.[344] Estaba poco crecido para sus trece años y tenía la cabeza grande, rapada.[345]

—Te vas de pastor a Sagrado.

Lope buscó las botas y se las calzó. En la cocina, Francisca, la hija, había calentado patatas con pimentón. Lope las engulló[346] deprisa, con la cuchara de aluminio goteando a cada bocado.

—Tú ya conoces el oficio. Creo que anduviste una primavera por las lomas[347] de Santa Áurea, con las cabras de Aurelio Bernal.

—Sí, señor.

—No irás solo. Por allí anda Roque el Mediano. Iréis juntos.

—Sí, señor.

Francisca le metió una hogaza[348] en el zurrón,[349] un cuartillo[350] de aluminio, sebo[351] de cabra y cecina.[352]

—Andando -dijo Emeterio Ruiz Heredia.

Lope le miró. Lope tenía los ojos negros y redondos, brillantes.

—¿Qué miras? ¡Arreando![353]

Lope salió, zurrón al hombro. Antes, recogió el cayado,[354] grueso y brillante por el uso, que guardaba, como un perro, apoyado en la pared.

Cuando iba ya trepando por la loma de Sagrado, lo vio don Lorenzo, el maestro. A la tarde, en la taberna, don Lorenzo fumó un cigarrillo junto a Emeterio, que fue a echarse una copa de anís.

—He visto a Lope—dijo—. Subía para Sagrado. Lástima de chico.

—Sí—dijo Emeterio, limpiándose los labios con el dorso de la mano—. Va de pastor. Ya sabe: hay que ganarse el currusco.[355] La vida está mala. El «esgraciado» del Pericote no le dejó ni una tapia[356] en que apoyarse y reventar.

343. *hueco*: apertura
344. *legañas*: mocos secos
345. *rapada*: afeitada
346. *engulló*: comió
347. *las lomas*: las colinas
348. *hogaza*: pan grande en forma de redondo
349. *zurrón*: bolsa grande de cuero
350. *cuartillo*: unidad de capacidad de líquidos (vino)
351. *sebo*: grasa cruda del animal
352. *cecina*: tipo de carne seca
353. *arreando*: animando, estimulando
354. *cayado*: bastón
355. *currusco*: parte más tostada de la corteza del pan
356. *tapia*: piedra construida de tierra amasada

—Lo malo—dijo don Lorenzo, rascándose la oreja con su uña larga y amarillenta—
es que el chico vale. Si tuviera medios podría sacarse partido de él. Es listo. Muy listo.
En la escuela …

Emeterio le cortó, con la mano frente a los ojos:

—¡Bueno, bueno! Yo no digo que no. Pero hay que ganarse el currusco. La vida está
peor cada día que pasa.

Pidió otra de anís. El maestro dijo que sí, con la cabeza. Lope llegó a Sagrado, y
voceando encontró a Roque el Mediano. Roque era algo retrasado[357] y hacía unos quince
años que pastoreaba para Emeterio. Tendría cerca de cincuenta años y no hablaba casi
nunca. Durmieron en el mismo chozo de barro, bajo los robles, aprovechando el abrazo
de las raíces. En el chozo sólo cabían echados y tenía que entrar a gatas,[358] medio arras-
trándose. Pero se estaba fresco en el verano y bastante abrigado en el invierno.

El verano pasó. Luego el otoño y el invierno. Los pastores no bajaban al pueblo,
excepto el día de la fiesta. Cada quince días un zagal[359] les subía la «collera»[360]: pan,
cecina, sebo, ajos. A veces, una bota de vino. Las cumbres de Sagrado eran hermosas, de
un azul profundo, terrible, ciego. El sol, alto y redondo, como una pupila impertérrita,[361]
reinaba allí. En la neblina del amanecer, cuando aún no se oía el zumbar de las moscas
ni crujido alguno, Lope solía despertar, con la techumbre[362] de barro encima de los ojos.
Se quedaba quieto un rato, sintiendo en el costado el cuerpo de Roque el Mediano, como
un bulto alentante.[363] Luego, arrastrándose, salía para el cerradero.[364] En el cielo, cruzados,
como estrellas fugitivas, los gritos se perdían, inútiles y grandes. Sabía Dios hacia qué
parte caerían. Como las piedras. Como los años. Un año, dos, cinco.

Cinco años más tarde, una vez, Emeterio le mandó llamar, por el zagal. Hizo reco-
nocer a Lope por el médico, y vio que estaba sano y fuerte, crecido como un árbol.

—¡Vaya roble!—dijo el médico, que era nuevo. Lope enrojeció y no supo qué con-
testar.

Francisca se había casado y tenía tres hijos pequeños, que jugaban en el portal de
la plaza. Un perro se le acercó, con la lengua colgando. Tal vez le recordaba. Entonces
vio a Manuel Enríquez, el compañero de la escuela que siempre le iba a la zaga.[365] Manuel
vestía un traje gris y llevaba corbata. Pasó a su lado y les saludó con la mano.

Francisca comentó:

—Buena carrera, ése. Su padre lo mandó estudiar y ya va para abogado. Al llegar a
la fuente volvió a encontrarlo. De pronto, quiso llamarle. Pero se le quedó el grito dete-
nido, como una bola, en la garganta.

357. *retrasado*: tenía discapacidad cognitiva
358. *a gatas*: a cuatro patas
359. *zagal*: muchacho
360. *collera*: contenedor de comida (fig.)
361. *impertérrita*: que no se asusta ni se altera por nada
362. *techumbre*: techo
363. *bulto alentante*: masa que respira (fig.)
364. *cerradero*: mecanismo de cierre
365. *a la zaga*: detrás

—¡Eh!—dijo solamente. O algo parecido.

Manuel se volvió a mirarle, y le conoció. Parecía mentira: le conoció. Sonreía.

—¡Lope! ¡Hombre, Lope …!

¿Quién podía entender lo que decía? ¡Qué acento tan extraño tienen los hombres, qué raras palabras salen por los oscuros agujeros de sus bocas! Una sangre espesa iba llenándole las venas, mientras oía a Manuel Enríquez.

Manuel abrió una cajita plana, de color de plata, con los cigarrillos más blancos, más perfectos que vio en su vida. Manuel se la tendió, sonriendo.

Lope avanzó su mano. Entonces se dio cuenta de que era áspera, gruesa. Como un trozo de cecina. Los dedos no tenían flexibilidad, no hacían el juego. Qué rara mano la de aquel otro: una mano fina, con dedos como gusanos grandes, ágiles, blancos, flexibles. Qué mano aquélla, de color de cera, con las uñas brillantes, pulidas. Qué mano extraña: ni las mujeres la tenían igual. La mano de Lope rebuscó, torpe. Al fin, cogió el cigarrillo, blanco y frágil, extraño, en sus dedos amazacotados[366]: inútil, absurdo, en sus dedos. La sangre de Lope se le detuvo entre las cejas. Tenían una bola de sangre agolpada,[367] quieta, fermentando entre las cejas. Aplastó el cigarrillo con los dedos y se dio media vuelta. No podía detenerse, ni ante la sorpresa de Manuelito, que seguía llamándole:

—¡Lope! ¡Lope!

Emeterio estaba sentado en el porche, en mangas de camisa, mirando a sus nietos. Sonreía viendo a su nieto mayor, y descansando de la labor, con la bota de vino al alcance de la mano. Lope fue directo a Emeterio y vio sus ojos interrogantes y grises.

—Anda, muchacho, vuelve a Sagrado, que ya es hora …

En la plaza había una piedra cuadrada, rojiza. Una de esas piedras grandes como melones que los muchachos transportan desde alguna pared derruida.[368] Lentamente, Lope la cogió entre sus manos. Emeterio le miraba, reposado, con una leve curiosidad. Tenía la mano derecha metida entre la faja y el estómago. Ni siquiera le dio tiempo de sacarla: el golpe sordo, el salpicar[369] de su propia sangre en el pecho, la muerte y la sorpresa, como dos hermanas, subieron hasta él así, sin más.

Cuando se lo llevaron esposado, Lope lloraba. Y cuando las mujeres, aullando[370] como lobas, le querían pegar e iban tras él con los mantos alzados sobre las cabezas, en señal de indignación, «Dios mío, él, que le había recogido. Dios mío, él, que le hizo hombre. Dios mío, se habría muerto de hambre si él no lo recoge …», Lope sólo lloraba y decía:

—Sí, sí, sí …

366. *amazacotados*: duros, pesados
367. *agolpada*: juntada de golpe
368. *derruida*: derribada, destruida
369. *salpicar*: rociar un líquido en gotas pequeñas
370. *aullando*: gritando

E. Cuestionario

1. ¿Por qué recogió Emeterio Ruiz a Lope?
2. ¿A qué clase social pertenece Emeterio? ¿Cómo lo sabes?
3. ¿Adónde manda don Emeterio a Lope? ¿Cuánto tiempo vive allí? Explica la ironía del nombre del lugar en cuestión.
4. Describe el encuentro entre Lope y Manuel Enríquez. ¿Qué simboliza Manuel para Lope?
5. ¿Qué función tiene la descripción detallada de la mano de Lope y la de Manuel?
6. ¿Cuál es el clímax del cuento? ¿Y el desenlace?
7. Describe el punto de vista narrativo, indicando cómo afecta tu recepción del texto.
8. Explica el significado del título.
9. Explica cómo el cuento crea una distinción entre la vida de los pastores y la vida de la gente que vive en el pueblo.
10. ¿Cómo interpretas las últimas palabras de Lope?
11. En tu opinión, ¿cuál es la conexión entre este cuento y su contexto histórico?
12. Supongamos que fueras el abogado que tuviera que defender a Lope. ¿Cómo justificarías sus acciones?

Latinoamérica

Busca las pinturas *La colonización o llegada de Hernán Cortés a Veracruz* (Diego Rivera, 1951) y *Autorretrato como tehuana* (Frida Kahlo, 1940–1943) en línea (Google Imágenes) y piensa en lo siguiente en preparación para esta sección:

- Lo personal y lo social
- Lo psicológico y lo político
- La historia y la memoria
- La figura humana

Introducción

A pesar de la dificultad de resumir las contribuciones literarias hispanoamericanas de los siglos XX y XXI de forma concisa y sencilla, se puede trazar algunas tendencias en la producción estética del continente que nos proporcionan un conocimiento general de su variedad, riqueza y calidad. De un modo resumido, hay cuatro etapas que responden al orden siguiente: la continuación y evolución del modernismo decimonónico, el realismo y su concomitante compromiso político, el *boom* y el *postboom*. Como se aprecia en las pinturas de Rivera y Kahlo, podemos decir que todas estas etapas literarias responden, a veces por implicación, a la cuestión de las relaciones entre la producción estética y la realidad social y, por extensión, al tema de lo universal frente a lo particular.

Geográficamente, podemos dividir la región en tres zonas de producción cultural, excluyendo a Brasil y Belice por razones lingüísticas: México y Centroamérica (Guatemala, Honduras, Costa Rica, Nicaragua, Panamá y El Salvador), el Caribe (Cuba, la República Dominicana y Puerto Rico) y Sudamérica (Argentina, Bolivia, Chile, Colombia, Ecuador, Paraguay, Perú, Uruguay y Venezuela). Últimamente, se ha cuestionado la práctica de limitar las contribuciones literarias latinoamericanas a autores provenientes de países hispanos, abogando por la inclusión de textos escritos por autores "latinos". Es decir, escritores étnica y/o culturalmente hispanos que viven en los Estados Unidos. Muchas veces estos textos incorporan una mezcla de español e inglés o hasta *spanglish*, la cual dificulta su clasificación en las instituciones académicas y las antologías literarias. *Redes literarias* tiene selecciones de escritores de cada una de estas regiones, incluyendo textos de autores que escriben desde EE. UU. De esta manera, nuestra antología corresponde a una definición más inclusiva del concepto de la producción estética latinoamericana.

A principios de siglo, persisten las tendencias modernistas empezadas a finales del XIX. En el año 1900, el uruguayo José Enrique Rodó publica *Ariel*, un texto que ha sido interpretado como un manifiesto del despertar cultural de la región en el cual el autor promueve las tradiciones intelectuales occidentales clásicas. Por su parte, el peruano César Vallejo (*Los heraldos negros*, 1918) se aleja de un modernismo decadentista para orientarse hacia una poesía más metafísica y personal, una tendencia temática que se verá más tarde en la obra poética de autores como Octavio Paz y Gabriela Mistral. Finalmente, aunque el modernismo empezó como un movimiento esteticista y apolítico, características ejemplificadas por la obra de Rodó y también por la uruguaya Delmira Agustini (1886–1914), algunos escritores, entre ellos el cubano José Martí y los peruanos Manuel González Prada y José Carlos Mariátegui, ya empiezan a incorporar una crítica sociopolítica en sus obras escritas a finales del siglo XIX.

Después del modernismo, la poesía latinoamericana sigue dos trayectorias temáticas principales: la política y la amorosa. A veces, el poeta combina estos temas, como es el caso de los versos del chileno Pablo Neruda, cuya larga carrera va desde el sentimentalismo casi romántico hasta una poesía de compromiso social. En "Puedo escribir los versos más tristes esta noche", también conocido como "Poema 20", de la colección *Veinte poemas de amor y una canción desesperada* (1924), la voz poética expresa la triste nostalgia de una relación íntima ya terminada. Más tarde, su "Oda a la cebolla", de la colección *Odas elementales* (1956), afirma la poesía de las cosas cotidianas y ejemplifica una estética que favorece las perspectivas de las clases trabajadoras. Otros poetas que combinan temas de amor y de política son el nicaragüense Ernesto Cardenal (*Epigramas*, 1961), el salvadoreño Roque Dalton ("Aída, fusilemos la noche", poema suelto publicado en *Diario Latino* en 1956) y el uruguayo Mario Benedetti ("Te quiero", de *Poemas del alma,* publicado en 1956).

La poesía caribeña de los años treinta expresa también una conciencia social y cierto distanciamiento del esteticismo modernista, sobre todo en los poemas de Nicolás Guillén. En su obra, Guillén muestra claras tendencias marxistas, además de un fuerte interés por la cultura afroantillana, desarrollando así la tradición de "poesía negrista" o "poesía negra" que rinde homenaje al continente africano y sus contribuciones culturales en Hispanoamérica. Del mismo modo en que Lorca expresa la estética surrealista a través de la cultura gitana y el folklore andaluz, Guillén manifiesta su vanguardismo poético por

medio de la cultura afrocaribeña. Se le recuerda como el poeta nacional de Cuba. Incluimos una selección de la poeta puertorriqueña Julia de Burgos, otra escritora del Caribe que demuestra un interés por la cultura afrocaribeña en el poema "Ay ay ay de la grifa negra" (*Poema en viento surcos*, 1939). Otros temas de la poesía de Julia de Burgos son su defensa de la soberanía puertorriqueña y el feminismo.

Dos poetas que optan por una temática metafísica e íntima son la chilena Gabriela Mistral (Lucila Godoy Alcayaga) y el mexicano Octavio Paz. Además de ser poeta, Paz es conocido por sus ensayos sobre la cultura mexicana (*El laberinto de la soledad*, colección publicada en 1950). Mistral y Paz también ilustran el reconocimiento mundial que ha recibido la poesía latinoamericana, ya que los dos fueron laureados con un Premio Nobel en los años 1945 y 1990, respectivamente. Antes del nombramiento de Mistral, ningún otro autor latinoamericano había recibido este honor y ella es la única mujer latinoamericana ganadora de este premio hasta la fecha.

El compromiso político expresado por varios poetas ya mencionados se encuentra también en la producción novelística de la primera mitad del siglo con textos que pretenden enfrentarse concretamente con la realidad social latinoamericana. La Revolución mexicana (1910–1917)[371] llega a ser un punto de referencia en las letras mexicanas hasta mediados de siglo. Este conflicto, por el cual el pueblo mexicano acabó con la dictadura de Porfirio Díaz (1876–1911), época conocida como "el porfiriato", inspira la creación de novelas de realismo social. Un ejemplo es *Los de abajo*, obra escrita por Mariano Azuela y publicada por primera vez en 1915 en una serie en el diario *El Paso del Norte*. En 1929, el venezolano Rómulo Gallegos publica *Doña Bárbara*, novela también realista, además de ser un ejemplo del *criollismo* o costumbrismo latinoamericano que muestra el conflicto entre la civilización y la barbarie en las pampas de América del Sur. Asimismo, los autores indigenistas intentan retratar las culturas de los pueblos autóctonos latinoamericanos, presentando, a través de sus obras, las injusticias sociales a las que han sido sometidos. Dos ejemplos de este enfoque son el peruano José María Arguedas (*Yawar fiesta*, 1941) y, más tarde, la mexicana Rosario Castellanos (*Oficio de tinieblas*, 1962).

Alrededor de los años 30, la producción literaria del Cono Sur (en términos geopolíticos, se refiere a Chile, Argentina y Uruguay, pero a veces incluye Paraguay y el sur de Brasil) se aleja del realismo sencillo y crudo con autores cuyos estilos inician el desarrollo estético del *boom*. En 1929, Roberto Arlt edita la novela *Los siete locos*, que explora temas existenciales y, al mismo tiempo, ofrece una crítica social de la Argentina de los años 30. En sus novelas y teatro, Arlt emplea un estilo popular, próximo a las masas, vinculado al crecimiento de los centros urbanos y la inmigración de Europa que contribuyen al desarrollo cultural de Latinoamérica durante los últimos años del siglo XIX y las primeras décadas del siglo XX. Más tarde, el dramaturgo chileno Sergio Vodanović (*El delantal blanco*, 1959) ejemplifica un estilo similar llamado *neorrealista*, que presenta la realidad social de su país con tonos humorísticos que llegan hasta lo absurdo. Jorge Luis Borges (*El jardín de los senderos que se bifurcan*, 1941) muestra un interés en temas filosóficos, cultivando el género del cuento filosófico. El novelista y musicólogo cubano

371. Aunque los brotes de conflicto continuaron hasta finales de los años 20, La Constitución Política de los Estados Unidos Mexicanos, promulgada en 1917, es considerada el primer paso del triunfo de la Revolución mexicana.

Alejo Carpentier emplea el término "lo real maravilloso", que aparece en el prólogo de su novela *El reino de este mundo* (1949), para describir la amplificación de la realidad exigida por la experiencia latinoamericana. Carpentier, el guatemalteco Miguel Ángel Asturias (*El señor presidente*, 1946) y el mexicano Juan Rulfo (*Pedro Páramo*, 1955) forma parte de una generación de escritores cuya obra constituye los pasos iniciales hacia la estética del "realismo mágico", elemento característico del *boom*.

Las obras principales del *boom* se publican en la década de los sesenta. Este fenómeno literario ocurrió después de una relativa mejora en el nivel de vida que algunos países latinoamericanos experimentan después de la Segunda Guerra Mundial y se asocia con un aumento en la producción novelística latinoamericana y la difusión mundial de estos textos de reconocida calidad mediante la traducción. Aunque es difícil generalizar sobre los textos del *boom*, algunas de sus características típicas son: la mezcla de distintos estilos, la experimentación lingüística y la supresión de distinciones genéricas. Además, los autores del *boom* se salen de las estructuras narrativas tradicionales para contar sus relatos a través de una organización no lineal e incorporando cambios de perspectiva al experimentar con múltiples voces narrativas. Un buen ejemplo del carácter atrevido y experimental del *boom* es el del argentino Julio Cortázar, del cual incluimos dos cuentos cortos. Su novela *Rayuela*, publicada en el año 1963, contiene un aviso a los lectores de que seguir la trama linealmente es innecesario, que pueden iniciar su lectura de la novela donde quieran. Los escritores latinoamericanos recibieron su inspiración de autores estadounidenses como William Faulkner y también de autores europeos como Virginia Woolf y el irlandés James Joyce. Asimismo, los novelistas del *boom* se inspiran entre sí, ya que muchos de ellos se conocen.

La revista literaria latinoamericana *Nuevo Mundo* se puede considerar el verdadero inicio de las carreras de varios autores del *boom*. En ella se publican fragmentos de novelas inéditas de escritores emergentes de entonces, como los cubanos Guillermo Cabrera Infante y Severo Sarduy. En 1966, la revista incluye dos capítulos de *Cien años de soledad*, del colombiano Gabriel García Márquez novela que llegará a definir el *boom* y cuyo estilo establece la asociación fundamental entre el realismo mágico y el trabajo de este grupo de escritores. Según la crítica, el autor paraguayo Augusto Roa Bastos llega a ser el máximo exponente del *boom* con la publicación de *Yo, el Supremo* en 1974. Esta novela es un tratamiento ficticio de la dictadura de José Gaspar Rodríguez de Francia, dictador paraguayo del siglo XIX que se refería a sí mismo como el Supremo. La novela explora las relaciones entre el lenguaje y el poder y, ya que se publica durante la dictadura de Alfredo Stroessner en Paraguay, se puede interpretar como un ataque contra el dictador. Como consecuencia de esto, Roas Bastos se fue exiliado del Paraguay por su gobierno. A pesar de este énfasis en la historia paraguaya, *Yo, el Supremo*, como otras obras del *boom*, tiene temas más generales y filosóficos que sociales e históricos, especialmente en términos de su análisis del fundamento lingüístico del poder.

Aunque muchas obras del *boom* enfatizan lo universal y lo metafísico en vez de lo particular o social, la inestabilidad política en algunos países latinoamericanos en la segunda mitad del siglo XX, como por ejemplo la situación en Cuba durante y después de la Revolución cubana, tuvo un efecto en la producción literaria del *boom* tardío. Algunos textos anuncian el final de la prosperidad económica que se había iniciado durante la primera parte del siglo XX, alertando a sus lectores de la posibilidad de una repetición de los viejos problemas sociales y anticipando algunos de los trastornos

económicos y políticos de décadas posteriores como por ejemplo, la guerra civil en Gua-
temala (1960–1996), la Guerra Sucia (1976–1983) y la crisis económica argentina (1999–
2002).

La literatura del *postboom* se caracteriza por la incorporación irónica de la cultura
popular, algo que se ve en la obra del argentino Manuel Puig (*El beso de la mujer araña*,
1976). En muchos casos, esta tendencia irónica sirve para subvertir las convenciones del
boom que, según sus detractores, enfatiza demasiado el elemento del realismo mágico y,
por consiguiente, reduce la producción literaria latinoamericana a una caricatura o este-
reotipo. Otros dos ejemplos de autores que demuestran esta tendencia crítica son el chi-
leno Alberto Fuguet y la puertorriqueña Giannina Braschi. En el año 1990, Fuguet usa
la palabra "McOndo", como título de una antología de cuentos escritos por autores lati-
noamericanos y españoles. Para Fuguet, *McOndo* funciona como una subversión del
"macondismo"; estos dos términos se relacionan con la novela *Cien años de soledad* (Gar-
cía Márquez), la cual tiene lugar en un pueblo llamado Macondo. Al usar el término
"McOndo", Fuguet expresa su oposición al estereotipo creado por el llamado "macon-
dismo", el cual da la impresión de que los novelistas latinoamericanos siempre ubican
sus relatos en una selva tropical donde la realidad y la fantasía coexisten armoniosamente.
Algunos temas de la generación McOndo son: la crítica de la comercialización del *boom*,
la ubicación urbana de los relatos, el realismo, la importancia de la tecnología y la influen-
cia de los medios de comunicación y la cultura popular. En *Imperio de sueños* (1988),
Braschi, por su parte, crea un diario ficticio en el cual uno de los personajes es asesinado
a tiros por una maquilladora de Macy's por haber "comercializado su soledad". Edmundo
Paz-Soldán, cuyo cuento "Lazos de familia" está incluido en este libro de texto, observó
que los narradores de esta generación "move with ease in a world of fast food and fast
culture … they are the first generation of writers more influenced by mass media than
by literary tradition"[372] (218). Otros escritores, sin embargo, han celebrado el éxito del
boom, creando obras que siguen desarrollando el realismo mágico como, por ejemplo,
Laura Esquivel, autora de la exitosa novela *Como agua para chocolate*, publicada en el
año 1989.

Junto con la irónica respuesta al *boom* que vemos en los escritos de Braschi y Fuguet,
hay también autores que vuelven a incorporar elementos del realismo social en sus obras
sin este elemento paródico. *La virgen de los sicarios* (1993), novela escrita por el colom-
biano Fernando Vallejo ilustra esta tendencia con su representación de la violencia aso-
ciada al tráfico de drogas en Medellín. Como parte de esta rama de crítica social emerge
también el testimonio, género histórico-literario ejemplificado por *Yo me llamo Rigoberta
Menchú y así me nació la conciencia* (1983). Este relato testimonial-biográfico se centra
en la explotación y violencia experimentadas por los indígenas guatemaltecos durante
la guerra civil. Es un buen ejemplo de las complicadas relaciones entre la historia y la
ficción en el género testimonial, además de las cuestiones asociadas con las influencias
de los traductores y transcriptores en el caso de autores que requieren un/a intermedia-
rio/a para que sus historias se publiquen. Por sus esfuerzos en ayudar al pueblo quiché,
Menchú ganó el Premio Nobel de la Paz en el año 1992.

372. Amar Sánchez, Ana María. "Deserted Cities: Pop and Disenchantment in Turn-of-the-Century
Latin American Narrative". *Latin American Literature and Mass Media*, edited by Edmundo Paz-
Soldán and Debra A. Castillo, Garland, 2001, 207–21.

Durante las últimas décadas del siglo XX y las primeras del XXI, el periodismo ha tenido un gran efecto en la producción literaria en Latinoamérica. Dos ejemplos son los escritos de Carlos Monsiváis y Pedro Lemebel, autores inspirados por la larga tradición del ensayo y la ficción creativa comprometida representada por autores como el uruguayo Eduardo Galeano y la mexicana Elena Poniatowska. En el ensayo "Corrupción de menores", publicado en 1973 en el diario argentino *Clarín,* María Elena Walsh ilustra el sexismo en la forma tradicional de educar a las niñas.

El cruce de fronteras genéricas que emerge a través de la fusión de literatura y periodismo, también por medio de la vinculación de la historia con la ficción en el género testimonial, se percibe en los ámbitos geográfico y lingüístico en la obra de autores hispanos que viven en los Estados Unidos. De hecho, se puede decir que la literatura escrita en español ha existido en la región suroeste de lo que hoy es los Estados Unidos desde la época de la colonización española. En su poema "187 Reasons Mexicanos Can't Cross the Border", Juan Felipe Herrera maneja irónicamente los estereotipos asociados a los mexicanos y, así, responde a la preocupación provocada por la "Proposición 187", una iniciativa política californiana que intentaba prohibir el acceso a la educación pública y otros servicios sociales a los inmigrantes indocumentados. La producción textual latina se caracteriza, en términos generales, por su interés en los temas sociopolíticos, su exploración de la identidad y, como parte de esto, su énfasis en la pluralidad lingüística. Sin embargo, es importante recordar que, a pesar de formar parte de un grupo con herencias culturales y lingüísticas similares, los hispanos que residen en EE.UU. tienen experiencias distintas que fomentan la creación de una literatura única y diversa.

Antes de concluir y de manera similar cabe mencionar que la utilidad de este tipo de esquematización necesariamente tiene sus límites. Cualquier intento de reducir de forma simplificada la producción estética de Latinoamérica, una región compuesta de diecinueve naciones, incluyendo Puerto Rico, de habla española; cada una con su propia historia, sería solo una primera aproximación. El objetivo de este bosquejo es establecer una base adecuada que, sirviendo como punto de partida, te prepara para emprender un análisis más detallado. Asimismo, y debido a los obstáculos económicos y procedimentales, hemos tenido que excluir a varios autores latinoamericanos cuya obra habría enriquecido enormemente esta antología. Aunque pensamos que los textos incluidos constituyen una selección variada y representativa, recomendamos que nuestros lectores busquen textos disponibles en internet de autores como Octavio Paz y Nicolás Guillén. Así, podrán evaluar cómo las obras de estos autores encajan en el esquema general planteado por nuestra introducción, además de considerar cómo se relacionan los textos que no pudimos incluir con los que aparecen en *Redes*.

La literatura latinoamericana

I. Rubén Darío (1867–1916)

A. Términos literarios

1. La metáfora
2. El epíteto

3. El apóstrofe
4. La antítesis
5. La anáfora

B. El autor y su contexto social

1. Nicaragüense
2. Modernista
3. "A Roosevelt"
 a. Una crítica del imperialismo estadounidense
 b. Escrito en Málaga, España como reacción a la invasión estadounidense de Panamá
 c. Expresa una identidad panhispánica[373]

C. Imágenes en contexto

Busca la caricatura política de Roosevelt de William Allen Rogers (1904) y piensa en lo siguiente en preparación para esta sección:

1. La imagen de Roosevelt: su vestimenta, sus accesorios, el tamaño de su figura
2. La expresión visual de la relación entre el presidente estadounidense y Latinoamérica

D. El texto

1. "A Roosevelt"[374] (*Cantos de vida y esperanza*, 1905)

¡Es con voz de la Biblia, o verso de Walt Whitman,[375]
que habría que llegar hasta ti, Cazador![376]
Primitivo y moderno, sencillo y complicado,
con un algo de Washington y cuatro de Nemrod.[377]
Eres los Estados Unidos,
eres el futuro invasor
de la América ingenua[378] que tiene sangre indígena,
que aún reza a Jesucristo y aún habla en español.
Eres soberbio[379] y fuerte ejemplar de tu raza;

373. *panhispánica*: adjetivo para referirse a todos los pueblos de habla española en un sentido solidario
374. *Theodore Roosevelt*: Presidente de los EEUU (1901–1909) asociado con la política del Gran Garrote y la intervención estadounidense en la política y economía latinoamericanas
375. *Walt Whitman* (1819–1892): poeta, ensayista y periodista estadounidense considerado el padre del verso libre. Whitman es una figura importante en el imaginario poético latinoamericano; ver, por ejemplo, el ensayo "El poeta Walt Whitman", escrito por José Martí en 1887.
376. *cazador*: persona que busca y persigue a ciertos animales para apresarlos o para matarlos
377. *Nemrod*: Nimrod; rey de Shinar de la Biblia hebrea representado como un hombre de mucho poder y un gran cazador
378. *ingenua*: sin malicia, inocente
379. *soberbio*: orgulloso

eres culto, eres hábil; te opones a Tolstoy.[380]
Y domando caballos, o asesinando tigres,
eres un Alejandro-Nabucodonosor.[381]
(Eres un profesor de energía,
como dicen los locos de hoy.)
Crees que la vida es incendio,
que el progreso es erupción;
en donde pones la bala[382]
el porvenir[383] pones.

 No.

Los Estados Unidos son potentes y grandes.
Cuando ellos se estremecen hay un hondo temblor
que pasa por las vértebras enormes de los Andes.
Si clamáis, se oye como el rugir del león.
Ya Hugo a Grant le dijo[384]: «Las estrellas son vuestras».
(Apenas brilla, alzándose, el argentino sol
y la estrella chilena se levanta …) Sois ricos.
Juntáis al culto de Hércules[385] el culto de Mammón[386];
y alumbrando el camino de la fácil conquista,
la Libertad levanta su antorcha en Nueva York.
Mas la América nuestra, que tenía poetas
desde los viejos tiempos de Netzahualcóyotl,[387]
que ha guardado las huellas de los pies del gran Baco,[388]
que el alfabeto pánico[389] en un tiempo aprendió;
que consultó los astros, que conoció la Atlántida,[390]
cuyo nombre nos llega resonando en Platón,
que desde los remotos momentos de su vida
vive de luz, de fuego, de perfume, de amor,
la América del gran Moctezuma, del Inca,
la América fragante de Cristóbal Colón,

380. *Tolstoy* (1828–1910): novelista ruso conocido por su moralismo, su anarquismo y su consciencia social

381. *Alejandro-Nabucodonosor*: Alejandro Magno (356–323 BCE) y Nebuchadnezzar (634–562. BCE) son símbolos del poder, del imperialismo y del éxito miliar.

382. *bala*: proyectil de armas de fuego

383. *porvenir*: futuro

384. *Ya Hugo a Grant le dijo*: cita una frase de Víctor Hugo (1802–1885) escrita contra el presidente Ulises Grant (1822–1885) cuando Grant visitó París en 1877. Se refiere al poder "universal" de los Estados Unidos ("las estrellas son vuestras") y al crecimiento del país representado por el aumento de las estrellas (una por cada Estado), estampadas en su bandera.

385. *Hércules*: figura de la mitología romana conocida por su fuerza física y sus aventuras

386. *Mammón*: personificación de riquezas que aparece en el Nuevo Testamento para describir la avaricia o la abundancia material

387. *Netzahualcóyotl*: repasa la información sobre el poeta azteca en la primera unidad de esta antología

388. *Baco*: dios romano de la agricultura y del vino

389. *pánico*: relacionado con Pan, figura mitológica griega asociada con los pastores y los rebaños

390. *Atlántida*: continente mitológico sumergido en el agua que representa la eventual derrota de un estado sumamente poderoso

la América católica, la América española,
la América en que dijo el noble Guatemoc[391]:
«Yo no estoy en un lecho de rosas»; esa América
que tiembla de huracanes y que vive de Amor,
hombres de ojos sajones y alma bárbara, vive.
Y sueña. Y ama, y vibra; y es la hija del Sol.
Tened cuidado. ¡Vive la América española!
Hay mil cachorros[392] sueltos del León Español.
Se necesitaría, Roosevelt, ser Dios mismo,
el Riflero terrible y el fuerte Cazador,
para poder tenernos en vuestras férreas[393] garras.[394]
Y, pues contáis con todo, falta una cosa: ¡Dios!

E. Cuestionario

1. ¿Qué imágenes o comparaciones se usan para caracterizar a los Estados Unidos?
2. Describe el cambio que ocurre en el tono de la voz poética a partir del verso "No".
3. ¿Cuáles son los elementos modernistas del poema?
4. ¿Cómo se mezclan estos con la conciencia política de Darío?

II. Horacio Quiroga (1878–1937)

A. Términos literarios

1. La prolepsis
2. El narrador omnisciente

B. El autor y su contexto social

1. Cuentista, dramaturgo y poeta urugua yo
2. Asociado con la generación de 1900, grupo literario heterogéneo
 a. Modernismo
 b. Naturalismo
 c. Criollismo
 d. Resistencia a la sociedad de masas
 e. Existencialismo
3. Temas
 a. Lo sobrenatural
 b. La locura

391. *Guatemoc*: Cuauhtémoc; último emperador azteca
392. *cachorros*: crías de los animales mamíferos
393. *férreas*: de hierro o que tiene sus propiedades
394. *garras*: patas de un animal cuando tiene uñas curvas y fuertes

3. Influencia en
 a. Autores asociados con el realismo mágico, el *boom*
 b. Autores asociados con el surrealismo postmoderno

C. Imágenes en contexto

Busca *Muerte de la Virgen* (Michelangelo Merisi da Caravaggio, 1606) en línea (Google Imágenes) y piensa en lo siguiente en preparación para esta sección:

1. El espacio representado
2. La imagen del cuerpo femenino muerto
3. El sacrificio
4. Elementos realistas/no realistas

D. Los textos

1. "EL ALMOHADÓN DE PLUMAS" (*CUENTOS DE AMOR, DE LOCURA, Y DE MUERTE*, 1917)

Su luna de miel fue un largo escalofrío.[395] Rubia, angelical y tímida, el carácter duro de su marido heló[396] sus soñadas niñerías de novia. Lo quería mucho, sin embargo, a veces con un ligero estremecimiento cuando volviendo de noche juntos por la calle, echaba una furtiva mirada a la alta estatura de Jordán, mudo desde hacía una hora. Él, por su parte, la amaba profundamente, sin darlo a conocer.

Durante tres meses—se habían casado en abril—vivieron una dicha[397] especial. Sin duda hubiera ella deseado menos severidad en ese rígido cielo de amor, más expansiva e incauta[398] ternura[399]; pero el impasible semblante de su marido la contenía siempre.

La casa en que vivían influía un poco en sus estremecimientos. La blancura del patio silencioso—frisos,[400] columnas y estatuas de mármol—producía una otoñal impresión de palacio encantado. Dentro, el brillo glacial del estuco, sin el más leve rasguño[401] en las altas paredes, afirmaba aquella sensación de desapacible frío. Al cruzar de una pieza a otra, los pasos hallaban eco en toda la casa, como si un largo abandono hubiera sensibilizado su resonancia.

En ese extraño nido de amor, Alicia pasó todo el otoño. No obstante, había concluido por echar un velo sobre sus antiguos sueños, y aún vivía dormida en la casa hostil, sin querer pensar en nada hasta que llegaba su marido.

No es raro que adelgazara. Tuvo un ligero ataque de influenza que se arrastró insidiosamente días y días; Alicia no se reponía nunca. Al fin una tarde pudo salir al jardín

395. *escalofrío*: sensación de frío en la piel que suele producirse por fiebre, miedo o cualquier emoción intensa
396. *heló*: enfrió
397. *dicha*: felicidad
398. *incauta*: crédula, ingenua
399. *ternura*: cariño, amor, afecto
400. *frisos*: término arquitectónico que se refiere a la decoración de la parte inferior de las paredes
401. *rasguño*: arañazo, raya superficial

apoyada en el brazo de él. Miraba indiferente a uno y otro lado. De pronto Jordán, con honda ternura, le pasó la mano por la cabeza, y Alicia rompió en seguida en sollozos,[402] echándole los brazos al cuello. Lloró largamente todo su espanto callado, redoblando el llanto a la menor tentativa de caricia. Luego los sollozos fueron retardándose, y aún quedó largo rato escondida en su cuello, sin moverse ni decir una palabra.

Fue ese el último día que Alicia estuvo levantada. Al día siguiente amaneció desvanecida.[403] El médico de Jordán la examinó con suma atención, ordenándole calma y descanso absolutos

—No sé—le dijo a Jordán en la puerta de calle, con la voz todavía baja—. Tiene una gran debilidad que no me explico, y sin vómitos, nada … Si mañana se despierta como hoy, llámeme enseguida.

Al otro día Alicia seguía peor. Hubo consulta. Constatóse[404] una anemia de marcha agudísima, completamente inexplicable. Alicia no tuvo más desmayos, pero se iba visiblemente a la muerte. Todo el día el dormitorio estaba con las luces prendidas y en pleno silencio. Pasábanse horas sin oír el menor ruido. Alicia dormitaba. Jordán vivía casi en la sala, también con toda la luz encendida. Paseábase sin cesar de un extremo a otro, con incansable obstinación. La alfombra ahogaba sus pesos. A ratos entraba en el dormitorio y proseguía su mudo vaivén[405] a lo largo de la cama, mirando a su mujer cada vez que caminaba en su dirección.

Pronto Alicia comenzó a tener alucinaciones, confusas y flotantes al principio, y que descendieron luego a ras[406] del suelo. La joven, con los ojos desmesuradamente abiertos, no hacía sino mirar la alfombra a uno y otro lado del respaldo de la cama. Una noche se quedó de repente mirando fijamente. Al rato abrió la boca para gritar, y sus narices y labios se perlaron de sudor.

—¡Jordán! ¡Jordán!—clamó, rígida de espanto, sin dejar de mirar la alfombra.

Jordán corrió al dormitorio, y al verlo aparecer Alicia dio un alarido[407] de horror.

—¡Soy yo, Alicia, soy yo!

Alicia lo miró con extravío,[408] miró la alfombra, volvió a mirarlo, y después de largo rato de estupefacta confrontación, se serenó. Sonrió y tomó entre las suyas la mano de su marido, acariciándola temblando.

Entre sus alucinaciones más porfiadas, hubo un antropoide,[409] apoyado en la alfombra sobre los dedos, que tenía fijos en ella los ojos.

Los médicos volvieron inútilmente. Había allí delante de ellos una vida que se acababa, desangrándose día a día, hora a hora, sin saber absolutamente cómo. En la última

402. *sollozos*: lamentos, quejidos
403. *desvanecida*: pálida, desmayada, débil
404. *constátose*: se verificó
405. *vaivén*: movimiento alternativo y sucesivo de un lado a otro
406. *a ras de*: casi al nivel de
407. *alarido:* grito fuerte y lastimero
408. *extravío*: pérdida de algo
409. *antropoide*: antropomorfo; parecido al ser humano en sus características externas

consulta Alicia yacía en estupor mientras ellos la pulsaban, pasándose de uno a otro la muñeca inerte. La observaron largo rato en silencio y siguieron al comedor.

—Pst …—se encogió de hombros desalentado su médico—. Es un caso serio … poco hay que hacer …

—¡Sólo eso me faltaba!—resopló[410] Jordán. Y tamborileó[411] bruscamente sobre la mesa.

Alicia fue extinguiéndose en su delirio de anemia, agravado de tarde, pero que remitía siempre en las primeras horas. Durante el día no avanzaba su enfermedad, pero cada mañana amanecía lívida, en síncope[412] casi. Parecía que únicamente de noche se le fuera la vida en nuevas alas de sangre. Tenía siempre al despertar la sensación de estar desplomada en la cama con un millón de kilos encima. Desde el tercer día este hundimiento no la abandonó más. Apenas podía mover la cabeza. No quiso que le tocaran la cama, ni aún que le arreglaran el almohadón. Sus terrores crepusculares avanzaron en forma de monstruos que se arrastraban hasta la cama y trepaban dificultosamente por la colcha.

Perdió luego el conocimiento. Los dos días finales deliró sin cesar a media voz. Las luces continuaban fúnebremente encendidas en el dormitorio y la sala. En el silencio agónico de la casa, no se oía más que el delirio monótono que salía de la cama, y el rumor ahogado de los eternos pasos de Jordán.

Murió, por fin. La sirvienta, que entró después a deshacer la cama, sola ya, miró un rato extrañada el almohadón.

—¡Señor!—llamó a Jordán en voz baja—. En el almohadón hay manchas que parecen de sangre.

Jordán se acercó rápidamente Y se dobló a su vez. Efectivamente, sobre la funda,[413] a ambos lados del hueco que había dejado la cabeza de Alicia, se veían manchitas oscuras.

—Parecen picaduras—murmuró la sirvienta después de un rato de inmóvil observación.

—Levántelo a la luz—le dijo Jordán.

La sirvienta lo levantó, pero enseguida lo dejó caer, y se quedó mirando a aquél, lívida y temblando. Sin saber por qué, Jordán sintió que los cabellos se le erizaban.[414]

—¿Qué hay?—murmuró con la voz ronca.

—Pesa mucho—articuló la sirvienta, sin dejar de temblar.

Jordán lo levantó; pesaba extraordinariamente. Salieron con él, y sobre la mesa del comedor Jordán cortó funda y envoltura de un tajo.[415] Las plumas superiores volaron, y

410. *resopló*: echó ruidosamente el aire por la boca o la nariz
411. *tamborileó*: tocó los dedos en la superficie de la mesa, imitando el sonido de un tambor.
412. *síncope*: mareo, desmayo
413. *funda*: cubierta
414. *erizaban*: se levantaban
415. *tajo*: corte

la sirvienta dio un grito de horror con toda la boca abierta, llevándose las manos crispadas[416] a los bandos[417]:—sobre el fondo, entre las plumas, moviendo lentamente las patas velludas,[418] había un animal monstruoso, una bola viviente y viscosa.[419] Estaba tan hinchado que apenas se le pronunciaba la boca.

Noche a noche, desde que Alicia había caído en cama, había aplicado sigilosamente[420] su boca—su trompa,[421] mejor dicho—a las sienes[422] de aquélla, chupándole la sangre. La picadura era casi imperceptible. La remoción diaria del almohadón había impedido sin duda su desarrollo, pero desde que la joven no pudo moverse, la succión fue vertiginosa.[423] En cinco días, en cinco noches, había vaciado a Alicia.

Estos parásitos de las aves, diminutos en el medio habitual, llegan a adquirir en ciertas condiciones proporciones enormes. La sangre humana parece serles particularmente favorable, y no es raro hallarlos en los almohadones de pluma.

2. "LA GALLINA DEGOLLADA"[424] (CUENTOS DE AMOR, DE LOCURA, Y DE MUERTE, 1917)

Todo el día, sentados en el patio en un banco, estaban los cuatro hijos idiotas del matrimonio Mazzini-Ferraz. Tenían la lengua entre los labios, los ojos estúpidos y volvían la cabeza con la boca abierta. El patio era de tierra, cerrado al oeste por un cerco de ladrillos. El banco quedaba paralelo a él, a cinco metros, y allí se mantenían inmóviles, fijos los ojos en los ladrillos. Como el sol se ocultaba tras el cerco, al declinar[425] los idiotas tenían fiesta. La luz enceguecedora llamaba su atención al principio, poco a poco sus ojos se animaban; se reían al fin estrepitosamente, congestionados por la misma hilaridad ansiosa, mirando el sol con alegría bestial, como si fuera comida.

Otras veces, alineados en el banco, zumbaban horas enteras, imitando al tranvía eléctrico. Los ruidos fuertes sacudían asimismo su inercia, y corrían entonces, mordiéndose la lengua y mugiendo,[426] alrededor del patio. Pero casi siempre estaban apagados en un sombrío letargo de idiotismo, y pasaban todo el día sentados en su banco, con las piernas colgantes y quietas, empapando de glutinosa saliva el pantalón.

El mayor tenía doce años, y el menor ocho. En todo su aspecto sucio y desvalido se notaba la falta absoluta de un poco de cuidado maternal.

Esos cuatro idiotas, sin embargo, habían sido un día el encanto de sus padres. A los tres meses de casados, Mazzini y Berta orientaron su estrecho amor de marido y mujer, y mujer y marido, hacia un porvenir mucho más vital: un hijo: ¿Qué mayor dicha para dos enamorados que esa honrada consagración de su cariño, libertado ya del vil egoísmo

416. *crispadas*: rígidas
417. *bandos*: lados
418. *velludas*: peludas
419. *viscosa*: gelatinosa
420. *sigilosamente*: en secreto
421. *trompa*: hocico, nariz
422. *sienes*: las dos partes laterales de la cabeza comprendidas entre la frente, la oreja y la mejilla
423. *vertiginosa*: que produce vértigo
424. *degollada*: con el cuello cortado
425. *declinar*: decaer, menguar las facultades
426. *mugiendo*: emitiendo una voz característica de las vacas

de un mutuo amor sin fin ninguno y, lo que es peor para el amor mismo, sin esperanzas posibles de renovación?

Así lo sintieron Mazzini y Berta, y cuando el hijo llegó, a los catorce meses de matrimonio, creyeron cumplida su felicidad. La criatura creció, bella y radiante, hasta que tuvo año y medio. Pero en el vigésimo mes sacudiéronlo[427] una noche convulsiones terribles, y a la mañana siguiente no conocía más a sus padres. El médico lo examinó con esa atención profesional que está visiblemente buscando las causas del mal en las enfermedades de los padres.

Después de algunos días los miembros paralizados recobraron el movimiento; pero la inteligencia, el alma, aun el instinto, se habían ido del todo; había quedado profundamente idiota, baboso, colgante, muerto para siempre sobre las rodillas de su madre.

—¡Hijo, mi hijo querido!—sollozaba ésta, sobre aquella espantosa ruina de su primogénito.[428]

El padre, desolado, acompañó al médico afuera.

—A usted se le puede decir; creo que es un caso perdido.

Podrá mejorar, educarse en todo lo que le permita su idiotismo, pero no más allá.

—¡Sí …! ¡Sí …!—asentía Mazzini—. Pero dígame; ¿Usted cree que es herencia, que …?

—En cuanto a la herencia paterna, ya le dije lo que creía cuando vi a su hijo. Respecto a la madre, hay allí un pulmón que no sopla bien. No veo nada más, pero hay un soplo un poco rudo. Hágala examinar bien.

Con el alma destrozada de remordimiento, Mazzini redobló el amor a su hijo, el pequeño idiota que pagaba los excesos del abuelo. Tuvo asimismo que consolar, sostener sin tregua[429] a Berta, herida en lo más profundo por aquel fracaso de su joven maternidad.

Como es natural, el matrimonio puso todo su amor en la esperanza de otro hijo. Nació éste, y su salud y limpidez de risa reencendieron el porvenir extinguido. Pero a los dieciocho meses las convulsiones del primogénito se repetían, y al día siguiente amanecía idiota.

Esta vez los padres cayeron en honda desesperación. ¡Luego su sangre, su amor estaban malditos! ¡Su amor, sobre todo! Veintiocho años él, veintidós ella, y toda su apasionada ternura no alcanzaba a crear un átomo de vida normal. Ya no pedían más belleza e inteligencia como en el primogénito; ¡pero un hijo, un hijo como todos!

Del nuevo desastre brotaron nuevas llamaradas del dolorido amor, un loco anhelo de redimir de una vez para siempre la santidad de su ternura. Sobrevinieron mellizos, y punto por punto repitióse el proceso de los dos mayores.

Mas, por encima de su inmensa amargura, quedaba a Mazzini y Berta gran compasión por sus cuatro hijos. Hubo que arrancar del limbo de la más honda animalidad, no

427. *sacudiéronlo*: lo movieron violentamente de un lado a otro.
428. *primogénito*: primer hijo
429. *tregua*: suspensión de hostilidades

ya sus almas, sino el instinto mismo abolido.[430] No sabían deglutir,[431] cambiar de sitio, ni aun sentarse. Aprendieron al fin a caminar, pero chocaban contra todo, por no darse cuenta de los obstáculos. Cuando los lavaban mugían hasta inyectarse de sangre el rostro. Animábanse sólo al comer, o cuando veían colores brillantes u oían truenos. Se reían entonces, echando afuera lengua y ríos de baba, radiantes de frenesí bestial. Tenían, en cambio, cierta facultad imitativa; pero no se pudo obtener nada más. Con los mellizos pareció haber concluido la aterradora descendencia. Pero pasados tres años desearon de nuevo ardientemente otro hijo, confiando en que el largo tiempo transcurrido hubiera aplacado[432] a la fatalidad.

No satisfacían sus esperanzas. Y en ese ardiente anhelo que se exasperaba, en razón de su infructuosidad,[433] se agriaron.[434] Hasta ese momento cada cual había tomado sobre sí la parte que le correspondía en la miseria de sus hijos; pero la desesperanza de redención ante las cuatro bestias que habían nacido de ellos, echó afuera esa imperiosa necesidad de culpar a los otros, que es patrimonio específico de los corazones inferiores.

Iniciáronse con el cambio de pronombre: tus hijos. Y como a más del insulto había la insidia,[435] la atmósfera se cargaba.

—Me parece—díjole una noche Mazzini, que acababa de entrar y se lavaba las manos—que podrías tener más limpios a los muchachos.

Berta continuó leyendo como si no hubiera oído.

—Es la primera vez—repuso al rato—que te veo inquietarte por el estado de tus hijos.

Mazzini volvió un poco la cara a ella con una sonrisa forzada:

—De nuestros hijos, ¿me parece?

—Bueno; de nuestros hijos. ¿Te gusta así?—alzó[436] ella los ojos.

Esta vez Mazzini se expresó claramente:

—¿Creo que no vas a decir que yo tenga la culpa, no?

—¡Ah, no!—se sonrió Berta, muy pálida—¡pero yo tampoco, supongo…! ¡No faltaba más…!—murmuró.

—¿Qué, no faltaba más?

—¡Que si alguien tiene la culpa, no soy yo, entiéndelo bien! Eso es lo que te quería decir.

Su marido la miró un momento, con brutal deseo de insultarla.

—¡Dejemos!—articuló, secándose por fin las manos.

—Como quieras; pero si quieres decir …

—¡Berta!

—¡Como quieras!

Este fue el primer choque y le sucedieron otros. Pero en las inevitables reconciliaciones, sus almas se unían con doble arrebato y locura por otro hijo.

430. *abolido*: prohibido o eliminado
431. *deglutir*: tragar
432. *aplacado*: calmado, suavizado
433. *infructuosidad*: inutilidad
434. *se agriaron*: tuvieron los ánimos exasperados
435. *insidia*: dicho o acto con malas intensiones
436. *alzó*: levantó

Nació así una niña. Vivieron dos años con la angustia a flor de alma,[437] esperando siempre otro desastre. Nada acaeció,[438] sin embargo, y los padres pusieron en ella toda su complacencia, que la pequeña llevaba a los más extremos límites del mimo[439] y la mala crianza.

Si aún en los últimos tiempos Berta cuidaba siempre de sus hijos, al nacer Bertita olvidóse casi del todo de los otros. Su solo recuerdo la horrorizaba, como algo atroz que la hubieran obligado a cometer. A Mazzini, bien que en menor grado, pasábale lo mismo.

No por eso la paz había llegado a sus almas. La menor indisposición de su hija echaba ahora afuera, con el terror de perderla, los rencores de su descendencia podrida. Habían acumulado hiel sobrado tiempo para que el vaso no quedara distendido,[440] y al menor contacto el veneno se vertía afuera. Desde el primer disgusto emponzoñado habíanse perdido el respeto; y si hay algo a que el hombre se siente arrastrado con cruel fruición, es, cuando ya se comenzó, a humillar del todo a una persona. Antes se contenían por la mutua falta de éxito; ahora que éste había llegado, cada cual, atribuyéndolo a sí mismo, sentía mayor la infamia de los cuatro engendros que el otro habíale forzado a crear.

Con estos sentimientos, no hubo ya para los cuatro hijos mayores afecto posible. La sirvienta los vestía, les daba de comer, los acostaba, con visible brutalidad. No los lavaban casi nunca. Pasaban casi todo el día sentados frente al cerco, abandonados de toda remota caricia.

De este modo Bertita cumplió cuatro años, y esa noche, resultado de las golosinas[441] que era a los padres absolutamente imposible negarle, la criatura tuvo algún escalofrío y fiebre. Y el temor a verla morir o quedar idiota, tornó a reabrir la eterna llaga.[442]

Hacía tres horas que no hablaban, y el motivo fue, como casi siempre, los fuertes pasos de Mazzini.

—¡Mi Dios! ¿No puedes caminar más despacio? ¿Cuántas veces …?

—Bueno, es que me olvido; ¡se acabó! No lo hago a propósito.

Ella se sonrió, desdeñosa[443]:

—¡No, no te creo tanto!

—Ni yo, jamás, te hubiera creído tanto a ti … ¡tisiquilla![444]

—¡Qué! ¿Qué dijiste …?

—¡Nada!

—Sí, te oí algo! Mira: ¡no sé lo que dijiste; pero te juro que prefiero cualquier cosa a tener un padre como el que has tenido tú!

Mazzini se puso pálido.

437. *a flor de alma*: arraigada profundamente
438. *acaeció*: ocurrió
439. *mimo*: cuidado o consentimiento excesivo
440. *distendido*: demasiado lleno
441. *golosinas*: dulces
442. *llaga*: herida
443. *desdeñosa*: indiferente
444. *tisiquilla*: tísica (que tiene tisis), enfermedad pulmonar

—¡Al fin!—murmuró con los dientes apretados—. ¡Al fin, víbora, has dicho lo que querías!

—¡Sí, víbora, sí! Pero yo he tenido padres sanos ¿oyes?, ¡sanos! ¡Mi padre no ha muerto de delirio! ¡Yo hubiera tenido hijos como los de todo el mundo! ¡Esos son hijos tuyos, los cuatro tuyos!

Mazzini explotó a su vez.

—¡Víbora tísica! ¡Eso es lo que te dije, lo que te quiero decir! ¡Pregúntale, pregúntale al médico quién tiene la mayor culpa de la meningitis de tus hijos: mi padre o tu pulmón picado, víbora!

Continuaron cada vez con mayor violencia, hasta que un gemido de Bertita selló instantáneamente sus bocas. A la una de la mañana la ligera indigestión había desaparecido, y como pasa fatalmente con todos los matrimonios jóvenes que se han amado intensamente una vez siquiera, la reconciliación llegó, tanto más efusiva cuanto hirientes fueran los agravios.

Amaneció un espléndido día, y mientras Berta se levantaba escupió[445] sangre. Las emociones y mala noche pasada tenían, sin duda, gran culpa. Mazzini la retuvo abrazada largo rato, y ella lloró desesperadamente, pero sin que ninguno se atreviera a decir una palabra.

A las diez decidieron salir, después de almorzar. Como apenas tenían tiempo, ordenaron a la sirvienta que matara una gallina.

El día radiante había arrancado a los idiotas de su banco. De modo que mientras la sirvienta degollaba en la cocina al animal, desangrándolo con parsimonia[446] (Berta había aprendido de su madre este buen modo de conservar frescura a la carne), creyó sentir algo como respiración tras ella. Volvióse, y vio a los cuatro idiotas, con los hombros pegados uno a otro, mirando estupefactos la operación…. Rojo … rojo …

—¡Señora! Los niños están aquí, en la cocina.

Berta llegó; no quería que jamás pisaran allí. ¡Y ni aun en esas horas de pleno perdón, olvido y felicidad reconquistada, podía evitarse esa horrible visión! Porque, naturalmente, cuando más intensos eran los raptos de amor a su marido e hija, más irritado era su humor con los monstruos.

—¡Que salgan, María! ¡Échelos! ¡Échelos, le digo!

Las cuatro pobres bestias, sacudidas, brutalmente empujadas, fueron a dar a su banco.

Después de almorzar, salieron todos. La sirvienta fue a Buenos Aires, y el matrimonio a pasear por las quintas.[447] Al bajar el sol volvieron, pero Berta quiso saludar un momento a sus vecinas de enfrente. Su hija escapóse en seguida a casa.

Entretanto los idiotas no se habían movido en todo el día de su banco. El sol había traspuesto ya el cerco, comenzaba a hundirse, y ellos continuaban mirando los ladrillos, más inertes que nunca.

445. *escupió*: arrojó con la boca
446. *parsimonia*: calma o lentitud excesivas
447. *quintas*: huertas pequeñas

De pronto, algo se interpuso entre su mirada y el cerco. Su hermana, cansada de cinco horas paternales, quería observar por su cuenta. Detenida al pie del cerco, miraba pensativa la cresta.[448] Quería trepar, eso no ofrecía duda. Al fin decidióse por una silla desfondada,[449] pero faltaba aún. Recurrió entonces a un cajón de kerosene, y su instinto topográfico hízole colocar vertical el mueble, con lo cual triunfó.

Los cuatro idiotas, la mirada indiferente, vieron cómo su hermana lograba pacientemente dominar el equilibrio, y cómo en puntas de pie apoyaba la garganta sobre la cresta del cerco, entre sus manos tirantes.[450] Viéronla mirar a todos lados, y buscar apoyo con el pie para alzarse más.

Pero la mirada de los idiotas se había animado; una misma luz insistente estaba fija en sus pupilas. No apartaban los ojos de su hermana, mientras una creciente sensación de gula bestial iba cambiando cada línea de sus rostros. Lentamente avanzaron hacia el cerco. La pequeña, que habiendo logrado calzar el pie, iba ya a montar a horcajadas[451] y a caerse del otro lado, seguramente, sintióse cogida de la pierna. Debajo de ella, los ocho ojos clavados en los suyos le dieron miedo.
—¡Suéltame! ¡Déjame!—gritó sacudiendo la pierna. Pero fue atraída.
—¡Mamá! ¡Ay, mamá! ¡Mamá, papá!—lloró imperiosamente. Trató aún de sujetarse del borde, pero sintióse arrancada y cayó.
—Mamá, ¡ay! Ma …

No pudo gritar más. Uno de ellos le apretó el cuello, apartando los bucles como si fueran plumas, y los otros la arrastraron de una sola pierna hasta la cocina, donde esa mañana se había desangrado a la gallina, bien sujeta, arrancándole la vida segundo por segundo.

Mazzini, en la casa de enfrente, creyó oír la voz de su hija.
—Me parece que te llama—le dijo a Berta.

Prestaron oído inquietos pero no oyeron más. Con todo, un momento después se despidieron, y mientras Berta iba a dejar su sombrero, Mazzini avanzó en el patio.
—¡Bertita!
Nadie respondió.
—¡Bertita!—alzó más la voz ya alterada.
Y el silencio fue tan fúnebre para su corazón siempre aterrado, que la espalda se le heló de horrible presentimiento.
—¡Mi hija, mi hija!—corrió ya desesperado hacia el fondo. Pero al pasar frente a la cocina vio en el piso un mar de sangre. Empujó violentamente la puerta entornada, y lanzó un grito de horror.

Berta, que ya se había lanzado corriendo a su vez al oír el angustioso llamado del padre, oyó el grito y respondió con otro. Pero al precipitarse[452] en la cocina, Mazzini, lívido como la muerte, se interpuso conteniéndola:

448. *cresta*: la parte más alta
449. *desfondada*: con el fondo sacado o roto
450. *tirantes*: tensas
451. *horcajadas*: montar a caballo con una pierna a cada lado del animal o sentarse en cualquier otro lugar en una postura similar
452. *precipitarse*: lanzarse hacia un lugar

—¡No entres! ¡No entres!

Berta alcanzó a ver el piso inundado de sangre. Sólo pudo echar sus brazos sobre la cabeza y hundirse a lo largo de él con un ronco suspiro.

E. Cuestionario

"El almohadón de plumas"

1. ¿Cómo calificarías la relación entre Alicia y Jordán? ¿Cuáles son los elementos ambiguos de su descripción?
2. Con la llegada del otoño, ¿qué síntomas experimenta Alicia? ¿Cómo reacciona Jordán?
3. ¿Cuál es el resultado de su enfermedad?
4. ¿Qué descubren Jordán y la sirvienta al final del cuento? ¿Cómo interpretas tú el hallazgo? ¿Es literal o más bien simbólico?
5. ¿Crees que existe una relación entre el estado físico de los personajes y su estado psicológico? Explica.
6. ¿Cómo emplea Quiroga la prolepsis?
7. Identifica lo siguiente: la exposición, el nudo, el clímax y el desenlace.
8. ¿Cuáles son los elementos modernistas del cuento? ¿Y naturalistas?

"La gallina degollada"

1. ¿Quiénes son los miembros de la familia Mazzini-Ferraz?
2. ¿Cómo es la relación que tienen los padres? ¿Cambia a través del relato? Explica.
3. ¿Cómo se llama la enfermedad que tuvieron los cuatro hijos? ¿Cuáles son las consecuencias de la misma? ¿Se recuperan?
4. Describe la vida cotidiana de ellos. ¿Quién los cuida? ¿Cómo pasan el tiempo? ¿Qué facultad tienen?
5. ¿Qué representa el nacimiento de Bertita para sus padres?
6. Compara la infancia de Bertita con la de sus hermanos.
7. ¿Qué hacen los hermanos al final del cuento? En tu opinión, ¿por qué hacen esto?
8. ¿Crees que los hermanos son responsables de sus actos? Explica.
9. ¿Cuál es el valor simbólico de la gallina degollada? ¿Y el de la sangre?
10. ¿Cómo emplea Quiroga la prolepsis?
11. ¿Cuáles son los elementos modernistas del cuento? ¿Y naturalistas?

III. Delmira Agustini (1886–1914)

A. Términos literarios

1. El simbolismo
2. La anáfora
3. El polisíndeton

B. La autora y su contexto social

1. Poeta uruguaya
2. La generación del 1900

3. Modernista
 a. El exotismo
 b. El erotismo
4. Estudiante de Rubén Darío

C. Imágenes en contexto

Busca *Leda y el cisne* (François Boucher, siglo XVIII) en línea (Google Imágenes) y piensa en lo siguiente en preparación para esta sección:

1. Leda y el cisne en el contexto modernista
2. La sexualidad femenina
3. La figura de la mujer: el naturalismo/realismo frente al idealismo

D. El texto

1. "EL INTRUSO" (*EL LIBRO BLANCO* [*FRÁGIL*], 1907)

Amor, la noche estaba trágica y sollozante
Cuando tu llave de oro cantó en mi cerradura;
Luego, la puerta abierta sobre la sombra helante
Tu forma fue una mancha de luz y de blancura.

Todo aquí lo alumbraron tus ojos de diamante;
Bebieron en mi copa tus labios de frescura,
Y descansó en mi almohada tu cabeza fragante;
Me encantó tu descaro[453] y adoré tu locura.

¡Y hoy río si tú ríes, y canto si tú cantas;
Y si tú duermes, duermo como un perro a tus plantas!
¡Hoy llevo hasta en mi sombra tu olor de primavera;

Y tiemblo si tu mano toca la cerradura;
Y bendigo la noche sollozante y oscura
Que floreció en mi vida tu boca tempranera![454]

E. Cuestionario

1. Discute el tema de este poema, señalando ejemplos concretos de tus observaciones.
2. Dentro de este contexto temático, ¿qué simbolizan "la llave" y "la cerradura"? Considera, también, las formas posesivas: "tu", "mi", etc.)
3. ¿Cuáles son los elementos modernistas del poema?
4. ¿Quién podría ser "El intruso"?
5. Comenta las contradicciones a lo largo del poema y su posible relación con el modernismo.

453. *descaro*: desvergüenza, insolencia, atrevimiento
454. *tempranera*: que se da antes de su tiempo normal

IV. César Vallejo (1892–1938)

A. Términos literarios

1. La anáfora
2. La metonimia
3. La personificación

B. El autor y su contexto social

1. Poeta, dramaturgo y periodista peruano
2. Miembro del Grupo Norte, grupo de intelectuales formado en el norte de Perú
3. Conocido por la originalidad de su obra
4. Asociado con el surrealismo y el modernismo
5. Consciencia del sufrimiento humano

C. Imágenes en contexto

Busca *La araña sonriente* (Odlion Redon, 1881) en línea (Google Imágenes) y piensa en lo siguiente en preparación para esta sección:

1. La personificación de la araña del título
2. La representación de texturas
3. El desequilibrio

D. El texto

1. "LA ARAÑA" (*LOS HERALDOS NEGROS*, 1918)

Es una araña enorme que ya no anda;
una araña incolora, cuyo cuerpo,
una cabeza y un abdomen, sangra.

Hoy la he visto de cerca. Y con qué esfuerzo
hacia todos los flancos[455]
sus pies innumerables alargaba.
Y he pensado en sus ojos invisibles,
los pilotos fatales de la araña.

Es una araña que temblaba fija
en un filo de piedra;
el abdomen a un lado,
y al otro la cabeza.

Con tantos pies la pobre, y aún no puede
resolverse. Y, al verla

455. *flancos*: cada una de las dos partes laterales de un cuerpo considerado o visto de frente

atónita en tal trance,
hoy me ha dado qué pena esa viajera.

Es una araña enorme, a quien impide
el abdomen seguir a la cabeza.
Y he pensado en sus ojos
y en sus pies numerosos ...
¡Y me ha dado qué pena esa viajera!

E. Cuestionario

1. ¿Cuál es el estado físico de la araña cuando el hablante poético la observa?
2. ¿Cómo reacciona este hablante a lo que observa? Explica la evolución de sus sentimientos.
3. ¿Qué hacen las patas de la araña? ¿Con qué objetivo?
4. Comenta el efecto de usar la palabra "viajera" para hablar del arácnido.
5. Referirse a la araña como "cabeza y abdomen" es un ejemplo de metonimia. ¿Cuál es el valor simbólico de estas dos referencias?
6. ¿Cómo emplea el poeta la personificación y la metonimia para hacer un comentario sobre la vida humana? ¿Cuál podría ser ese comentario?
7. ¿Qué le ha sucedido a esta araña en tu opinión?

V. Gabriela Mistral (1889–1957)

A. Términos literarios

1. La antítesis
2. La sinestesia
3. La personificación
4. El apóstrofe
5. La metonimia

B. La autora y su contexto social

1. Chilena
2. Ganadora del Premio Nobel (1945)
3. Temas centrales
 a. La naturaleza
 b. El amor
 c. La traición
 d. La maternidad
 e. El viajar
 f. La ilusión/la desilusión
 g. La identidad latinoamericana
 i. Lo indígena
 ii. Lo europeo
4. Maestra de escuela (Pablo Neruda fue estudiante suyo.)

C. Imágenes en contexto

Busca *Mujer y libro* (Salvador Dalí, siglo XX) en línea (Google Imágenes) y piensa en lo siguiente en preparación para esta sección:

1. La expresión visual del amor por los libros
2. El libro/la lectura y la intimidad
3. El libro/la lectura y la identidad
4. La lectura y la creación
5. La lectura como algo "vivo"

D. El texto

1. "Mis libros" (*Desolación*, 1922)

Libros, callados libros de las estanterías,
vivos en su silencio, ardientes en su calma;
libros, los que consuelan, terciopelos[456] del alma,
y que siendo tan tristes nos hacen la alegría!

Mis manos en el día de afanes[457] se rindieron;
pero al llegar la noche los buscaron, amantes,
en el hueco del muro donde como semblantes
me miran confortándome aquellos que vivieron.

¡Biblia, mi noble Biblia, panorama estupendo,
en donde se quedaron mis ojos largamente,
tienes sobre los Salmos las lavas más ardientes
y en su río de fuego mi corazón enciendo!

Sustentaste a mis gentes con tu robusto vino
y los erguiste[458] recios en medio de los hombres,
y a mí me yergue[459] de ímpetu sólo el decir tu nombre;
porque de ti yo vengo, he quebrado[460] al Destino.

Después de ti, tan sólo me traspasó los huesos
con su ancho alarido, el sumo Florentino.[461]
A su voz todavía como un junco me inclino;
por su rojez de infierno, fantástica, atravieso.

Y para refrescar en musgos con rocío
la boca, requemada en las llamas dantescas,
busqué las Florecillas de Asís,[462] las siempre frescas.
¡Y en esas felpas dulces se quedó el pecho mío!

456. *terciopelos*: tela suave
457. *afanes*: esfuerzos
458. *erguiste*: los levantaste o los pusiste rectos
459. *yergue*: me levanta, me pone recta
460. *quebrado*: roto
461. *el sumo Florentino*: se refiere a Dante Alighieri (1265–1321), poeta italiano y autor de la *Divina comedia*
462. *Florecillas de Asís*: escritos de San Francisco de Asís (1182–1226), fundador de la orden franciscana

Yo vi a Francisco,[463] a Aquel fino como las rosas,
pasar por su campiña[464] más leve que un aliento,
besando el lirio abierto y el pecho purulento,[465]
por besar al Señor que duerme entre las cosas.

¡Poema de Mistral,[466] olor a surco abierto
que huele en las mañanas, yo te aspiré embriagada!
Vi a Mireya[467] exprimir la fruta ensangrentada
del amor, y correr por el atroz desierto.

Te recuerdo también, deshecha de dulzuras,
verso de Amado Nervo,[468] con pecho de paloma,
que me hiciste más suave la línea de la loma,[469]
cuando yo te leía en mis mañanas puras.

Nobles libros antiguos, de hojas amarillentas,
sois labios no rendidos de endulzar a los tristes,
sois la vieja amargura que nuevo manto viste:
¡desde Job[470] hasta Kempis[471] la misma voz doliente!

Los que cual Cristo hicieron la Vía-Dolorosa,[472]
apretaron el verso contra su roja herida,
y es lienzo[473] de Verónica[474] la estrofa dolorida;
¡todo libro es purpúreo como sangrienta rosa!

¡Os amo, os amo, bocas de los poetas idos,
que deshechas en polvo me seguís consolando,
y que al llegar la noche estáis conmigo hablando,
junto a la dulce lámpara, con dulzor de gemidos!

De la página abierta aparto la mirada
¡oh muertos! y mi ensueño va tejiéndoos semblantes:
las pupilas febriles, los labios anhelantes
que lentos se deshacen en la tierra apretada.

463. *Francisco*: San Francisco de Asís
464. *campiña*: campo llano y extenso dedicado al cultivo
465. *purulento*: que tiene o secreta pus
466. *Mistral*: Federico Mistral (1830–1914), autor francés con el mismo apellido que el del pseudó-
 nimo de la poeta chilena
467. *Mireya*: poema de Federico Mistral que trata el amor trágico de una joven de la Provenza
468. *Amado Nervo* (1870–1919): poeta, periodista y educador mexicano
469. *loma*: colina
470. *Job*: figura bíblica que ejemplifica la obediencia a dios frente a la desgracia
471. *Kempis*: Thomas á Kempis (1380–1471), cura, monje y escritor alemán
472. *Vía Dolorosa*: camino que anduvo Cristo antes de ser crucificado
473. *lienzo*: tela preparada para pintar sobre ella
474. *Verónica*: Según la tradición católica, fue la mujer que, durante el Viacrucis, tendió a Cristo un
 velo para que enjugara el sudor y la sangre. En la tela quedaron impresas las facciones de Cristo.

E. Cuestionario

1. Busca ejemplos de lo siguiente: antítesis, personificación, metonimia y apóstrofe.
2. ¿Cuál es el tema del poema?
3. ¿Qué relaciones existen entre estos recursos poéticos y la temática del poema?
4. ¿Qué libros/autores específicos se mencionan? ¿Qué representan estas referencias para el hablante poético?
5. Desde la perspectiva del hablante poético, ¿cuáles son las relaciones entre el libro/la lectura y los siguientes elementos: el recuerdo, la identidad y la intimidad?
6. Describe tus propios hábitos lectores. ¿Qué representan los libros para ti? ¿Qué libros te han marcado en tu vida y por qué?
7. En tu opinión, ¿existe una diferencia entre la cultura del libro y la cultura lectora? ¿Cuáles son los efectos de las redes sociales en la cultura lectora? Explica.

VI. Julia de Burgos (1914–1953)

A. Términos literarios

1. La poesía negrista
2. Los neologismos

B. La autora y su contexto social

1. Puertorriqueña
2. Aborda los problemas de la mujer en su poesía.
3. "Hijas de la libertad", rama femenina del Partido Nacionalista de Puerto Rico
4. Fallece en Nueva York en 1953.

C. Imágenes en contexto

Busca la pintura *La jungla* (Wilfredo Lam, 1943) en línea (Google Imágenes) y piensa en las siguientes preguntas en preparación para esta sección:

1. ¿Cómo son las personas que viven en esta jungla?
2. ¿Qué representa la jungla a lo largo de la historia?

D. El texto

1. "AY AY AY DE LA GRIFA NEGRA" (*POEMA EN VEINTE SURCOS*, 1938)

Ay ay ay, que soy grifa[475] y pura negra;
grifería[476] en mi pelo, cafrería[477] en mis labios;
y mi chata[478] nariz mozambiquea.[479]

475. *grifa*: se refiere a una persona racialmente mezclada; mulata
476. *grifería*: negritud
477. *cafrería*: se refiere a una antigua región del sureste de África
478. *chata*: nariz aplastada
479. *mozambiquea*: verbo inventado que viene de "Mozambique", país africano.

Negra de intacto[480] tinte, lloro y río
la vibración de ser estatua negra;
de ser trozo de noche,
en que mis blancos dientes relampaguean[481];
y ser negro bejuco[482]
que a lo negro se enreda
y comba[483] el negro nido
en que el cuervo se acuesta.
Negro trozo de negro en que me esculpo,[484]
ay ay ay, que mi estatua es toda negra.

Dícenme que mi abuelo fue el esclavo
por quien el amo dio treinta monedas.
Ay ay ay, que el esclavo fue mi abuelo
es mi pena, es mi pena.
Si hubiera sido el amo,
sería mi vergüenza;
que en los hombres, igual que en las naciones,
si el ser el siervo es no tener derechos,
el ser el amo es no tener conciencia.

Ay ay ay, los pecados del rey blanco
lávelos en perdón la reina negra.
Ay ay ay, que la raza se me fuga[485]
y hacia la raza blanca zumba[486] y vuela
hundirse en su agua clara;
tal vez si la blanca se ensombrará en la negra.
Ay ay ay, que mi negra raza huye
y con la blanca corre a ser trigueña[487];
¡a ser la del futuro,
fraternidad de América!

E. Cuestionario

1. Comenta el tono de este poema. ¿Es triste? ¿Agresivo? ¿Celebratorio?
2. La voz poética repite variaciones de la palabra "negro". ¿Con qué fin?
3. ¿Cómo interpretas la anáfora "Ay, ay, ay"? ¿Es constante su significado o fluctúa?
4. Comenta la dicotomía esclavo/amo en la tercera estrofa.
5. La voz poética parece estar haciendo un comentario racial. Explica.
6. ¿Cuál es la actitud de la voz poética ante el mestizaje al final del poema?

480. *intacto*: completo
481. relampaguean: brillan
482. *bejuco*: una planta trepadora tropical
483. *comba*: tuerce
484. *me esculpo*: labro a mano una escultura
485. *se me fuga*: se me huye, se me va
486. *zumba*: ruido que produce, por ejemplo, una mosca o una abeja
487. *trigueña*: color entre moreno y blanco

VII. Pablo Neruda (1904–1973)

A. Términos literarios

1. La repetición
2. El símil
3. La metáfora
4. La metapoesía

B. El autor y su contexto social

1. Poeta chileno
2. Ganador de un Premio Nobel (1971)
3. Cuatro etapas poéticas
 a. Poesía con influencias del Romanticismo y del simbolismo; *Veinte poemas de amor y una canción desesperada* (1924)
 b. Poesía surrealista: *Residencia en tierra* (1945)
 c. Poesía épica y comprometida: *Canto general* (1950)
 d. Poesía de lo cotidiano y humilde: *Odas elementales* (1954)

C. Imágenes en contexto

Busca *Bodegón con cebollas* (Paul Cézanne, 1898) en línea (Google Imágenes) y piensa en lo siguiente en preparación para esta sección:

1. La representación de lo humilde
2. La sencillez frente a la complicación
3. Las formas: la línea curva frente a la línea recta
4. Los colores: rojo/blanco
5. El sacrificio
6. Elementos realistas/no realistas

D. Los textos

1. "Poema 20" (*Veinte poemas de amor y una canción desesperada*, 1924)

Puedo escribir los versos más tristes esta noche.
Escribir, por ejemplo: "La noche está estrellada,
y tiritan,[488] azules, los astros, a lo lejos".
El viento de la noche gira en el cielo y canta.
Puedo escribir los versos más tristes esta noche.
Yo la quise, y a veces ella también me quiso.
En las noches como ésta la tuve entre mis brazos.
La besé tantas veces bajo el cielo infinito.
Ella me quiso, a veces yo también la quería.
Cómo no haber amado sus grandes ojos fijos.

488. *tiritan*: tiemblan

Puedo escribir los versos más tristes esta noche.
Pensar que no la tengo. Sentir que la he perdido.
Oír la noche inmensa, más inmensa sin ella.
Y el verso cae al alma como pasto[489] el rocío.[490]
Qué importa que mi amor no pudiera guardarla.
La noche está estrellada y ella no está conmigo.
Eso es todo. A lo lejos alguien canta. A lo lejos.
Mi alma no se contenta con haberla perdido.
Como para acercarla mi mirada la busca.
Mi corazón la busca, y ella no está conmigo.
La misma noche que hace blanquear los mismos árboles.
Nosotros, los de entonces, ya no somos los mismos.
Ya no la quiero, es cierto, pero cuánto la quise.
Mi voz buscaba el viento para tocar su oído.
De otro. Será de otro. Como antes de mis besos.
Su voz, su cuerpo claro. Sus ojos infinitos.
Ya no la quiero, es cierto, pero tal vez la quiero.
Es tan corto el amor, y es tan largo el olvido.
Porque en noches como ésta la tuve entre mis brazos,
mi alma no se contenta con haberla perdido.
Aunque éste sea el último dolor que ella me causa,
y éstos sean los últimos versos que yo le escribo.

2. "Oda[491] a la cebolla" (*Odas elementales*, 1954)

Cebolla,
luminosa redoma,[492]
pétalo a pétalo
se formó tu hermosura,
escamas de cristal te acrecentaron[493]
y en el secreto de la tierra oscura
se redondeó tu vientre de rocío.
Bajo la tierra
fue el milagro
y cuando apareció
tu torpe tallo verde,
y nacieron
tus hojas como espadas en el huerto,
la tierra acumuló su poderío
mostrando tu desnuda transparencia,

489. *pasto*: hierba
490. *rocío*: vapor que, con el frío de la noche, se condensa en la atmósfera en gotas muy pequeñas, las cuales aparecen luego sobre la superficie de la tierra, las plantas, etcétera
491. *oda*: composición poética del género lírico dividida generalmente en estrofas, de tono elevado y extensión variable
492. *redoma*: vasija de vidrio ancha en su fondo que va estrechándose hacia la boca
493. *acrecentaron*: aumentaron el tamaño

y como en Afrodita[494] el mar remoto
duplicó la magnolia
levantando sus senos,[495]
la tierra
así te hizo,
cebolla,
clara como un planeta,
y destinada
a relucir,
constelación constante,
redonda rosa de agua,
sobre
la mesa
de las pobres gentes.
Generosa
deshaces
tu globo de frescura
en la consumación
ferviente de la olla,
y el jirón[496] de cristal
al calor encendido del aceite
se transforma en rizada pluma de oro.

También recordaré cómo fecunda
tu influencia el amor de la ensalada,
y parece que el cielo contribuye
dándole fina forma de granizo[497]
a celebrar tu claridad picada
sobre los hemisferios del tomate.
Pero al alcance
de las manos del pueblo,
regada con aceite,
espolvoreada[498]
con un poco de sal,
matas el hambre
del jornalero en el duro camino.
Estrella de los pobres,
hada madrina
envuelta
en delicado
papel, sales del suelo,
eterna, intacta, pura

494. *Afrodita*: diosa griega del amor y de la belleza
495. *senos*: pechos
496. *jirón*: pedazo desgarrado de una tela; parte o porción pequeña de un todo
497. *granizo*: granos de hielo
498. *espolvoreada*: cubierta de

como semilla de astro,
y al cortarte
el cuchillo en la cocina
sube la única lágrima
sin pena.
Nos hiciste llorar sin afligirnos.
Yo cuanto existe celebré, cebolla,
pero para mí eres
más hermosa que un ave
de plumas cegadoras,[499]
eres para mis ojos
globo celeste, copa de platino,
baile inmóvil
de anémona[500] nevada
y vive la fragancia de la tierra
en tu naturaleza cristalina.

E. Cuestionario

"Poema 20"

1. Describe el estado de ánimo de la voz poética. ¿Por qué se siente así?
2. ¿Cómo se describe a la mujer? ¿Y al amor?
3. ¿Cómo se emplean el contraste y la repetición?
4. ¿Cómo se nota la influencia del Romanticismo en el poema?
5. Comenta los elementos metapoéticos. ¿Qué relaciones se sugieren entre el sentimiento y la expresión poética?

"Oda a la cebolla"

1. ¿Qué es una oda? ¿En qué consiste la originalidad de Neruda al usar esta forma poética tradicional en este poema?
2. Busca ejemplos de los siguientes recursos estilísticos: metáfora, símil y personificación.
3. ¿Cómo es la versificación del poema?
4. ¿Cuál es el tema del poema?
5. ¿Ves alguna relación entre sus elementos formales y su temática? Explica.

VIII. Sergio Vodanović (1926–2001)

A. Términos literarios

1. El desenlace
2. *In medias res*
3. La ironía
4. El cromatismo/el simbolismo cromático

499. *cegadoras*: brillantes, fascinantes
500. *anémona*: tipo de planta

B. El autor y su contexto social

1. Chileno de ascendencia croata
2. Crítico de las jerarquías sociales y los asuntos sociopolíticos chilenos
3. Además de dramaturgo, trabajó como guionista de televisión

C. Imágenes en contexto

Busca *Señora principal con su negra esclava* (Vicente Albán, 1783) en línea (Google Imágenes) y piensa en las siguientes preguntas en preparación para esta sección:

1. ¿Cómo se diferencian estas mujeres a primera vista?
2. ¿Cómo se manifiestan las jerarquías sociales en general?

D. El texto

1. "El delantal blanco" (1956)

Personajes:

LA SEÑORA
LA EMPLEADA
DOS JÓVENES
LA JOVENCITA
EL CABALLERO DISTINGUIDO

La playa. Al fondo, una carpa. Frente a ella, sentadas a su sombra, LA SEÑORA y LA EMPLEADA. *LA SEÑORA está en traje de baño y, sobre él, usa un blusón de toalla blanca que le cubre hasta las caderas. Su tez está tostada por un largo veraneo. LA EMPLEADA viste su uniforme blanco. LA SEÑORA es una mujer de treinta años, pelo claro, rostro atrayente aunque algo duro. LA EMPLEADA tiene veinte años, tez blanca, pelo negro, rostro plácido y agradable.*

LA SEÑORA: (*Gritando hacia su pequeño hijo, a quien no ve y que se supone está a la orilla del mar, justamente, al borde del escenario*) ¡Alvarito! ¡Alvarito! ¡No le tire arena a la niñita! ¡Métase al agua! Está rica … ¡Alvarito, no! ¡No le deshaga el castillo a la niñita! Juegue con ella…. Sí, mi hijito … juegue.

LA EMPLEADA: Es tan peleador …

LA SEÑORA: Salió al padre … Es inútil corregirlo. Tiene una personalidad dominante que le viene de su padre, de su abuelo, de su abuela … ¡sobre todo de su abuela!

LA EMPLEADA: ¿Vendrá el caballero mañana?

LA SEÑORA: (*Se encoge de hombros con desgano.*) ¡No sé! Ya estamos en marzo, todas mis amigas han regresado y Álvaro me tiene todavía aburriéndome en la playa. Él dice que quiere que el niño aproveche las vacaciones, pero para mí que es él quien está aprovechando. (*Se saca el blusón y se tiende a tomar sol.*) ¡Sol! ¡Sol! Tres meses tomando sol. Estoy intoxicada de sol. (*Mirando inspectivamente a LA EMPLEADA*) ¿Qué haces tú para no quemarte?

LA EMPLEADA: He salido tan poco de la casa …

LA SEÑORA: ¿Y qué querías? Viniste a trabajar, no a veranear. Estás recibiendo sueldo, ¿no?

LA EMPLEADA: Sí, señora. Yo sólo contestaba su pregunta …

LA SEÑORA permanece tendida recibiendo el Sol. LA EMPLEADA saca de una bolsa de género una revista de historietas fotografiadas y principia a leer.

LA SEÑORA: ¿Qué haces?

LA EMPLEADA: Leo esta revista.

LA SEÑORA: ¿La compraste tú?

LA EMPLEADA: Sí, señora.

LA SEÑORA: No se te paga tan mal, entonces, si puedes comprarte tus revistas, ¿eh?

LA EMPLEADA no contesta y vuelve a mirar la revista.

LA SEÑORA: ¡Claro! Tú leyendo y que Alvarito reviente, que se ahogue …

LA EMPLEADA: Pero si está jugando con la niñita …

LA SEÑORA: Si te traje a la playa es para que vigilaras a Alvarito y no para que te pusieras a leer.

LA EMPLEADA deja la revista y se incorpora para ir donde está Alvarito.

LA SEÑORA: ¡No! Lo puedes vigilar desde aquí. Quédate a mi lado, pero observa al niño. ¿Sabes? Me gusta venir contigo a la playa.

LA EMPLEADA: ¿Por qué?

LA SEÑORA: Bueno … no sé…. Será por lo mismo que me gusta venir en el auto, aunque la casa esté a dos cuadras. Me gusta que vean el auto. Todos los días, hay alguien que se para al lado de él y lo mira y comenta. No cualquiera tiene un auto como el de nosotros…. Claro, tú no te das cuenta de la diferencia. Estás demasiado acostumbrada a lo bueno…. Dime … ¿Cómo es tu casa?

LA EMPLEADA: Yo no tengo casa.

LA SEÑORA: No habrás nacido empleada, supongo. Tienes que haberte criado en alguna parte, debes haber tenido padres … ¿Eres del campo?

LA EMPLEADA: Sí.

LA SEÑORA: Y tuviste ganas de conocer la ciudad, ¿ah?

LA EMPLEADA: No. Me gustaba allá.

LA SEÑORA: ¿Por qué te viniste, entonces?

LA EMPLEADA: Tenía que trabajar.

LA SEÑORA: No me vengas con ese cuento. Conozco la vida de los inquilinos en el campo. Lo pasan bien. Les regalan una cuadra para que cultiven. Tienen alimentos gratis y hasta les sobra para vender. Algunos tienen hasta sus vaquitas … ¿Tus padres tenían vacas?

LA EMPLEADA: Sí, señora. Una.

LA SEÑORA: ¿Ves? ¿Qué más quieren? ¡Alvarito! ¡No se meta tan allá que puede venir una ola! ¿Qué edad tienes?

LA EMPLEADA: ¿Yo?

LA SEÑORA: A ti te estoy hablando. No estoy loca para hablar sola.

LA EMPLEADA: Ando en los veintiuno …

LA SEÑORA: ¡Veintiuno! A los veintiuno yo me casé. ¿No has pensado en casarte?

LA EMPLEADA baja la vista y no contesta.

LA SEÑORA: ¡Las cosas que se me ocurre preguntar! ¿Para qué querrías casarte? En la casa tienes de todo: comida, una buena pieza, delantales limpios…. Y si te casaras … ¿Qué es lo que tendrías? Te llenarías de chiquillos, no más.

LA EMPLEADA: (*Como para sí*) Me gustaría casarme …

LA SEÑORA: ¡Tonterías! Cosas que se te ocurren por leer historia de amor en las revistas baratas…. Acuérdate de esto: Los príncipes azules ya no existen. No es el color l que importa, sino el bolsillo. Cuando mis padres no me aceptaban un pololo porque no tenían plata. Yo me indignaba, pero llegó Alvaro con sus industrias y sus fundos y no quedaron contentos hasta lo casaron conmigo. A mí no me gustaba porque era gordo y tenía la costumbre de sorberse los mocos, pero después en el matrimonio, uno se acostumbra a todo. Y llega a la conclusión que todo da lo mismo, salvo la plata. Sin la plata no somos nada. Yo tengo plata, tú no tienes. Ésa es toda la diferencia entre nosotras. ¿No te parece?

LA EMPLEADA: Si, pero …

LA SEÑORA: ¡Ah! Lo crees ¿eh? Pero es mentira. Hay algo que es más importante que la plata: la clase. Eso no se compra. Se tiene o no se tiene. Álvaro no tiene clase. Yo sí la tengo. Y podría vivir en una pocilga y todos se darían cuenta de que soy alguien. No una cualquiera. Alguien. Te das cuenta ¿verdad?

LA EMPLEADA: Sí, señora.

LA SEÑORA: A ver…. Pásame esa revista. (*LA EMPLEADA lo hace. LA SEÑORA la hojea. Mira algo y lanza una carcajada.*) ¿Y esto lees tú?

LA EMPLEADA: Me entretengo, señora.

LA SEÑORA: ¡Qué ridículo! ¡Qué ridículo! Mira a este roto vestido de smoking. Cualquiera se da cuenta que está tan incómodo en él como un hipopótamo con faja … (*Vuelve a mirar en la revista.*) ¡Y es el conde de Lamarquina! ¡El conde de Lamarquina! A ver … ¿Qué es lo que dice el conde? (*Leyendo*) "Hija mía, no permitiré jamás que te cases con Roberto. Él es un plebeyo. Recuerda que por nuestras venas corre sangre azul". ¿Y ésta es la hija del conde?

LA EMPLEADA: Sí. Se llama María. Es una niña sencilla y buena. Está enamorada de Roberto, que es el jardinero del castillo. El conde no lo permite. Pero … ¿sabe? Yo creo que todo va a terminar bien. Porque en el número anterior Roberto le dijo a María que no había conocido a sus padres y cuando no se conoce a los padres, es seguro que ellos son gente rica y aristócrata que perdieron al niño de chico o lo secuestraron …

LA SEÑORA: ¡Y tú crees todo eso?

LA EMPLEADA: Es bonito, señora.

LA SEÑORA: ¿Qué es tan bonito?

LA EMPLEADA: Que lleguen a pasar cosas así. Que un día cualquiera, uno sepa que es otra persona, que en vez de ser pobre, se es rica; que en vez de ser nadie se es alguien, así como dice Ud …

LA SEÑORA: Pero no te das cuenta que no puede ser…. Mira a la hija … ¿Me has visto a mi alguna vez usando unos aros así? ¿Has visto a alguna de mis amigas con una cosa tan espantosa? ¿Y el peinado? Es detestable. ¿No te das cuenta que una mujer así no puede ser aristócrata? … ¿A ver? Sale fotografiado aquí el jardinero …

LA EMPLEADA: Sí. En los cuadros del final. (*Le muestra en la revista. LA SEÑORA ríe encantada.*)

LA SEÑORA: ¿Y éste crees tú que puede ser un hijo de aristócrata? ¿Con esa nariz? ¿Con ese pelo? Mira…. Imagínate que mañana me rapten a Alvarito. ¿Crees tú que va a dejar por eso de tener su aire de distinción?

LA EMPLEADA: ¡Mire, señora! Alvarito le botó el castillo de arena a la niñita de una patada.

LA SEÑORA: ¿Ves? Tiene cuatro años y ya sabe lo que es mandar, lo que es no importarle los demás. Eso no se aprende. Viene en la sangre.

LA EMPLEADA: (Incorporándose) Voy a ir a buscarlo.

LA SEÑORA: Déjalo. Se está divirtiendo.

LA EMPLEADA se desabrocha el primer botón de su delantal y hace un gesto en el que muestra estar acalorada.

LA SEÑORA: ¿Tienes calor?

LA EMPLEADA: El sol está picando fuerte.

LA SEÑORA: ¿No tienes traje de baño?

LA EMPLEADA: No.

LA SEÑORA: ¿No te has puesto nunca traje de baño?

LA EMPLEADA: ¡Ah, sí!

LA SEÑORA: ¿Cuándo?

LA EMPLEADA: Antes de emplearme. A veces, los domingos, hacíamos excursiones a la playa en el camión del tío de una amiga.

LA SEÑORA: ¿Y se bañaban?

LA EMPLEADA: En la playa grande de Cartagena. Arrendábamos trajes de baño y pasábamos todo el día en la playa. Llevábamos de comer y …

LA SEÑORA: (*Divertida*) ¿Arrendaban trajes de baño?

LA EMPLEADA: Si. Hay una señora que arrienda en la misma playa.

LA SEÑORA: Una vez con Álvaro, nos detuvimos en Cartagena a echar bencina al auto y miramos a la playa. ¡Era tan gracioso! ¡Y esos trajes de baño arrendados! Unos eran tan grandes que hacían bolsas por todos los lados y otros quedaban tan chicos que las mujeres andaban con el traste afuera. ¿De cuáles arrendabas tú? ¿De los grandes o de los chicos?

La EMPLEADA mira al suelo taimada.

LA SEÑORA: Debe ser curioso…. Mirar el mundo desde un traje de baño arrendado o envuelta en un vestido barato … o con uniforme de empleada como el que usas tú…. Algo parecido le debe suceder a esta gente que se fotografía para estas historietas: se ponen smoking o un traje de baile y debe ser diferente la forma como miran a los demás, como se sienten ellos mismos…. Cuando yo me puse mi primer par de medias, el mundo entero cambió para mí. Los demás eran diferentes; yo era diferente y el único cambio efectivo era que tenía puesto un par de medias…. Dime … ¿Cómo se ve el mundo cuando se está vestida con un delantal blanco?

LA EMPLEADA: (*Tímidamente*) Igual…. La arena tiene el mismo color … las nubes son iguales…. Supongo.

LA SEÑORA: Pero no…. Es diferente. Mira. Yo con este traje de baño, con este blusón de toalla, tendida sobre la arena, sé que estoy en "mi lugar", que esto me pertenece…. En cambio tú, vestida como empleada sabes que la playa no es tu lugar, que eres diferente…. Y eso, eso te debe hacer ver todo distinto.

LA EMPLEADA: No sé.

LA SEÑORA: Mira. Se me ha ocurrido algo. Préstame tu delantal.

LA EMPLEADA: ¿Cómo?

LA SEÑORA: Préstame tu delantal.

LA EMPLEADA: Pero … ¿Para qué?

LA SEÑORA: Quiero ver cómo se ve el mundo, qué apariencia tiene la playa cuando se la ve encerrada en un delantal de empleada.

LA EMPLFADA ¿Ahora?

LA SEÑORA: Sí, ahora.

LA EMPLEADA: Pero es que…. No tengo un vestido debajo.

LA SEÑORA: (*Tirándole el blusón*) Toma…. Ponte esto.

LA EMPLEADA: Voy a quedar en calzones …

LA SEÑORA: Es lo suficientemente largo como para cubrirte. Y en todo caso vas a mostrar menos que lo que mostrabas con los trajes de baño que arrendabas en Cartagena. (*Se levanta y obliga a levantarse a LA EMPLEADA.*) Ya. Métete en la carpa y cámbiate. (*Prácticamente obliga a LA EMPLEADA a entrar a la carpa y luego lanza al interior de ella el blusón de toalla. Se dirige al primer plano y le habla a su hijo.*)

LA SEÑORA: Alvarito, métase un poco al agua. Mójese las patitas siquiera…. No sea tan de rulo …¡Eso es! ¿Ves que es rica el agüita? (*Se vuelve hacia la carpa y habla hacia dentro de ella.*) ¿Estás lista? (*Entra a la carpa.*)

Después de un instante sale LA EMPLEADA vestida con el blusón de toalla. Se ha prendido el pelo hacia atrás y su aspecto ya difiere algo de la tímida muchacha que conocemos. Con delicadeza se tiende de bruces sobre la arena. Sale LA SEÑORA abotonándose aún su delantal blanco. Se va a sentar delante de LA EMPLEADA, pero vuelve un poco más atrás.

LA SEÑORA: No. Adelante no. Una empleada en la playa se sienta siempre un poco más atrás que su patrona. (*Se sienta sobre sus pantorrillas y mira, divertida, en todas direcciones.*)

LA EMPLEADA cambia de postura con displicencia. LA SEÑORA toma la revista de LA EMPLEADA y principia a leerla. Al principio, hay una sonrisa irónica en sus labios que desaparece luego al interesarse por la lectura. Al leer mueve los labios. LA EMPLEADA, con naturalidad, toma de la bolsa de playa de LA SEÑORA un frasco de aceite bronceador y principia a extenderlo con lentitud por sus piernas. LA SEÑORA la ve. Intenta una reacción reprobatoria, pero queda desconcertada.

LA SEÑORA: ¿Qué haces?

LA EMPLEADA no contesta. La SEÑORA opta por seguir la lectura. Vigilando de vez en vez con la vista lo que hace LA EMPLEADA. Ésta ahora se ha sentado y se mira detenidamente las uñas.

LA SEÑORA: ¿Por qué te miras las uñas?

LA EMPLEADA: Tengo que arreglármelas.

LA SEÑORA: Nunca te había visto antes mirarte las uñas.

LA EMPLEADA: No se me había ocurrido.

LA SEÑORA: Este delantal acalora.

LA EMPLEADA: Son los mejores y los más durables.

LA SEÑORA: Lo sé. Yo los compré.

LA EMPLEADA: Le queda bien.

LA SEÑORA: (*Divertida*) Y tú no te ves nada de mal con esa tenida. (*Se ríe.*) Cualquiera se equivocaría. Más de un jovencito te podría hacer la corte …¡Sería como para contarlo!

LA EMPLEADA: Alvarito se está metiendo muy adentro. Vaya a vigilarlo.

LA SEÑORA: (*Se levanta inmediatamente y se adelanta.*) ¡Alvarito! ¡Alvarito! No se vaya tan adentro…. Puede venir una ola. (*Recapacita de pronto y se vuelve desconcertada hacia LA EMPLEADA.*) ¿Por qué no fuiste?

LA EMPLEADA: ¿Adónde?

LA SEÑORA: ¿Por qué me dijiste que yo fuera a vigilar a Alvarito?

LA EMPLEADA: (*Con naturalidad*) Ud. lleva el delantal blanco.

LA SEÑORA: Te gusta el juego, ¿ah?

Una pelota de goma, impulsada por un niño que juega cerca, ha caído a los pies de LA EMPLEADA. Ella la mira y no hace ningún movimiento. Luego mira a LA SEÑORA. Ésta, instintivamente, se dirige a la pelota y la tira en la dirección en que vino. La EMPLE-ADA busca en la bolsa de playa de LA SEÑORA y se pone sus anteojos para el sol.

LA SEÑORA: (*Molesta*) ¿Quién te ha autorizado para que uses mis anteojos?

LA EMPLEADA: ¿Cómo se ve la playa vestida con un delantal blanco?

LA SEÑORA: Es gracioso. ¿Y tú? ¿Cómo ves la playa ahora?

LA EMPLEADA: Es gracioso.

LA SEÑORA: (*Molesta*) ¿Dónde está la gracia?

LA EMPLEADA: En que no hay diferencia.

LA SEÑORA: ¿Cómo?

LA EMPLEADA: Ud. con el delantal blanco es la empleada, yo con este blusón y los anteojos oscuros soy la señora.

LA SEÑORA: ¿Cómo? … ¿Cómo te atreves a decir eso?

A EMPLEADA ¿Se habría molestado en recoger la pelota si no estuviese vestida de empleada?

LA SEÑORA: Estamos jugando.

LA EMPLEADA: ¿Cuándo?

LA SEÑORA: Ahora.

LA EMPLEADA: ¿Y antes?

LA SEÑORA: ¿Antes?

LA EMPLEADA: Si. Cuando yo estaba vestida de empleada …

LA SEÑORA: Eso no es juego. Es la realidad.

LA EMPLEADA: ¿Por qué?

LA SEÑORA: Porque sí.

LA EMPLEADA: Un juego … un juego más largo … como el "paco-ladrón". A unos les corresponde ser "pacos", a otros "ladrones".

LA SEÑORA: (*Indignada*) ¡Ud. se está insolentando![501]

LA EMPLEADA: ¡No me grites! ¡La insolente eres tú!

LA SEÑORA: ¿Qué significa eso? ¿Ud. me está tuteando?

LA EMPLEADA: ¿Y acaso tú no me tratas de tú?

LA SEÑORA: ¿Yo?

LA EMPLEADA: Sí.

LA SEÑORA: ¡Basta ya! ¡Se acabó este juego!

LA EMPLEADA: ¡A mí me gusta!

LA SEÑORA: ¡Se acabó! (*Se acerca violentamente a LA EMPLEADA.*)

LA EMPLEADA: (*Firme*) ¡Retírese!

LA SEÑORA se detiene sorprendida.

LA SEÑORA: ¿Te has vuelto loca?

LA EMPLEADA: ¡Me he vuelto señora!

LA SEÑORA: Te puedo despedir en cualquier momento.

LA EMPLEADA: (*Explota en grandes carcajadas, como si lo que hubiera oído fuera el chiste mas gracioso que jamás ha escuchado.*)

501. *se está insolentando*: se está poniendo insolente, grosero

LA SEÑORA: ¿Pero de qué te ríes?

LA EMPLEADA: (*Sin dejar de reír*) ¡Es tan ridículo!

LA SEÑORA: ¿Qué? ¿Qué es tan ridículo?

LA EMPLEADA: Que me despida … ¡vestida así! ¿Dónde se ha visto a una empleada despedir a su patrona?

LA SEÑORA: ¡Sácate esos anteojos! ¡Sácate el blusón! ¡Son míos!

LA EMPLEADA: ¡Vaya a ver al niño!

LA SEÑORA: Se acabó el juego, te he dicho. O me devuelves mis cosas o te las saco.

LA EMPLEADA: ¡Cuidado! No estamos solas en la playa.

LA SEÑORA: ¡Y qué hay con eso? ¿Crees que por estar vestida con un uniforme blanco no van a reconocer quien es la empleada y quién la señora?

LA EMPLEADA: (*Serena*) No me levante la voz.

LA SEÑORA exasperada se lanza sobre LA EMPLEADA y trata de sacarle el blusón a viva fuerza.

LA SEÑORA: (*Mientras forcejea*) ¡China! ¡Ya te voy a enseñar quién soy! ¿Qué te has creído? ¡Te voy a meter presa![502]

Un grupo de bañistas ha acudido a ver la riña. Dos JÓVENES, una MUCHACHA y un SEÑOR de edad madura y de apariencia muy distinguida. Antes que puedan intervenir la EMPLEADA ya ha dominado la situación manteniendo bien sujeta a LA SEÑORA contra la arena. Ésta sigue gritando ad libitum expresiones como: "rota cochina" …".¿ya te la vas a ver con mi marido" … "te voy a mandar presa" … "esto es el colmo", etc., etc.

UN JOVEN: ¿Qué sucede?

EL OTRO JOVEN: ¿Es un ataque?

LA JOVENCITA: Se volvió loca.

UN JOVEN: Puede que sea efecto de una insolación.

EL OTRO JOVEN: ¿Podemos ayudarla?

LA EMPLEADA: Sí. Por favor. Llévensela. Hay una posta por aquí cerca …

EL OTRO JOVEN: Yo soy estudiante de Medicina. Le pondremos una inyección para que se duerma por un buen tiempo.

LA SEÑORA: ¡Imbéciles! ¡Yo soy la patrona! Me llamo Patricia Hurtado, mi marido es Álvaro Jiménez, el político …

LA JOVENCITA: (*Riéndose*) Cree ser la señora.

UN JOVEN: Está loca.

EL OTRO JOVEN: Un ataque de histeria.

UN JOVEN: Llevémosla.

LA EMPLEADA: Yo no los acompaño…. Tengo que cuidar a mi hijito…. Está ahí, bañándose …

LA SEÑORA: ¡Es una mentirosa! ¡Nos cambiamos de vestido sólo por jugar! ¡Ni siquiera tiene traje de baño! ¡Debajo del blusón está en calzones! ¡Mírenla!

EL OTRO JOVEN: (*Haciéndole un gesto al JOVEN*) ¡Vamos! Tú la tomas por los pies y yo por los brazos.

LA JOVENCITA: ¡Qué risa! ¡Dice que está en calzones!

Los dos JÓVENES toman a LA SEÑORA y se la llevan, mientras ésta se resiste y sigue gritando.

502. *meter presa*: arrestar

LA SEÑORA: ¡Suéltenme! ¡Yo no estoy loca! ¡Es ella! ¡Llamen a Alvarito! ¡Él me reconocerá!

Mutis de los dos JÓVENES llevando en peso a LA SEÑORA. LA EMPLEADA se tiende sobre la arena, como si nada hubiera sucedido, aprontándose para un prolongado baño del sol.

EL CABALLERO DISTINGUIDO: ¿Está Ud. bien, señora? ¿Puedo serle útil en algo?

LA EMPLEADA: (*Mira inspectivamente al SEÑOR DISTINGUIDO y sonríe con amabilidad.*) Gracias. Estoy bien.

EL CABALLERO DISTINGUIDO: Es el símbolo de nuestro tiempo. Nadie parece darse cuenta, pero a cada rato, en cada momento sucede algo así.

LA EMPLEADA: ¿Qué?

EL CABALLEPO DISTINGUIDO: La subversión del orden establecido. Los viejos quieren ser jóvenes; los jóvenes quieren ser viejos; los pobres quieren ser ricos y los ricos quieren ser pobres. Sí, señora. Asómbrese Ud. También hay ricos que quieren ser pobres. ¿Mi nuera? Va todas tardes a tejer con mujeres de poblaciones callampas. ¡Y le gusta hacerlo! (*Transición*) ¿Hace mucho tiempo que está con Ud.?

LA EMPLEADA: ¿Quién?

EL CABALLERO DISTINGUIDO: (*Haciendo un gesto hacia la dirección en que se llevaron a LA SEÑORA*) Su empleada.

LA EMPLEADA: (*Dudando, haciendo memoria*) Poco más de un año.

EL CABALLEPO DISTINGUIDO: Y así le paga a usted. ¡Queriéndose pasar por una señora! ¡Como si no se reconociera a primera vista quién es quién! ¿Sabe Ud. por qué suceden estas cosas?

LA EMPLEADA: ¿Por qué?

EL CABALLEPO DISTINGUIDO: (*Con aire misterioso*) El comunismo …

LA EMPLEADA: ¡Ah!

EL CABALLERO DISTINGUIDO: (*Tranquilizado*) Pero no nos inquietemos. El orden está establecido. Al final, siempre el orden se establece…. Es un hecho…. Sobre eso no hay discusión …(*Transición*) Ahora con permiso señora. Voy a hacer mi footing diario. Es muy conveniente a mi edad. Para la circulación ¿sabe? Y Ud. quede tranquila. El sol es el mejor sedante. (*Ceremoniosamente*) A sus órdenes, señora. (*Inicia el mutis. Se vuelve.*) Y no sea muy dura con su empleada, después que se haya tranquilizado…. Después de todo…. Tal vez tengamos algo de culpa nosotros mismos … ¿Quién puede decirlo? (*El CABALLERO DISTINGUIDO hace mutis.*)

LA EMPLEADA cambia de posición. Se tiende de espaldas para recibir el sol en la cara. De pronto se acuerda de Alvarito. Mira hacia donde él está.)

LA EMPLEADA: ¡Alvarito! ¡Cuidado con sentarse en esa roca! Se puede hacer una nana en el pie…. Eso es, corra por la arenita…. Eso es, mi hijito … (*Y mientras LA EMPLEADA mira con ternura y delectación maternal cómo Alvarito juega a la orilla del mar se cierra lentamente el telón.*)

E. Cuestionario

1. ¿Por qué crees que la obra se llama *El delantal blanco*? ¿Qué representa el delantal?
2. ¿Cómo es la Señora? En cambio, ¿cómo es la Empleada? Da ejemplos específicos.

3. Hay muchas referencias a la cuestión e importancia de las clases sociales en esta obra. Explica.

4. ¿Cómo calificarías el matrimonio de la Señora? Da ejemplos textuales para justificar tu respuesta.

5. ¿Arrendarías tú un traje de baño? ¿Qué opina la Señora de los que arrendaba su sirvienta?

6. ¿Por qué la Señora quiere ponerse el delantal blanco?

7. ¿En qué momento termina el juego?

8. ¿Cómo son las otras personas que están en la playa?

9. ¿Qué significa el hecho de que la gente no pueda diferenciar entre quién es la señora y quién es la empleada?

10. ¿Cómo es el Caballero distinguido? ¿Qué representa?

11. Comenta su referencia al comunismo.

12. Explica la ironía en las últimas palabras del Caballero.

13. ¿Cómo interpretas el comportamiento de la sirvienta al final de la obra?

IX. Jorge Luis Borges (1899–1986)

A. Términos literarios

1. La autorreferencialidad
2. El simbolismo

B. El autor y su contexto social

1. Argentino
2. Uno de los escritores del mundo hispano más reconocidos
3. Lo onírico, los laberintos y los espejos son temas predominantes en sus escritos
4. Pierde la vista a los cincuenta y cinco años
5. Polígloto: persona plurilingüe

C. Imágenes en contexto

Busca una imagen de un gaucho argentino en línea (Google Imágenes) y piensa en lo siguiente en preparación para esta sección:

1. ¿Cómo describirías al gaucho argentino?
2. ¿Qué sabes de la vida gauchesca?
3. ¿Qué podría representar un gaucho?

D. El texto

1. "EL SUR" (*LA NACIÓN*, 1953; *FICCIONES*, 1956)

El hombre que desembarcó[503] en Buenos Aires en 1871 se llamaba Johannes Dahlmann y era pastor de la Iglesia evangélica; en 1939, uno de sus nietos, Juan Dahlmann,

503. *desembarcó*: bajarse de un barco

era secretario de una biblioteca municipal en la calle Córdoba y se sentía hondamente[504] argentino. Su abuelo materno había sido aquel Francisco Flores, del 2 de infantería de línea, que murió en la frontera de Buenos Aires, lanceado por indios de Catriel[505]: en la discordia de sus dos linajes, Juan Dahlmann (tal vez a impulso de la sangre germánica) eligió el de ese antepasado romántico, o de muerte romántica. Un estuche[506] con el daguerrotipo[507] de un hombre inexpresivo y barbado, una vieja espada, la dicha y el coraje de ciertas músicas, el hábito de estrofas del Martín Fierro, los años, el desgano y la soledad, fomentaron ese criollismo[508] algo voluntario, pero nunca ostentoso. A costa de algunas privaciones, Dahlmann había logrado salvar el casco de una estancia en el Sur, que fue de los Flores: una de las costumbres de su memoria era la imagen de los eucaliptos balsámicos y de la larga casa rosada que alguna vez fue carmesí.[509] Las tareas y acaso la indolencia[510] lo retenían en la ciudad. Verano tras verano se contentaba con la idea abstracta de posesión y con la certidumbre de que su casa estaba esperándolo, en un sitio preciso de la llanura. En los últimos días de febrero de 1939, algo le aconteció.

Ciego a las culpas, el destino puede ser despiadado[511] con las mínimas distracciones. Dahlmann había conseguido, esa tarde, un ejemplar descabalado[512] de *Las mil y una noches*[513] de Weil; ávido de examinar ese hallazgo, no esperó que bajara el ascensor y subió con apuro las escaleras; algo en la oscuridad le rozó la frente, ¿un murciélago, un pájaro? En la cara de la mujer que le abrió la puerta vio grabado el horror, y la mano que se pasó por la frente salió roja de sangre. La arista[514] de un batiente[515] recién pintado que alguien se olvidó de cerrar le habría hecho esa herida. Dahlmann logró dormir, pero a la madrugada estaba despierto y desde aquella hora el sabor de todas las cosas fue atroz. La fiebre lo gastó y las ilustraciones de *Las mil y una noches* sirvieron para decorar pesadillas. Amigos y parientes lo visitaban y con exagerada sonrisa le repetían que lo hallaban muy bien. Dahlmann los oía con una especie de débil estupor[516] y le maravillaba que no supieran que estaba en el infierno. Ocho días pasaron, como ocho siglos. Una tarde, el médico habitual se presentó con un médico nuevo y lo condujeron a un sanatorio[517] de la calle Ecuador, porque era indispensable sacarle una radiografía.[518] Dahlmann, en el coche de plaza que los llevó, pensó que en una habitación que no fuera la suya podría, al fin, dormir. Se sintió feliz y conversador; en cuanto llegó, lo desvistieron; le raparon[519] la cabeza, lo sujetaron con metales a una camilla,[520] lo iluminaron hasta la ceguera y el

504. *hondamente*: profundamente
505. *Catriel*: ciudad en Patagonia
506. *estuche*: caja
507. *daguerrotipo*: imagen fotográfica
508. *criollismo*: movimiento en Latinoamérica preocupado por el mundo del campesinado
509. *carmesí*: rojo
510. *indolencia*: pereza
511. *despiadado*: cruel; implacable
512. *descabalado*: es decir, al libro le faltaban páginas o partes
513. *Las mil y una noches*: una recopilación de una serie de cuentos orientales sobre una mujer que cuenta historias sin terminarlas para que un rey vengativo no la mate
514. *arista*: esquina
515. *batiente*: las hojas de una ventana que baten al cerrarse
516. *estupor*: estado leve de shock
517. *sanatorio*: especie de hospital
518. *radiografía*: rayos X
519. *raparon*: afeitaron
520. *camilla*: cama estrecha usada para transportar a gente enferma o lastimada

vértigo, lo auscultaron[521] y un hombre enmascarado le clavó una aguja en el brazo. Se despertó con náuseas, vendado, en una celda que tenía algo de pozo y, en los días y noches que siguieron a la operación pudo entender que apenas había estado, hasta entonces, en un arrabal[522] del infierno. El hielo no dejaba en su boca el menor rastro de frescura. En esos días, Dahlmann minuciosamente se odió; odió su identidad, sus necesidades corporales, su humillación, la barba que le erizaba[523] la cara. Sufrió con estoicismo las curaciones, que eran muy dolorosas, pero cuando el cirujano le dijo que había estado a punto de morir de una septicemia,[524] Dahlmann se echó a llorar, condolido[525] de su destino. Las miserias físicas y la incesante previsión de las malas noches no le habían dejado pensar en algo tan abstracto como la muerte. Otro día, el cirujano le dijo que estaba reponiéndose[526] y que, muy pronto, podría ir a convalecer[527] a la estancia.[528] Increíblemente, el día prometido llegó.

A la realidad le gustan las simetrías y los leves anacronismos; Dahlmann había llegado al sanatorio en un coche de plaza[529] y ahora un coche de plaza lo llevaba a Constitución. La primera frescura del otoño, después de la opresión del verano, era como un símbolo natural de su destino rescatado de la muerte y la fiebre. La ciudad, a las siete de la mañana, no había perdido ese aire de casa vieja que le infunde la noche; las calles eran como largos zaguanes,[530] las plazas como patios. Dahlmann la reconocía con felicidad y con un principio de vértigo; unos segundos antes de que las registraran sus ojos, recordaba las esquinas, las carteleras,[531] las modestas diferencias de Buenos Aires. En la luz amarilla del nuevo día, todas las cosas regresaban a él.

Nadie ignora que el Sur empieza del otro lado de Rivadavia.[532] Dahlmann solía repetir que ello no es una convención y que quién atraviesa esa calle entra en un mundo más antiguo y más firme. Desde el coche buscaba entre la nueva edificación, la ventana de rejas, el llamador, el arco de la puerta, el zaguán, el íntimo patio.

En el *hall* de la estación advirtió que faltaban treinta minutos. Recordó bruscamente que en un café de la calle Brasil (a pocos metros de la casa de Yrigoyen) había un enorme gato que se dejaba acariciar por la gente, como una divinidad desdeñosa.[533] Entró. Ahí estaba el gato, dormido. Pidió una taza de café, la endulzó lentamente, la probó (ese placer le había sido vedado[534] en la clínica) y pensó, mientras alisaba el negro pelaje,[535] que aquel contacto era ilusorio y que estaban como separados por un cristal, porque el hombre vive en el tiempo, en la sucesión, y el mágico animal, en la actualidad, en la eternidad del instante.

521. *auscultaron*: aplicar un estetoscopio a un paciente
522. *arrabal*: suburbio
523. *erizaba*: poner de punta
524. *septicemia*: envenenamiento de la sangre
525. *condolido*: entristecerse por las desgracias ajenas
526. *reponiéndose*: mejorándose
527. *convalecer*: recuperarse
528. *estancia*: hacienda de campo; rancho
529. *coche de plaza*: especie de taxi
530. *zaguanes*: vestíbulo de una casa
531. *carteleras*: sección de espectáculos públicos en un periódico
532. *Rivadavia*: ciudad en Patagonia
533. *desdeñosa*: indiferente
534. *vedado*: prohibido
535. *pelaje*: pelo de un animal

A lo largo del penúltimo andén[536] el tren esperaba. Dahlmann recorrió los vagones y dio con uno casi vacío. Acomodó en la red la valija[537]; cuando los coches arrancaron, la abrió y sacó, tras alguna vacilación, el primer tomo de *Las mil y una noches*. Viajar con este libro, tan vinculado a la historia de su desdicha,[538] era una afirmación de que esa desdicha había sido anulada[539] y un desafío[540] alegre y secreto a las frustradas fuerzas del mal.

A los lados del tren, la ciudad se desgarraba[541] en suburbios; esta visión y luego la de jardines y quintas demoraron el principio de la lectura. La verdad es que Dahlmann leyó poco; la montaña de piedra imán y el genio que ha jurado matar a su bienhechor eran, quién lo niega, maravillosos, pero no mucho más que la mañana y que el hecho de ser. La felicidad lo distraía de Shahrazad[542] y de sus milagros superfluos[543]; Dahlmann cerraba el libro y se dejaba simplemente vivir.

El almuerzo (con el caldo servido en boles de metal reluciente, como en los ya remotos veraneos de la niñez) fue otro goce tranquilo y agradecido.

Mañana me despertaré en la estancia, pensaba, y era como si a un tiempo fuera dos hombres: el que avanzaba por el día otoñal y por la geografía de la patria, y el otro, encarcelado en un sanatorio y sujeto a metódicas servidumbres. Vio casas de ladrillo sin revocar,[544] esquinadas y largas, infinitamente mirando pasar los trenes; vio jinetes[545] en los terrosos caminos; vio zanjas[546] y lagunas y hacienda; vio largas nubes luminosas que parecían de mármol, y todas estas cosas eran casuales, como sueños de la llanura.[547] También creyó reconocer árboles y sembrados que no hubiera podido nombrar, porque su directo conocimiento de la campaña era harto[548] inferior a su conocimiento nostálgico y literario.

Alguna vez durmió y en sus sueños estaba el ímpetu del tren. Ya el blanco sol intolerable de las doce del día era el sol amarillo que precede al anochecer y no tardaría en ser rojo. También el coche era distinto; no era el que fue en Constitución, al dejar el andén: la llanura y las horas lo habían atravesado y transfigurado. Afuera la móvil sombra del vagón se alargaba hacia el horizonte. No turbaban la tierra elemental ni poblaciones ni otros signos humanos. Todo era vasto, pero al mismo tiempo era íntimo y, de alguna manera, secreto. En el campo desaforado,[549] a veces no había otra cosa que un toro. La soledad era perfecta y tal vez hostil, y Dahlmann pudo sospechar que viajaba al pasado y no sólo al Sur. De esa conjetura fantástica lo distrajo el inspector, que al ver su boleto, le advirtió que el tren no lo dejaría en la estación de siempre sino en otra, un poco anterior y apenas conocida por Dahlmann. (El hombre añadió una explicación que Dahl-

536. *andén*: la acera al borde de la vía de un tren
537. *valija*: maleta
538. *desdicha*: desgracia
539. *anulada*: dejada sin validez
540. *desafío*: reto
541. *desgarraba*: rompía; en este contexto, léase "se convertía".
542. *Shahrazad*: la narradora de la colección *Las mil y una noches*
543. *superfluos*: sobrantes; innecesarios
544. *sin revocar*: sin pintura nueva
545. *jinetes*: una persona que monta caballo con destreza
546. *zanjas*: excavaciones
547. *llanura*: terreno llano
548. *harto*: demasiado
549. *desaforado*: desmedido, excesivo

mann no trató de entender ni siquiera de oír, porque el mecanismo de los hechos no le importaba).

El tren laboriosamente se detuvo, casi en medio del campo. Del otro lado de las vías quedaba la estación, que era poco más que un andén con un cobertizo.[550] Ningún vehículo tenían, pero el jefe opinó que tal vez pudiera conseguir uno en un comercio que le indicó a unas diez, doce, cuadras.

Dahlmann aceptó la caminata como una pequeña aventura. Ya se había hundido el sol, pero un esplendor final exaltaba la viva y silenciosa llanura, antes de que la borrara la noche. Menos para no fatigarse que para hacer durar esas cosas, Dahlmann caminaba despacio, aspirando con grave felicidad el olor del trébol.[551]

El almacén,[552] alguna vez, había sido punzó,[553] pero los años habían mitigado para su bien ese color violento. Algo en su pobre arquitectura le recordó un grabado en acero, acaso de una vieja edición de *Pablo y Virginia*.[554] Atados al palenque[555] había unos caballos. Dahlmann, adentro, creyó reconocer al patrón[556]; luego comprendió que lo había engañado su parecido con uno de los empleados del sanatorio. El hombre, oído el caso, dijo que le haría atar la jardinera; para agregar otro hecho a aquel día y para llenar ese tiempo, Dahlmann resolvió comer en el almacén.

En una mesa comían y bebían ruidosamente unos muchachones, en los que Dahlmann, al principio, no se fijó. En el suelo, apoyado en el mostrador, se acurrucaba,[557] inmóvil como una cosa, un hombre muy viejo. Los muchos años lo habían reducido y pulido como las aguas a una piedra o las generaciones de los hombres a una sentencia. Era oscuro, chico y reseco, y estaba como fuera del tiempo, en una eternidad. Dahlmann registró con satisfacción la vincha,[558] el poncho de bayeta,[559] el largo chiripá[560] y la bota de potro[561] y se dijo, rememorando inútiles discusiones con gente de los partidos del Norte o con entrerrianos,[562] que gauchos de ésos ya no quedan más que en el Sur.

Dahlmann se acomodó junto a la ventana. La oscuridad fue quedándose con el campo, pero su olor y sus rumores[563] aún le llegaban entre los barrotes[564] de hierro. El patrón le trajo sardinas y después carne asada; Dahlmann las empujó[565] con unos vasos de vino tinto. Ocioso, paladeaba[566] el áspero sabor y dejaba errar la mirada por el local, ya un poco soñolienta.[567] La lámpara de kerosén pendía[568] de uno de los tirantes; los

550. *cobertizo*: cubierto
551. *trébol*: tipo de planta
552. *almacén*: bodega. Aquí se entiende como restaurante modesto.
553. *punzó*: color rojo muy intenso
554. *Pablo y Virginia*: novela (1788) de Jacques-Henri Bernardin de Saint-Pierre
555. *palenque*: poste
556. *patrón*: dueño
557. *acurrucaba*: se encogía, usualmente a causa del frío
558. *vincha*: cinta elástica para sujetar el pelo
559. *poncho de bayeta*: abrigo sin mangas
560. *chiripá*: prenda de los gauchos que se ponía como resguardo ante el frío
561. *potro*: caballo
562. *entrerrianos*: propios de la provincia argentina Entre Ríos
563. *rumores*: ruidos
564. *barrotes*: barra reforzadora
565. *empujó*: cuando un líquido facilita la deglución de la comida
566. *paladeaba*: saboreaba
567. *soñolienta*: adormilada
568. *pendía*: colgaba

parroquianos de la otra mesa eran tres: dos parecían peones de chacra[569]: otro, de rasgos achinados[570] y torpes, bebía con el chambergo[571] puesto. Dahlmann, de pronto, sintió un leve roce en la cara. Junto al vaso ordinario de vidrio turbio, sobre una de las rayas del mantel, había una bolita de miga.[572] Eso era todo, pero alguien se la había tirado.

Los de la otra mesa parecían ajenos a él. Dalhman, perplejo, decidió que nada había ocurrido y abrió el volumen de *Las mil y una noches*, como para tapar la realidad. Otra bolita lo alcanzó a los pocos minutos, y esta vez los peones se rieron. Dahlmann se dijo que no estaba asustado, pero que sería un disparate que él, un convaleciente,[573] se dejara arrastrar por desconocidos a una pelea confusa. Resolvió salir; ya estaba de pie cuando el patrón se le acercó y lo exhortó[574] con voz alarmada:

-Señor Dahlmann, no les haga caso a esos mozos, que están medio alegres.[575]

Dahlmann no se extrañó de que el otro, ahora, lo conociera, pero sintió que estas palabras conciliadoras agravaban, de hecho, la situación. Antes, la provocación de los peones era a una cara accidental, casi a nadie; ahora iba contra él y contra su nombre y lo sabrían los vecinos. Dahlmann hizo a un lado al patrón, se enfrentó con los peones y les preguntó qué andaban buscando.

El compadrito de la cara achinada se paró, tambaleándose.[576] A un paso de Juan Dahlmann, lo injurió[577] a gritos, como si estuviera muy lejos. Jugaba a exagerar su borrachera y esa exageración era otra ferocidad y una burla. Entre malas palabras y obscenidades, tiró al aire un largo cuchillo, lo siguió con los ojos, lo barajó[578] e invitó a Dahlmann a pelear. El patrón objetó con trémula[579] voz que Dahlmann estaba desarmado. En ese punto, algo imprevisible ocurrió.

Desde un rincón el viejo gaucho estático,[580] en el que Dahlmann vio una cifra[581] del Sur (del Sur que era suyo), le tiró una daga desnuda que vino a caer a sus pies. Era como si el Sur hubiera resuelto que Dahlmann aceptara el duelo. Dahlmann se inclinó a recoger la daga y sintió dos cosas. La primera, que ese acto casi instintivo lo comprometía a pelear. La segunda, que el arma, en su mano torpe, no serviría para defenderlo, sino para justificar que lo mataran. Alguna vez había jugado con un puñal, como todos los hombres, pero su esgrima[582] no pasaba de una noción de que los golpes deben ir hacia arriba y con el filo para adentro. No hubieran permitido en el sanatorio que me pasaran estas cosas, pensó.

-Vamos saliendo- dijo el otro.

Salieron, y si en Dahlmann no había esperanza, tampoco había temor. Sintió, al

569. *chacra*: granja
570. *achinados*: de ojos rasgados
571. *chambergo*: tipo de sombrero
572. *miga*: un pedazo pequeño de papel o pan
573. *convaleciente*: enfermo pero en recuperación
574. *exhortó*: urgió
575. *alegres*: borrachos
576. *tambaleándose*: de un lado a otro
577. *injurió*: insultar
578. *barajó*: considerar opciones
579. *trémula*: algo que tiembla
580. *estático*: fijo, que no se mueve
581. *cifra*: signo
582. *esgrima*: capacidad de utilizar una espada o cuchillo en una competencia

atravesar el umbral, que morir en una pelea a cuchillo, a cielo abierto y acometiendo, hubiera sido una liberación para él, una felicidad y una fiesta, en la primera noche del sanatorio, cuando le clavaron la aguja. Sintió que si él, entonces, hubiera podido elegir o soñar su muerte, ésta es la muerte que hubiera elegido o soñado.

Dahlmann empuña[583] con firmeza el cuchillo, que acaso no sabrá manejar, y sale a la llanura.

E. Cuestionario

1. ¿Cómo describirías al protagonista, Juan Dahlmann?
2. ¿Por qué crees que el narrador incluye los datos sobre su abuelo?
3. ¿Cuál es la importancia de *Las mil y una noches* en el cuento? Es posible que tengas que hacer un poco de investigación sobre la colección (edición de Wiel, 1855) para poder ofrecer una respuesta documentada.
4. ¿Cómo se accidenta el protagonista y qué le sucede después?
5. ¿Por qué Dahlmann empieza a odiarse?
6. Al salir del sanatorio, ¿cambia su actitud? Da ejemplos textuales.
7. Describe su viaje en tren.
8. Compara la ciudad de Buenos Aires con el pueblo del sur.
9. ¿Cómo son las personas que comen junto a Dahlmann? ¿Cómo lo tratan?
10. ¿Por qué el narrador da una descripción tan detallada del hombre viejo?
11. ¿Qué hace el viejo inesperadamente?
12. ¿Por qué, en tu opinión, decide Dahlmann luchar?
13. ¿Qué significa el hecho de que el protagonista le dé la bienvenida a la muerte?
14. ¿Qué representa el sur como lugar geogáfico y símbolo cultural argentino?

X. Gabriel García Márquez (1927–2014)

A. Términos literarios

1. El simbolismo
2. El realismo mágico

B. El autor y su contexto social

1. Ganador del Premio Nobel en 1982
2. *Cien años de soledad* y *Amor en tiempos de cólera* son dos novelas suyas reconocidas mundialmente que han sido adaptadas al cine
3. Algunos temas que caracterizan sus escritos incluyen la violencia, la soledad y lo regional

C. Imágenes en contexto

Busca *The Tooth Worm as Hell's Demon* (anónimo, s. XVIII) en línea (Google Imágenes) y piensa en las siguientes preguntas en preparación para esta sección:

583. *empuña*: asir; agarrar

1. ¿Cómo interpretas la escena que aparece dentro del diente?
2. ¿Qué podría simbolizar un dolor de muelas?

D. El texto

1. "Un día de estos" (*Los funerales de Mamá Grande*, 1962)

El lunes amaneció tibio y sin lluvia. Don Aurelio Escovar, dentista sin título y buen madrugador, abrió su gabinete[584] a las seis. Sacó de la vidriera[585] una dentadura postiza[586] montada aún en el molde de yeso[587] y puso sobre la mesa un puñado[588] de instrumentos que ordenó de mayor a menor, como en una exposición. Llevaba una camisa a rayas, sin cuello, cerrada arriba con un botón dorado, y los pantalones sostenidos con cargadores elásticos. Era rígido, enjuto,[589] con una mirada que raras veces correspondía a la situación, como la mirada de los sordos.[590]

Cuando tuvo las cosas dispuestas sobre la mesa rodó la fresa[591] hacia el sillón de resortes[592] y se sentó a pulir la dentadura postiza. Parecía no pensar en lo que hacía, pero trabajaba con obstinación, pedaleando[593] en la fresa incluso cuando no se servía de ella.

Después de las ocho hizo una pausa para mirar el cielo por la ventana y vio dos gallinazos[594] pensativos que se secaban al sol en el caballete de la casa vecina. Siguió trabajando con la idea de que antes del almuerzo volvería a llover. La voz destemplada[595] de su hijo de once años lo sacó de su abstracción.

—Papá.

—Qué.

—Dice el alcalde que si le sacas una muela.

—Dile que no estoy aquí.

Estaba puliendo un diente de oro. Lo retiró a la distancia del brazo y lo examinó con los ojos a medio cerrar. En la salita de espera volvió a gritar su hijo.

—Dice que sí estás porque te está oyendo.

El dentista siguió examinando el diente. Sólo cuando lo puso en la mesa con los trabajos terminados, dijo:

—Mejor.

Volvió a operar la fresa. De una cajita de cartón donde guardaba las cosas por hacer, sacó un puente[596] de varias piezas y empezó a pulir el oro.

—Papá.

—Qué.

584. *gabinete*: despacho; oficina
585. *vidriera*: armario de vidrio con cajas
586. *dentadura postiza*: dientes artificiales
587. *yeso*: sulfato de calcio hidratado que, al mezclarse con agua, se endurece y se usa en la construcción y para hacer escayolas
588. *puñado*: cantidad de algo que cabe en una mano
589. *enjuto*: muy flaco
590. *sordos*: personas sin sentido del oído
591. *fresa*: un aparato que sirve para limar el esmalte de los dientes
592. *resortes*: mecanismo elástico de metal que se encuentra en camas y sillones
593. *pedaleando*: poniendo en movimiento un pedal. Esta fresa no es eléctrica.
594. *gallinazos*: tipo de buitre (ave de rapiña).
595. *destemplada*: malhumorada
596. *puente*: se refiere a un puente bucal. Se usa para reemplazar uno o varios dientes.

Aún no había cambiado de expresión.

—Dice que si no le sacas la muela te pega un tiro.[597]

Sin apresurarse, con un movimiento extremadamente tranquilo, dejó de pedalear en la fresa, la retiró del sillón y abrió por completo la gaveta inferior[598] de la mesa. Allí estaba el revólver.

—Bueno -dijo-. Dile que venga a pegármelo.

Hizo girar el sillón hasta quedar de frente a la puerta, la mano apoyada en el borde de la gaveta. El alcalde apareció en el umbral.[599] Se había afeitado la mejilla izquierda, pero en la otra, hinchada y dolorida, tenía una barba de cinco días. El dentista vio en sus ojos marchitos muchas noches de desesperación. Cerró la gaveta con la punta de los dedos y dijo suavemente:

—Siéntese.

—Buenos días -dijo el alcalde.

—Buenos -dijo el dentista.

Mientras hervían los instrumentos, el alcalde apoyó el cráneo en el cabezal de la silla y se sintió mejor. Respiraba un olor glacial.[600] Era un gabinete pobre: una vieja silla de madera, la fresa de pedal, y una vidriera con pomos de loza.[601] Frente a la silla, una ventana con un cancel[602] de tela hasta la altura de un hombre. Cuando sintió que el dentista se acercaba, el alcalde afirmó los talones[603] y abrió la boca.

Don Aurelio Escovar le movió la cara hacia la luz. Después de observar la muela dañada, ajustó la mandíbula[604] con una cautelosa[605] presión de los dedos.

—Tiene que ser sin anestesia -dijo.

—¿Por qué?

—Porque tiene un absceso.[606]

El alcalde lo miró en los ojos.

—Está bien -dijo, y trató de sonreír. El dentista no le correspondió. Llevó a la mesa de trabajo la cacerola[607] con los instrumentos hervidos y los sacó del agua con unas pinzas[608] frías, todavía sin apresurarse. Después rodó la escupidera[609] con la punta del zapato y fue a lavarse las manos en el aguamanil.[610] Hizo todo sin mirar al alcalde. Pero el alcalde no lo perdió de vista.

Era una cordal inferior.[611] El dentista abrió las piernas y apretó la muela con el gatillo[612] caliente. El alcalde se aferró a las barras de la silla, descargó toda su fuerza en los

597. *tiro*: una bala. Es decir, "va a sacar su pistola para dispararte".
598. *gaveta*: mueble con cajones
599. *umbral*: parte inferior de una puerta
600. *glacial*: muy helado
601. *pomos de loza*: agarrador de una puerta hecho de cerámica
602. *cancel*: puerta interior
603. *talones*: partes carnosas del pie
604. *mandíbula*: hueso de la cara que forma parte de la boca
605. *cautelosa*: cuidadosa
606. *absceso*: infección e inflamación de los tejidos, los cuales se llenan de pus
607. *cacerola*: recipiente para sus instrumentos
608. *pinzas*: utensilios de metal que se usan para agarrar cosas que no se deben tocar con las manos
609. *escupidera*: recipiente usados por pacientes para escupir
610. *aguamanil*: jarro
611. *cordal inferior*: tipo de muela en la parte inferior (abajo) de la boca
612. *gatillo*: fórceps (pero también palanca de las armas de fuego que se aprieta para disparar).

pies y sintió un vacío helado en los riñones,[613] pero no soltó un suspiro. El dentista sólo movió la muñeca.[614] Sin rencor, más bien con una amarga ternura, dijo:

—Aquí nos paga veinte muertos, teniente.[615]

El alcalde sintió un crujido[616] de huesos en la mandíbula y sus ojos se llenaron de lágrimas. Pero no suspiró hasta que no sintió salir la muela. Entonces la vio a través de las lágrimas. Le pareció tan extraña a su dolor, que no pudo entender la tortura de sus cinco noches anteriores. Inclinado sobre la escupidera, sudoroso, jadeante,[617] se desabotonó la guerrera[618] y buscó a tientas[619] el pañuelo en el bolsillo del pantalón. El dentista le dio un trapo[620] limpio.

—Séquese las lágrimas -dijo.

El alcalde lo hizo. Estaba temblando. Mientras el dentista se lavaba las manos, vio el cielorraso desfondado[621] y una telaraña polvorienta[622] con huevos de araña e insectos muertos. El dentista regresó secándose las manos. "Acuéstese -dijo- y haga buches[623] de agua de sal". El alcalde se puso de pie, se despidió con un displicente[624] saludo militar, y se dirigió a la puerta estirando las piernas, sin abotonarse la guerrera.

—Me pasa la cuenta—dijo.

—¿A usted o al municipio?

El alcalde no lo miró. Cerró la puerta, y dijo, a través de la red[625] metálica:

—Es la misma vaina.[626]

E. Cuestionario

1. ¿Cómo describe a don Aurelio? Piensa, por ejemplo, en su aspecto físico, su ropa y su actitud en general. ¿Por qué crees que Don Aurelio "Parecía no pensar en lo que hacía"? ¿Cómo se diferencia Don Aurelio del dentista típico norteamericano?

2. En términos del ambiente, ¿qué simbolizan los gallinazos? ¿Por qué las referencias al clima son importantes?

3. La voz de su hijo de once años rompe el silencio. ¿Por qué el hijo es un personaje de interés? Recuerda, es lunes, después de las ocho de la mañana.

4. ¿Qué nos revela esta frase sobre la actitud del dentista, justo después de lo que le dice a su hijo: "Estaba puliendo un diente de oro. Lo retiró a la distancia del brazo y lo examinó con los ojos a medio cerrar"?

613. *riñones*: órganos vitales internos que se encuentran en la espalda, justo debajo de la caja torácica, uno a cada lado
614. *muñeca*: parte del brazo donde la mano se articula
615. *teniente*: militar del cuerpo de oficiales de los ejércitos
616. *crujido*: sonido que se hace cuando se frotan los huesos, por ejemplo
617. *jadeante*: respirando fuerte
618. *guerrera*: chaqueta militar abotonado usualmente hasta el cuello
619. *a tientas*: guiarse con el tacto (las manos) cuando no se puede ver
620. *trapo*: pedazo de tela desechado por viejo
621. *cielorraso desfondado*: techo deteriorado
622. *polvorienta*: que tiene mucho polvo
623. *buches*: enjuagarse la boca
624. *displicente*: descontento
625. *red metálica*: puerta de tela metálica
626. *vaina*: cosa

5. ¿Por qué crees que el dentista, cuando se acaba de enterar de que tiene una visita del alcalde, se niega a atenderlo? ¿Se justifica su decisión en este momento? ¿Cómo interpretas el comentario "Mejor" del dentista después de enterarse de que el alcalde sabe que sí está en su despacho y disponible?

6. Comenta la amenaza del alcalde y por qué sorprende, pero a la vez no sorprende y la reacción del dentista.

7. ¿Cómo aparece el alcalde cuando entra en su despacho? ¿Es chocante su apariencia?

8. Los dos se hablan en la forma formal de "Ud". ¿Qué señala esto en este contexto?

9. Mientras el alcalde observa el despacho, lo describe el narrador. ¿Es extraña la descripción?

10. ¿Qué implica el hecho de que el dentista no pueda usar anestesia? Cuando el dentista le informa sobre este detalle, el narrador dice que el alcalde "lo miró en los ojos". ¿Por qué? ¿Qué busca?

11. El dentista se prepara para extraerle la muela. Explica la importancia de hacerlo "sin apresurarse". ¿Qué revela este fragmento: "Hizo todo sin mirar al alcalde. Pero el alcalde no lo perdió de vista"?

12. En el párrafo que comienza "era un cordal inferior" se encuentra el clímax del cuento. Explica.

13. El dentista le dice algo justo cuando le saca la muela. ¿Qué es lo que le dice, en tus propias palabras, y por qué es apropiado su comentario? ¿Qué tipo de persona es el alcalde, entonces?

14. ¿Por qué el dentista se refiere al alcalde, en ese momento, como "teniente"? ¿Qué indica el uso de su título militar?

15. Elabora sobre lo que siente/piensa el alcalde durante este momento de dolor tan intenso. ¿Es irónico?

16. Mientras se lava las manos, el alcalde se percata de "el cielorraso desfondado y una telaraña polvorienta con huevos de araña e insectos muertos". ¿Por qué es un detalle importante? Piensa no solo en la condición del despacho, sino también el elemento simbólico.

17. ¿Cómo se despide el alcalde? ¿Qué significa esto? Al salir del despacho, dice el narrador que el alcalde no mira al dentista. ¿Por qué? ¿Es irónico esto?

18. ¿Cómo interpretas la respuesta del alcalde: "Es la misma vaina"?

19. ¿Cómo se puede entender el título del cuento y qué nos dice este cuento sobre la política en los pueblos latinoamericanos en los años sesenta?

20. La venganza es un tema importante en el cuento. Elabora. ¿Se logra la venganza? ¿Quién desagravia a quién?

21. Ver: https://www.youtube.com/watch?v=nrLsbXTXSjM. ¿Qué opinas de esta adaptación?

XI. Julio Cortázar (1914–1984)

A. Términos literarios

1. El *boom*
2. El realismo mágico
3. Lo real maravilloso

B. El autor y su contexto social

1. Nace en Bélgica; crece en Buenos Aires, Argentina; muere en Francia
2. Bibliófilo
3. Autor, maestro, traductor
4. Algunos de sus temas predominantes incluyen: la búsqueda de identidad, el cuestionamiento de la realidad y lo existencial

C. Imágenes en contexto

Busca la imagen *El boom latinoamericano* (en forma de un globo con una vela que dice "Latinoamericano") y piensa en lo siguiente para esta sección:

1. ¿Qué significa el término *boom* en el contexto de Latinoamérica?
2. ¿Cómo se manifiestan las nuevas técnicas literarias asociadas con el *boom* en las selecciones textuales que aparecen a continuación?

D. Los textos

1. "Instrucciones para llorar" (*Historias de cronopios y de famas*, 1962)

Dejando de lado los motivos, atengámonos a la manera correcta de llorar, entendiendo por esto un llanto que no ingrese[627] en el escándalo, ni que insulte a la sonrisa con su paralela y torpe semejanza. El llanto medio u ordinario consiste en una contracción general del rostro y un sonido espasmódico[628] acompañado de lágrimas y mocos,[629] estos últimos al final, pues el llanto se acaba en el momento en que uno se suena[630] enérgicamente. Para llorar, dirija la imaginación hacia usted mismo, y si esto le resulta imposible por haber contraído el hábito de creer en el mundo exterior, piense en un pato[631] cubierto de hormigas[632] o en esos golfos del estrecho de Magallanes en los que no entra nadie, nunca. Llegado el llanto, se tapará con decoro[633] el rostro usando ambas manos con la palma hacia adentro. Los niños llorarán con la manga[634] del saco contra la cara, y de preferencia en un rincón del cuarto. Duración media[635] del llanto, tres minutos.

2. "Historia verídica" (*Historias de cronopios y famas*, 1962)

A un señor se le caen al suelo los anteojos, que hacen un ruido terrible al chocar con las baldosas.[636] El señor se agacha[637] afligidísimo[638] porque los cristales[639] de anteojos cuestan muy caros, pero descubre con asombro que por milagro no se le han roto.

627. *ingrese*: entre en
628. *espasmódico*: perteneciente a los espasmos
629. *mocos*: secreción viscosa que usualmente sale por la nariz
630. *se suena*: evacua la nariz de mocos
631. *pato*: ave acuático, similar a un ganso, pero de pico aplanado y ancho
632. *hormigas*: insectos, normalmente rojos o negros, que viven en colonias
633. *con decoro*: con seriedad
634. *manga*: parte de una camisa que cubre el brazo
635. *media*: promedio; típico
636. *baldosas*: placa de cerámica que se usa frecuentemente en los pisos
637. *se agacha*: baja una parte del cuerpo
638. *afligidísimo*: muy apenado
639. *cristales*: la parte de los lentes hecha de vidrio

Ahora este señor se siente profundamente agradecido, y comprende que lo ocurrido vale por una advertencia amistosa, de modo que se encamina a una casa de óptica y adquiere en seguida un estuche[640] de cuero almohadillado doble protección, a fin de curarse en salud. Una hora más tarde se le cae el estuche, y al agacharse sin mayor inquietud descubre que los anteojos se han hecho polvo. A este señor le lleva un rato comprender que los designios[641] de la Providencia son inescrutables,[642] y que en realidad el milagro ha ocurrido ahora.

E. Cuestionario

"Instrucciones para llorar"

1. ¿Te sorprende el título del primer cuento?
2. ¿Por qué es este cuento tan curioso? ¿Te recuerda a otra cosa?
3. En tus propias palabras, ¿qué hay que hacer para llorar de "manera correcta"?
4. Comenta la oración que comienza "Para llorar …"
5. ¿Por qué crees que el autor ha escrito este cuento?

"Historia verídica"

1. ¿Cuál es el problema con el que se enfrenta el protagonista?
2. ¿Por qué el protagonista, después de lo sucedido, se siente agradecido?
3. Explica el significado de la última oración.
4. ¿Te ha pasado algo similar en la vida, o con tus gafas u otra cosa?

XII. María Elena Walsh (1930–2011)

A. Términos Literarios

1. El ensayo literario
2. Las preguntas retóricas
3. La anáfora

B. La autora y su contexto social

1. Conocida en Argentina por su producción de literatura infantil
2. Políticamente activa
3. Cantante

C. Imágenes en contexto

Busca *Kiss Me, and You'll Kiss the Lasses* (Lilly Martin Spencer, 1956) en línea (Google Imágenes) y piensa en las siguientes preguntas en preparación para esta sección:

640. *estuche*: envoltura para proteger cosas delicadas
641. *designios*: propósito de llevar a cabo algo
642. *inescrutables*: lo que no puede saberse ni averiguarse

1. ¿Qué opinas de los roles de género hoy día?
2. ¿Son diferentes los hombres y las mujeres?

D. El texto

1. "¿CORRUPCIÓN DE MENORES"? (*CLARÍN*, 1979)

> *"No hay preguntas indiscretas.*
> *Indiscretas son las respuestas".*
> —Oscar Wilde

Vivimos consumiendo preceptos y productos sin cuestionarlos, por temor a la indiscreción de las respuestas y porque es más seguro acatar rutinas que incurrir[643] en singularidades. Un ejercicio de esclarecimiento[644] podría empezar con estas discretísimas preguntas:

¿Educamos a nuestras niñas para que en el día de mañana (si lo hay) sean ociosas princesas del jet-set? ¿Las educamos para Heidis[645] de almibarados[646] bosques? ¿Las educamos para futuras cortesanas?[647] ¿Las educamos para enanas[648] mentales y superfluas "señoras gordas"?

Así parece, por lo menos en buena parte de la bendita[649] clase media argentina, dada la aberrante[650] insistencia con que se estimula el narcisismo y la coquetería[651] de nuestras niñas y se les escamotea[652] su participación en la realidad.

La nena suele gozar de una envidiable amnesia para repetir la tabla del cuatro[653] junto con una no menos envidiable memoria para detallar el último capítulo del idilio[654] de tal vedette[655] con tal campeón o el menor frunce[656] del penúltimo modelo de Carolina de Mónaco[657] cuando salió a cazar mariposas en Taormina[658] con su digno esposo.[659]

Consentimos[660] y aprobamos que sea maniática consumidora de chafalonía,[661] vestimenta, basura impresa[662] y todo lo que, en fin, represente moda y no verdad. Consentimos

643. *incurrir*: atraerse un sentimiento desfavorable
644. *esclarecimiento*: aclaración
645. *Heidis*: se refiere a la novela suiza del mismo nombre, *Heidi*, cuya protagonista vive con su abuelo en los Alpes. Queriendo protegerla, no le permite asistir a la escuela.
646. *almibarados*: empalagoso; demasiado dulce
647. *cortesanas*: una mujer de la corte o una prostituta refinada
648. *enanas*: persona de pequeña estatura de toda la vida
649. *bendita*: del verbo "bendecir". Es de uso irónico aquí.
650. *aberrante*: algo que se aparta de lo normal
651. *coquetería*: afectación en los modales (el hablar, la apariencia) para agradar a alguien
652. *Se les escamotea*: se les roba.
653. *la tabla del cuatro*: tabla que se usa en las clases de matemáticas
654. *idilio*: relación romántica muy intensa
655. *vedette*: artista principal de un espectáculo de variedades
656. *frunce*: pliegues en una tela. Es un sinécdoque para ropa costosa.
657. *Carolina de Mónaco*: princesa quien es un icono de la moda y considerada una de las mujeres mejor vestidas del mundo
658. *Taormina*: ciudad en la isla de Sicilia
659. *digno esposo*: se refiere a su primer esposo, Phillip Junot
660. *consentimos*: permitimos
661. *chafalonía*: joyas de oro
662. *basura impresa*: lecturas vacías, como revistas de moda

que acuda al espejito más neuróticamente que la madrastra de Blancanieves,[663] que sea experta en cosmética, teleteatros y publicidad, que exija chatarra[664] importada o que calce imposibles zuecos[665] para denuedo[666] de traumatólogos.[667]

Formamos una personalidad melindrosa[668] cortando de raíz[669]—porque todo empieza desde el nacimiento—la sensibilidad o el interés que podría sentir por la variada riqueza del universo.

—Es el instinto femenino—dicen algunos psicólogos de calesita.[670] Eso me recuerda una anécdota. El director de una compañía grabadora estaba un día ocupado en comprobar cuántas veces se pasaba determinado disco por la radio.

—¡Qué bien, qué éxito, cómo gusta, cómo lo difunden[671] a cada rato!—aplaudió entusiasmado. Y después agregó—: Claro que hay que ver la cantidad de plata que invertimos en la difusión radial de este tema …

Nosotros también programamos a nuestras niñas como a ese eterno infante que es el público. Les insuflamos[672] manías e intereses adultos, les subvencionamos[673] la trivialidad y luego atribuimos el resultado a su constitución biológica.

Las jugueterías, en vidrieras separadas, ofrecen distintos juguetes para niñas y para varones. En Estados Unidos, no hace muchos años los lugares públicos estaban igualmente divididos "para gente de color" y "para blancos". ¡Dividir para reinar!

A las nenas sólo se les ofrece—o se les impone—juguetería doméstica: ajuares,[674] lavarropas, cocinas, aspiradoras, accesorios de belleza o peluquería.

Si con esto se trata de reforzar las inclinaciones domésticas que trae desde la cuna, ¿por qué no orientarla también hacia la carpintería o la plomería? ¿Acaso no son actividades hogareñas indispensables? Sí, lo son, pero remuneradas.[675] He aquí una respuesta indiscreta.

Los juguetes para varones sortean[676] la monotonía y ofrecen toda la gama de posibilidades humanas y extraterrestres: granjas, tren eléctrico, robots, microscopio, telescopio, equipos de química y electrónica, autos, juegos de ingenio y todo lo que, en fin, estimula las facultades mentales.

¿A la nena no le gustan los animales de granja ni los trenes? ¿No sueña con manejar un coche? ¿No siente curiosidad por el microcosmos o el espacio? ¡Cómo la va a sentir si es cosa de la otra vidriera, la de Gran Jefe Toro Sentado Blanco![677]

¿Es que el ejercicio de la razón y la imaginación pueden llevarla a la larga a desistir[678]

663. *Blancanieves*: cuento de niños en el cual una mujer muerde una manzana envenenada por una bruja
664. *chatarra*: joyas de imitación
665. *calce imposibles zuecos*: que se ponga zapatos que le quedan chicos
666. *denuedo*: valor
667. *traumatólogos*: médicos que se especializan en las deformidades del pie
668. *melindrosa*: mimosa
669. *cortando de raíz*: parando en ese momento
670. *calesita*: carrusel. Léase "infantiles".
671. *difunden*: ponen; se escucha
672. *insuflamos*: llenamos con aire
673. *subvencionamos*: financiamos algo
674. *ajuares*: objetos domésticos
675. *remuneradas*: pagadas
676. *sortean*: evitan
677. Gran Jefe Toro Sentado Blanco: "Chief Sitting Bull"
678. *desistir*: parar

de ser una criatura dependiente y limitada, mano de obra gratuita y personaje ornamental? La respuesta es sumamente indiscreta.

En la casa y la escuela destinamos a la nena a reiterar las más obvias y desabridas[679] manualidades, a remedar[680] las tareas maternas … y a practicar la maledicencia[681] a propósito de indumentaria[682] vecinal.

La nena vive rodeada de dudosos arquetipos[683] y la forzamos a emularlos, comprándole la diadema[684] de la Mujer Maravilla o el manto de cualquier otra maravilla femenil. No falta tío que ponga en sus manos un ejemplar de "Cómo ser bella y coqueta", otro espejito más o la centésima muñeca.[685]

Salvo raras excepciones como *Reportajes Supersónicos* de Syria Poletti, cuya heroína es una pequeña periodista, el papel impreso que suele frecuentar la nena—incluido el libro de lectura—le muestra a mujeres que, en la más alta cima del intelecto, son maestras. Las demás, aparte de consabidas[686] hadas y brujas, son siempre domadas[687] princesas o abotargadas[688] amas de casas.

La nena sabe, por las revistas que devora como una leona, que en este mundo no hay mujeres dedicadas a las más diversas tareas, por necesidad o por ganas. Lo que es más grave y contradictorio, le enseñan a soslayar[689] el hecho de que su propia madre trabaja afuera o estudia, como si éste no fuera modelo apropiado dada su excentricidad. Jamás vio—y si lo vio mojó el dedo y pasó la página—que hay mujeres obreras, pilotos, juezas o estadistas. Es tan avaro[690] el espacio que los medios les dedican, ocupados como están en la promoción de Miss Tal[691] o la siempre recordable Cristina Onassis.[692]

Educar para el ocio, la servidumbre y la trivialidad, ¿no significa corromper la sagrada potencia del ser humano?

Por suerte, esta criatura vestida de rosa (no faltará quien diga, confundiendo otra vez causas con efectos, que las nenas nacen de rosa y los varones de celeste,[693] cuando este negocio de los colores distintivos fue invento de una partera[694] italiana, allá por 1919), esta criatura, digo, es fuerte y rebelde, dotada de una capacidad de supervivencia extraordinaria. La nena, en muchos casos, renegará de la manipulación y decidirá ser una persona. Pero ¿quién puede medir la dificultad de la contramarcha[695] y la energía desperdiciada[696] en librarse de tanta tilinguería[697] adulta?

679. *desabridas*: sin sabor
680. *remedar*: imitar
681. *maledicencia*: murmurar
682. *indumentaria*: ropa
683. *arquetipos*: modelos
684. *diadema*: tipo de corona abierta por detrás
685. *centésima muñeca*: conjunto de cien muñecas
686. *consabidas*: típicas
687. *domadas*: amansadas
688. *abotargadas*: gorditas
689. *soslayar*: eludir; negarse
690. *avaro*: tacaño
691. *Miss Tal*: una reina de belleza, como Miss Universo o Miss Mundo
692. *Cristina Onassis*: miembro famoso de la alta sociedad
693. *celeste*: azul
694. *partera*: una mujer que ayuda durante el parto de una mujer embarazada
695. *contramarcha*: el reverso
696. *desperdiciada*: malgastada
697. *tilinguería*: tontería o grosería

Mientras modelan a la pequeña odalisca[698] remilgada,[699] el tiempo pasa y llega la hora de la pubertad. Entonces los adultos se alarman porque la nena asusta con precoces aspavientos[700] sexuales y emprende calamitosamente[701] los estudios secundarios. Terminó los primarios como pudo, entre espejitos, telenovelas, chismografía y exhibicionismo fomentados y aprobados, pero al trasponer la pubertad se le reprocha todo esto y empieza a hacerse acreedora al desprecio que la banalidad[702] inspira a quienes mejor la imponen y más caro la venden.

Los mayores ponen el grito en el cielo porque la nena no da señales de ir a transformarse en una Alfonsina Storni.[703] Ahí empieza a tallar el prestigio de la cultura—desmesurado[704] porque se trata de otra forma del culto al exitismo[705] individual—y florece una tardía sospecha de que la nena no fue educada razonablemente. Cuando las papas queman, esos pobres padres de clase media argentina comprenden por fin que no son Grace y Rainiero[706] y que la tierra que pisan no es Disneylandia.

En ese preciso momento aparece también el espantajo[707] de la TV, esa culpable de todo. ¿Y quién delegó en ella las tareas de institutriz? La mediocridad de la TV no hace sino colaborar en la fabricación en serie de ciudadanas despistadas.[708]

No se trata de reavivar[709] severidades conventuales ni se trata de desvalorizar el trabajo doméstico ni inquietudes que, mejor orientadas, podrían ser simplemente estéticas. No se trata tampoco de mudarse de vidriera para suponer, por ejemplo, que el automovilismo es más meritorio que el arte culinario, o la cursilería[710] más despreciable que el matonismo.[711]

Toda criatura humana debe aprender a bastarse[712] y cooperar en el trabajo hogareño y a cuidar, si quiere, su apariencia. Lo grave consiste en convencer a la criatura femenina de que el mundo termina allí.

Se trata de comprender que la niña no tiene opción, que es inducida compulsivamente a la frivolidad y la dependencia, que por tradición se le practica un lavado de cerebro que le impide elegir otra conducta y alimentar otros intereses.

La frivolidad no es un defecto truculento[713] que merezca anatemas[714] al estilo cuáquero[715] o musulmán. Lo truculento consiste en hacerle creer a alguien que ése es su único destino, incompatible con el uso de la inteligencia. Lo grave consiste en confundir un espontáneo juego imitativo de la madre con una fatalidad excluyente de otras funciones.

698. *odalisca*: mujer de un harén
699. *remilgada*: excesivamente escrupulosa
700. *aspavientos*: demostración exagerada de un sentimiento
701. *calamitosamente*: desastrosamente
702. *banalidad*: trivialidad
703. *Alfonsina Storni*: poeta argentina modernista
704. *desmesurado*: desproporcionado
705. *exitismo*: afán desmedido de éxito
706. *Grace y Rainiero*: Grace (Kelly) y el Príncipe Rainiero, padres de Carolina
707. *espantajo*: algo que se pone para espantar, como los espantapájaros
708. *despistadas*: desorientadas
709. *reavivar*: cobrar vida
710. *cursilería*: vestimenta de mal gusto
711. *matonismo*: acoso de estudiante
712. *bastarse*: ser suficiente
713. *truculento*: verdaderamente cruel
714. *anatemas*: excomunión
715. *cuáquero*: también conocido como "La sociedad religiosa de amigos"

A la nena no se le permite formar su personalidad libremente: se la dan toda hecha, y aprendices de jíbaros[716] le reducen el cerebro para luego convencerla de que nació reducida. La instiga a practicar un desenfrenado culto a las apariencias y a desdeñar[717] su propia y diversa riqueza humana. La recortan y pegan para luego culparla porque es una figurita. La educan, en fin, para pequeña cortesana de un mundo en liquidación.[718]

¿No es eso corrupción de menores?

E. Cuestionario

1. Comenta el epígrafe de Wilde.
2. ¿Cuál es el propósito de las preguntas retóricas en el segundo párrafo?
3. ¿Cuál es la situación actual (1979) de las niñas argentinas?
4. ¿Qué es lo que critica la autora en este ensayo y qué soluciones propone?
5. Elabora sobre la dicotomía "moda" frente a "verdad".
6. ¿Quién o quiénes son los culpables de que las niñas sean como son?
7. ¿Cómo encaja la anécdota sobre el disco de música con la situación de las niñas argentinas?
8. Según la autora, ¿tiene la biología algún rol en el desarrollo de las niñas?
9. ¿Cómo se vale la autora de la segregación racial para evidenciar su argumento?
10. ¿Da ejemplos de modelos de mujer la autora? ¿Quiénes son? Pero ¿cuál es el problema?
11. ¿Cómo demuestra la autora que hay una diferencia entre sexo, lo biológico y género, una construcción social?
12. ¿Está proponiendo que las niñas abandonen por completo las cosas hogareñas con las que se han asociado tradicionalmente? ¿Estás de acuerdo? Explica.
13. ¿Qué influencia tiene la televisión en el desarrollo mental de las niñas?
14. Compara, dando ejemplos cuando sea posible, la crianza de los niños con la de las niñas.
15. ¿Puedes identificar la tesis de la autora?
16. Explica el significado del título y por qué es tan poderoso.
17. ¿Puedes pensar en un ejemplo de tu propia infancia que Walsh pudiera usar para justificar su argumento?

XIII. Juan Felipe Herrera (1948–)

A. Términos literarios

1. La anáfora
2. Los cambios de código
3. La aliteración

716. *jíbaros*: campesinos
717. *desdeñar*: menospreciar
718. *liquidación*: venta con gran rebaja de precios

B. El autor y su contexto social

1. Profesor en la Universidad de California, Riverside
2. Poeta, activista
3. Poesía socialmente comprometida
4. Influencia de su trabajo como campesino en su obra

C. Imágenes en contexto

Busca la pintura *Look Within* (Fabián Debora, 2008) en línea (Google Imágenes) y piensa en las siguientes preguntas en preparación para esta sección:

1. ¿Cómo es la vida de un mexicano que vive en EE. UU.?
2. ¿Qué significa la palabra "chicano"?

D. El texto

1. *187 Reasons Mexicanos Can't Cross the Border* (1971–2007; selecciónes)

Because Lou Dobbs has been misusing the subjunctive again
Because our suitcases are made with biodegradable maguey fibers
Because we still resemble La Malinche
Because multiplication is our favorite sport
Because we'll dig a tunnel to Seattle
Because Mexico needs us to keep the peso from sinking
Because the Berlin Wall is on the way to Veracruz
Because we just learned we are Huichol
Because someone made our IDs out of corn
Because our border thirst is insatiable
Because we're on peyote & Coca-Cola & Banamex
Because it's Indian land stolen from our mothers
Because we're too emotional when it comes to our mothers
Because we've been doing it for over five-hundred years already
Because it's too easy to say "I am from here"
Because Latin American petrochemical juice flows first
Because what would we do in El Norte
Because Nauhatl, Mayan and Chicano will spread to Canada
Because Zedillo, Salinas y Fox are still on vacation
Because the World Bank needs our abuelita's account
Because the CIA trains better with brown targets
Because our accent is unable to hide U.S. colonialism
Because what will the Hispanik MBAs do
Because our own voice resembles La llorona
Because we are still voting
Because the North is really South
Because we can read about it in an ethnic prison
Because Frida beat us to it
Because U.S. & European corporations would rather visit us first

Because environmental U.S. industrial pollution suits our color
Because of a new form of Overnight Mayan Anarchy
Because there are enough farmworkers in California already
Because we're meant to usher a postmodern gloom into Mexico
Because Nabisco, Exxon & Union Carbide.gave us Mal de Ojo
Because every nacho chip can morph into a Mexican wrestler
Because it's better to be rootless, unconscious & rapeable
Because we're destined to have the "Go back to Mexico" Blues
Because of Pancho Villa's hidden treasure in Chihuahua
Because of Bogart's hidden treasure in the Sierra Madre
Because we need more murals honoring our Indian Past
Because we are really dark French creoles in a Cantinflas costume
Because of this Aztec reflex to sacrifice ourselves
Because we couldn't clean up hurricane Katrina
nBecause of the Spanish penchant to be polite and aggressive
Because we had a vision of Sor Juana in drag
Because we smell of tamales soaked in tequila
Because we got hooked listening to Indian Jazz in Chiapas
Because we are still waiting to be cosmic
Because our passport says we're out of date
Because our organ donor got lost in a Bingo game
Because we got to learn English first & then get in line & then pay a little fee
Because we're understanding and appreciative of our capitalist neighbors
Because our 500-year penance was not severe enough
Because we're still running from La Migra
Because we're still kissing the Pope's hand
Because we're still practicing to be Franciscan priests
Because they told us to sit & meditate & chant "Nosotros los Pobres"
Because of the word "Revolución" & the words "Viva Zapata"
Because we rely more on brujas than lawyers
Because we never finished our Ph.D. in Total United Service
Because our identity got mixed up with passion
Because we have visions instead of televisions
Because our huaraches are made with Goodyear and Uniroyal
Because the pesticides on our skin are still growing
Because it's too easy to say "American Citizen" in cholo
Because you can't shrink-wrap enchiladas
Because a Spy in Spanish sounds too much like "Es pie" in English
Because our comadres are an International Political Party
Because we believe in the Big Chingazo Theory of the Universe
Because we're still holding our breath in the Presidential Palace in Mexico City
Because every Mexican is a Living Theater of Rebellion
Because Hollywood needs its subject matter in proper folkloric costume
Because the Grammys and iTunes are finally out in Spanish
Because the Right is writing an epic poem of apology for our proper education
Because the Alamo is really pronounced "Alamadre"
Because the Mayan concept of zero means "U.S. Out of Mexico"

Because the oldest ceiba in Yucatán is prophetic
Because England is making plans
Because we can have Nicaragua, Honduras & Panama anyway
Because 125 million Mexicans can't be wrong.

E. Cuestionario

1. ¿Qué efecto tiene la combinación lingüística de inglés y español en el poema?
2. Comenta los siguientes elementos del poema:
 Políticos
 Culturales
 Históricos
 Religiosos
 Migratorios
3. Explica la importancia o aleatoriedad del número "187" en el título.
4. Hay señales de resistencia en este poema. Explica.
5. Este poema promueve la participación comunitaria. Elabora.
6. Este no es solo un poema que se lee, sino también uno que se siente. De hecho, se podría decir que hay que usar los cinco sentidos durante la lectura. Comenta.

XIV. Edmundo Paz-Soldán (1967–)

A. Términos literarios

1. El monólogo interior
2. El realismo

B. El autor y su contexto social

1. Profesor en la Universidad de Cornell
2. Novelista, cuentista y ensayista
3. Ganador de varios premios literarios, entre ellos el Premio Nacional de Novela (Bolivia, 2002)
4. McOndo, en contraste con Macondo[719]

C. Imágenes en contexto

Busca el vídeo *Wednesday Afternoon* (Dir. Alonso Mayo, 2004) en línea y piensa en las siguientes preguntas en preparación para esta sección:

1. ¿Cuál es el significado del título?
2. ¿En qué país tiene lugar el corto? ¿De dónde es el padre?

719. *McOndo*: ver una explicación del significado de este término al final de la introducción

3. Describe los lugares donde el padre lleva a su hijo.

4. Explica la importancia del factor económico y su relación con el llamado "sueño americano".

D. El texto

1. "Lazos de Familia"

Papá viene a recogerme alrededor de las seis de la tarde, como todos los días. La bocina de su Chevrolet Cavalier rojo continúa sonando incluso cuando me ve abrir la puerta de la casa y cruzar con pasos apurados el jardín de rosas secas. Es un mensaje para mamá, pienso, una manera de decirle que no podrá librarse fácilmente de él, del ruido de su presencia. Yo tampoco puedo hacerlo, y si bien hubo un tiempo en que contaba los minutos que faltaban para que llegara, en los primeros días de la separación definitiva, eso no duró ni un mes.

—Hola, campeón—la palmada en la espalda, el aire de complicidad,[720] como si fuéramos miembros de la misma pandilla[721]—. ¿Cómo te trató la vida entre ayer y hoy? No me digas. Seguro tu mamá te hizo hacer las tareas y te mandó al colegio y otras ridiculeces.

—Algo por el estilo. Pero tampoco me molesta.

—Eso es lo que me preocupa. Tendrás que venirte a vivir conmigo las vacaciones de fin de año. Con apenas un par de horas al día estoy en desventaja.

Me apoyo con fuerza contra el asiento, como si quisiera perderme en él. Y no quiero mirar a papá porque, pese a todo lo que hace, es mi papá, y recuerdo los buenos momentos, por ejemplo cuando íbamos al cine o al estadio solos, y si nuestros ojos se encuentran me voy a sentir peor de lo que ya me siento, culpable de algo, de no aceptarlo tal como es. Me gusta al menos salir de mi casa de cuartos pequeñísimos por donde mamá va y viene con su pena a cuestas[722] y me contagia. No hace mucho, nuestra forma de vida era otra.

El sol se va. Van pasando por mi ventana las casas tristes de mis vecinos, una señal de PARE en la esquina a la que nadie le hace caso, los triciclos y cajas de cartón tirados en las aceras, la rubia de largas pichicas[723] que vive a dos cuadras de mi casa y nunca usa sostén.[724] Se llama Estela y es lo único interesante de este barrio de calles de tierra. No parece ir al colegio, la veo abrazada de diversos chicos mayores en autos y motocicletas. Algún día, me he dicho, al toparme con su mirada ausente. Algún día.

—Yo también la vi—dice papá, sonriente—. No eres un caso tan perdido, después de todo. Sus jeans están que se le caen. La moda de hoy lo hace todo más fácil.

Me ofrece una Taquiña[725] en lata y se la rechazo, no porque tenga catorce años, sino porque no me gusta la cerveza, y menos si viene de papá. El olor de su colonia[726] intoxica

720. *complicidad*: colaboración; cooperación
721. *pandilla*: grupo de personas que mantiene una relación intensa y estrecha. Muchas veces las pandillas se asocian con un símbolo especifico, ropa particular y actividades delictivas.
722. *con su pena acuestas*: con sus quejas y lamentos
723. *pichicas*: trenzas de cabello
724. *sostén*: bra; prenda de lencería femenina que cubre y levanta los senos
725. *Taquina*: marca de cerveza boliviana
726. *colonia*: el equivalente de perfume para hombres

el ambiente; abro un poco la ventana. Hombre de pelo en pecho—la camisa algo desabotonada—y cigarrillo negro en la mano, tiene éxito con las mujeres y yo me pregunto por qué.

Debo calmarme: de nada sirve la rabia. Papá no se merece eso. Me dio una infancia maravillosa, me llenó de trenes y rompecabezas, y sobre todo, me dio su tiempo; ni siquiera mamá recibía tanta atención. Nunca me falló hasta que se falló a sí mismo y por arreglar las cosas las empeoró y se fue hundiendo, y nosotros junto a él, incluso ahora que ya no vivimos juntos.

—Nos toca dar una vuelta por la Atalaya. Pagan bien por allí, tantos banqueros estresados. Pronto te tendré que dar unos pesos. Una comisión de la comisión.

Papá le ha dicho a mamá que trabaja los fines de semana y por eso han llegado a este arreglo: en vez de encargarse de mí los sábados y domingos, me viene a buscar de lunes a viernes a eso de las seis de la tarde, cuando dice que termina su trabajo, y me trae de regreso entre las nueve y las diez, después de la cena (que es, las más de las veces, una hamburguesa en Burger King). Pero la razón es otra: su verdadero trabajo comienza a las seis de la tarde, y necesita de mi inocente presencia para que la policía no sospeche de él, o al menos eso es lo que creo: quizás sólo quiere que lo acompañe porque está orgulloso de lo que hace y quiere que yo sea parte de ello. O quizás ocurre que tiene una idea algo torcida de lo que resulta apropiado hacer en compañía de su hijo. O todo a la vez. Porque vive de la venta de coca[727] a dignos padres (y madres) de familia que viven en barrios residenciales, en casas de amplios jardines y garajes con dos autos (una de ésas fue algún día nuestra casa, pero ésa es otra historia). Es —suena cómico decirlo— un repartidor a domicilio y gana una buena comisión.

Conmigo no se esforzó por ocultarlo: quería hacerme hombre de una manera violenta, contrarrestar[728] la esforzada y correcta educación que recibía de mamá. Yo no me animaba a decirle lo equivocado que estaba; toma tiempo encontrar el ánimo necesario para contradecir a los papás, no hacer lo que ellos quieren que hagamos, dejar de admirarlos. Toma tanto tiempo que uno nunca lo logra del todo, incluso cuando uno deja de admirarlos los sigue admirando. Y aquí estoy, un espía en el Chevrolet, mirando con ojos extraños y cansados las aventuras de un señor con el cual tengo poco en común (toco madera[729]: uno nunca sabe). Cuando todo termine—porque tiene que terminar—, me preguntaré cómo hice para tolerar esta rutina durante más de seis meses. Mi mamá dirá: "porque le tomaste cariño, y después de todo tu papá es tu papá". Lucho, mi mejor amigo, dirá: "porque en el fondo te gustaba el sabor del peligro y querías llevarle la contra a tu vieja.[730] Porque tu mamá jode mucho, ¿no"? "No más que cualquier mamá promedio". "Entonces jode[731] mucho".

—Anoche vi una película en la tele—los ojos de papá están fijos en la avenida que circunvala[732] a la ciudad, al fondo las montañas con el sol que las va apagando—. Sobre una pareja dispareja. Me hizo recuerdo a tu mamá y a mí. Nos llevábamos como perro y gato. No entiendo cómo pudimos casarnos.

727. *coca*: cocaína
728. *contrarrestar*: hacer oposición a
729. *toco madera*: acción que se hace con la mano en algo hecho de madera para repeler la mala suerte.
730. *tu vieja*: forma coloquial para referirse a la mamá de uno
731. *jode*: molesta
732. *circunvala*: rodea

—Eso es fácil—hurgo[733] mis bolsillos en busca de monedas, lapiceros, cualquier cosa—. Lo difícil es explicar cómo pudieron estar casados durante más de diez años.

Un Ford azul aparece detrás nuestro y nos sigue un par de cuadras. Oprimo mis manos contra el asiento. ¿Será la policía? Tranquilo, tranquilo.

—Supongo que había amor de verdad. Y también estabas tú. Nos preocupaba tu futuro.

—No hubiera sido necesario. Apenas me di cuenta de lo que ocurría entre ustedes, le dije a mamá que necesitaban divorciarse.

El Ford desaparece. Respiro hondo. Y vuelven la culpa, el remordimiento. Si el tuyo no es un buen padre, ¿tiene uno derecho a dejar de ser buen hijo? ¿Se puede ser capaz de dejar de lado el cariño y la admiración, o al menos intentarlo? Todavía hay tiempo, me digo: puedo luchar con mis sentimientos; lo irrevocables[734] son los hechos.

—Si hubieras hablado antes, me habrías ahorrado algunos años. ¿Sigue fanática obsesiva de la limpieza? ¿Sigue cantando en la ducha? Tan desafinada …[735]

Esa es la parte más triste de la historia. Hace esfuerzos por demostrarme que ella no le interesa en lo más mínimo, y sin embargo en cada gesto se encuentra su imposibilidad de olvidarla. En su futuro habrá muchas horas dedicadas a pensarla, a recordarla, a imaginarla. Una vez me llevó al departamento que comparte con Juliana, una gorda brasileña que llegó hace diez años a estudiar medicina y se fue quedando. En las paredes había posters inmensos de Elizabeth Hurley y Sofía Vergara[736]: mamá no los hubiera tolerado un segundo. Los cuartos estaban sucios, la ropa interior tirada en el piso, los platos sin lavar desde hacía al menos una semana. Después de varias cervezas, papá me abrazó y, señalando a Juliana, que miraba televisión tirada en el sofá como una ballena varada en la playa, me dijo: "¿La ves? Nunca te equivoques. Lo de tu mamá fue amor. Ella es sólo compañía para mi vejez". Le dije que era muy joven para estar pensando ya en su vejez. Pero eso no era tan importante como el hecho de que me había confesado sus sentimientos por mamá.

El Chevrolet se detiene una cuadra después del primer semáforo en la subida a la Atalaya, frente a una casa protegida por altos olmos. Alguna vez, no hace mucho, vivíamos en este barrio, en una casa con piscina. Esa es la historia que no quiero contar. A papá le iba muy bien en la compañía de seguros, y mamá ni siquiera necesitaba trabajar. Luego a papá se le ocurrió meterse en negocios de alto riesgo y terminó endeudado[737] y en la calle, y nosotros con él. Vino la separación, y comenzó nuestra aventura en barrios pobres. Mamá trabaja de enfermera en un hospital del estado. Y papá hace lo que puede por ganar unos pesos rápidos y no tener que trabajar: dice que odia su pasado de oficinista. O quizás es su manera de justificar el hecho contundente,[738] su certeza de que esa vida no volverá.

Papá se baja, toca el timbre y vuelve al Chevrolet. Los autos suben y bajan por la avenida con sospechosa normalidad: en cualquiera de ellos pueden estar la policía y el fin de esta aventura. Siempre que estoy con papá me pongo tenso. Qué no diera por ir a

733. *hurgo*: manoseo; toco
734. *irrevocables*: definitivos
735. *desafinada*: disonante. Es decir, canta muy mal.
736. *Elizabeth Hurley y Sofía Vergara*: modelos populares en los años '90
737. *endeudado*: cuando se debe dinero
738. *contundente*: evidente

la matiné[739] o al fútbol, como lo hacíamos tan sólo hace tres años. Por volver al minigolf con él, y eso que me aburría tanto. Porque papá no fuera como papá. Pero él ha cambiado y quizás debería aceptarlo así. En el fondo creo que lo acepto, aunque me niego a hacerlo del todo. Es un poco confuso.

Apoya su mano en mi hombro y siento su cariño. Y me vuelvo a sentir mal.

Un señor de papada repugnante abre la puerta de la casa y se acerca a la ventana del auto. Se apellida Ramírez, es abogado, tiene sus oficinas cerca del Boulevard (he hecho mis investigaciones). Sin pronunciar palabra, le entrega a papá unos billetes nerviosos, recibe un sobre y se marcha. He visto esta escena muchas veces: cambian los rostros, pero la actitud es similar. Miedosos, tratan de reducir al mínimo el contacto con papá. No están avergonzados de sus vicios; sólo tienen miedo a que alguien los descubra. A veces prefieren encontrarse con papá en callejuelas despobladas, al amparo de la noche. Me miran y no entienden qué hago en el auto, y seguro se preguntan si me doy cuenta de lo que está ocurriendo. No deben faltar los que se animan a emitir para sus adentros algún juicio moral.

—Me dijiste que dejarías de hacerlo –me animo a decirle.

—Si me consigues un trabajo, feliz de la vida—termina la cerveza, estruja[740] la lata—. Por más que busco no hay, por nada del mundo. Y alguien tiene que mantenerte, ¿no? Basta un día que me atrase con la pensión para que el abogado de tu mamá ya esté tocando a mi puerta.

—Para mí que ya ni siquiera estás buscando trabajo—no lo miro mientras hablo; así será más fácil, podré decirle todo lo que pienso—. Te acostumbraste al dinero fácil.

—¿Y tú qué sabes? Si crees que esto es dinero fácil estás muy equivocado, jovencito. La mala influencia de tu mamá te está llenando la mente de estupideces.

—Lo que digas, pero ya no quiero acompañarte. A esto, prefiero quedarme en casa. Me dijiste que dejarías de hacerlo y me mentiste. Me estuviste mintiendo todo el tiempo.

—No creas que me siento orgulloso de lo que hago. Pero dime, ¿quién es peor? ¿Yo, o mis compradores?

Esa es su gran disculpa: no se droga, apenas es un intermediario, tiene la conciencia tranquila.

—A mí no me interesan tus compradores.

Avanzamos tres cuadras en un lento ascenso hacia la Atalaya, y nos volvemos a detener. Papá toca el timbre de una casa muy iluminada con un jardín lleno de cucardas en flor. Las luces del jardín se apagan y una silueta se acerca con prisa hacia la puerta. La transacción concluye y partimos.

Papá mira de pronto por el retrovisor y dice que nos siguen.

—No creo que sea coincidencia. Ese Volkswagen estaba detrás de nosotros cuando salimos de tu casa.

¿Será la policía? No debo ponerme nervioso. Papá acelera y yo me aferro al asiento; veo su rostro de satisfacción, la sonrisa anhelante: corrió en algunos rallies[741] sus primeros años de casado, hasta que nací yo y mamá se lo prohibió.

—A mi juego me llamaron –grita, eufórico—. No saben con quién se están metiendo. Toma una curva a la izquierda, luego otra a la derecha, y después agarra a gran velo-

739. *matiné*: película que se pone en las primeras horas de la tarde
740. *estruja*: aplasta; comprime
741. *rallies*: protestas

cidad una recta en bajada. El Chevrolet derrapa[742] sobre el asfalto y logra asentarse después de un brusco caracoleo. Por el retrovisor observo que no hemos logrado perder de vista al auto que nos sigue. Papá se mete por callejuelas polvorientas en procura de perder a nuestro perseguidor.

Al rato, sin embargo, una decisión equivocada lo lleva a un callejón sin salida. Maneja hasta toparse con una pared. El Volkswagen se detiene a unos cincuenta metros. Papá tiene ahora el ceño fruncido. Los paquetes de coca están a mis pies.

Abre la guantera y extrae un revólver. Desde un megáfono se le anuncia que está rodeado y que salga con las manos en alto. Papá duda; me mira como esperando alguna sugerencia. No digo nada. No sé qué decir. Quizás ya no hay nada que hacer ni que decir. Algún rato tenía que ocurrir esto, de manera natural o con la ayuda de otros.

Papa sale del auto y levanta las manos. El revólver cae al suelo.

—El no tiene nada que ver –grita, señalándome con un gesto—. Déjenlo en paz, tiene que ir al colegio.

Un policía de blancos bigotes lo esposa y lo lleva al Volkswagen. No me muevo de mi asiento. Otro policía se me acerca y me da una palmada en el hombro.

—Buen trabajo, muchacho.

—¿Querrá que le agradezca? Me quedo en silencio.

Cuando se entere, mamá estará muy molesta conmigo. *Tu papá es tu papá, sangre de tu sangre.* Sólo espero que a la larga[743] me comprenda. Y si no lo hace, no será una sorpresa. Porque yo tampoco sé si me comprendo.

No quiero levantarme del asiento. No quiero salir del auto. Ni dentro de cinco minutos, ni dentro de una hora, ni mañana. Y pasado, quizás menos.

E. Cuestionario

1. ¿Quiénes son los personajes principales de este cuento y cuáles son las relaciones entre ellos?
2. ¿Cómo se llevan padre e hijo? Explica por qué tienen una relación complicada. Da ejemplos textuales.
3. ¿Cómo es la madre del narrador? ¿Cómo es la relación entre el narrador y ella? ¿Cómo ha sido la relación entre ella y el padre?
4. Proporciona ejemplos textuales de cómo el padre es una mala influencia para su hijo.
5. ¿Cómo interpretas este fragmento: "El Ford desaparece. Respiro hondo. Y vuelven la culpa, el remordimiento…. Todavía hay tiempo, me digo: puedo luchar con mis sentimientos…"?
6. ¿Quién es Juliana y cuál es su rol en este cuento?
7. ¿Cuál es el verdadero trabajo del padre del narrador? ¿Está el narrador enterado o no? ¿El lector?
8. ¿Cómo termina el cuento? ¿Cómo se siente/se encuentra el narrador? Explica tu respuesta.
9. En términos de la perspectiva narrativa, la de un joven que reflexiona sobre

742. *derrapa*: cuando un vehículo patina
743. *a la larga*: finalmente

la gente responsable de su cuidado, ¿a qué otro cuento de esta antología te recuerda este? Explica tu respuesta.

10. Comenta la influencia norteamericana en el cuento. ¿Qué podría implicar?

11. Si estuvieras en una situación similar, ¿podrías hacer lo mismo que el narrador? Justifica tu respuesta.

Redes analíticas

1. Según los ejemplos estudiados, ¿qué tienen en común el modernismo y la generación del 98? ¿En qué se distinguen?

2. ¿Qué preocupaciones comparten Ortega y Unamuno? ¿En qué aspectos se distinguen?

3. ¿Cómo se percibe la polarización de la sociedad española en dos campos opuestos, el tradicionalista y el progresista, a través de la producción literaria de las primeras tres décadas del siglo XX?

4. Discute el papel del exilio en la producción literaria española y latina (escrita por hispanos viviendo en los EE. UU.) y del siglo XX y/o el período contemporáneo.

5. ¿Qué tienen en común los poetas surrealistas latinoamericanos y españoles? ¿En qué se distinguen?

6. Compara el uso de la forma lírica de la oda en la poesía de Darío ("A Roosevelt") y la de Neruda.

7. Compara el ensayo de Walsh con el de Hostos.

8. ¿Qué tienen en común el poema de Borges y el de Gómez de Avellaneda?

9. ¿Qué características comparten el cuento de Borges y el de Palma?

10. ¿Qué tienen en común la poesía gauchesca y la chicana?

11. Compara el soneto de Garcilaso ("En tanto que de rosa") con el poema de Gómez de Avellaneda, fijándote en el tema de la belleza femenina.

12. Repasa los ejemplos de la poesía mística (Unidad II). ¿Qué tienen en común los poemas místicos y la obra de Agustini? ¿En qué se distinguen?

13. ¿Qué significa el término "postmoderno" en el contexto literario/estético? ¿Qué tiene que ver con el modernismo?

14. Compara el esteticismo de los poetas modernistas con el de Góngora (Unidad II).

15. Da algunos ejemplos de escritores españoles, latinoamericanos y latinos (hispanos viviendo en EE. UU.) del siglo XX/contemporáneos que emplean la literatura como herramienta sociopolítica. ¿A qué situaciones históricas concretas responden?

16. Varias selecciones de este libro tratan el tema de poder (lingüístico, social, racial, etc.). Comenta.

17. ¿Cómo se oyen las voces marginadas en esta antología? Piensa, por ejemplo, en los indígenas, las mujeres, los negros, etc.

18. Menciona por lo menos un ejemplo extraído de cada una de las otras unidades (Edad Media, Renacimiento, Barroco, Período Colonial, Siglos XVIII y XIX) de este mismo uso sociopolítico del arte literario. ¿A qué situaciones históricas concretas responden estos ejemplos? ¿Qué sugieren sobre el poder a nivel conceptual/teórico?

Redes: cine y literatura

1. *Un chien andalou* (Dir. Luis Buñuel, 1929)
2. *El espíritu de la colmena* (Dir. Víctor Erice, 1973)
3. *Mamá cumple cien años* (Dir. Carlos Saura, 1979)
4. *Bodas de sangre* (Dir. Carlos Saura, 1980)
5. *El Norte* (Dir. Gregory Nava, 1983)
6. *Belle Époque* (Dir. Fernando Trueba, 1992)
7. *La lengua de las mariposas* (Dir. Jose Luis Cuerda, 1999)
8. *Todo sobre mi madre* (Dir. Pedro Almodóvar, 1999)
9. *Cama adentro* (Dir. Jorge Gaggero, 2004)
10. *El laberinto del fauno* (Dir. Guillermo del Toro, 2006)
11. *Biutiful* (Dir. Alejandro González Iñárritu, 2010)

Glosario

Acotaciones: direcciones de escena.

Son notas, muchas veces escritas en letra cursiva en el texto, que describen el escenario, los movimientos, las acciones o el tono de voz de un personaje.

En *El delantal blanco*, de Sergio Vodanović, la persona que hace el papel de la empleada recibe direcciones para su actuación en esta escena:
"LA SEÑORA: Si te traje a la playa es para que vigilaras a Alvarito y no para que te pusieras a leer. *LA EMPLEADA deja la revista y se incorpora para ir donde está Alvarito*".
En este ejemplo, Bernarda, de *La casa de Bernarda Alba* (Federico García Lorca), demuestra su autoridad:
"Bernarda: (*Dando un golpe de bastón en el suelo.*) ¡Alabado sea Dios!"

Acto: división principal de una obra teatral.
Las obras neoclásicas constan de tres actos.

Alegoría: un tipo de metáfora extendida.
"Pobre barquilla mía,
entre peñascos rota,
sin velas desvelada,
y entre las olas sola"
(Félix Lope de Vega y Carpio, "Pobre barquilla mía")

Esta estrofa es una alegoría sobre las dificultades en la vida (barquilla=alma; peñascos= problemas; sin velas=sin protección; las olas=peligro).

El verso "nuestras vidas son los ríos que van a dar en la mar" alegoriza la muerte. (Jorge Manrique, "Coplas por la muerte de su padre")

Aliteración: repetición del mismo o de los mismos sonidos, sobre todo consonánticos, en una palabra o frase.

El trabalenguas popular siguiente ejemplifica este fenómeno:
"De ese **b**obo **v**ino, nunca **b**e**b**er **d**e**b**e;
vida boba y breve, vivirá si bebe".

Ambiente: entorno de una obra (espacio, lugar) que revela las circunstancias sociales, culturales, económicas, geográficas, etc. de los personajes.

El ambiente de "Un día de estos", de Gabriel García Márquez, es el de un pueblo pobre y con un gobierno aparentemente corrupto.

Anáfora: figura retórica de repetición de una o varias palabras al comienzo de un verso o frase.

Lo repetido sirve para remarcar una idea o sonido. Por ejemplo:

"**Verde** nativo,
verde de yerba que sueña
verde sencillo
verde de conciencia humana"
(Miguel de Unamuno, *Cancionero*)

"**Vi** el populoso mar, **vi** el alba y la tarde, **vi** las muchedumbres de América, **vi** una plateada telaraña en el centro de una negra pirámide, **vi** un laberinto roto […]"
(Jorge Luis Borges, "El Aleph")

Antítesis: contraposición de una frase o una palabra a otra de significado opuesto.

"¡Con cuánta razón os lloro,
pensamientos juveniles
que al **principio** de mis años
cerca del **fin** me trujistes!"
(Lope de Vega, "Ay, amargas soledades")

Apóstrofe: invocación efusiva a una segunda persona o a una cosa personificada.

"Olas gigantes que os rompéis bramando
en las playas desiertas y remotas,
envuelto entre sábanas de espuma,
¡llevadme con vosotras!"
(Gustavo Adolfo Bécquer, Rima LII, "Olas gigantes". En este ejemplo, habla a las olas con reverencia.)

"¡Oh pasión de mi vida, poesía desnuda, mía para siempre!" (En "Vino, primero, pura", Juan Ramón Jiménez celebra la poesía.)

Autorreferencialidad: Referencias directas a uno o más elementos de un texto dentro de ese mismo texto.

Los personajes de *El retablo de las maravillas*, de Miguel de Cervantes, hablan de una representación teatral dentro de una obra de teatro.

El *boom*: Ver la descripción del movimiento en la introducción a la literatura latinoamericana del siglo XX.

Cambios de código: uso simultáneo de más de un idioma en el acto comunicativo.

Los cambios de código son también ejemplos de hibridez lingüística.

"Because of the word 'Revolución' & the words 'Viva Zapata'"
(Juan Felipe Herrera, "187 Reasons Mexicanos Can't Cross the Border")

Carpe diem: frase latina que expresa la idea de aprovechar el momento, ya que el tiempo pasa rápidamente. Ver "En tanto que de rosa y de azucena" de Garcilaso de la Vega.

Carta como género literario: también conocida como literatura epistolar; puede ser ficticia o verdadera.

La literatura epistolar se puede estudiar con las mismas herramientas analíticas empleadas en la crítica literaria. Este concepto se expone en nuestra aproximación a la selección de Cristóbal Colón.

Catarsis: término usado por Aristóteles que se aplica a la tragedia.

Específicamente, describe la descarga emotiva que los espectadores experimentan al identificarse con la situación dramática y desgraciada del héroe. Como resultado, estos sienten miedo, compasión y piedad.

Clímax: momento de más tensión/emoción de una obra literaria.

El clímax de *El retablo de las maravillas* ocurre cuando llega el *furrier*.

Complicación, el nudo: parte de una obra narrativa o teatral que ocurre después de la exposición, pero antes del desenlace. Estos son los acontecimientos que complican el desarrollo de la acción.

En *La casa de Bernarda*, la complicación tiene que ver con el hecho de que Angustias se vaya a casar con Pepe el Romano. Esta sucede en *El delantal blanco* cuando la sirvienta y la señora intercambiarse la ropa.

Costumbrismo: Ver la definición de este término en la introducción a la literatura del siglo XIX.

Cromatismo/simbolismo cromático: uso de colores para representar ideas o sentimientos.

En *La casa de Bernarda Alba*, Adela, la hija menor de la familia, se pone un vestido verde. Este color, que representa la vida, la frescura y la juventud, contrasta con el color negro que toda la familia tiene que llevar después de la muerte del padre.

Cuaderna vía: (Ver "mester de clerecía") forma métrica que consiste en cuatro versos alejandrinos (de catorce sílabas) divididos en dos hemistiquios de siete y siete sílabas cada uno y de rima consonante.

"El milagro de Teófilo" de Gonzalo de Berceo es un ejemplo de esta forma.

Cuadro (de costumbres): rama del costumbrismo con un tono satírico o nostálgico que trata comportamientos, valores y hábitos comunes a una profesión, región o clase social en particular.

En "Vuelva Ud. mañana", Mariano José de Larra critica la pereza de los españoles.

Cuento: narración breve, usualmente más corta que una novela, que, debido a su extensión, contiene un número mínimo de personajes y un argumento no muy complicado.

El conde Lucanor de don Juan Manuel es una colección de más de cincuenta cuentos. "El rayo de luna", de Bécquer, es un cuento romántico.

Desenlace: parte de una obra que se refiere principalmente a los momentos culminantes, justo después del clímax, de obras narrativas o teatrales. El desenlace marca el momento en que se resuelven los problemas y situaciones que vivieron los personajes a lo largo de la obra, se revelan consecuencias y termina la acción. En otras palabras, el desenlace ofrece una manera de interpretar la escena, capítulo o parte final con respecto al resto de la obra. En el desenlace de "La Cenicienta", la protagonista se casa con el príncipe y supuestamente viven felizmente para siempre.

Al final de "El almohadón de plumas", de Horacio Quiroga, Jordán descubre que Alicia ha sido víctima de un parásito que vivía en su almohada.

Diálogo: comunicación escrita u oral entre dos o más personas en la cual se intercambia información.

En este ejemplo, hay un diálogo entre un padre y su hijo, señalado por las guiones "-", sobre la llegada del alcalde:

"La voz destemplada de su hijo de once años lo sacó de su abstracción.

-Papá.

-Qué.

-Dice el alcalde que si le sacas una muela.

-Dile que no estoy aquí".
(García Márquez, "Un día de estos")

En este ejemplo, Ildara conversa con su padre sobre sus nuevas medias con vacilación:
"—¡Ey! ¡Ildara!
—¡Señor padre!
—¿Qué es ésa?
—¿Cuál novidá"?
(Emilia Pardo Bazán, "Las medias rojas")

Dicho: refrán; una forma de sabiduría popular.

En *Don Quijote* (Cervantes), Sancho Panza declara "Dime con quién andas, y decirte he quién eres". Es decir, nuestros amigos son un reflejo de nosotros mismos.

"Poderoso caballero es Don Dinero" es otro refrán.

Didacticismo: corriente cuyo propósito es enseñar

Milagros de Nuestra Señora (Berceo) son didácticos porque enseñan a los lectores a ser buenos cristianos. Los relatos de *El conde Lucanor* contienen elementos didácticos, ya que siempre terminan con una moraleja y un consejo.

Drama/baile: representación dramatizada de una historia a través del baile, muchas veces como parte de un ritual. Un ejemplo es *Rabinal Achí*.

Ejemplo: anécdota moral que puede ser verdadera o ficticia y que es usada con fines didácticos. *El conde Lucanor* es una colección de ejemplos.

Elipsis: figura literaria que tiene por objetivo omitir algún elemento necesario de la frase para así crear énfasis.

A veces es expresada con puntos suspensivos "…"

En el fragmento siguiente, Pascual describe la muerte de su esposa. La elipsis, que Cela emplea mucho en esta novela, añade la fragmentación y ambigüedad de la narración.

"Estaba muerta, con la cabeza caída sobre el pecho y el pelo sobre la cara…. Quedó un momento en equilibrio, sentada donde estaba, para caer al pronto contra el suelo de la cocina, todo de guijarrillos muy pisados…"
(Camilo José Cela *La familia de Pascual Duarte*)

Encabalgamiento: figura retórica que ocurre cuando un verso de poesía no coincide con una pausa morfosintáctica: una coma, un punto, etc.

La frase inconclusa queda, por tanto, «a caballo» entre dos versos.

"¡Qué descansada vida
la del que huye del mundanal ruïdo,
y sigue la escondida
senda, por donde han ido

los pocos sabios que en el mundo han sido".
(Fray Luis de León, "Oda I" o "Vida retirada")

Ensayo literario: concepción del ensayo como un texto literario y, por consiguiente, apto para ser estudiado con las mismas herramientas analíticas empleadas en la crítica literaria.

Este concepto se expone en nuestra aproximación a las selecciones de ensayos de *Redes literarias*.

Entremés: pieza dramática breve, burlesca o cómica y de un solo acto, que se representaba entre los actos de una comedia o de una obra teatral más extensa.

El retablo de las maravillas es un entremés.

Épica/epopeya: poema largo que celebra las hazañas—a veces verídicas y a veces ficticias—de un héroe o de personajes históricos importantes de otra época.

La épica/la epopeya son antecedentes de la novela. (Ver "poesía narrativa".)

Epíteto: adjetivo redundante.

"la negra noche" (La noche, por definición, es negra.)

"que un ardiente sol lucía" (Antonio Machado describe al sol como "ardiente", adjetivo completamente innecesario, pero que funciona para subrayar la brillantez y el calor).

Estribillo: verso o conjunto de versos que se repiten al final de cada estrofa.

"Poderoso caballero es Don Dinero" es el estribillo del poema satírico de Francisco de Quevedo titulado de la misma manera.

Etnografía: método de estudio empleado por los antropólogos para conocer y representar las costumbres y tradiciones de un grupo humano a través de la observación y la descripción detallada.

La historia antigua de México, de Francisco Javier Clavijero, es un ejemplo de este método. Borges ha escrito un cuento apropiadamente llamado "El etnógrafo" sobre un joven universitario que, como parte de un proyecto de investigación, va a vivir con una tribu indígena. Mientras la obra de Clavijero constituye un ejemplo temprano de una aproximación científica a la etnografía, la de Borges enfatiza el cambio psicológico que ocurre en el etnógrafo como resultado de su experiencia con otra realidad que le parece más auténtica que la del mundo académico.

Exposición: principio de una obra narrativa o teatral en el cual se presentan los datos básicos para poder entender la historia, como los nombres de los personajes, sus motivaciones y el ambiente.

En *El delantal blanco*, se expone lo siguiente: hay dos personajes principales—una mujer y su criada—de clases sociales distintas que pasan una tarde en la playa. En *El retablo de las maravillas*, se presentan dos embusteros—Chanfalla y Chirinos—y su plan de engañar visual y económicamente al pueblo con su "obra" teatral.

Hibridez lingüística: Ver "cambios de código".

Hipérbaton: inversión del orden sintáctico de las palabras de una frase.

"Volverán las oscuras golondrinas
En tu balcón sus nidos a colgar"
(Bécquer, Rima LIII "Volverán las oscuras golondrinas")

Fábula: pieza narrativa o lírica con propósitos didácticos que culmina con una moraleja. Típicamente, los personajes humanos son reemplazados por animales.

"La zorra y las uvas" es una conocida fábula de Esopo.

Figura retórica: técnica literaria que emplea el uso no literal del lenguaje.

La metáfora y el símil son ejemplos de figuras retóricas.

Hipérbole: exageración.

El verso de Quevedo, "Érase un hombre a una nariz pegado", es un ejemplo de hipérbole, ya que la nariz es exageradamente grande.

Ideófonos: representación de una idea por medio del sonido.

Se relaciona con la onomatopeya.

"El Gran Cocoroco dice: tu-cu-tú.
La Gran Cocoroca dice: to-co-tó".
(Luis Palés Matos, "Danza negra")

"Tu-cu-tú" y "to-co-tó" imitan los sonidos de un lenguaje africano no especificado para evocar las raíces lingüísticas y culturales de la gente afroantillana.

In medias res: frase latina que significa "a mediados de algo".

Es una técnica narrativa que consiste en comenzar la acción en mitad de la historia y no al principio. Se opone a la idea de una narración lineal y se podría decir que se emplea, hasta cierto punto, para enganchar al lector.

El cantar de Mio Cid comienza así:
"De los sus ojos tan fuertemente llorando
Tornaba la cabeza y estábalos catando"

La causa del llanto del Cid es desconocida y no se descubre hasta más adelante, al revelar las circunstancias de la trama.

Las primeras palabras confesionales del protagonista de la novela psicológica *El túnel* de Ernesto Sábato son:

"Bastará decir que soy Juan Pablo Castel, el pintor que mató a María Iribarne; […]"

No se sabe la razón por la que Juan Pablo cometió el homicidio.

Intertextualidad: referencias claras a otras obras anteriores: literarias, cinematográficas, etc. dentro de un texto primario que influyen en la comprensión o significado del discurso o la trama.

El gran modelo e inspiración del personaje Don Quijote, y a quien menciona a menudo, es Amadís de Gaula, de la novela de caballería del mismo nombre escrito por Garci Rodríguez de Montalvo en el siglo anterior. En el cuento "Pierre Menard, autor del *Quijote*" de Borges, el narrador, Pierre Menard, declara que quisiera ser, entre otras cosas, Miguel de Cervantes.

Ironía: figura literaria que consiste en expresar burlonamente lo opuesto de lo que realmente se quiere decir.

El poder de la ironía yace no en la superficie del significado, sino en lo que está debajo del mismo. En su forma más explícita, la ironía se acerca al sarcasmo. Por ejemplo, en "Pecado de

omisión" (Ana María Matute) al ser arrestado Lope y, al escuchar los gemidos de las aldeanas, este responde "Sí, sí, sí..." No es que él esté realmente de acuerdo con estas mujeres, sino que se da cuenta tristemente de que la gente no ha podido ver cómo sufría por culpa de Emeterio.

Juegos de palabras: recurso literario donde el uso de una palabra sugiere un doble significado, cuyo fin es crear humor o ironía.

El verso del *Romancero* "Mora que en su pecho mora" juega con el significado de la palabra "mora" (una mujer del norte de África de descendencia árabe o bereber) y el verbo "morar" (vivir), respectivamente.

En este ejemplo, hay otro juego de palabras con las letras de la palabra "Amor":

"<u>Amor</u> tiene cuatro letras,
vamos a jugar con ellas.
¿Lo ves? Ya estamos en <u>Roma</u>.
Por todas partes se va.
Por todas partes se llega.
El viaje <u>Amor Roma Amor</u>
con billete de ida y vuelta".
(Gerardo Diego, "A, EME, O, ERRE")

Marco narrativo: incorporación de varias historias dentro de una narración principal.

Esta narración principal es el marco narrativo. En el caso de *El conde Lucanor*, el diálogo entre Patronio y el Conde constituye el marco narrativo.

McOndo: Ver la definición de este término en la introducción a la literatura latinoamericana del siglo XX.

Mester de clerecía: ("oficio de clérigos") conjunto de la poesía épica o lírica culta de la Edad Media temprana en España que escribían los clérigos, autores educados, quienes empleaban la forma métrica de cuaderna vía; en contraposición al "mester de juglaría".

Milagros de Nuestra Señora de Berceo y *Libro de buen amor* del Arcipreste de Hita son ejemplos del mester de clerecía.

Mester de juglaría: ("oficio de juglares") conjunto de la poesía épica o lírica popular de la Edad Media temprana en España que recitaban o cantaban los juglares en castillos, cortes o plazas; en contraposición al "mester de clerecía".

El Cantar de Mio Cid, además de ser un poema épico, es también un ejemplo del mester de juglaría. El *Cantar de Roncesvalles* es otro ejemplo de poesía épica y juglaresca.

Metáfora: figura retórica que presenta como idénticos dos términos distintos.

"Es tu risa la espada
más victoriosa,
vencedor de las flores
y las alondras.
Rival del sol.
Porvenir de mis huesos
y de mi amor".
(Miguel Hernández, "Nanas de la cebolla")

Metapoesía: poesía sobre poesía.

Lope de Vega escribe sobre la composición de un soneto:
"Un soneto me manda hacer Violante,
que en mi vida me he visto en tal aprieto;
catorce versos dicen que es soneto;
burla burlando van los tres delante".
("Soneto de repente")

Metateatro: teatro dentro del teatro.

El retablo de las maravillas es un ejemplo de metateatro porque los personajes principales son actores que montan una obra de teatro dentro de la obra teatral principal.

Metonimia: figura retórica que consiste en designar una cosa o idea con el nombre de otra con la cual existe una relación asociativa.

En el museo de arte mexicano, hay un Diego Rivera (Diego Rivera, el pintor, obviamente no está en el museo, sino un *cuadro pintado* por Rivera). *De la cuna a la sepultura* es una obra filosófica y moralista de Quevedo. La cuna y la sepultura representan, respectivamente, el nacimiento y la muerte. Es decir, con estas dos palabras, Quevedo se refiere a la vida humana entera, desde su comienzo hasta su final.

Miscelánea: género literario de los siglos XVI–XVIII que anticipa el ensayo argumentativo.

Consiste en una colección de materiales heterogéneos que mezcla la opinión, la instrucción y la diversión y, a veces, también el adoctrinamiento moralizante. Las selecciones de Timoneda son parte de una miscelánea.

Monólogo interior: técnica literaria que intenta reproducir los pensamientos de un narrador que relata la historia en primera persona.

Musicalidad, poesía cantada: poesía concebida como música.

La poesía de Nezahualcóyotl es conocida por su cualidad musical y su recitación cantada.

Narrador/a: la voz que cuenta y relata sucesos, historias o anécdotas, en cierto orden y con una determinada presentación.

Las obras narrativas se caracterizan por la presencia de un/a narrador/a. Si el/la narrador/a es omnisciente, significa que sabe todos los detalles de la obra, incluyendo los pensamientos y motivaciones de los personajes.

Narratario: persona o personaje a quien el/la narrador/a se dirige.

A diferencia de un lector, el narratario es una figura dentro de la obra misma y es el receptor implicado de lo narrado. En *La familia de Pascual Duarte*, Pascual le cuenta su vida a don Joaquín Barrera López, el narratario. En *Lazarillo de Tormes*, "Vuesa Merced" es el narratario, ya que el narrador lo llama por su nombre en el Prólogo.

Narrativa: género literario escrito en prosa: novelas, cuentos que reúne y presenta una serie de hechos que frecuentemente da paso a una historia sobre uno o más personajes a través de un/a narrador/a.

Caperucita en Manhattan (Carmen Martín Gaite) es una novela y, por lo tanto, es una obra narrativa.

Naturalismo: Ver la definición de este término en la introducción a la literatura española del siglo XIX.

Neologismo: palabra nueva que aparece en una lengua, a veces proveniente de otras lenguas, con propósitos literarios o prácticos.

En "La noche bocarriba" de Julio Cortázar, el narrador habla de los "motecas", palabra que claramente alude a la civilización *azteca* y, también, la *moto*cicleta del protagonista, así ejemplificando el mundo onírico. La palabra "googlear" (usar el motor de búsqueda "Google") demuestra la influencia inglesa en el idioma español.

Onomatopeya: imitación o recreación del sonido de algo en el vocablo que se forma para significarlo.

Muchos sonidos de animales ejemplifican la onomatopeya: el ladrido del perro ("¡guau guau!"), el maullido del gato ("¡miau!"), el mugido de la vaca ("¡muuuuu!").

En este ejemplo, la voz poética intenta describir los sonidos de los animales que forman parte de esta danza africana metafórica:
"El cerdo en el fango gruñe: pru-pru-prú.
El sapo en la charca sueña: cro-cro-cró".
(Luis Palés Matos, "Danza negra")

Paradoja: empleo de expresiones o frases que expresan contradicción.

"Muero porque no muero"
(Santa Teresa de Jesús, "Vivo sin vivir en mí")

Parodia: imitación burlesca de una obra que frecuentemente se vale de la ironía y la exageración.

Don Quijote de la Mancha es una parodia de las novelas de caballería. La película *Scary Movie* (2000) es una parodia de las películas de terror.

Personificación: atribución de cualidades humanas a animales o a objetos concretos o abstractos.

"Vino, primero, pura,
vestida de inocencia.
Y la amé como un niño.
Y se quitó la túnica,
y apareció desnuda toda…
¡Oh pasión de mi vida, poesía
desnuda, mía para siempre!"
(Juan Ramón Jiménez, "Vino, primero, pura")

Poesía mística: poesía que expresa el deseo de unirse con Dios, y que, muchas veces, describe este anhelo y el proceso de lograr esta unificación a través de imágenes sensuales.

"En una noche escura
con ansias en amores inflamada
¡o dichosa ventura!
salí sin ser notada
estando ya mi casa sosegada".
(San Juan de La Cruz, "Noche oscura")

Poesía narrativa: obra poética, un poema, que cuenta una historia; es decir, tiene forma poética, pero función narrativa.

Se ve prominentemente en la poesía épica. *El Cantar de Mio Cid* está escrito en verso, pero cuenta una historia. *Martin Fierro* (José Hernández) es un poema épico narrativo sobre la vida gauchesca.

Poesía negroide: poesía que celebra la cultura afroantillana al emplear vocablos y sonidos que se relacionan con la cultura africana.

> "Calabó y bambú.
> Bambú y calabó.
> Es el sol de hierro que arde en Tombuctú.
> Es la danza negra de Fernando Poo.
> El alma africana que vibrando está
> en el ritmo gordo del mariyandá".
> (Palés Matos "Danza negra")

Polisíndeton: uso de más conjunciones de las necesarias para producir un efecto de lentitud y meditación.

> "El prado **y** valle **y** gruta **y** río **y** fuente"
> (Fernando de Herrera, "Olimpio")

> "**Y** sueña. **Y** ama. **Y** vibra. **Y** es hija del sol".
> (Rubén Darío, "A Roosevelt")

Postromanticismo: Romanticismo tardío.

La poesía de Bécquer es un buen ejemplo de este estilo no solo por su cronología, sino también por su tono menos sentimental y su expresión más simbolista.

Prefiguración: representación anticipada de un aspecto del texto.

Al principio de *La casa de Bernarda Alba*, Bernarda grita "¡Silencio!". Esto anticipa el desenlace de la obra, cuando ella insiste en callar los verdaderos motivos del suicidio de Adela.

Prolepsis: figura retórica que anticipa un evento en el futuro a fin de acentuar el nivel de dramatismo en la narración.

Es una especie de "flash-forward". La analepsis es su contrario: una vuelta a eventos pasados, un "flashback".

En este ejemplo, el narrador augura la muerte del protagonista:
"El día en que lo iban a matar, Santiago Nasar se levantó a las 5:30 de la mañana para esperar el buque en que llegaba el obispo".
(García Márquez, *Crónica de una muerte anunciada*)

En este ejemplo hay otra prolepsis, ya que la declaración anticipa la acción en cuestión:
"Bastará decir que soy Juan Pablo Castel, el pintor que mató a María Iribarne; [...]"
(Ernesto Sábato, *El túnel*)

Prosa: la estructura que toma naturalmente el lenguaje para expresar conceptos.

A diferencia del verso, la prosa no está sujeta ni a rima ni a cadencia. Las novelas, los ensayos y los cuentos son obras de prosa.

Punto de vista narrativo: se refiere a tres perspectivas: Primera persona (yo); Segunda persona (tú) y Tercera persona (él/ella).

primera persona: "Yo, señor, no soy malo, aunque no me faltarían motivos para serlo". (*La familia de Pascual Duarte*)

segunda persona: "You are about to begin reading Italo Calvino's new novel, *If on a winter's night a traveller*. Relax. Concentrate". (Italo Calvino, *If on a Winter's Night a Traveller*)

***tercera persona*:** "A los trece años se le murió la madre, que era lo último que le quedaba. Al quedar huérfano ya hacía lo menos tres años que no acudía a la escuela, pues tenía que buscarse el jornal de un lado para otro". ("Pecado de omisión")

Realismo: Ver la definición de este término en la introducción a la literatura española del siglo XIX.

Realismo mágico/real maravilloso: Ver la descripción de estos términos en la introducción a la literatura latinoamericana del siglo XX.

Repetición: uso de los mismos elementos: personajes, palabras, temas, situaciones, etc. varias veces en un mismo texto.

Otras figuras retóricas, como por ejemplo la anáfora, emplean la repetición.

En este ejemplo, el estribillo se expresa mediante la repetición de los versos siguientes:
"Que es mi barco mi tesoro,
que es mi dios la libertad,
mi ley, la fuerza y el viento,
mi única patria, la mar".
(José de Espronceda, "Canción del pirata")

La retórica: el uso sistemático del lenguaje para persuadir

Las Casas emplea la retórica en su *Brevísima relación*.

Rima asonante: rima de las vocales de dos o más palabras a partir de la última sílaba acentuada.

Ej. **gato**/m**ano**

Rima consonante: rima de las vocales y de las consonantes de dos o más palabras a partir de la última sílaba acentuada.

Ej. **gato**/p**ato**

Romance: poema no estrófico característico de la tradición oral, generalmente narrativo, compuesto de versos de ocho sílabas con rima asonante en los versos pares.

"Romance del conde Arnaldos" es un ejemplo de este género poético.

Sibilancia: la repetición del sonido "s".
"Sensemayá, la culebra,
Sensemayá"
(Nicolás Guillén "Sensemayá")

Simbolismo: sistema de símbolos. Un símbolo es un elemento que puede ser una palabra, objeto, sonido, etc. y que sugiere o representa otro más complejo mediante una asociación o una relación.

En "A una rosa" de Sor Juana Inés de la Cruz, la rosa simboliza la juventud, pero también la muerte. El nombre de Adela en *La casa de Bernarda Alba* evoca la palabra "adelante", adverbio que hace hincapié en su deseo de romper las cadenas domésticas y salir adelante.

Símbolo: elemento material que, por convención o asociación, se considera representativo de una idea/concepto.

La cruz es un símbolo del cristianismo.

Símil: comparación que se vale de las palabras "como" o "cual".
"Dos patrias tengo yo: Cuba y la noche.
¿O son una las dos? No bien retira
Su majestad el sol, con largos velos
Y un clavel en la mano, silenciosa
<u>Cuba cual viuda triste</u> me aparece".
(José Martí "Dos patrias")

Sinécdoque: uso de una parte de algo para representar el todo; un tipo de metonimia.

"Yo soy un hombre sincero/de donde crece la palma" es un fragmento del poema "Yo soy un hombre sincero" de José Martí. El segundo verso se refiere a la isla de Cuba.

En este ejemplo, el poeta alude al corazón para hablar de su propio sufrimiento:
"¿Quién sufrirá tan áspera mudanzadel bien al mal? ¡Oh corazón cansado!"
(Garcilaso de la Vega "Soneto IV")

Soneto: poema de catorce versos, generalmente endecasílabos (once sílabas), distribuidos en dos cuartetos (estrofas de cuatro versos) y dos tercetos (estrofas de tres versos).

Ver los ejemplos de Garcilaso, Luis de Góngora, Lope de Vega, Quevedo y Sor Juana.

Teatro neoclásico: Ver la definición de este término en la introducción a la literatura española del siglo XIX.

Tema: idea central de una obra expresada a través de la trama y los otros elementos del texto.

El tema del poema "Mientras por competir con tu cabello" de Góngora es el *carpe diem*. Un tema de "Un día de estos" es la venganza.

Tradición oral: transmisión de la cultura de una sociedad mediante fuentes no escritas: relatos, cantos, oraciones, leyendas, fábulas, conjuros, mitos, etc.

Rabinal Achí forma parte de la tradición oral de los mayas.

Tragedia: representación teatral cuya acción presenta conflictos de apariencia fatal que provocan compasión y miedo, con el fin de purificar estas pasiones en el espectador y llevarle a contemplar el enigma del destino humano.

Esta lucha entre libertad y necesidad termina generalmente en un desenlace infeliz, la muerte del protagonista. En la obra teatral romántica *Don Álvaro o la fuerza del sino* (Duque de Rivas) el protagonista mata al padre de su amada sin querer y pasa el resto de su vida fútilmente tratando de enmendar su error, lo cual lo lleva a suicidarse. *La casa de Bernarda Alba* termina con la muerte trágica de Adela.

Trama: argumento o enredo de una obra y organización de los hechos.

La trama de *El retablo de las maravillas* incluye el engaño de Chanfalla y Chirinos, la llegada del *Furrier* y la huida de los embusteros.

Trilogía: conjunto de tres obras que presentan una continuidad de algún elemento de su contenido: acción, personajes, trama, temas, etc.

Bodas de sangre, *Yerma* y *La casa de Bernarda Alba* se consideran una trilogía lorquiana. La película *El padrino* con el actor Al Pacino también es parte de una trilogía: *El padrino* I (1972), *El padrino II* (1974) y *El padrino III* (1990).

Unidad de lugar, tiempo y acción: reglas clásicas a veces llamadas "unidades aristotélicas" por su asociación con la teoría dramática de Aristóteles.

Imponen límites a la acción de una obra dramática. Según la interpretación convencional de estas reglas, la acción tiene que pasar en un solo lugar, no puede durar más de un día, y no debe incluir subtramas. *El sí de las niñas* (Leandro Fernández de Moratín), como ejemplo del teatro neoclásico, sigue estas normas.

Verosimilitud: apariencia de verdad

Se relaciona no necesariamente con lo real, sino con la lógica interna de la obra y la probabilidad de que el/la lector/a/espectador/a perciba coherencia textual/visual. En una fábula, muchas veces hablan los animales. El/la lector/a sabe que es imposible, pero lo acepta porque esta acción corresponde a las fábulas por definición. La verosimilitud es también una característica importante de las obras neoclásicas como *El sí de las niñas*. La vemos tanto en su forma, con el énfasis en la sencillez y el equilibrio; como en su contenido, con el mensaje didáctico que implica una relación directa con la sociedad española de principios del siglo XIX.

Verso agudo: verso cuya última palabra es aguda (el acento cae sobre la última sílaba).

Se le agrega una sílaba adicional al contar sílabas gramaticales. (**a**gudo: **a**gregar)

"En mi pupila tu pupila az**ul**" (10+1=11)
(Bécquer Rima XXI: "¿Qué es poesía"?)

"mil veces mil, un mill**ón**" (7+1=8)
(Antonio Machado "Recuerdo infantil")

Verso esdrújulo: verso cuya última palabra es esdrújula (el acento cae sobre la antepenúltima sílaba).

Se le quita una sílaba al contar sílabas gramaticales. (**e**sdrújulo: **e**liminar)

"que contesten nuestras lágrimas" (9–1=8)
(Juan Ramón Jiménez "Primavera y sentimiento")

Verso llano: verso cuya última palabra es llana (el acento cae sobre la penúltima sílaba).

"Mientras por competir con tu cab**e**llo" (11)
(Góngora, soneto CLXVI "Mientras por competir")

"Verde, que te quiero v**e**rde" (8)
(García Lorca "Romance sonámbulo")

Indice